東亞民俗學稀見文獻彙編
第二輯

第五卷第九～十二號

民俗學

第十冊

民俗學

第五卷　第九號

昭和八年九月

民俗學會

民俗學會會則

第一條　本會を民俗學會と名づく

第二條　本會は民俗學に關する知識の普及並に研究者の交詢を目的とす

第三條　本會の目的を達成する爲めに左の事業を行ふ

イ　毎月一回雜誌「民俗學」を發行す

ロ　毎月一回例會として民俗學談話會を開催す

但春秋二回を大會とす

ハ　隨時講演會を開催することあるべし

第四條　本會の會員は本會の趣旨目的を贊成し（會費半年分參圓壹年分六圓）を前納するものとす

第五條　本會會員は例會並に大會に出席することを得るものとす講演會に就いても亦同じ

第六條　本會の會務を遂行する爲めに會員中より委員若干名を互選す

第七條　委員中より幹事一名、常務委員三名を互選し、幹事は事務を執行し、常務委員は編輯庶務會計の事を分擔す

第八條　本會の事務所を東京市神田區駿河臺町一ノ八に置く

附　則

第九條　大會の決議によりて本會則を變更することを得

委　員

石田幹之助　宇野圓空　折口信夫

金田一京助　小泉鐵　小山榮三

松村武雄　松本信廣（以上在京委員）

秋葉隆　移川子之助　西田直二郎

（以上地方委員）

前號目次

昭和八年九月十八日發行

民俗學

第五卷

第九號

目次

肩巾考（第一回）

宮本勢助

肩巾は他の領巾と共に等しくヒレと呼ばれた服物で、その等しくヒレと呼ばれたが爲めに往古來今領巾と同一服物として差別されなかつたものであつたと、思はれる。併し肩巾と領巾とは全く異なれる服物と解せられるのみでなく、肩巾は全く獨自の服物として考ふべきものなのであらう。以下はそれに對する卑見である。

第一章　埴輪土偶及び天壽國曼荼羅に於ける綬の如き服物に對する従來の研究

第一節　綬の如き一種の服物

原史時代の埴輪土偶の中には往々一條の帯狀のキレ（巾）の宛ら現代の勳章の綬の如き服物を一方の肩から斜めに他の一方の脇へ懸けて居るものが存在する。次の男體及び女體の埴輪土偶は卽ちそれである。

第一類

（イ）上野國群馬郡箕輪村八幡社前　男子　帝室博物館藏〔日本埴輪圖集第二圖〕（第一圖參照）

（ロ）武藏國大里郡大幡村大字柿沼　女子　根岸伴七氏藏〔八木奘三郎氏　日本考古學第十五圖（イ）・日本埴輪圖集・第百二圖〕

（ハ）同　國北埼玉郡上中條村字沼窪　女子〔歴世服飾考一・日本考古學第十五圖（ハ）〕

（ニ）發掘地未詳　女子　帝室博物館藏〔埴輪集成圖鑑III第二七〕

第二類

（ホ）上野國多野郡藤岡町附近　女子　帝室博物館藏　〔埴輪集成圖鑑III第一一〕

（へ）上野國群馬郡箕輪町大字上芝　女子　帝室博物館藏　〔埴輪集成圖鑑III第三〕（第二圖參照）

第三類

（ト）出雲國八束郡大庭村大字大草字岩屋後　女子　帝室博物館藏　〔日本埴輪圖集第百一圖〕〔埴輪集成圖鑑III第九〕（第三圖參照）

（チ）遠江國濱名郡知波田村大字利木字上平　女子　帝室博物館藏　〔日本埴輪圖集・九八圖〕

（リ）相摸國鎌倉郡鎌倉采女塚　女子　京都帝國大學文學部藏　〔日本考古學第十五圖（ロ）・埴輪集成圖鑑III第一二〕

埴輪土偶以外には備前國磐梨郡可眞村發掘　裝飾付齋瓮附着の女體小偶人にも右肩より左脇へ一條の巾を懸けたものがある。（第四圖參照）

第一類　巾の幅の狹い紐とも呼ぶべき形態のもので（イ）（ロ）（ハ）（ニ）等がそれである。此形態のものは巾とは云つてもシゴキの類ではなく平たい幅の狹いもので、（イ）は宛ら陸軍將校の 週番懸章に髣髴たるものである。此（イ）の如きは其服物の左右兩邊に施された、赤色の二條の色線に據ると或は組緒を現はしたのではないかとも想像せられる。併し（ニ）は肩に近い方は細く且つ綯つた樣な繩目も見へるが脇の方は相當幅が廣くなつたもので肩の方に結び目らしいものも見へてゐる。是は一條の巾を脇の方をワナ（羂）とし肩の方で結んだらしく解される。

第二類　巾の幅の第一類よりは遙かに廣く平たい現在の大綬の如き形態のもので、（ホ）（へ）がそれである。略現今の巾明衣に類するものである。埴輪集成圖鑑解說には是を巾明衣と呼んでゐる。

第三類　是は更に第二類よりも巾の幅の廣いものである。埴輪集成圖鑑解說には是を袈裟式と呼んで居る。

其着法は略二種で次の如くである。

左方の肩から右方の脇へ懸けたもの（イ・チ・ニ）

右方の肩から左方の脇へ懸けたもの（ロ・ハ・ホ・ト・リ）

又着法と男女との關係は次の如くである。

男子　第一類　左肩（イ）

女子　第一類　左肩（ニ）右肩（ロ・ハ）　第二類　右肩（ホ・ヘ）、第三類　左肩（チ）右肩（ト・リ）

右の綬の如き服物と關係が有るものとして考へられてゐるのは、天壽國曼荼羅（大和國中宮寺藏）に現はれた次の服物である。其服物は曼荼羅の中央の一區劃に點出された五個の人物に着裝されてゐる。其服物はやはり一方の肩から他方の脇へ斜に懸けた一條の帶狀の巾で、肩の方は、幅狹く脇のワナになつた方は幅廣きものである。描出された表現によると、其巾の中央に竪に施された一線は、巾をしごいた際に生ずる皺と解せられるものである。（挿圖第五圖（ロ））、又肩の方幅狹く脇のワナの方の幅の廣いのは一幅の巾を肩の方で絞つて結んだ結果から生じたものであつたと解せられる。挿圖第五圖（ロ）には肩の邊に結目らしいものが表現されてゐる。其着法は、五個の人物中、四人迄は、右肩から左脇へ懸け、一人だけが、左肩から右脇へ懸けてゐる。是等の着裝者は、五個の人物共皆女體である。同曼荼羅中の他の男體の人物には其着裝者が見出されぬように思はれる。

埴輪土偶に於ける綬の如きものと、天壽國曼荼羅の此一種の服物との類似は八木奘三郎氏故高橋健自氏等に據つて指摘されたのであつた。

第二節　從來の研究

埴輪土偶に現れた綬の如き服物が何物であるかに就てはまだ定說がない。最早く此疑問に解答を與へたのは八木奘三郎氏であつた。其後故文學博士高橋健自氏は其解決に關して屢ゝ高見を發表せられたのであつた。綬の如き服物に關しては實に次の四說がある。

一　明治三十年　ヒレ（領巾・肩巾）說　八木奘三郎氏　人類學雜誌・日本考古學（明治三十一年刊）
二　明治四十年　袈裟說　福地天香氏　裁縫雜誌
三　大正九年　チハヤ說　高橋健自氏　考古學雜誌
四　昭和二年　スキ（繦）・巾明衣說　同氏　考古學雜誌・埴輪集成圖鑑（昭和六年刊）

以上の諸說は次の如くであつた。

第一說・ヒレ（領巾・肩巾）說

ヒレの服飾的屬性を考古學的・民俗學的に研究した最初の學者は八木奘三郎氏であると云つてよい。同氏のヒレに關する研究が初めて發表せられたのは今より三十七年以前の明治三十年のことで人類學雜誌第十二卷第百三十一號及百三十七號所載論文「常武兩國新發見の埴輪に就て」中、常陸國行方郡秋津村大字靑柳の埴輪土偶のタスキについての研究の一節に詳說せられてゐる。八木氏當年の一方ならぬ苦心を紀念する爲に左に轉載する。

以上說く所に於て上代廣く襷を掛けし風あると、其材料に用ひし品に種々の別あるとは略ぼ明かなる可しと思はる。去れ共猶考ふ可きは（一）彼の領巾（傍訓・ヒレ）と稱ふるものと此襷とは如何なる別有りや、また其別の判然するも、（二）斯る筒袖の衣は何の必要ありて襷を掛けしやとの二問題なり。

古書を考ふるに往時は物の本體以外に附屬するものを凡て「ヒレ」と呼びし如くなれ共、去ればとて衣服に掛るものを「何ヒレ」と別名を附せし箇條を見ず。故に今の學者に如何なる形狀のものにて如何の有樣に取り掛けしやを尋ぬるに知るものなし。其知れりと謂ふは皆推測に過ぎず。因て以下少しく考究を試みんと欲す。

日本書紀、卷五、崇神帝十年の條に曰、

5

天皇姑、倭迹々日百襲姬命、聰明叡智、能識二未然一云々、吾聞、武埴安彥之妻吾田媛、密來之取二倭香山土一裹二領巾頭一（傍訓・ヒレノハシ）祈曰、是倭國之物實則反之云々

右の文に據れば、「領巾」なるものは稍や幅の有るものたるを知るに足らん。卽ち多少土にても包み得る丈の廣さを有するものなり、又

萬葉集卷三に曰、

栲領巾の懸けまくほしき妹が名を、此勢の山にかけばいかにあらむ

（前略）濱菜摘む、海乙女らが、うながせる領巾も光るがに手に卷ける玉もゆらゝに、白妙の、袖振る見えつ、相思ふらしも、（同、卷十三）

此歌によれば、「領巾」は身體に垂れ掛けたるものにして且袖とは全く別物なるを知るに足るなり。又

古事記、上卷、大穴牟遲神、根堅州國に逃行給ひし條に曰、

卽喚入而令レ寢二其蛇室一於是其妻須勢理毘賣命以二蛇比禮一授二其夫一云其蛇將レ咋以二此比禮一三擧打撥、故如レ敎者蛇自靜、故平寢出之、亦來日夜者入二蜈蚣與レ蜂室一、亦授二蜈蚣蜂之比禮一敎如レ先、故平出之、

日本書紀、卷十九、欽明帝廿二年七月の條に曰、

所レ虜調吉士伊企儺爲レ人勇烈終不二降服一云々由レ是見レ殺、（中略）其妻大葉子亦並見レ擒愴然而歌曰、

韓國のきのへに立ちて大葉子に領巾振らすも大和へむきて

或有レ和曰、

韓國のきのへに立たし大葉子は比例振らすも難波へむきて

萬葉集第七に曰、

見渡せば近きさとわをたも通り、いまぞ吾がきし領巾ふりし野に

肩巾考（宮本）

以上引用する處の記事によりて見れば領巾（比禮、比例、とも書くことも引書に明かなり）なるものは、或る場合には手に取りて打振りしものゝ如し。而して前の襷と用法も異にする點を云はゞ

（一）襷は立働きを爲す場合にのみ掛るも領巾は常に着けたる事、

（二）襷は双腕に掛る外他に用ひざるも、領巾は時々打振りて憂愁を表せる事、

（三）襷には玉を多く貫せしもの有れ共、領巾は否らざるが如き有樣なる事、

（四）比禮は幅廣かりしも、襷は比較的に幅狹きものなりし事、

等の如きは其重なるものならん歟。

猶此兩者は全く別物にて且つ之を身に着くる事を禁ずるの文見ゆ卽ち左に之を掲げん、

書紀、廿九卷、天武帝の十一年三月の條に曰、

辛酉詔曰、親王以下百寮諸人、自今已後、位冠及褌、褶、脛裳莫著、亦膳夫采女等之手繦、肩巾ヒレ（肩巾此謂二比例一）並莫服、云々

右の明文に據れば手繦、領巾等は此以後廢せられしものか、其如何は姑く措き、以上の引證に據りて手繦は膳夫の人々若くは女子にのみ用ゐられ、領巾は必ず婦女子に限るが如し、斯く彰に區別し得るものとせば領巾は果して如何なるものにて如何に人體に打掛けしものか、又今日に知られたる遺物中に夫と覺しきものは認められざるか、請ふ少しく卑見を述べん、從來世に知られたる埴輪土偶を通覽するに、第四圖の（イ）（ロ）（ハ）（ニ）等に示せる如く、今日の綬に齊しきものを着けたる有り、右は單に土偶にのみ限るに非ずして、夫の推古帝の時に製作せし有名なる天壽國曼陀羅中の人物にも存在せり、卽ち圖中の（ホ）に示すもの是なり、惟ふに古書に載る領巾なる品は斯る類にてはあらざる歟、尙高見を有せらるゝ諸氏は幸に示敎を賜へ、又四圖の（ロ）（ハ）（ニ）の三體は出所不明の埴輪なれども架空の品とも思はれざるに因り參考の爲に玆に掲げぬ。〔第百三十一號一八五——七頁〕

又之れと伴ふて考ふ可きは前に說ける處の領巾と稱するものなり、此品は今日武文官の將校が身に着くる所の綬に類す

るものならんとの考へなりしも斯る品を何故に用ひたるかは別に研究せざる可らず、之を現在の土俗に徵するに、琉球與那島の婦人が子守用の巾帛稍や似たる處あり、即ち第七圖の（ニ）に示すもの是なり、猶同樣なるは本誌第百三十三號に中井、曾木兩氏の報道せられた子守の圖にあり、說明も記せられたるに因り、參照あられんことを望む、思ふに我古代に行はれし領巾樣の品も斯る實用的の處より變化し來れるならんか、茲に揭ぐる第七圖の服裝は時を隔つること千餘年に及べども大に類する點あるは尤も注目すべき事なるべし（中略）又領巾の禁ぜられたるは天武帝十一年の條に記せられしを前篇に引用せしも其後文武帝の慶雲二年夏四月の條に次の如く載せられたり、

先ㇾ是諸國釆女肩甲（甲は巾の誤字なり）田依ㇾ令停ㇾ之、至ㇾ是復ㇾ舊焉、

右は肩巾の費途に當てられたる田地を天武の朝其物の禁止と共に暫時停められしを文武帝に至て回復せられたる所のものなり、而して是等の事柄も從來嘗て考說を試みたる人士これなき樣思はるゝにより卑見を述ること此如、若し博雅の敎を受けば更に記述する處あるべし、

附言。此圖に引く處の與那島婦人の圖は友人鳥居氏の材料を借覽せしものにして猶詳細なる說明は遠からず氏の筆に登ると聞く、予は其一日も早からんことを望むなり。〔第百三十七號四四七——八頁〕

人類學雜誌、百三十一號論文の挿圖第四圖（イロハニ）等は筆者自身が文中に告白したように全く挿入されなかつた。右に相當すべきものは同誌百三十七號の論文後編に挿圖第六圖及び第七圖として揭げられた。第六圖は後條に引用した日本考古學の第十五圖と全く同一のものであり、第七圖の（イロハ）は天壽國曼荼羅中の三人の女子、（ニ）は琉球與那國島の女子の姿である。

斯く同氏は翌明治三十一年、其著日本考古學に右の論旨を要約して次の如く記したのであつた。

領巾、此物の研究も亦襷と同樣不明の一たりしなり、然るに幸に二三の遺物出るに會して略ぼ概要を知るに至れり、古

書を按ずるに「ヒレ」の事柄を記せるもの書記卷五崇神帝十年の條を初めとして屢々見ゆ、其他萬葉の歌中にも載せたれ共、如何なる形狀にて如何なる有樣に取り掛けしやを知るもの至て稀なり、又此物を禁ずる文は天武紀に載せたれ共文武帝の時舊に復せる由を記載せり、而して其形狀を示さんに第十五圖の(イ)(ロ)(ハ)に掲げたるが如きもの是なり、右の品を用ひたる本源の論は姑く措くも使用者は婦女子にのみ限れる事、又其物の幅廣くして物を包むに適し憂愁の意を表する場合は之を打振りし事等は此物に就て知らざる可からざる點なり、次に「ヒレ」の種類を述んに蛇比禮、蜈蚣比禮、蜂比禮等有り、され共遺物上に見えたるは單に一種類に過ぎず、顧ふに異稱同種にはあらざるか、又此物の用に就ては從來說を述べたるものなし、され共予の考へにては物を負へる實用品より變遷し來れるが如く思はる、是等は本邦の土俗を初めボルネオ台灣等の土人間に行はるゝ風習を見ば思ひ半ばに過ること有らん、詳細は嘗て東京人類學雜誌第百三十七號に載せたること有り。〔後編・一三九——一四一頁〕

（圖解）第十五圖の內(イ)の土偶は武藏國幡羅郡柿沼村より出しものにて現今根岸武香氏の所藏たり、同(ロ)は相模國鎌倉郡鎌倉釆女塚より發見せられ近來京都博物館內に陳列せらる、同(ハ)は何により出しや不明なれ共確實の品たることは充分に認め得らるべし、（中略）三者共肩巾を附したるは圖に示すが如くにして當時の風樣を窺ふに餘り有るべし。〔一四二頁〕

第二說・袈裟說

此說は埴輪土偶の綏の如き服物とは全く關係無く專ら天壽國曼荼羅圖中の綏の如き服物のみに關したもので、故福地天香氏の說である。

（上略）天壽國曼陀羅と言へば極樂で澤山の人が集會した態、即ち此中に妃達も居られる態を描いたのであります。（中略）此巾に卽ち妃達が天壽國に遊んで居る態が描いてあつて、是れに能く着物の態が現はれて居る。是は古き天皇の時に描かれたのだけれども、矢張り上代の服が是れで以て分るのであります。それで此中の一つを拔出して能く見えるやうに大きく此處へ描いて見ませう。(圖を描示さる)之が女の着物たることは慥かである斯の如きものが此の曼陀羅の中に書いてある。(中略)斯う云ふやうな着物を着て居つた。如何ですか、之を見ましたならば分りませう、マル切り西洋服でありますハイカラなものです(笑聲起る)之が日本の少くも一千二百年前の着物です。それで是は筒袖であるが、此筒袖が稍々廣い、さうして袖口には別の切が附いて居る。それから衿は眞つ直ぐになつて居つたと云ふことが分る。それから着けてあるのは裳である、裳は即ち裾である。是等も二重三重に着けた、能く西洋服にたものである。それから斯う(圖を描示さる)云ふものを掛けて居る。是はどうも少し分りませぬが、袈裟であらうかと思ひます。何しろ天壽國即ち極樂に行つた態を描かれたのであるから、平生人が着けたものではなからうかと思ふ。それからモウ一つヒレと云ふものがある。斯う(圖を描示さる)云ふ鹽梅しきの能く天女や何かが下げて居る、其のヒレと云ふものを打掛けてズツと肩から下げて後ろを引摺るやうにして居つたのであります、即ちゝゝ小夜姫が夫の唐に出掛ける時に別を惜んでヒレを揮つたと云ふ事がある、當時ならば手巾を揮る譯でありますが、其山をヒレフル山と名づけたものである、其のヒレと云ふものは古くからあつたやうであります、何時頃からあつたかと云ふことは私は忘れて居つて分らない。(日本服裝沿革・裁縫雜誌・第五卷第六號)

第三說・チハヤ說

先づ第三說、即ちチハヤ說に就いて高橋健自氏の云ふところは次の如くである。

(上略) 私の考へではチハヤといふ語は、決して平安朝に創まつた名詞ではなく、遠く上古に用ひられた語と信じます。彼のチハヤフルといふ語が卽ち之れを證據立てるのであります。チハヤフルの冠辭に就ては眞淵翁の冠辭考以來國學者に異說がなく、イチハヤブルの約で、最初は敏捷を意味し、勇武は轉じ、威力のあることゝなり、遂に神といふ語につゞく枕詞となつたといふのであります。けれども私の考へるところでは、チハヤフルはチハヤといふ附屬的服飾を打ち振る風俗が上古に存在したことを連想せしむるのであります、領巾を振るといふことは諸君の御承知の通り、大葉子や

肩巾考（宮本）

松浦佐用媛の傳說にありまして、今ならばハンケチを振つて表情すると同じやうなことであります。領巾とは所謂項上の巾で何時でも容易に取り外づしの出來る附屬的服飾であります。チハヤといふものも打ち振ることが行はれたとすれば、矢張取外づしの困難でない附屬的服飾でなければなりません。この見地から埴輪土偶を見ますと、一方の肩から他方の腰の邊へ斜に掛けた片襷様のもの、卽ち今日で申すなら綬のやうなものが往々あります。これに對しては從來考古學者の間に定說がありません。これならば取り外づして振ることも容易に出來るのであります。私はこれがチハヤであらうと思つて居るのであります。この片襷のやうなものは天壽國曼荼羅の中にも見えます。（中略）この禮裝にしてしかも附屬的服飾なるチハヤを祭神の時打ち振るといふ動作が我が遼遠の古俗にあつたではありますまいか。斯様なることは特に土俗學者の示教を仰ぎ度いのであります。彼の繪卷物の類に見受ける女子の神詣の時肩に掛けて居る掛帶といふものも或は上古チハヤの遺制でもありさうな心持が致します。〔奈良朝時代の服飾に對する二三の考・考古學雜誌第十卷第八號四二〇——四二一頁〕

以上の說は大正九年二月に發表せられたが同年八月序の日本埴輪圖集解說に高橋氏はなほ次の如く記されたのであつた。

（イ）上野國群馬郡箕輪村八幡社前男子土偶

右肩より斜に懸けたる綬の如きものは何を模したるか學界未だ定說なし。〔八頁第二版第二圖男子〕

（ロ）武藏國大里郡大幡村大字柿沼女子土偶

右肩より左方斜に懸けたるは前揭第百一圖及び第二圖の男子土偶に見るところに類せる一種の原始的服飾なり。〔四九頁第九十二版第百二圖女子〕

（ト）出雲國八束郡大庭村大字大草字岩屋後女子土偶

身に纏へる一種の服飾は前揭第九十八圖と類を同じうせるものか。〔四九頁第九十一版第百一圖女子〕

（チ）遠江國濱名郡知波田村大字利木字上平女子土偶

肩より打懸けたる一種の原始的服飾に闘しては學界未だ定說なし。〔四八頁第八十八版第九十八圖女子〕

此チハヤ說は高橋氏自身も後年放棄せられて次のスキを發表されるに至つた。

第四說・スキ（繦）・巾明衣說

高橋健自氏のスキ說は出雲國簸川郡布智村大字蘆渡字保知石小字深田谷の横穴古墳壁畫中の人物の服飾の考證中に次の如く見えてゐる。

この圖から右の方へ不明瞭の部分（奥壁の幅約四分一）を隔てゝ亦人物がある。勿論判然しないが、被髮の狀を寫したる如く見える。その顏の下に顋の線を延長したやうに交叉してゐるのは意味ありげに見える。多分左右の肩から反對の兩腋へ今の綬のやうに懸けたものが胸部に於て相交はつた狀を表したのであらう。これが單に背の方で交叉してゐるのならば襷卽ち手繦（タスキ）と解すべきであるが、これは胸背孰れも相交はつてゐるのであらうと思はれる。何となれば埴輪土偶にかうした特殊なる扮裝を表したものがあるからである。しかもその土偶は同じ出雲國の八束郡大庭村大字大草の古墳から發掘されてゐるのである（第四圖）。既にかくの如き立體的表現が大和朝時代にあるに於ては、少くとも彼の地方にかゝる風俗が存在したことが推察される。隨つてそれが當時の平面的描寫にも現はれることは當に有り得べきことである。

そこで吾輩はこの特殊なる服飾が如何なる意義を持つたものであつたかを考へて見たい。この考察に際して、この土偶に見る如く兩肩から懸けずに、今の綬のやうに單に一方の肩から他方の腋へこの種のものを懸けてゐる男女の埴輪土偶が往々發見されてゐることが注目に値する。上野國群馬郡箕輪發掘土偶（東京帝室博物館藏）はその男子の一例で（第五圖）第四圖の土偶と同所から同時に發掘された土偶（同館藏、第六圖）はその女子の一例である。加之大和國中宮寺藏天壽國曼茶羅殘缺にもこの種の服飾を著けた人物が少からず見える（第七圖）、中にもこの天壽國曼茶羅所見と問題の出雲大草發掘土偶とはその懸けてゐるものゝ下の方が特に膨らんでゐる點に至るまでよく似てゐる。而してこの天壽國曼荼羅は飛鳥時代のものであること世の周く知るところである。これで見ると、この服飾は埴輪の行はれてゐる時代からその埴輪の廢滅した所謂古墳時代末に近い頃までもあつたものと思はれる。

然るに斯うした服飾の何であるかは學界未だ定說がない。或一部の學者は之を領巾（ヒレ）と說いてゐるやうだが、必しもさうは受取れない。古史を案ずるに、崇神紀に吾田媛が香久山の土を領巾に包んだことがあり、欽明紀に大葉子が新羅の敵地に捕虜となり、城壁に立つて遙に鄕國を望み、之を振つて憤死したことが見え、又彼の佐用媛が夫大伴狹手彥を松浦の海邊に見送つたとき、之を振つて別れを惜んだ說話も人口に膾炙してゐる。就中吾田媛が土を之に褁んだといふことから考へると、前掲天壽國曼荼羅及び出雲大草發掘土偶に見るところの問題のもの丶下の方が膨れてゐることも自ら解されるやうな氣がして、いかにも尤なやうに想はれる。しかしながら、翻つて領巾の著裝樣式を文獻に徵するに、萬葉集の歌に「濱菜摘むあま乙女どもうながせる領巾もてるかに」とあり、和名抄に「婦人項上飾」とあるなどから推すと、項は後頭の下部即ち國語のウナジ即ちクビスヂを意味し、ウナガセルはその項から兩肩へかけて今の肩懸の如く裝うたことが知られ、さうした有樣が支那發掘明器土偶に明かに看取され、我が正倉院御物の繪畫にも認められる。尤萬葉集は奈良朝の歌集であり、和名抄は平安朝の書であり、彼の支那發掘土偶や正倉院御物の繪畫は唐時代若しくは我が奈良時代のものであるから、飛鳥時代以前の領巾と奈良時代及びその以後のそれとは、名を同じうして樣式が異ふとも考へられぬことはないが、それは唯可能性があるといふだけに過ぎない。それよりも名稱と著裝法とがよく判つてゐる奈良平安朝と同系統のものが、飛鳥時代以前にも同じ名稱を以て行はれたらうと考へる方が寧ろ妥當の見解であらう。

この綬の如き服飾を土俗に徵するに、交通不便を以て有名なる阿波國祖谷に於ては右の肩から左の腋へ懸けた帶に子供を支へて守りする風俗があり（東京人類學雜誌一三三、中井伊與太、曾木嘉五郎兩氏報）琉球與那島の女子も同樣右肩から左腋へ懸けた帶を以て子供を支へてゐる。この類同は三十年前八木奘三郎氏によつて夙に學界に紹介されてゐる。

（同誌一三七）、平安朝の辭書なる新撰字鏡に「繦」をスキと訓じ、「負レ兒帶」また「束二小兒背一帶」とある。更に之を漢字本來の意義から見ると、論語に「襁二負其子一」といふ句があり、註に「負者以レ器曰レ襁」とあり、疏に「襁織レ縷爲レ之、廣八寸長丈二、以約二小兒背一」とあつて、彼我全く同樣である。（襁と繦とは勿論同じこと）萬葉集十六竹取翁の歌に「搓襁這ふ子が身には」といふ句がある。この搓襁は通例スキカクルと釋讀してある通り、未だ歩むことの出來ない這ふ子が襁によつて約せられるのが常であつたことが知られる。上述の阿波の山奥や琉球の場末に見るところの子守の仕方は恐らくは近世に創まつたのではなく、新撰字鏡や萬葉集に載するところの習俗の延長であらう。

かくの如く奈良朝乃至平安朝に於て領巾と襁とが兩ながら世に存し、一は項の飾として行はれ、他は兒を負ふ帶として用ひられたことが判明し、而してその襁の使ひ方が僻地の土俗から說明された上は、問題の埴輪土偶が懸けてゐる綬のやうなものは、そこに兒を約しては居らないけれども、その懸方に至つてはまさに襁と軌を一にしてゐることが承認されるであらう。

この服飾の解釋に際してまたこゝに參考すべき有力なる一資料がある。伊勢大神宮に於て御遷宮などの時、下級の神官が一方の肩から他方の腋下へ懸ける「巾明衣」は即ちそれだ。「明衣」はアケノキヌとか、キヨギヌとか訓むこともあるけれども、從來學者の所說の如く音讀するが常で、もと支那から傳つた祭服の一種に對する稱呼に過ぎぬであらう。神宮司廳の御巫淸白氏の報ぜられるところに據れば、明衣は延曆儀式帳以來禰宜內人を通じて著用するもので、その裁縫は闕腋の袍と略同じであるが斯くの如きは用途缺乏の時代に至つて上官にのみ形を存し、下官は裁縫せざる絹をそのまゝ左肩から右脇へかけて、「巾明衣」と稱したといふことである。しかしながら管見を以てすれば、低級の社會に見るところは僻遠の地方に見る所と共に古式の文化を遺存すること少からざる實際に鑑みて、この場合に於ても、所謂巾明衣は我が國に於ける祭服本來の一古制を傳へたもので、袍と同式のものは却て唐制模倣の思潮から成立した新樣ではあるまいかと思ふのである。由來服飾は實用から出發しても、時の推移に伴れてそこに分化が行はれ、或物は最初の目的通り第一義を以て本流として傳はると同時に、他の或物は裝飾化し象徴化して第二義を以て支流として傳はることは敢て珍しくないのである。前述の兒を負ふ帶として後世まで行はれたのは卽ち實用的の本流であり、祭服の一として今なほ行はれるのは象徴的の支流であらう。而して埴輪土偶に現はれたる今と變らない襷が寧ろ儀禮の象徴たることゝ併せ考へれば、この同じやうに埴輪土偶に見るところのものも亦巾明衣の先蹤をなしたもので恐らくは原始時代以來行はれた服飾の一つであらうと思はれる。彼の中世に於て社寺に詣でるとき、兩肩から背の方へかけた「掛帶」といふものも蓋しこの系統に屬するものであらう。〔古墳墓壁畫の一二に就いて、考古學雜誌・第十七卷第五號・三一二―三一九頁〕

右の論文に添へた挿圖は次の數圖である。

第一圖　出雲國蘆渡橫穴奥壁所刻

第四圖　出雲國八束郡大庭村大字大草發掘埴輪女子土偶

第五圖　上野國群馬郡箕輪發掘埴輪男子土偶

第六圖　出雲國八束郡大庭村大字大草發掘埴輪女子土偶

第七圖　大和國中宮寺藏國寶天壽國曼荼羅所見

以上の諸說は埴輪土偶に現はれた綬の如き服物に關する研究であると同時に其半面は肩巾研究の消長を示すものであつたのである。

（昭和八・八・卅一・稿）

蠶室。　漢書卷九十七外戚列傳に、孝宣許皇后の父廣が昌邑王の郎たりし時武帝に從つて甘泉に上り、誤つて宅郎の鞍を取つて其馬に被せ、發覺して罪死に當るところ武帝の詔あつて蠶室に下された。この死刑の事がすでに興味ある事實であるが、蠶室に下さるといふことについて、いろ〳〵の處に說明がのつてゐるが、唐章懷太子賢注後漢書光武帝紀は「蠶室宮刑獄名有刑者畏風須煖作窨室畜火如蠶室因以名焉」といひ、漢書五十九安世傳の注に顏師古は「師古曰謂腐刑也凡養蠶者欲其溫而早成故爲密室蓄火以置之而新腐刑亦有中風之患須入密室乃以全因呼爲蠶室耳」といつてゐるが、いささか合理化しすぎてゐる比論的な解釋である。然るに後漢書七十六陳忠傳に忠が父寵の意に依つて蠶室刑を除かん事を上奏してゐる條に、注はやはり「蠶室宮刑名也或云犍刑也作窨室畜火如蠶室」といひ、加之に漢舊儀注を引用し、「漢舊儀注曰少府若盧獄有蠶室也」といつてゐる。而して孫星衍が漢舊儀を校訂集結するにあたり「案後漢書陳忠傳注引少府若盧（獄之字なし・註）有蠶室疑此注文」といつてゐるのが次の文である。「皇后親桑於苑中蠶室……置蠶官令丞諸天下官下法皆詣蠶室與婦人從事故舊有東西織室作治」と云つてゐるので、その前半は禮記祭義のそれと類似してゐるものである。卽ち皇后が貴人を率いて（祭儀にては卜三宮之夫人世婦之吉者一とある）君の祭祀の服をつくる爲めのところである。

この漢舊儀（衞宏つくるところといはれる）の文章の確實さは、また文選四十一、報任少卿書の司馬遷の文に注はかく云つてゐる。蘇林注景紀曰作密室廣大如蠶室。故言下蠶室。衞宏漢儀以爲置蠶宮（通行本李善注には宮とあり孫星衍の校訂には、室とあるを官となす可しとしてゐる）今承諸法云詣蠶室與罪人從事。主天下。（この下に官下法皆詣蠶室の如き缺字あらんか）室者屬少府、とある。

この宮刑者が婦人と共に從事し、皇后がこれら罪人と共に祭服をつくるといふ事は古い儀式であつたらう。且つ漢舊儀によれば「凡有罪。男髡鉗爲城旦。城旦者治城也。女爲舂。舂者治米也。……鬼薪三歲。鬼薪者男當爲祠祀鬼神。伐山之薪蒸也。女爲白粲者以爲祠祀擇米也。……と云つて、祭祀の奉仕者として罪人と刑とを考へてゐる如くである。ここに明記なき髡者も周禮には賓客を積にむかへるといふ。

之の蠶室に下すといふを、織室に輸すとする例（史記外戚世家・薄大后）もある。又漢儀は綬の常式を列擧して曰く、民織綬不如式沒入官犯者爲不敬と云ひ、而して禮記祭義は之蠶室の傳承を古者天子諸侯必有公桑蠶室。近川而爲之。築宮仭有三尺。棘牆而外閉之。と云つてゐる。

註　漢書百官公卿表には、少府の屬官に若盧が明記され服虔曰若盧詔獄也。鄧展曰舊洛陽兩獄一名若盧主受親戚婦女。などは、之の下に獄の字を重れるまでもない事を示してゐる。

左傳その他に依れば王者の宮室宗廟は、莊麗を極め罪人、蠻隷、俘を以て滿してゐた。昭公七年楚の章華之宮に亡人を納れたとあり、傳說的惡王紂も亦かくの如しといはれ、臣下その閹人之に入りたるを執ひて、かへつて有司に執へられた事がのつてゐる。之は、諸亡逃至其中皆不還之といはれる魏志馬韓傳の如き靈場として王宮を考へしめる。そしてそこに腐刑の宦者を考へるとき、その難解にとらへられてはしまふが、その獄中の職とするもの、その祭祀に奉仕する物から、幾分の原初的概念が明示されてゆくかと信ずる。（明石）

寄合咄

方相氏について

周代に於いて儺を職掌としたものは周禮夏官に見ゆる方相氏である。（春官の占夢も亦方相氏と官聯をなす）方相とは猶ほ放想といふがごとく畏怖すべき貌であると鄭玄はいふ。卽ち恐怖を髣髴想像させるに足る形相すさまじき假面にて扮裝せるものゝことである。愼子に見える皮倛、荀子に見える蒙倛、漢代に於ける魌頭と同一義である。但し方相氏の假面だけが四目であつたらしい。

周禮によれば方相氏は儺の時にあたりて熊皮を蒙り黃金四目の假面をつけ黑衣朱裳にいでたち戈を執り盾を揚げ百隷を率ひて疫癘の鬼を室中に索めて驅逐することを掌る。この時、桃弧・棘矢・土鼓を以て或は鼓し或は射ながら赤丸（土を小粒にまろめたもの）五穀の呪物を播いて廻る。（蔡邕獨斷參照）王后太子の大喪にあたりては葬列の先導をして道中の邪鬼を驅除し、墓域に到るに及んで先づ壙穴の中に入り戈にてその四隅を擊ち方良を驅逐する。

疫は役と同義で病氣は疫鬼がゐて役を行ふものと考へられ、癘は厲と同義で癘鬼が人にあたりて癘厲すれば人を傷疾するものと考へられてゐた。（釋名釋天參照）疫鬼はもと顓頊の三子であつたが生れて間もなく逃げ一人は江水に居て虐鬼となり一人は若水に居て罔兩蜮鬼となり一人は人家の室隅に居て小兒を驚かす疫鬼となつたといふ考へもあつた。（後漢書禮儀志の劉注に引く漢舊儀に見ゆ、周禮正義之を引く）禮記郊特牲の禓（シヤウ）は儺と同義であるがその鄭注に强鬼を逐ふといふもの並に月令に儺に際しては都城の四門に牲を磔して邪氣を祓ふことを載せてゐる事實によれば儺は單に小兒を驚かすと考へられた特殊の疫鬼のみを驅逐するのではなく、同時に强鬼と考へ得る一般邪惡の疫癘の鬼をも併せて驅逐するものである。

方良は鄭玄は罔兩と同一鬼であると考へた。方良と罔兩とは疊韻の字で互ひに通じる。罔閬とも作る。（孔子世家）說文には山川の精物とし、韋昭は山の精で好んで人の聲に倣つて人を迷惑するものとし（國語魯語注）杜預は水神であるといふ。（宣公三年左傳注）莊子には「水に罔象あり野に方皇あり」（達生篇）とあり更に風俗通には「周禮の方相氏は葬日壙に入りて罔象を驅る罔象は好んで亡者の肝腦を食ふ」（封氏見聞記に引く）（以上周禮正義に引くところ）とありて鬼の名稱並に所在に關して必ずしも一致してはゐないが、それらの邪鬼としての性質は全く共通せるものて古代人が山川草澤原野人屋にはそれぞれの精靈が居るとの俗信を持つてゐたことは事實である。特に罔象が亡者の肝腦を食ふものだとの俗信のあつたことは方相氏が方良を驅逐する事實と考へ合せて見て面白い。かゝる邪鬼を驅逐するのが扮裝せる方相氏の仕事であるが後世の追儺は逐ふ者は扮裝しないで却つて逐はれる鬼が扮裝するやうになつた。

方相氏の假面が何故に四目であつたかといふことについては古人は一語も言及してゐない。民俗學第一卷第二號に石田幹之助氏の「支那に於ける邪視の俗信に就いて」の一文が掲載されてゐる。その中にデンニス氏の報告として「支那に於いて姙婦（又はその夫）は胎兒と共に四つの眼を持つものとして邪視の能力者として一般から嫌忌せられてゐる」といふことを引用されてゐる。現代に於けるこの俗信は遡りて周代に於ける方相氏の黃金四目の假面の發生的又は民俗學的意義を假定するに恰好の報告である。卽ち邪視の俗信の存在が邪鬼を驅逐する儀裝としての四目の假面を考案した人々の間に聯想されてゐたのではないかといふことを推測するのである。少くとも支那古代に於ける邪視の俗信の存在の間接的材料たり得るものと思ふ。

鄭玄は方相氏に注して今（漢代をさす）の魌頭のごとしといふ。漢代の俗間に於いては死者の魂氣飛揚するを恐れて之れに蒙らすに魌を以てし或は之れを觸壙と稱してゐた方語もあつたらしい。（太平御覽禮儀部に引く風俗通）此の事實を前述せる罔象が亡者の肝腦を食ふといふ俗信のあつたことゝ考へ合すに、死者に假面を用ふる目的はその死體を食はんとする邪鬼を恐れしめやうとするものでもあつたであらう。卽ち方相氏の扮裝が邪視の俗信の應用されたものであり更にその應用が死者にまで及んでゐるのではないか。上述の觸壙といふ方語が微かにもその眞相を示してゐるかに思へる。

鬼の字は說文に鬼に作りその甶の形は鬼の頭に象つたものだといふ。卜辭には畀に作る。その田の形に作るものはおそらく死者の假面を意味するものであらう。葉玉森は卜辭中の[illegible]を釋いて鬼の字であるといひ、（鐵雲藏龜拾遺）郭沫若は之れを釋いて「人の面具を戴ける形に象る、まさに是れ魌の初文なるべし」（卜辭通纂攷釋）といふ。然らば死者に假面する習俗は旣に早く殷代より存してゐたと謂はねばならぬ。

私は周代に於ける方相氏の黃金四目の假面が適々邪視の古俗信を推測し得る間接的な材料であり、引いては殷代以來の死者に假面する習俗が少くとも邪視の俗信の一反映であることに想到するのである。（昭和八年八月七日）

（齋伯　守）

資料・報告

野良着か里さんに就いて

廣松健二郎

前月若州地方へ旅行の折若州地方の農民が袴の如きものを着け、衣類も短衣にして、實に輕快着實なる服裝にて野良仕事に從事し居るを觀察して、簡單乍ら其の袴の如き者に就いて調査して見た結果を要領のみ錄出しよう。

聞くに隨分舊くから用ひられ舊幕時代の百姓の晴着であり、若州の人々は其の野良着の袴の如き者を、『か里さん』或は『ふぐみ』と呼んで居るが其のか里さんの仕立方割方（タチ）は別圖の如くである。

之を一應說明すれば、布地は紺或は紺かすりが用ひられ、老人は皆黑の紺を用ひ若い者が主として紺かすりを用ふる如くであるが、中にも色々の模樣入りのもない事はない、然して紺を用ふるは蛇が紺を嫌ふと言ふ俗信に基くと共に丈夫な故であらう、普通の大人にて八尺、大なる人にて一丈の布地を要する、八寸五分位の巾の布地なれば益々輕快なる者が出來る故に巾は狹く布地の質の强きを嬉ぶ、從つて近年に至るまで自家にて織を立て手織の者を多大の勞力を費して製した人が多かつたのである。若し布地の巾廣き時は紐を取りし後の布地にて作る事多しと言ふ。八尺丈に就いて其の割方（タチ）仕立方を書くに止めた。一丈たけ、或は小兒のものは只其の構造を消長するのみにて別に根本的相違はなしとの事である。

前巾として一尺九寸丈の者を二枚とり、殘る四尺二寸を二つに折り折目の反對側にて五寸五分乃至六寸の所に五分乃至

仕立法ハ袴ト同要領タリ。横ヘリ、石付ヲ付ス。前巾ニ五、後巾ニ四ノヒダヲ付ケテ紐ヲ結ケル、紐ハ前紐ハ後ヘ廻シ前ニテ結ブ故ニ五尺五寸乃至六尺、後紐ハ前ニテ結ブ故ニ三尺位トス。布地ノ巾ハ八寸五分位ガ良イト言ヒ先ヅ紐ヲ欠ク人アリ。裾ヘリノ巾ハ五分乃至一寸トシ時折取リ代フル。三角片ハ下ト横上一方ヲ縫合セ、一方ヲ開ケレバ男子用トナリ、全部縫ヒ合スレバ、女子用トナル、石付ヨリ裾マデ一尺二寸。

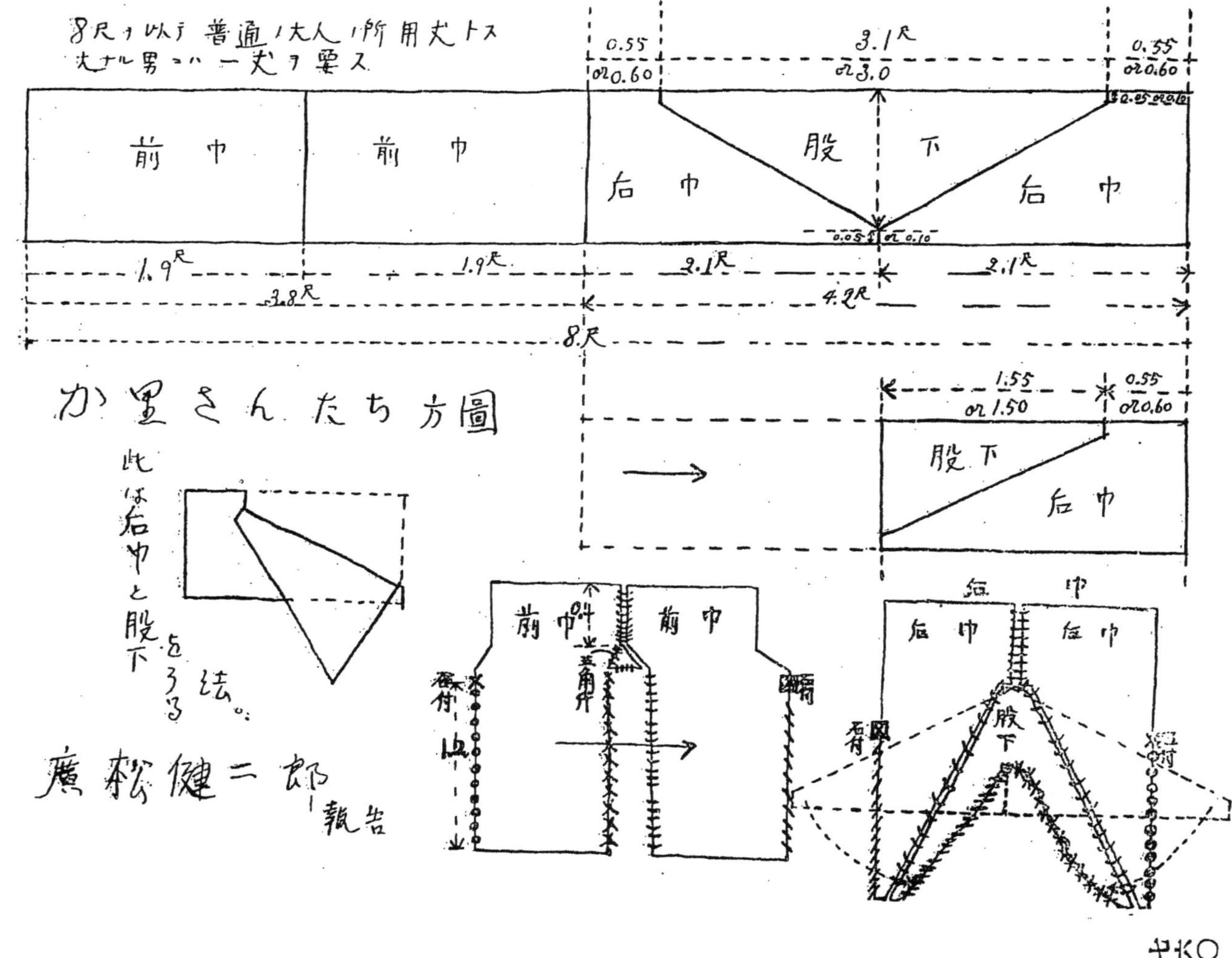

一寸位の切込を入れ、折目の所にて切方の反對側に之又五分乃至一寸を殘して之を折りて割つなり。然かすれば後巾と股下を得るのである。其の折り方は、圖の如くにして折目に鋏を入れて割つなり。殘る後巾は五分程折目の所にて連なるを切つて二枚となす。

割ち上つた布地は、

前巾　一尺九寸の長方形が二枚

後巾　二尺一寸にて一方が半ば斜めに缺けし者二枚

股下　三角形の兩底角を少ゝ缺きし如きもの一枚

の五片となる。

別に紐の布地。股下と前巾と後巾の合點に入れる三角形の布地として、四寸四方の布地を二分して得し位の大きさの三角の布地、及び裾へりの布地を要す。派手者は紐、三角の布地、裾へり共に同一の布地にてなすが、之が爲には其れだけ餘分の布地を要するのである。故に兎もすれば有り合せの布地を以つて縫合せし者を着用する者が多い。

之を縫ふには、袴の簡單なる者と心得れば良く、後巾を五寸五分或は六寸縫ひ下げ股下を後巾と縫合せる。而して前巾二片を上より四寸縫ひ下げ三角形の布地を入れ之等のものを既に後巾と縫合せし股下の他の一方に縫ひ合せ、而して夫々側方を裾より一尺二寸縫ひ上ぐれば丁度股引或は袴の如きものを得。

男子用としては三角形の布地の右上の一方を縫ひ合せず小便の用を足すに供するが女子用としては縫ひ合せる。横へりを袴の如くとり、石付を付し、下へりを圓く付せし後、ヒダを前に五、後に四を取つて紐を付ける、紐は前紐は後へ廻し前にて結ぶ故に五尺五寸乃至六尺、後紐は前にて直ちに結ぶ故に三尺の者を付す、下へりは良く破損する故に時折り取代へるもの多し。

野良仕事着として用ふる際には此の上に脚絆を用ふる人と用ひざる人とあり、但し水田に入るに際しては必ず脚絆を用ふ。然し冬期等かりさんを着用すれば暖しとて一般に之を外出着としても用ふる風あり、外出用として用ふる者は水田に入る際に用ふる者よりも長く一丈たけのものを多く用ふる風あり、學童の如き通學にも之を用ひ或る學校にては學童の特に女學童の體操着として之を指定し居るとか、多くの學童が之を常用するを見受ける。

私は野良の仕事着としては輕快にして着實なれば、理想的なるものの如くに思惟した。只普通の長い衣類を用ふる時は股間にタバ〳〵と衣類の裾がして居るが、冬期は之が爲に暖を取り、夏期に際しては極めて輕くしつかりした襦袢の如き上衣を用ひてかりさんを用ふる者極めて多く、至つて便利なる袴の如く觀察した。(一九三二・八・一夜)

『カオロ』の僧に化したる話

林　魁　一

莊川村猿丸近傍田中の人石灰山椒の實等を交へて溪川に毒流をなさんとして準備をなせり。其の夜一人の僧來り我は溪川に住居するものなるが君は明日毒流を行ふ樣子なるが川に棲む魚類の全部死することなるに依り中止なさるべしと說きたり。某は不思議に思ひたるもよく考へ置くと答へ幸に作りし團子ありしを以て僧に與へたるに僧は是非賴むと云ひて歸りたり。某氏は家族と相談したるも終に翌朝川へ毒を流したるに死したる魚類の外に一匹の「カオロ」は口中に團子を食ひて死し居りしを以て僧は「カオロ」の化者なりと云へり。(莊川村猿丸の某老人より聞く)

鷹と『サンザキ』

昔「サンザキ」即ち「ミソサヽイ」が居り鷹の居る所に到り鷹の仲間になして下さいと賴みたるに鷹の曰く、熊を取り來れば鷹の仲間に入れてやると答へたり。「サンザキ」は直に山に入り洞穴の中に熊の居るを發見して其の耳に入り頻にチヤ〳〵と鳴きたり。熊は驚きて岩にて頭を打ちて死したり。故に「サンザキ」は熊を取りたりと鷹に告げたり。鷹の洞穴に到り見れば熊は死し居るに依り之を譽めて曰く、我は鳥の王なりと思ひ居るも熊を取らず「サンザキ」は鷹の取らざる熊を取りしに依り鷹の仲間となすべしと。故に「サンザキ」は小さき鳥なるも羽毛は鷹に似たり。(白川村字長瀨大家族の老人に聞く)

野良着か里さんに就いて　(廣松)

間取と家建て・衣服の事など

櫻田勝德

間取と家建て

一まとめに記すのは無理らしいが、大體家の間取りを第一圖の如く土間と四つの部屋に分けて、その名前から書き

第一圖

裏口
ニ　ロ
ハ　イ
門口
大黑柱
オトシノハシラ
サマノモト
ザトウサグリ

はじめると、イの部屋をナカヰとよぶのが糸島郡宗像郡、日田郡中川村邊り、ゴゼンと稱するのが八女郡矢部、大淵村邊り、日田郡五馬村、西彼杵郡江島邊り、アガリクチといふのが北松浦の田平、志賀島、ユルリノマといふのが西彼杵の平島、ダイドコロといふのが豐前藍島、ザシキといふのが甑島瀨々野浦、デャナカといふのが同島片野浦、アラケといふのが同島中甑に手打、同島里ではオマエといつてゐた。

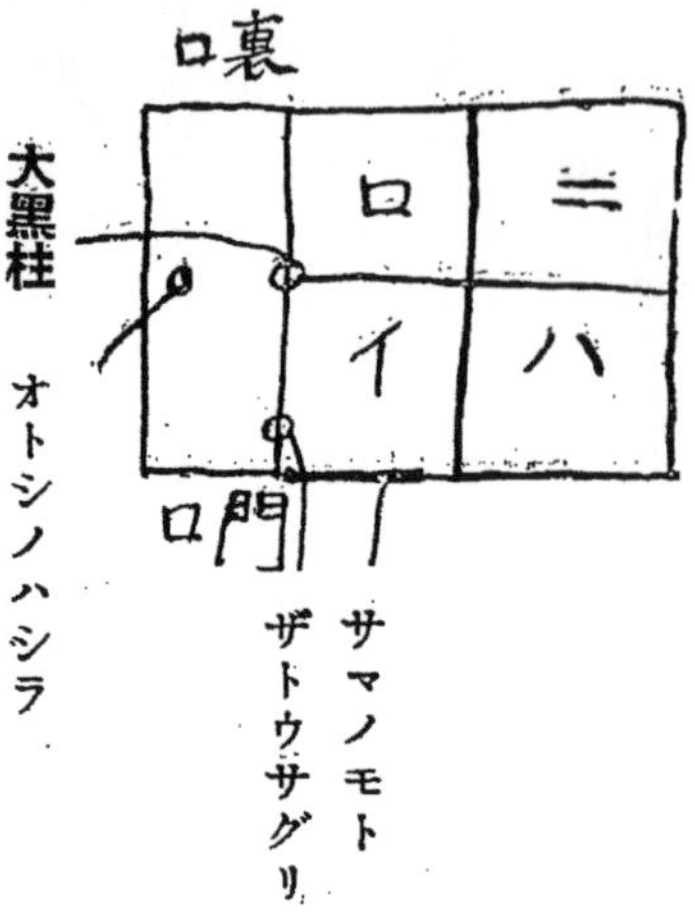

ロの部屋をナイショといふのは宗像郡、志賀島、日田郡中川村、ナンドと呼ぶのが甑島の里、ナンドとヨコザに仕切つてあるのが八女郡矢部村、ヨコザといふのが糸島郡姫島、しかし同郡では大概臺所と云つてゐるやうだ。八女郡大淵村一本松では臺所の間、北松浦田平では茶の間、肥前江島では勝手、その隣りの平島では次の間、豐前藍島ではタナモト、甑島の內、中甑手打片野浦ではウチネ、同島瀨々の浦ではオクノマといふ。此部屋を日田郡五馬村ではナカエと呼んでゐたが、甑島全土に亙つてナカヰと稱するは、土間（ドヂ）の奥半分をしきつて、他の部屋よりも大體一段低い床になつてゐる板の間をいふ。

ハの部屋をザシキと呼ぶは、糸島、早良、宗像、糟屋、北松浦、西彼杵の江島平島、八女郡山間、豐前藍島等で、甑島では全部此處をオモテといふ。

ニの部屋をナンドと呼ぶは、ハの部屋をザシキと呼ぶ地方の殆ど全部に及んでゐるが、八女郡矢部村ではネドコロ

と稱してゐた。甑島中甑でもナンド、片野浦ではコザ、里と手打、瀬々野浦ではウチといふ。

甑島では土間をドヂといふてゐたが、他では何といふてゐるか唯ニハで通じて來た。ニハは大黒柱邊りの所で、大體縱に二つに分けられてゐる。此區切りに壁や格子戸を設けてゐる所も多いが、また大黒柱と相對して土間に一本の柱を立て、之を境目とし、それより戸口に至る側には麥俵などを積み、裏口の側には竈を設けてゐる所が多い。此土間の柱を糸島郡早良郡から北松浦、西彼杵郡にかけて、オトシノハシラといひ、八女郡では荒神柱と稱してゐた。未だ荒神柱と稱してゐた所が北九州にあつたやうに思ふが、一寸心當りがない。荒神様とよばれる大竈は此柱の下にあり、筑前でも臼を引出して祭る田の天神祭とか亥の子の行事は、此柱のもとで行はれたらしい。庭の俵を積む場所を西彼杵ではトウラダナ、北松浦田平ではザノウエ、糸島郡野北ではオクロと稱してゐるが、此頃は簞笥大の穀櫃やブリキの箱を此處にをいてゐるむきが多い。しかし肥前平島では、穀櫃を用ゐてゐた時火災に遭ひ、持ち出すわけにゆかず籾を皆燒いてしまつた。鼠の心配はあるが俵の方が良いと云つてゐた。さういふ爲めか小さい箱にいくつも小分けして、之をトーラダナに俵をつむ如く積んでゐる所が多い。尤もイの部屋の天井に棚を造つてゐる所も在る。甑島の中甑などは確かに此方だつた。糸島郡姫島では麥の俵を庭につみ、娘が出稼ぎしてもつて來た米俵を、中居の天井に棚をつくつてそれに置いた。

八女郡の山手では庭を廣くとつた所が多く、その隣りにカマヤを接續してゐる家が多い。カマヤのある家では、カマヤだけをゲを下して造つてゐる。ゲを下すといふ事は日田郡でもいふ。當つて見れば廣く云つてゐるのだらう。八女や日田ではカマヤは主に茶を製造した場所であるやうにみられるが、納屋らしくもある。北松浦の田平ではカマヤはニハの裡や別棟にしてゐるといふが、此處に竈やハンドガメを置いてゐるといふ。甑島の手打の麓（士族）の家では、大體母屋はアラケ、ウチネ、オモテ、ウチの四間しかない、土間に當るものは棟を別にして建てゝゐる。此別棟をカマヤといふ。

普通大黒柱といへば第一圖の場所に在るやうだが、甑島へゆくと何やらわけがわからぬ事になつてしまふ。普通此程度の家で何本位の柱を、必要とするか知らぬが、どうも一見した所甑島の家は柱が多い。土地の人も風が強いから多いのだといふが、さてそれならどれが多いか、私には見當がつかぬ。上甑島では大黒柱といふ名稱は無いのではないかと思つた。手打では第二圖の如き場所に大黒柱があり、大黒柱の上の梁をカモジカケといふ。カモジカケと大黒柱

間取と家建て・衣服の事など（櫻田）

第二圖　手打の麓の家

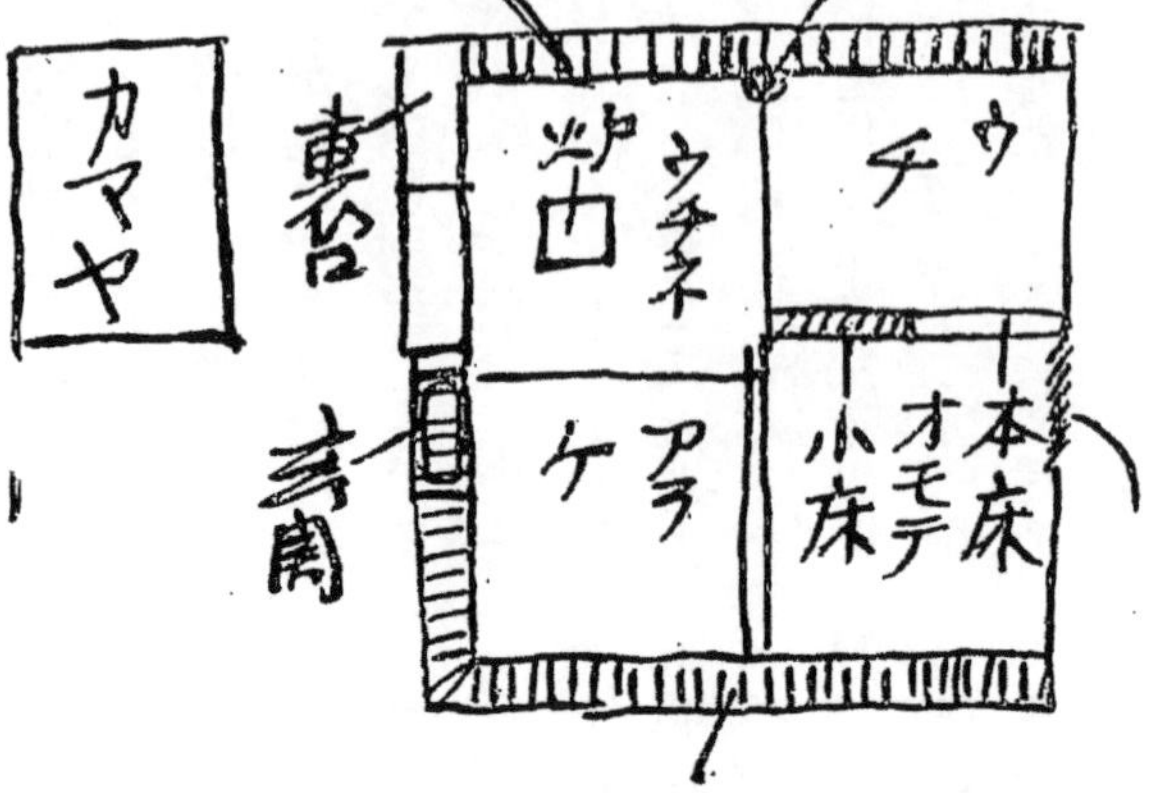

此處に小床が在る家もある。

外縁（内縁は士族のみ造る）

の光らぬ家は女が無情だと云はれると云ふ事だつたが片野浦では大黒柱はオモテとウチネとの間の柱で、カモジカケとは大黒柱の事だといふ。瀬々の浦では大黒柱はオモテの床の間と佛間(ブツマ)の境に在る、いはゞ床柱に當るもので、カモジカケとは、オクノマの主婦座に當るチヤンナカザの背後にある、茶棚の端の柱だといふ。どれがほんとうでどれが誤りか判らぬわけだ。

糸島や早良の郡では、第一圖に示した如く戸口を入ると直ぐの所にザトウサグリといふ柱が立つてゐる。此柱は座頭が入つて來る時さぐり撫でる故、座頭探りと云ふのだといふ。成程盲人が手探りしさうな場所に在る柱だが、無くてもよささうな柱に見える。何故此處に此柱が在るか、その理由を聞いた事が無い。

柱の事をいふと、肥前平島では四間の中央になる柱をテイスバシラといひ、その傍にショエンとて小障紙をはめた窓がついてゐる。此ショエンの前には机などを置いてゐるが、之が丁度亭主が横座に坐ると、その背中に當る所にあるので、ショエンは如何にも書院といふ事らしい。甑島瀬々野浦ではオモテの家の一隅になる所の柱を一番柱といひ、地搗きの時、最初に此柱石をつく。

博多の町家にはエビスバシラといふ柱がある。どの柱を夷柱といふか確かとした言を聞いた事が無いが、此町の家の造りは以前は多くハリミセといふ造りであつたらしい。今でも屢々かういふ造りの家を見る。之は博多ばかりではなく、東松浦の呼子町でも見たし、姪の濱や糸島郡にも在り、糸島では之をミホギと稱してゐる。梁見せと云ひ見ほぎといふ家の特徴は、第四圖の如く道路に面する一番前の部屋の上には二階を造つてゐるが、次の部屋には二階も天井もなく、大きな梁と柱とをむき出しにしてゐる。その後の部屋にはまた二階乃至中二階を造り、此前後の二階を連絡するために第三圖の如き廊下を付けてゐる。此廊下は通例二階の部屋の床よりも少し低く出來てゐるやうで、二階

第三圖　ハリミセの廊下と梁

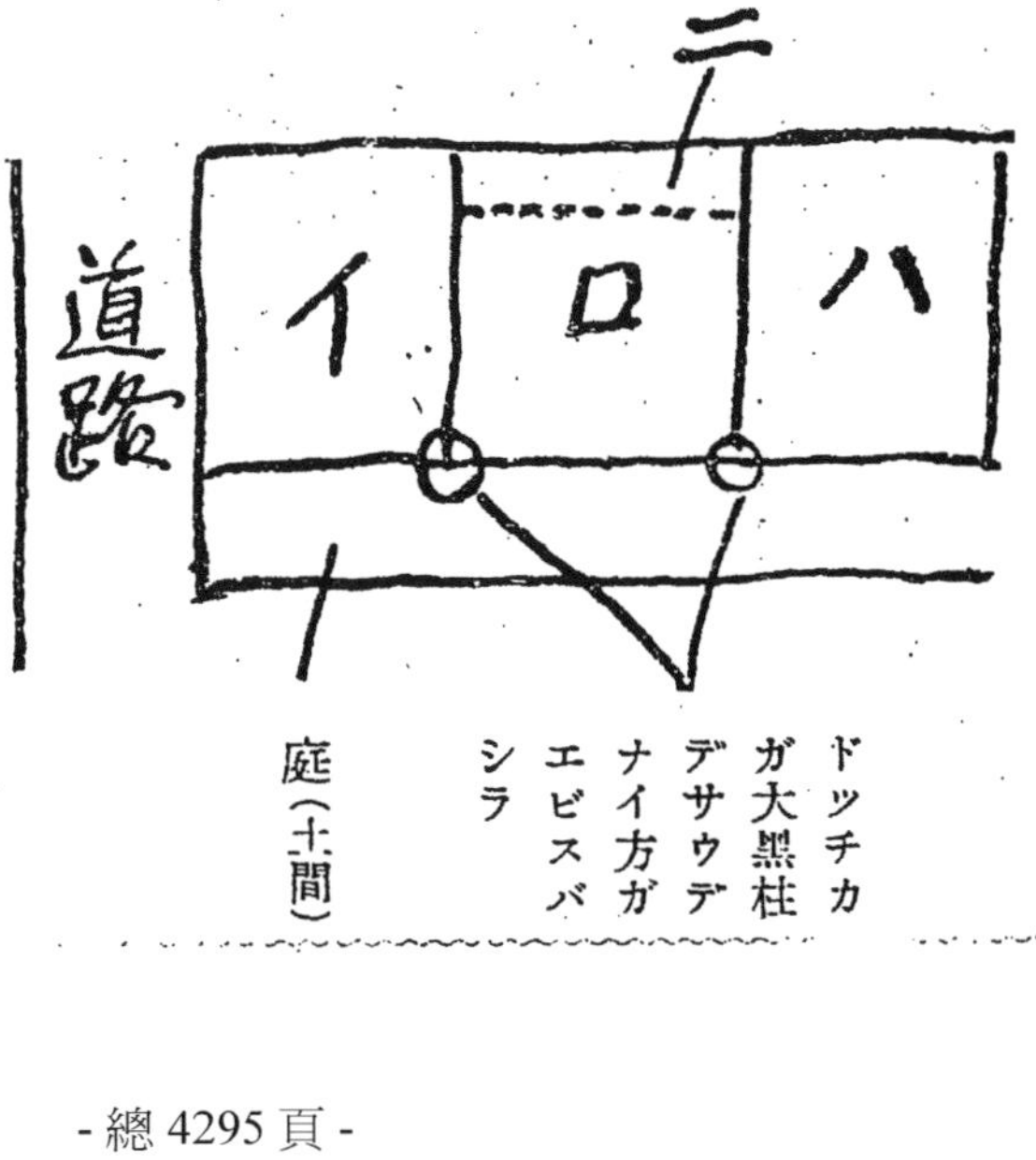

の部屋の入口には砧の臺のやうな踏臺がをいてある。一番面白いのは此二階の窓が天井のない部屋の上にさし覗いてゐる事だ。商店では此天井のない部屋までを、店に使用してをり、店を出さぬ家では天井のない部屋を茶の間の如く使用してゐる。此部屋に大黑柱と夷柱とが圖の如く在り、それが太々しく屋根裏まで通つてゐる。さうしてその上には太い梁を幾重にも組重ね、極端な家では人が屋根裏まで登り得ぬほど、隙間なく梁を組んでゐるといふ。かくして梁や柱に太い材を用ゐ、金をかけるのが、普請自慢のしどころで、之を仰ぎみては滿足してゐたといふから、新築を譽めるのもまづ此處へ坐つて、天井をふり仰いで見てから爲されたものだらう。それ故に此普請を梁見せと稱したのだと、筥崎の棟梁は云ひ、糸島では見ほぎと呼んだのだと、同地の棟梁はいふ。自分では天井のない部屋には、もと圍

第四圖　ハリミセ

イとハの部屋には二階があり、ロの部屋には二階がない。ニはイとハの二階を繋ぐ廊下のある所。

ニ
イ
ロ
ハ
道路
ドツチカガ大黒柱デサウデナイ方ガエビスバシラ
庭（土間）

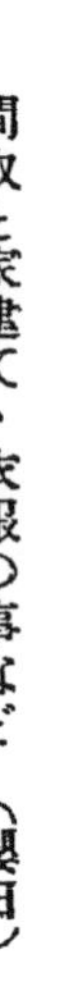

第五圖　八女郡大淵村一本松の家

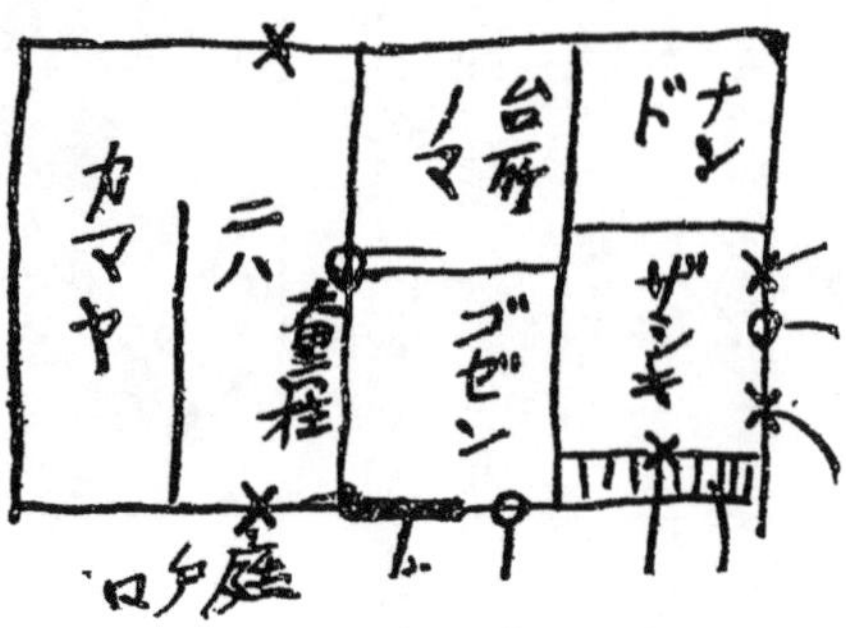

裏戸口
佛間
床柱
床ノマ
縁側（エン）
障紙（ザシキ戸口）
窓（カンヂョノマ）
障紙（ゴゼン戸口）
カマヤ
ニハ
台所ノマ
ナンド
ザシキ
ゴゼン
庭戸口

第六圖　肥前平島の家

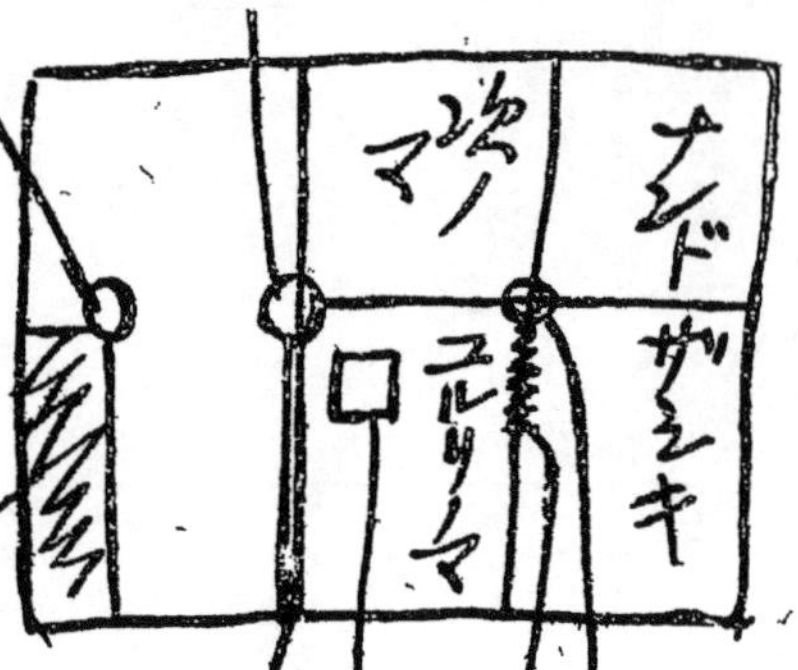

大黒柱
オトシノハシラ
トウラダナ
アゲ（敷居）
爐
ショエン
テイス柱
ナンド
ザシキ
ユルリノマ

第七圖　里の麓の家

中居（板敷）
ドンナ
ウチ
オマエ
表ザシキ
ドヂ（土間）
口
敷居
縦四疊の疊敷
一間隔てゝ柱あり
ナカマといふ窓
縁
ハンジユヂマ
茶棚

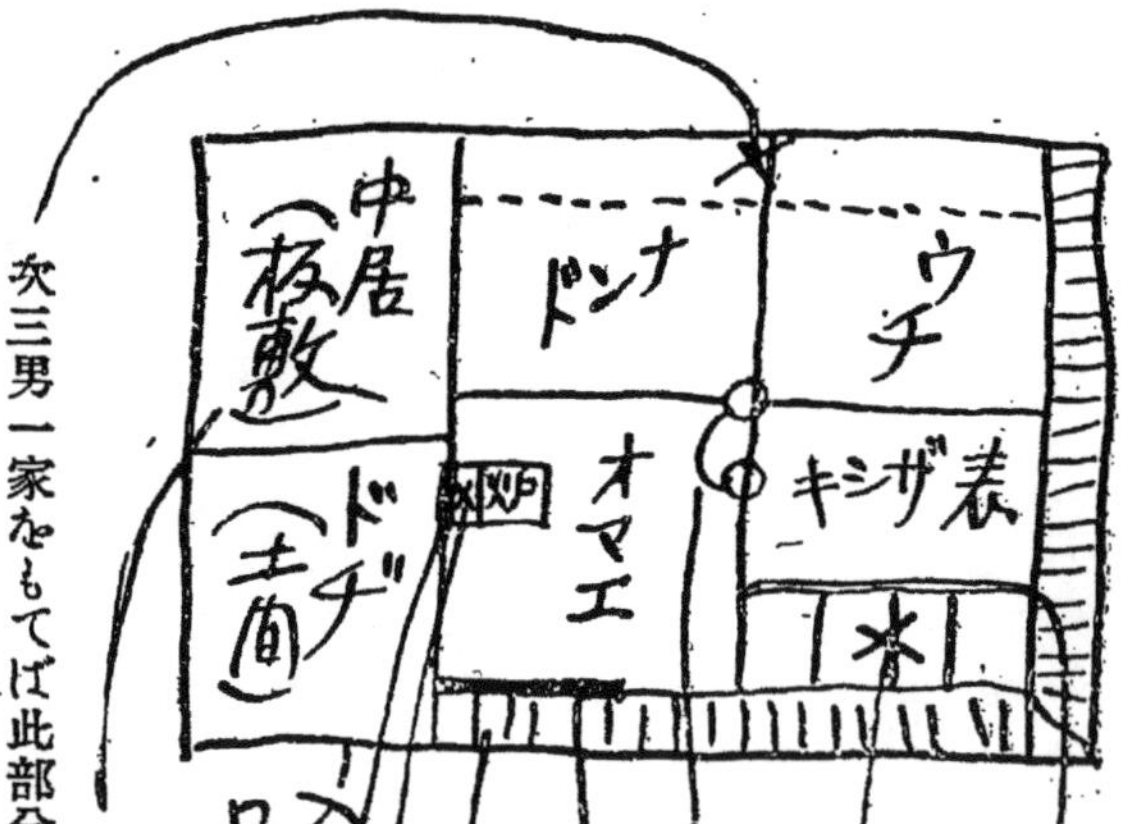

中居に今爐あり此處床一段低し。

次三男一家をもてば此部分を板敷とす卽ち此處に疊をしかず內緣にす。此緣の幅三尺。本軒卽ち本家の家は橫四間故、分家は三間半になるわけ、それで此內緣ある家を七敷半（ナヽシキハン）といふ。

爐裡があつたのだらうと思つてゐるが、此二階の構は町家の採光の爲め考案された事が、之と似た雪國の建築と、なり立ちが同じかを知らぬ。何しろハリミセについては殆ど聞く所がない。

第一圖のイの部屋の圖の場所には、障紙のはまつた大きな窓とでもいふべきものが、多くついてゐる。糸島郡姫島では他の窓をサマとはいはぬが、此中居の窓だけをサマ或はサマノモトと稱する由で、同郡野北では此窓を町の家の如く格子にしてゐる所もある故、コウセともいへばサマノサキとも呼んでゐる。早良郡の山間では窓をサマと云ひ、此窓をサマノモトといふ。八女郡大淵村一本松では、此處が圖の如くゴゼントグチとカンジョノマに分れてをる。日田郡五馬村ではサマノモトに當るものをゴゼントグチといふ。西彼杵の江島では八女郡大淵村の如く此處が二つに分れて、玄關とヤリダシとになつてゐる。ヤリダシは疊二疊ばかりの所で、之はゴゼン戸口やサマノモトの如きものが、玄關に成上つた故、追加されたものであらう。甑島里では此處に下半分土壁のナカマといふ窓を切つてゐる。下半分を壁にしたのは、敵の俄かの侵入に備へたものだと、此地の麓の士は云つてゐるが、昔爐の切つてあつたオマエ（今は中居に在る）に、天井の無かつたのも、同じ理由からだと云つてゐるのだから、之は怪しいものだ。又里などに外敵が押しよせてくる筈もなかつた。窓について外に記す事もないが、八女郡大淵村では門口を庭戸口と云ひ、背戸口を裏戸口といひ、前記したゴゼンの障紙ある所をゴゼン戸口、座敷の障紙をザシキ戸口と云つてゐた。自分には何でも戸口と云つてゐるのが珍しかつた。肥前平島の本村では北側に決してサマを造るものではないと云ふ。あの地形を見ればそれも無理はないので、岩層の斷崖が北側から人家に蔽ひかぶさるやうにせまつてゐる。

甑島の人が家を建てる時でも船を造る時でも、先づツウノダテ（手斧立カ）といふ式をやるといふが、他處ではまだ聞いてゐぬ。肥前江島平島その他のドウヅキ、八女の星野のドウヅキ、イシヅキ、同郡大淵村のヂギョウヅキ、甑島片野浦のヂワイ、同じ瀬々野浦のヂカチ、イシカチは、近隣の人が寄集つて自分もきこしめせば石にも酒を注ぎかけて、陽氣にやらかすやうだが、博多邊ではドウヅキ人足は、市外の多々羅村津屋から、多く出てゐる。

津屋は田圃の中にポツンと三十軒ばかりかたまつてゐる農家の部落で、皆同じやうな程度のくらしをしてゐる所だ。此地の婦人はドウヅキ、シンヤウチの綱子として、農作の合間々々に日傭に出て働く。さういふ爲め土木請負業者と常に關係があるのだらう。土地の壯者の中には、此請負師の組頭や小頭などになつてゐるものが、二三人はあるやうで、それらが事ある毎に綱子を引率して出て行き、彼自身は地搗きの際のネドリやシンヤモチとして働いてゐる。

しかし特別なものはさてをいて、普通の家普請の地搗で一番最後につく石は、大概の所で乾の隅の柱石であるやうだ。肥前平島では、最初に大黒柱の石から搗きはじめて、搗き終ひは乾のけんの柱石だといふ。此石は特に入念につく由で、乾のけんとは横坐から針を立てゝの見當をいふのだといふ。しかし此柱は家の四隅の柱のどれか一つに當る故、正確に乾の方角に在る事は尠く、大體北側の柱を以て、乾のけんの柱とするといふ。乾のけんとは鬼門の事らしい。八女郡大淵村では、北側に當る家の一隅を鬼門隅といひ、此隅だけは角を欠いて、角張らせぬといふ事だ。此地方でも乾の隅は一番終りに搗き、棟上げの時には、まづ主人が乾の隅に上つて棟上げ餅を撒くといふ。平島では棟上げ祝に、船大工が船にゴシンを入れる如く、大工が家にゴシンを入れると聞いたが、此方法は大工に聞かねばわからぬらしい。此地では他處と似たやうに、此祝の際には棟の上に、乾のけんに向つて弓を張り、その矢の先には扇をつけてをく。棟上げ餅は乾のけんから撒きはじめ、次に他の三隅でまく。

糸島郡怡土城跡の邊りでは、此時ヤガイを啜るといふ事を行ふ。棟上げの際、兩親そろつた若い男が二人選ばれて、一人は棟の上に上り、一人は下にゐる。棟へ上つたものは家を壽ぐ唱言を云ひ、それに應じて下にゐる者は、親椀の粥を啜る。此家粥啜りの唱言をかくと、

上の者、　ひゆうござれひゆうござれ
　日向の國の日向次郎が
　天竺のヤクオボサツに
　ヤガイをほかい申す
　乾の隅にはよし植えて
　われよし人よし世間よし
　來年な　來年なあ
　八ツ棟造り七ながれ
　建てゝもたてゝも亦せはし
　ま一軒たてゝ藏にしよう
下の者、　藏は何ぐら
上の者、　米倉金ぐらエンサツグラ
下の者、　何にする
上の者、　甲斐の國のかい太郎が
　ヤガイをほかい申す

是だけの問答をしてしまふと、下に立つてゐる親椀をもつたものが、椀の粥をすゝる。之はまづ大黒柱のツジで行はれ、次には何處で行はれるかをしらぬが、三べんめには乾の隅で行はれるといふ。甑島では乾の隅などいふ事をあま

り云はぬか、耳にしなかつた。

北九州でその外打ち固めの行事とか大黒米とか棟上げ送りの事などを、聞いてみたいと思つてゐるが、まだ手を廻しかねてゐる。筑前地の島で、家移りがえに古い材木を一部分にでも使用した時は、赤飯を焚き、全部新らしい材で建てた時には白飯を焚くといふ事を、耳にしたが、他の例をしらぬ。圍爐裡の事を御報告したから、その續きのつもりでとにかく書きました。

衣服の事など

作業着でない普段着を、西彼杵郡平島では晩着（バンギ）といひ、甑島片野浦では夜着物（ヨサイギモン）と稱してゐた。共に夜着る着物といふ事であるらしい。

博多から早良、糸島の東部にかけて、ヘウ〳〵と呼ぶ袢纒の如き着物も、晩着に近いものだらう。糸島郡元岡村邊りでは旦那衆を羽織組といひ、地下一般の人をヘウ〳〵組と稱した由、早良郡脇山村で孫の守りをし乍ら、日向ぼつこをしてゐたお婆さんも、妾はヘウ〳〵で育つて來ましたと云つてゐた。此着物はシガの衆が魚を賣りに出る時も着てをれば(尤も寒い頃)、普通の野菜賣りも、腕組しながら佇立してゐる爺さんも着てゐる。此ヘウ〳〵袖を糸島の西部ではネヂ袖又はネヂリ袖と云ひ、豊後の日田でも小値賀島でも西彼杵の平島でもネヂ袖と云つてゐた。北松浦田平ではネリ袖又はネリソデドッポなどいふ。ネヂ袖ネヂリ袖といふわけはよく判る。之は圖の如く袖がねぢつてあるからだ。さうして之は袖の名であるばかりでなく、此袖のついた衣服をもかく稱するのではないかと思ふ。

第八圖

ネヂリ袖。

此處がねぢつてある。

しかし漁師が沖着に着るドンザの袖なども、つまり此袖である。郡誌などを見るとドンザを失禮にも襤褸衣と注してゐるものもあるやうだが、何處の漁浦へ行つたとて唯のボロ着をドンザとは云ふまい。ドンザ或はドンザギモンを上甑島の里ではツヾイドンザとも稱してゐたが、他の土地と同様幾枚もの布を刺した、沖に着る厚司の如き衣服の事で、志賀島では機械船が多くなつて、ドンザ着用の風は少なくなつたが、大概は絆を幾枚も重ねて、さしこにしたものであつた。

テクリとかスッポ、ツッポ、テッポと呼ばれる袖のついた衣類は、シャツみたいな野良着やハッピであるらしい。糸島郡姫島で聞くに、テクリの方は、手首の邊りが紺の色も黒々としたシャツみたいにぴつちりとした潔ぎよい襦袢で、スッポの方はいくらか其處に餘裕が出來てゐる。何でもスッポは近頃流行り出したもので、西郷さんが着てゐる筒袖に似てゐるから、サツマ袖ともいふのだといふ。成程氣をつけてみれば、すつきりとした方を年寄衆が着てをり、スッポは娘さん達に歡迎されてゐるやうだ。地方では絆だけでは變哲もないといふやうな事からか、荒い縞の此襦袢を着てゐる若い人もゐるが、島ではやはり殆ど絆で、その荒いのは誠に好ましい。鐘崎や大島の蜑達は多く縞のテクリ襦袢を着用してゐる。

袖無しにもいろ〳〵種類があるのかも知れぬが、とにかく他とまぎれが無くてよい。糸島郡と北松浦の田平ではカタギン、早良郡ではポンチ又はポンチン、三瀦郡横溝ではツンノキといひ、八女郡矢部でソデナシと云つたのは、當てにならぬかもしれぬ。薩摩の阿久根でハットキ、上甑島でハットコ又はハットクと稱してゐた。デンチといふ語も上甑の里で聞いたが、之を敎へてくれた人は岐阜にもゐたと云つてゐたから、此語は岐阜仕込みだと思はれる。下甑島片野浦ではワタゴと云つてゐた。ワタゴにしろハットコにしろ甑島では山行きには着ぬ。山行きに着る袖無しを里ではカケナ、シと云ひ、中甑島の平良ではタナシと云ひ、下甑ではニンボ或はニンブと稱する。

所で此手無しにしろニンブにしろ、唯の袖無しとは代物

が違ふ。素敵もないものだ。平良の手無しは普通の袖無しよりも少し丈が長い。さうして之は葛織である。卽ちカンネカヅラの上皮を剝ぎ、その下皮をむいて之をうみ糸として織つたもので、まづ逸品だつた。カンネカヅラとは葛の事で、およそ九州では何處でも通用する語であらうと思ふ。平良や下甑島では今でも老婆らが、長日の手間をかけて之を織つてゐるが、若い者の手には合はぬといふ。之を着てゆけば茨の中も平氣なのだ。九州ではカンネカヅラはいろいろに利用されてゐるが、甑島の外でまだ葛織の噺を聞いた事がない。

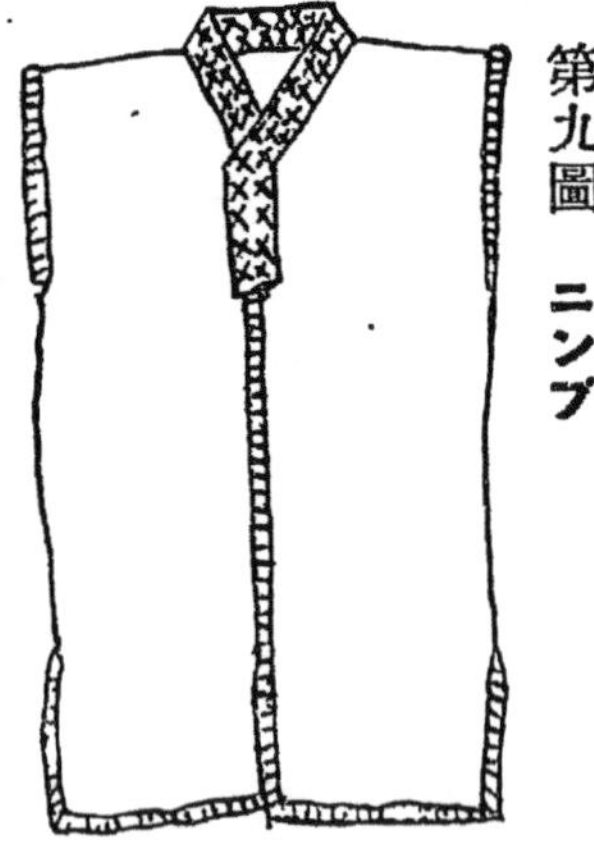

第九圖　ニンブ

下甑島には忍布といふものがある。片野浦でニンボ、瀬々野浦でニンブといふ。頗る豪勢な袖無しだつたが、甑島の中でも此二部落しか之を造らぬといふ。之は木綿着の古くなつたものを、細く裂いてそれで絨壇の如く織つたもので、よく以前モスリンの布などをかく織つて、面白い敷物などを造らへてゐるのを見たが、丁度あれ式で袖無しが出來てゐる。何とも云へん雅致あるもので、何で

また此二浦でしか造られぬか不思議であつた。瀬々之浦の人はいふ。汚いニンブではそれほどでも無いが、之の新しいのを着込むと、我乍ら急に男がよくなつたかと思ふと。それは全くさうに違ひない。甑島の中でもお世辭ではない、瀬々野浦の人は長大で颯爽としてゐる。その人がニンブを着て山のやうな柴や草を背負ひ、あの一里もある峻坂を下つてくるさまは、實に美事であつた。實際かういふ人達だからこそ、あの廣大な峻險を樂々と耕し得て來たのだらう。あの段畑の偉業を見ては、ピラミットなんか造る勞作は高の知れたものだつたに違ひない。何故此仕事着をニンブと云ふかは知らぬが、瀬々之浦人の咄では、此浦の人は古來とりわけ團結が强かつた。それで手打の地頭の不當な命令などを、しば／＼拒絶した故に、地頭は之をにくんで隨分無理な工事を命じ、極力浦人に辛く當つたが、此地の祖先たちは驚くべき勞苦に耐えて之を切拔けた。その時着たのが此ニンブだつた。さうして此困苦に耐え忍んだ布故に、之を忍布と稱したのだといふ。名稱の由來はともかく實際之は勇しい忍布だつたに相違ない。之を此地の人は山行きに着てゆく。又此外に大ニンブといふ衣類もある。之は袖のあるニンブであつた。

葛織は甑島で實見したゞけだが、八女や筑紫郡の山村では、何かとヘラノキの皮を利用してゐるらしい。しかし織物にしたといふ事を聞かぬ。筑紫郡五ケ山では此木を水に浸し、皮を剝いで蓑を造つたといふ。八女郡では此皮を以て繩を綯つたり、或は之を麻の如く地搗の石の上に幣の如くたてたりしたといふ。又昔は狩人が此木の皮の前垂をしめたといふ事だ。前垂といつても萱の蓑のやうな漁師の腰蓑の如きバサ／＼したものであつたらしい。ついでに浦島太郎がやつてゐるやうな漁師の腰蓑を、北松浦の星鹿ではマエハギといひ、甑島里ではマエミノウと稱してゐた。

三巾前掛とか四巾前掛といふものは、北九州の地方ではもう殆ど用ゐられてはゐぬが、それでも西彼杵の離島へゆくと、お婆さん達だけはまだ用ゐてゐた。私が行つたのは丁度二百十日頃だつたので暑かつた。お婆さん達は素裸に普通の腰卷をしめ、その上に此前掛をしめて何かと台所のまはりで仕事をしてゐた。かの地の平島で聞くに、此前掛の縫目の裾の入り込んでゐる所をコッペイといふ。むかし或女が晝寢してゐると、蛇がその女陰に入つたので、急いでコッペイを縫つてゐる糸を取つて、それで蛇をそびき出した。だからコッペイを造つてをくのだといふ。之に似た咄は確か壹岐にもあるらしい。

手染の事を一寸書くと、筑前では椎や楊梅の皮を煎じたとか、赤土染めがあつたとかと當り前の事しか聞かぬが、早良では染をロクバンでとめる以前は圍爐裡の灰汁でとめ

第十圖

たといふ。しかし之も灰淬買ひが何處にでもゐたのだから當り前だらう。日田郡の中川村ではベンガラを入れると染がおちぬと聞いた。自分で珍しく思つたのは、甑島で聞いた染をゴでとめるといふ事だつた。九州でも廣く大豆の汁をゴと云ひ、新しい大豆を水に浸してそれを摺鉢ですり、味噌汁に入れたのをゴジルといふやうである。言泉にゴは染料又は油畫の彩料として用ふとあるが、果して彩料になるものかしらん。尤もよくゴ粉（フン）といふ奴を繪具に入れるが、色彩の料ではないやうに思ふ。甑島で聞く所によると、大豆を水につけ、それを摺り、干して粉にする。卽ちゴといふ奴だ。此ゴを染糸につける事をゴをスルと稱した。ゴを摺れば藍はおちぬ。つまり藍どめにゴをすつたといふ。尤もよくゴが強いの弱いのといふのだから、之も當り前すぎる事かも知れぬ。霞む駒形の平泉附近で鶴形をつくる條に、眞鶴白鶴黒鶴なんどさまぐ\に彩り、此彩る事をにごむと云へり、そのにごみたる上に、大豆(まめ)液といふものを塗ば、激しき雨風露霜氷れる雪にも腐(くだ)さず殘れりとあるのは、ゴの染どめ効用をのべたものに相違ないが、こんな事を珍しく思つたのは、かういふ事に全て小生が不案内だつたからだらう。

それから珍しく思つたのは、豐後日田郡の雪靴だ。九州に雪靴があらうなどとは思つてゐなかつたので、大いに感心したが、之が最早無くならうとしてゐる。日田郡五馬市、中川村邊りで雪靴をウッグツといふ。ウッグツには二種類ある。足袋ウッグツといふのと、ギメグツ一名スボウッグツ、又ギメヅラといふのがある。足袋ウッグツは丁度北越のシブカラミに酷似してゐる。ギメヅラの方は雪草鞋の爪先だけのやうなもの、それで之らのウッグツを穿く時には、草鞋のやうなクツジリをはく。もと足袋ウッグツはアラシコが一晩に二足造るものとしてあつた由だが、二足造り得るは巧者な者であつたらしい。今はゴム靴がどん／＼入つて來て、此藁靴をはかうとする者が無い。それで誰も造らうとはせぬので、古びてしまつた此靴を見たゞけだつたが、此製法をまだ老人方は知つてゐる。所が見れば何でもない圖のやうな麻の緒製の辨當入れの網が日田の櫻竹に在つたが、もう此網の編み方を知る者が誰も無く、從つて此現品を失つてしまへば、最早曾てなかつたものゝ如く無に歸してしまふといふ事だつた。

河童の禮をなせし話

林　魁　一

莊川村赤谷の某氏の高山に行かんとして輕岡峠を通過するときに一人の旅人に會し相互に話し合ひて行きしに、旅人は不意に『人を取りに行く』と語れり、某氏はよく考ふ、人を取りに行くと云へば必ず「カオロ」卽ち河童なり。之を捕へんとすれば「カオロ」は驚きて曰く、私は人を取りて水神樣に捧げればならぬ事となり居るを以てどうか大目に見て下さい、と賴みて何所へか行き失ひたり。某は不思議に思ひ六厩(モマヤ)に到れば一人の小兒の水中にて死したるを聞き輕岡峠にて同行せし「カオロ」の小兒を取りたりしと思へども人に告げざりしと云ふ。後日此時の御禮なりとて「カオロ」は俗稱（指ボウソ）卽ち吹出物の全治する妙藥を某に敎へ今も家傳の藥なりと云ふ。（大野村莊川村野々俣の民家にて聞く）

莊川村字猿丸にて或人が莊川に近き所に馬を繋ぎ置きたるに「カオロ」が來り馬の尾を「クワヘ」て馬を川の中へ引き入れんとしたるに馬の力強く馬は自分の廐(マヤ)迄「カオロ」を引きて歸りたり。「カオロ」は止を得ず馬桶(ウマフネ)の中に入りたるに主人歸り來り「カオロ」を見て殺さんとせり。「カオロ」は私の頭に在る皿の中へ水を少しく入れ下されば、自分は川へ歸り、御助け下されば御禮には御入用程川魚を取りて進上すると賴みたり。故に某氏は其の言葉の如くせり。其後某方にては川邊に立ちて賴めば客二人あれば二人分、三人あれば三人分其他客の數程魚を門前に置きしと云ふ。然るにある時某氏方にて俎の上に魚骨と共に刄物を置きたれば、之を恐れし故か爾來川魚を送ることは絕えたり。（莊川村猿丸の某老人より聞く）

間取と家建て・衣服の事など（櫻田）

物を容れ運ぶ器のことなど

磯貝勇

『方言』第三卷、第一號の學界彙報は早川孝太郎氏が、東京方言學會の例會に於て「物を容れ運ぶ器に關する名稱」の題下に御講演をなされた事を記し、尚其御講演の大略を揭載してゐる。此御研究に僕は强い暗示と示唆とを與へられた。僕は共四頁余りの極くおほまかな梗概を貪る樣に讀んだ。そうして斯うしたお話を親しく耳にする事の出來ない不利な地にゐる自分をかこつてもみた。

以下記する所は此御研究の麒尾に釣られた僕が平常聚集してゐた、廣島縣下に使用される此部類に屬する容器の方言を列記して簡單な說明を附記したもので、單に僕自身の覺書に止まるものであるが、同志への資料報告にもなるだらうと記錄しておく事にした。ほんの斷片的な記載だけれども、僕はこれを未見の先輩、早川孝太郎氏に捧げ度いと思ふ。

一

辨當を入れるには普通はコリ或はコーリと言ふヤナギで編んだ器を使用する。時にヤナギゴーリと呼ばれる事もあるが、大きさは三寸に四寸、深さ一寸五分位のものである。これももう例のアルミニュームの辨當箱に追ひやられて共影は薄い、今に姿を沒するんだらうと思はれる。しかし山村では今でも樵夫や、時には農夫などは檜の曲物で作つた、コーリよりももつと古風な辨當箱を使用する。織目は櫻の皮などで縫つてある。大きさは三寸に七寸位の隋圓形で、深さは四寸位のもので深い共蓋が附いてゐる。比婆郡美古登村では之をメンツと呼んでゐる。同郡八鉾村及び山縣郡原村、中野村ではメンコと謂ふ。原村では漆塗りで、內側を朱色に、外側は黑色に塗つてある。同じものを安佐郡鈴張村ではワギ或はワゲと言ふ。安藝郡坂村でメンパと言ふのも、御調郡羽和泉村でマゲゴーリと言ふのも此容器である。

焚いた飯を容れる器は一般にはオハチ又はオヒツであるが縣下の郡部ではオヒツと言ふ名が遙かに人氣がある。同じ容器をハンボ或はハンボーと稱する所は多い。廣島市でもお壽しをつける淺い桶をスシハンボなど呼んでゐる。

太田川を下る舟人は山縣、安佐兩郡の川沿ひの村から、炭やワラキを川船に積んで廣島に出て來る事を生業にしてゐるが、彼等が船中で使用する食料及食器一切を容れる器はカンナギと呼ぶとても古風なものである。杉の曲物で作られた長徑、短徑の差の少い隋圓形で、長徑は一尺五寸、短徑は一尺二寸位、深さ二尺位ある中にイレゴと呼ぶ別の容器が嵌り込む様になつてゐて之は稍ゝ淺くしつらへてある。飯は其下に容れる。勿論共蓋があつて、蓋と胴とはカケゴと稱する直徑二分位の麻紐でしばつてある。木肌のまゝで塗らないのが多い。僕は此名を知つた時、其古るびた名前に言ひ得ぬ愛着とよろこびとを覺えたものであつた。舟人は此容器をとても大切にして神聖視してゐる。舟人の仲間では「舟は捨てゝも、カンナギは捨てな」と言ふ戒をもつてゐるそうである。之に錢袋などの貴重品をしばりつけておいたりする。

最近、佐伯郡鹿川村にも食料（主として飯）を容れて畠に持つて行く容器にカンナギと言ふものゝある事を知つた。形態は稍ゝ前述のものと異なるらしい。今はもう使用しないそうだけれども此處に記載しておく事にする。

双三郡川西村では山野に出かける時、飯を入れて行くのにクツガタと呼ぶ容器を使用するさうである。どんな器だらうか知り度いと思ふ。

ボタ餅とか、お壽しなどを容れて他所に進物する時に使用する容器にイレコ或はエレコと言ふものがある。四六の割（縦六、横四の割合）に木で作つた箱で、普通には大中小と三個位順々に大きさの順に嵌り込む様に出來てゐて、春慶塗りである。時には大小七個の組になつてゐるのもある。これはナナツイレコと呼ばれる。一般にイレコは重箱程丁寧な氣持で使用するものではない。安佐郡戸山村でこれをキリダメと稱するそうだが、キリダメと言ふのはこれとは別の容器の名稱にもある様に思ふ。

二

餅を搗いた時、これをならべる淺い箱は一般にモロブタと呼ばれてゐる。

廣島市ではオハチに入れられた飯の保溫の目的にホゴと稱する容器を使用する。關西でフゴと言はれるものである。藁でのうた繩を渦巻き樣に巻いて形成されたもので、其の使用區域は廣く安藝、備後に亙つてゐるが、使用の目的は必ずしも飯櫃の保溫の爲の容器には限らない。同じ容器を赤子の搖籠に使用する所もあり、鷄の雛を入れて育てる器に用ふる所もある。此の器をホゴと呼ぶのは廣島市ばかりではない。相當廣く言はれてゐる樣であるが、佐伯郡廿日市ではホッポと呼び、同郡大野村ではホボロと稱し、同郡能美島及び安藝郡江田島ではホゴとも言はれるが多くエンボと呼ばれてゐる。此の容器を赤子の搖籃として使用する甲奴郡古野村と田總村とではユグリと呼んでゐる。

ホッポは今はもう使用しないが廣島市などでは火鉢の上に覆つて助炭の目的に使用する紙張りの箱であつたと母に敎へられた。又ホボロもエンボも共に別の形態を持ち、別の用途に使用される器の稱呼に等しき事は後で記述する。

次に同じホゴの名稱を持ち、形態も、製作材料も、使用樣式も、使用目的も全々異なる容器がある。安佐郡飯室村、戸山村では雛を育てる木製の器をホゴと言つてゐるし、山縣郡雄鹿原村では、後記する竹で細目に編んだ所謂ビクをホゴとも呼んでゐた。廣島市では石炭を容れ運ぶ頑丈な容器もホゴと呼ばれてゐる。備後の沼隈郡千年村では安藝の能美島や、江田島などと同樣に、之も後に詳しく述べるが、藁で編み、畠に持つて行つて農作物、主として野菜類等を運ぶ、安藝方面で言ふエンボに等しい容器をホゴと呼んでゐる。

三

縣下でも竹をすき目なく細目に編んだ籠をビク（所によつてはビコとも言ふ）と廣く呼んでゐる。大型で稍〻口狹く出來てゐて、しよつて買物等に行く時に使用するものもあれば、小型で腰にさげ、肩にしよつて魚を入れ、小貝を漁り、或は又果實や種子や茸などを入れるのに使ふものもある。形態も種々で角丸の四角もあれば、圓型もある。僕達の樣に海に近い所で育つたものにはビクと言へば魚を入れるものゝ樣に直觀されるがそれは間違ひだつた。しかし一般に海岸や川筋ではビクは魚を入れる籠を言つてゐる樣である。ビク樣の編み方で、竹で提げづるの付いてゐる小型の籠はテカゴとも呼ばれるが、ホボロと言つてゐる所が多い。子供達は之を提げて、草や花を摘みに行く、備後の北部の山村などで、色竹で美しく作つたホボロを片手に童子達が、春先きの日當りのいゝ土手でヨモギ摘む風景はいゝものである。賀茂郡廣村では之をホーボロカゴと言つてゐるし、高田郡船佐村ではビクロと呼んでゐた。

山縣郡原村や、芦品郡戸手村ではしよつて行く、ビクと同様のものをホボロと言ふし、豐田郡忠海町附近で言ふホボロや、御調郡田熊村で言ふオボロは材料も型態も全く別個のものゝ樣であるし、賀茂郡南部で言ふホボロは後に言ふ農村用のドーマルカゴであつた。

これは全然別のことだけれども、嫁などがフテ腐れて里に歸つたりする事を廣く「ホボロを賣る」と言つてゐる、まんざら關係のない事でもあるまい故に此處に記して措く。

所謂ザルは縣下ではヒタメ、シタメ、ヒタミ、シタミと呼ばれてゐる、淺い皿型の竹籠であるが、此の言葉の分布は安藝國に廣い。備後は採集も疎である故もあるが、沼隈郡に一ケ所ヒタメを得てゐるのみ。ソーケ系に屬するものは山縣郡原村のソーケ、比婆郡八鉾村、山内西村のソーキの二つ限りであるが、北部山村ではまだ相當、此の言葉の擴りがある筈である。

山縣郡原村と佐伯郡津田町とでは此笊に紙を張つたものをハリコと謂つてゐると報告されてゐるが、これは此處に限らず廣く同樣のものを此名で呼ばれてゐる。

又賀茂郡下見村では竹で編んだ小物を容れる籠をテンゲと稱するそうである。笊の事だらうと思ふけれども實體を見ぬので何とも言へない。

相當直徑の大きな、丸い略ゝ半球型の細目の竹籠で時たま内側に紙など張つて澁をひいたものもあるが、之は四ケ所に綱をかけて天秤棒の兩端に吊るすのである。此の籠をドーマルカゴ或は單にドーマルと呼ばれてゐる。比較的に重量が小で容積の大きな例へば、繭や、稻、麥穗等を運ぶに用ふる。安佐郡安村、中原村、綠井村及び賀茂郡から報告を得てゐるが、まだ使用範圍は廣いものと察せられる。漁村でドーマルカゴ又は單にドーマルと呼ばれてゐるのは、ビクの大なるものでこれに魚を入れて生簀としてゐる。イケビクと呼ばれることもある。漁村の海邊でよく見かける大きな口狹の竹籠は大抵は此名で呼ばれてゐるものである。

農村で言ふドーマルカゴよりは稍々强固な作りで深い竹籠にショーデンボーカゴと言ふのがある。安佐郡中原村、廣島市江波町で使用してゐる。使用樣式も、使用目的もドーマルカゴと大同小異である。形態がショーデンボー柿に似てゐる故に此名を得たのだと敎へられた。

太削りの竹で荒目に編んだ背負ふ深い目籠をメゴと呼んでゐる。コクバ（枯松葉）や、コギ（枯枝）などの燃料採集に出かける時に使用する。ジカタやシマカタの農村漁村で、少年や少女達が此籠をしよつて燃料採集に出かける姿は確に印象的である。此言葉は主に安藝國で使用されるらしく、備後でメゴと言へば、茶碗をふせる小型の目籠のことである。廣島市でもメゴと言へば茶碗をふせる籠で材料は竹に限らない。安藝郡海田市町、船越町、奥海田村、府中村の一圓では大型の目籠はメカゴと稱し、小型の茶碗ふせのメゴと區別してゐる。佐伯郡能美島、安藝郡江田島は共に同じ島であるが此處では此籠を單にカゴと呼んでゐた。

皿型の荒目の籠で天秤棒の兩端に吊すものを安藝郡船越町ではサンダと謂はれ、安佐郡中原村ではメザラ、同郡三川村ではメダリと呼ばれ、佐伯郡平良村ではサヽエカゴとかナヘ（エ）ワと云はれてゐて之には全く固定した名がないらしい。

安藝郡一帶に箕の樣な形狀に强く作られ、之に土や、石等を入れ、兩手で提げて運ぶ道具をテミと言つてゐる。賀茂郡廣村、安佐郡戸山村ではジョレン、賀茂郡西高屋村ではジョロと謂ふし、山縣郡、安佐郡の一部ではジャッキリ、或はサツキリと呼ばれてゐる。備後の北部で言ふハナキリも此の道具である。

所謂、箕は一般にはミと謂はれてゐる。製作材料は竹又は木であるが故に、竹で作つたものをタケミ、板で作られたものをイタミと言つてゐる土地は多い。同じく箕を賀茂郡廣村、安佐郡三川村、廣島市（舊安藝郡）仁保町等ではトーミと言つてゐるが、此言葉は之等の土地以外に相當廣く使用されてゐるものと思はれる。安佐郡の西部卽ち併村、戶山村等では之をフジミと言つてゐる。竹で丁寧に細目に編んだもので、米や豆などから塵をサビル（吹き除く）のに使用する。

四

材料は藁で普通には深めの皿型に作られてゐて天秤棒の兩端に吊し之に農作物主として芋、大根等の野菜を入れて運搬する容器にエンボ（或はエンボー）と云ふのがある。縣下では此容器は此名前と共に相當廣く使用されてゐる。同じ容器で稍〻深いものを賀茂郡廣村ではオイドラと呼ばれ、豐田郡忠海町ではホボロと言ふらしい。比婆郡八鉾村のサンドーラもエンボと同樣な容器の樣である。此名前は前述した安藝郡船越町のサンダを想起させる。型態も使用樣式も同一だがサンダは製作材料は竹であつた。繩を編んで作り、使用樣式もエンボと同一なものに佐伯郡能美島と安藝郡江田島とのカルコ（或はカラコとも言ふ）がある。同じ名稱のカラコと呼ぶ容器が遠く飛び隔れた備後の比婆郡本村にあるそうである。矢張り製作材料は藁だと敎へられた。

前にも述べたが佐伯郡能美島高田村では子供を入れる搖籃に相當するホゴをエンボと呼んでゐる。製作材料は藁である。高田村では飯櫃を入れるものも、子供を入れるものも、朸に吊して運ぶ器具もそれが藁製であれば皆エンボと呼ばれてゐた。型態も、使用樣式も使用目的も異つてゐても、其の製作材料の同じである場合同一の名稱で呼ばれてゐる例である。

モッコ（モッコーとも呼ばれる）も縣下では廣く使用されてゐる。無論其形態も材料も一定しない。だが材料は繩を組んだものが多い。使用樣式は、之を天秤棒の中央に吊して二人して之を擔ぐか、擔架の樣にして堆肥とか土とか石などを運搬する場合に使用する。又型態がエンボと全く同じものを此の名前で呼んでゐる所もある。

藁で稍〻厚手に編んだ袋をカマス或はカマギと言ふ。使用の目的は之に米を入れたり、鹽を入れたりするのである。所謂俵にはまだ搗かない米を入れる場合が多い。

比婆郡八鉾村で炭を入れる萱で作つた炭俵をスゴと呼んでゐる。形は長立方體である。

物を容れ運ぶ器のことなど（礒貝）

苗や、山芋などを入れるのに縣下に廣くスボと稱するものを使用する。藁を束ねて一端をしめ、此中に苗などを入れて外側を繩で卷き、提げられる樣に拵へてある。要するに納豆の包裝である。少年時代、田舍の親類に行つたりして山芋の土產をこれに入れて持ち歸らされたりした事を想ひ起す。

壜などの外側を包む藁をスボとも言はれるが、之をヅト或はビンヅトと呼ばれる事もある。

佐伯郡津田町、安佐郡鈴張村では「スボをカツグ」と言へば、すつぽかす事である。廣島市などでは「スボを喰はす」と言ふ。「スボ拔ける」などと共に考へ度い。前述の「ホボロを賣る」と共に興味ある對稱ではないだらうか。

五

脊負梯子と言ふのが通用語かどうかは不明だけれども、農夫や樵夫などがしよつて燃料、木材其他種々のものを運搬する道具を此の地方では一般にオイコと稱ばれてゐる。形態は梯子の下部に可成り長い爪が出てゐて、之で荷を支へる樣になつてゐる。オイコと謂ふのが普通だけれども、單にオイと言つてゐる所も僅かにある。又安佐郡戶山村では之をワクと呼ぶのも面白い。又同じ道具をニコと呼んでゐる所のあるのは著しく注目に値する。之も廣い領域にと言ふわけではない。佐伯郡水內村では木材運搬のことをカネリと呼ぶが此のカネリに使用するニコを、特にカネリニコと呼んでゐる。

此の道具は負ふべき荷重の大小によつて爪をさし變へて力學的効果を良好ならしむる樣工夫されてゐる。

他の形態を持ち同じくオイコと呼ばれる運搬道具と區別する爲にこれをキオイコ、キエイコと呼ばれてゐる所もある。

山縣郡原村、安佐郡鈴張村、飯室村、戶山村ではオイコと言へば背にしようものには變りないが其形は全く前述のものと異つてゐる。即ち製作材料は、圓錐の枠を藤などで作り、これを繩で編んでゐる。之に土や石や堆肥などを入れて運搬するのでツチオイコと名付けてゐる所も多い。又双三郡三次町などではナワオイコとも言つてゐるそうである。之は言ふまでもなく製作材料から來た命名である。

安藝郡音戶町では全部繩で編んだ、背にしよう器をコシゴ或はカシゴと呼んでゐるそうである。元は腰にさげたものかも知れないとは早川氏も言つて居られる樣である。僕は之と同じものを今年の四月、出雲能義郡比田村でみた。此處でも矢張りコシゴと言つてゐた。少年が背にかけて中に小さな醤油の空き樽を入れてゐた。馬の背に二つに分けてかけて、土を運搬する道具で木製の枠がついてゐて、此枠に繩が細目に編んで袋樣になつてゐたのを佐伯郡高田村でみた。名を尋ねたら矢張りこれもコシゴだと答へた。

比婆郡口南村、口北村、高野山村、本村一帶及び豐田郡川源村では背負梯子をも用ふるけれども、背にセナコーテ或はセナコーチと稱する藁製の背當てをやつて强い繩でのみ荷物を負ふ場合が甚だ多い。其繩をニカワと呼んでゐるそうである。繩はシロや、或はボロ切れを藁と共にのうてあると言ふ。出雲の能義郡でもニカワと言ふ繩で荷を背負ふてゐる姿を度々みた。天保錢型の藁製のセナアテをやつてゐた。何時もオイコに荷を負ふ姿ばかりみてゐた僕には大變物珍らしく感ぜられた。近縣でニカワを使用する所は、山口縣玖珂郡、島根縣邑智郡等である。

六

總て荷を兩端に吊して、其中央を擔ふ棒、即ち天秤棒は普通には樫で作られ、端に近い所に三個づゝ小さな爪が出てゐるが、之をオーコと呼ばれてゐる事には變りない。朸と言ふ字など作られてもう通用語になつてゐる言葉である。双三郡などでは素直にカツギボーと呼ばれてゐる。此棒をエンボと呼んでゐる所も相當ある。

長さ六尺位の自然木の兩端を尖らせて、一方には天然の枝を短く殘して止めを作り、之で山で伐つた小枝の束や、藁束等を兩端につきさして、矢張り天秤棒の樣に擔ぐ棒はサーボーと呼んでゐる。安藝、備後に亘つて使用領域は廣い。之を使用する時には必ず止めのある方で先きにつきさして使用する。些細な事だが、農夫達の必要の爲の合理的な工夫には驚かないわけには行かぬ。所謂、天秤棒をサーボーと言つてゐる所も若干はある。

七

縣下でも一般に液體を入れ運ぶにはタゴを使用する。併し單にタゴと言へば水を容れるもの〻場合が多い。肥の場合に

物を容れ運ぶ器のことなど（磯貝）

はコエタゴと謂つてゐる。水の場合も丁寧にミズタゴと謂つてゐる所も無論ある。

コエタゴもミズタゴも構造は大體變らないけれども、コエタゴの方は二つ耳が出てゐてこれに麻繩など渡してオーコでかつぐ樣になつてゐるし、ミズタゴの方は二つの耳に梁木が渡されて之に繩をかける樣になつてゐる。

オケも勿論使用されてゐる。一斗位の容量のあるオケをトーケと呼ばれて使用範圍は甚だ廣い。よく澁など塗つたりした黑ずんだ手頃の桶が農家の緣などにころがつてゐるのを見かけるが、これがトーケなのだ。

小型のオケは一般にテオケと呼ばれてゐる樣だけれども、山縣郡壬生町では特にテカゲと言はれてゐる。他にも言つてゐるんだらうと思はれるけれども、今のところではこれ一つしか知らない。

八

水瓶をハンド又はハンドーと廣く呼んでゐる。カメと言へば口の狹くなつていないものを言ふが、ハンドと言へば稍〻心持ち口の狹くなつた容器である樣である。飲料水の容器として使用される場合が多い樣である。佐伯郡觀音村ではハンドと言へば飲料水の容器で臺所に固定されてゐるものに限られてゐた樣に記憶してゐる。

先　贈物には經費がかゝるから、そして恐らくはその事に多くのこの古俗の成立の依據性があつたのだから、その民俗の亡ぶるのも當世はすみやかだと思はれます。誰でも知つてゐることですが、左傳襄公十九年に、公……賄二荀偃一束錦加二璧乘馬一、先二吳壽夢之鼎一。とある。史學（第十二卷第三號五七頁）に松本信廣氏が祭器の競爭的交換贈與によるその流轉を云つてゐるが、先の慣行も競爭的、卽ち相手も共に報いる可く豫想して互により多くを贈與する民俗の一片を示すものではないかと思はれる。杜預注に古之獻物必有以先、今以璧馬爲鼎之先といつてをる。疏は之の民俗が老子にも有る事を云つてをり。卽ち老子六十二章・雖有拱璧以先駟馬をさすのであり、錦馬を贈るに玉を以て先し、邑を賜ふにも車服を以て先した（襄公二十六年傳）。祭祀は參加者相互の非常な贈與であつた。之に相手を加はらせる、つまり祭の行動の起りは贈與によつて誘はれ挑發され、相手へ向つての更に大なる贈與の競爭的交換が取行はれたとすれば、之の先の民俗はそれの挑發する贈與の儀禮化したものであらう。わが民俗にも、贈與の彼我の相關關係を、人と人と、地主と小作人と、神と人との間に、何かの古俗として、連續的に贈與しつゞけられる差法がないだらうか。（明石）

肥後國阿蘇郡正月民間行事傳承稿

八木三二

本年の二月下旬に、――丁度舊正月の行事もほゞ終らうとする頃、民間正月年中行事の組織的な調査を行はうと考へた。折りよくも丁度信州の北安曇郡の鄕土誌稿の一部としてその年中行事の調査が、信濃敎育會北安曇部會の熱心な人々の採取によつてなされ、柳田先生の前がき等もついた『北安曇郡鄕土誌稿』第三輯年中行事篇第一册（東京鄕土硏究社發行）を手にして、これを基礎として、昭和四年來蘇以來、折にふれ、時にあたつて、見聞したり、觀察もし採取もした材料をば參考として、次にかゝげる樣な、民間年中行事調査のケッシヨネールをば作つて、知人の間にその調査をば御願したのであつたが、約四十人にわたる方々に御多忙中に採取を御たのみしたのであつたが、何分學校關係者に多く御願ひしたため、折りあしく學期末の多忙とかち合せて、充分なる多くの報告を得ず、その報告を得たのは、そのうち僅かに十五氏であつた。

今この十五氏の報告と、小生が宮地町字石田、字鹽井川及び字植木原をば中心として昭和四年以來採取したるものを、整理してまとめ上げたものが本稿である。

報告を得たる方々の及び學校住所、卽ち採取地、及び氏名を次に記すが、このうち特に婦人が大部分をしめてゐるのは、年中行事の執行者として、婦人が家庭に於て、最もよくこれに關與するからとの考から採取を御願したのである。

熊本縣阿蘇郡古城村字三野小字阿蘇品
（古）岩下伊都子さん
內牧町字三久保駄原
（內）山口和子さん
波野村字小池野
（小）小池野小學校
同　同字遊雀
（遊）岩下よしかさん
中通村字原ノ口
（原）野中公子さん
同　同字井手
（井）井手綾子さん
白水村字白川
（白）白川小學校
小峰村字木原谷
（小峰）高木きくさん
北小國村大字北里字西村
（北）澁谷美知子さん
黑川村大字西町字藏原
（藏）藏原芳子さん
長陽村大字河陽字黑川
（長）高野小學校
同　同字下野
（下）田中さだめさん
草部村字草部
（草）井上一恵氏
產山村字產山
（產）山鹿小學校
上益城郡御岳村字川內
（上）岡崎一子さん

これ等と小生が阿蘇郡宮地町にて採取したる正月年中行事を基本として、それに異同するものをば加へて、略ゝ次の如き報告を作り上げ得るに至つたものである。

今其の各採取地及び採取者の氏名を、本郡の行政區劃圖上に記錄すれば此の採取が略全郡に亘り、且つ本縣に隣接する上益城郡の一

肥後國阿蘇郡正月民間行事傳承稿（八木）

地方よりも得てゐることを知るのである。何れ又、本稿を基本として、更に完全なるものをば未採取地方よりの今後の調査にまつて、作り上げたいのが小生の念願である。

阿蘇正月年中行事調査（一）

阿蘇郡　村字

歳の晩より元日の朝までの行事

（一）歳の晩としての行事。（例へば、この日に特別に年越蕎麥を喰べるとか、寺で百八の鐘をならすとか、厄拂をするとか、又その方法について）

（二）元日の用意として歳の晩に行なふ準備。（餅を供へるとか、門松をつけるとかをば具體的にくわしく）又〆飾り門松の構造（何から、又どの樣にして何時作るかなど）も圖入りで説明してください。

阿蘇正月年中行事調査（二）

阿蘇郡　村大字　字

正月元日

（一）朝の焚きつけ方及び習慣。

（二）若水。（1くむ時間、2くむ時となへる文句、3くむ人等）

（三）福茶。（入れる茶の種類その他其の茶の飲み方、のむ時呼へる文句）

（四）齒固め。（元日の一番先きに食べるもので柿栗なぞをたべるが其の習慣、名稱、緣起など）

（五）此の日の雜煮及び特に此の日に限つての食物及び御馳走について、何をたべ、又どう云ふ緣起があり、どう云ふ習慣があるか。（屠蘇、どんな酒に何を入れ如何にして）

（六）年始。（其の方法、村年始、寺年始、女子供の年始、習慣、新婚兩家の年始）

阿蘇年中行事調査（三）

阿蘇郡　村大字　字

（七）元旦の俗信。（刀を出して床前に飾るとか、土藏の戸を開けないとか）

（八）其他元旦の諸行事。（ウブスナサマへのお詣など）

正月二日

（一）この日のいろ／＼の行事。（又何を食べるか、何時どうして）

（二）初湯。（湯殿はじめ）

（三）仕事はじめ。（1書きぞめ2うりぞめ（初荷）3馬乘初め4矢開き5謠初めなど）其の緣起物方法及び緣起。（阿蘇の農家のヮラウチオコシなど）

（四）初夢、其の吉凶、寶船。

阿蘇年中行事調査（四）

阿蘇郡　村大字　字

正月三日

（一）この日のいろ／＼の行事。（又何をたべるか、何時どうして）（たべるものは一日と同じか）

（二）三日ドシの行事。（夜ミッカドシを取ると云はぬか、又その時なすこと）（信濃ではベロベロの年取といつて握飯を三個、重箱などに入れベロベロをさして竈神樣に進ずる）

正月四日、五日

この兩日には何か行事がないでしょうか。その習慣、方法、緣起。

正月六日

ムイカドシ（コシ）六日正月、その行事、その食事などについて。

正月七日

（一）鬼火タキ、其のたき方の構造。その場所（ミッガネ、ヨッガネなど）その時間、その緣起、その御利益など。

阿蘇年中行事調査（五）

阿蘇郡　村大字　字

（二）七草の粥（カユ）又は飯（メシ）、七草とは何を土地では云ふか、又此の七草の食事の中に入れなければならぬもの。

（三）七草を切る時の儀式その時に歌ふ唄

（四）其他七草、七日正月に關する行事、習慣、俗信。

（五）正月に用ひた松、竹、ゆづりば其他を處理する松納め、松送りと云ふことをしませんか。

正月八日、九日、拾日

には何か特別の行事習慣がないですか。

正月拾一日

（一）長者の藏開の行事及び習慣。

（二）百姓の繩祝ひの行事及び習慣。

（三）町人の帖祝ひの行事及び習慣。（ゼンザイを食す）

阿蘇正月年中行事調査（六）

阿蘇郡　村大字　字

正月拾二日、拾三日

に行はるゝ行事及び習慣。（拾一日の晩屋内で火（テツクリ）をたくことなど）

正月拾四日

（一）此の日の特別の食事は。（此れを作る時、「モッソウ」を入れて縁起をトらなひませんか）

（二）左義長（トンドヤ）。特に何と云ふか、又其の構造、その方法、その御利益（リヤク）、及び縁起。

（三）もぐらいとん（もぐら追ひ）鳥追ひ等の方法、其の用具、（其の構造）その時の文句、其他の習慣。

（四）年占（トシウラナ）ひ（作柄の占ひ）陽氣（天氣）占ひ（月やき）について。

阿蘇正月年中行事調査（七）

阿蘇郡　村大字　字

（五）なりものいじめ。その時分（朝暮）その役者（二人）その方法。文句ナレキ。

正月拾五日

（一）此の日の特別の行事及び習慣は、食事は。（小豆粥）その縁起。（モッソウを入れる）

（二）つなひき。

松の内とは何時から何時までか、これが明けた時の習俗は。

正月拾六日

（地獄の蓋もあく日）全部一日休業。此の日は他に行事があるか、又山の神祭。

正月拾七日

拾八日（拾八日がゆ）拾九日には何か行事、習俗がありますか。

正月二十日

二十日正月この日食するもの。（栗餅、ハッタイ、これを何と云ひ、何の利益（リヤク）があるか）

阿蘇正月年中行事調査（八）

阿蘇郡　村大字　字

正月二十日以後晦日（ミソカ）まで何か、特に行事、習俗、それに關する縁起（エンギ）がありますか。

晦日（ミソカ）には何か特別の行事（團子（ダンゴ）を作る）（里がへりなぞ）及び習俗それの利益がありますか。

各地のエビス講（其の組織、其の仕事）秋葉山大明神、猿田彦大明神、南郷谷にては犬神（イヌガメ）様等はお正月にはどうして、おまつりしますか、又それぞれの神さまについて詳細におしるし下さい。（その神さまの性質、何故まつる、どこに等も）

阿蘇年中行事調査（九）

阿蘇郡　村大字　字

肥後國阿蘇郡正月民間行事傳承稿　（八木）

正月を通じて、地方から人がお祝の爲に入り込んで來て、色々のものをもつて來てお祝ひの金や餅を貰ひます。

（一）オキナコボシ、又はオキナサン……（商家）
（二）アワノミノホイリの祝（農家）
（三）若鹽ノイワヒ
（四）「カセドリウチ」が來る
（五）大ダイダイ、コダイダイを持つて來る

等について出來るだけ詳細に、何處から來て、何人で、どの様にして、何の緣起で、どんなものを持つて、何時時分より何時までなどを報告被下さい。

正月を通じて以上の他に何か別な行事、習慣、迷信、又正月に關しての傳說、說話、昔話、俚謠、俚諺などありますれば御報告被下さい。

（一）餅搗き

○十二月二十日頃より、次第に行ふが、丑と午の日と二十八日を除いて行はれば、火があばるゝとの俗信がある。（宮・草）

○鏡餅をとる時には、明き方にむいてとる。（宮）

○其の節、バサラ竹の枝に「花もち」を作り、神佛、大黑等に上げるが、枝の先に大きな餅をつけて、くるぶかし（しなれさし）稻の穗が來年はよく出ると驗德（ケントク）を立てる。（宮）

（二）大晦日

○勘定、一年中の取引が行はれる。（宮・內）

○御歲暮として、本年中世話になつた所や近所及び、親類知己に御贈答をなす。（古・小峯）

歲暮には米を一升宛袋に入れて、初嫁をもらつた、その嫁の家に、初歲暮とてこれを持參する。トビゴメの御祝と稱する。此時、魚一匹大鏡餅樽代、其他親及び兄弟に、それぞれ足袋手拭等を共に持參する。（宮）本家又は佛前に歲暮に行く。（遊）

○其の年內に不幸のあつた（卽ち死人）家には、特別に言葉に出る。寂しい年越をなぐさめる爲に「寂しい御年越で御座います」と挨拶す。（小峯）此時米をもつて行く、死人の家では御吸物に御酒を出して御禮する。（北）又單にお茶をくむだけ。（長）

○大掃除をして、厄拂ひ（北・遊・藏）をなす、元日にはしないためなり。もと煤掃きを年中行事となせしも、清潔檢査が警察監督のもとに勵行さるゝに至ればなくなれり。（草）

○吉初（キッショ）とて、曾ては盛に發砲せしも今は振はず。（白）日暮れに年玉とて獵師がその銃口を明き方にむけて空砲をうちしも、今は盛ならず。（長・藏）

（三）歲（トシ）の晚としての行事

○一應年內の仕事が濟めば、御湯に入る、年湯（トシユ）と云ひ、一年の穢れを、をとす。（北・小峯）これを終へて年越の膳にさつぱりした氣分でつく。（小峯）

○年越し飯をたきこれを神佛に具へる。年の晚には魚をば食して年をとる。（宮）

○年の晚の夜食として、運蕎麥（ウンソバ）を食ふ。（宮・小・井・北・藏・產）、年の晚の膳の時に食す。（遊）除夜の鐘をきゝながら、食す。（原）

○朝夕寺で百八の鐘をならす。（御）ならさず。（草）

○明日の御雜煮を煮るばかりにして置く。（原）年の晚に多く雜煮を用意して置き元日は飯をたかず、二日の朝の若水にてたく。（宮）。薪を家に入れ込んでをく、元旦には入れぬ樣に。（長）

（四）元日の用意として、歲の晚に行ふ準備（お鏡餅を供へる。門松、〆飾り等）。

○家によつてはたゞ、明き方に、簡單に年德棚をば作り、その上に、御鏡餅を供へる、卽ち歲德神（トシトクサン）である。此の御

鏡餅の上に、家によつては、蜜柑又は、橙トビゴメをのせ、その下に昆布を敷く。又農家では、馬の鞍、米搗き臼（草）にも、お鏡餅を上げ、トビゴメとて、米を一寸紙にひねり、（オヒネリ、アライヨネとも云ふ）水引をかけたのをのせる。（宮・長・（裏白葉の上にのせる）原・白・產）この棚に大根を一寸厚さに切り、それに釘を拔いで立てる（下）つるの葉の上に御鏡餅をのせる（小峯）士藏には一番大きなお餅を上げる。（內）三方の上に紙を十字にしき、つるの葉其他でお鏡をかざりその兩脇に齒固めの柿を家人の數だけのせをく。（御）歲取り御酒を祖先にそなへる。（御）

〇床に飾り餅をすえて、その上に大橙をのせる。これを、正月の祝が終れば、お味噌の中に漬け、そして一年經さして戴く、これが腐されば家が倒れると傳へる。橙は代々榮えると云ふ意味。（北）

〇百姓の日常使用具、即ち鍬、鎌、馬農具、其他、手桶、ひしやく等の炊事道具はそれぞれ一定の場所に片附けて、一年の勞を慰め、感謝の意を表する爲に白米（特に富の米と云ふ）を白紙四つ切りに、一つまみ宛つゝみ（これをオヒネリと云ふ、草・宮・藏）つるの葉をつけて、それに添へ藁で各々道具類にくびりつける。（小峯・草）又鋤の先の金屬部や升器、一斗、五升、一升、五合等全部を歲德棚又はこれに準ずるところにまつり、おひねりを上げる。（草）

〇神佛其他大黑様米俵に重ねのお鏡餅、松、つるの葉を供へる。（宮・小峯・北・長・草）又たゞ御鏡餅をそなへその上に橙をのせる。（遊）且年飯を供へる、（內・古）又俵の上には、特に大黑様といつて、一升桝に御飯を入れて、お供へをする、（古・內・ちなみに、古・にては秋の收穫入れを大黑入りと云ふ）藏の大黑様には一斗桝に、しやもぢを一つのせて上げる。（內）伊勢太神宮・惠比須・大黑はそのまゝにしておいて、水神様、荒神様、宮地岳等にお鏡餅おひねりを上げる。（草）

かどまつ（中通村原口）
松葉
竹葉
ツル葉
白紙

〇門松は綠りの立つたすーつとした良かつをを山より取つて來て、つるの葉、笹の葉をばそろへて、木戸の入口及び兩脇に立てる、（御・宮・古・產・長・北・井・小峯・白・內）倒れぬ様に三方より薪でたてかけるのが本式である。（藏）これを白紙でつゝみ水引をかける。（原）これ等を歲の膳が終るとするのである。（遊）曾つては殿方の門には五段松、士族の門には三段松をつけ、平民には段つき松は許されなかつた。（內）

〇〆飾りとして〆繩は左繩になひ、兩端を小さく、中を太くなひ、御幣を下げる、なかには松と竹をさし、橙、餅をかざる。（遊）〆飾りは玄關の戶口の上に、干柿、木炭裏白葉橙等をつけて、つるす。炭を添へるはタキック（貧乏より金持になると云ふ程の意）との緣起よりなり、（宮・原）橙・くし柿に・つるの葉・うらじろをつける。（藏）

〇お鏡餅類を具へて年飯を食ふ。（藏）元旦の用意は必らず暮までにをへる。（產）お鏡餅をそなへ、門松をつけるは元旦の早朝である。（古）

〇以上の諸準備は必らず、男子の手で行ふ。（內・小）

〇偖て、年越の儀式がすめば、年老いたる者も子供も全部爐邊に寄つて、燒けつく樣に燃え盛る、焚火にあたりながら一年中の思ひ出話に花を咲かせる（小峯、產山ではこれをテックリをジャンジャンたくと云ふ）。此の夜の薪は一番大きなものを選んで、家内に潜んでゐる惡魔も居たたまらぬ様に烈しくたく。そしてその薪の中央がくぼんで、燃えると來る年には芋の實入がよいと言ふ。いよいよ、この年も終りに近づけば、十二時近くになると先に年越にたべた色々の殘り物で、それ〴〵一碗なり二碗なり、御飯をいたゞく。これを箸おさめと言ひ、最後の寢につく。(小峯)

○節分、年内に來る時あり又正月になる時あり、阿蘇神社にて、ゴマタキが行はるゝが、薄、竹、ゴマガラを組合せて御祈禱の後、それ等をとりくらいごして、持ちかへり、たいてあたれば中風にかゝらぬとの俗信あり、この日を大歳とて、お魚つきで御飯をいたゞく。阿蘇家以外では、鬼やらひの節分豆撒きを行はず。(宮)

(五)大晦日の俗信 (主に宮地町)

○年の晩には、何を借りてゐても返へさねばならぬ、借り物に年をとらせるものでない。(宮)

○何んでも、仕事をしばなしで、年をとらせるものでない。(宮)特に縫ひかけの着物など。

○年をとる時には、大戸を開放する、「福の神」が入り込むやうに。(宮)

○年をとると、其夜は大戸を開けて、圍爐裡（ユルリ）で、室中をあかるくする程火を焚く。(宮)前年が年廻りよく、運のよかつた時には大きな木をくべて、火の消えぬ様にし、元旦には、それで燃しつけるが、本年も前年の如くに良い年廻りになる様にとの意、若し惡い年であれば、トシの火を少しもない様に消して、元日は新に火をおこして、昨年の惡運が本年には續かぬ様にとなすのである。(御)

○年の晩は早寢するもんでなし。(宮)

正月元日

(一)朝の焚き付け

○男が(產・小・北)主婦が歳の晩に取り入れてをいた薪に、豆桿（マメガラ）で(藏・ではまめでいかす、内・ではまめでおまめで、卽ち睦じく、仲よく、健康での緣起又、井・白・原では音がパチパチとして景氣がよいとの緣起で)又良い家では菊の枯葉で、もやしつける。打火でつける所もある。(宮・内・古では第一番の茶の下を斯樣にしてもやす)六日の朝までこの樣式にてもやす、(井)又元日と七日この樣式にてなす、(内)又前晩の燃えさしでたきつける、元日早々マッチを使用せず。(小峯)

○次いでまづ若水を汲み火が焚きつくと湯を沸かして福茶をのみ、齒固めを食べる。(次項參照)

(二)若　水

○汲む時間、早朝(宮)より日出前(白・原)にかけて(宮・長・遊・内・小・白・原)一番鷄がないて(御・北・藏)すぐに汲む。早い程一年中の運がよい。

○元日二日三日四日まで、必らず主人が起きて、水を汲みこれで總ての行事を行ふ。(宮)

○汲み手、主婦(宮・遊・長)男又は主人(古・原・御・藏)男が若水手拭をかぶつてくむ、不定(白)最年少者(井)

○汲む時の文句及び慣習、若水手桶（タゴ）を新調し、紙で米をつゝんだとび米を水引で結ひつけ、それに若水を次の歌詠（ヨ）みしながらくむ、「新玉の年立がへる始より若葉の水を吸むはめでたき」又「年の始の若水をよろずの寶我ぞくみ取」(藏)十二時過になるとすぐ汲む、ヒシャクにつけて祝つてあつた、富の米をといて、手にもち、井戸の傍に立つて、「年の初の若水を、よろづの寶我ぞ汲みとる」ととなへ手にした、富の米を投げ込み、直ちに汲むが、その米多くヒシャクに入ればその年の運よろし、(小峯・草)又、最年少者が十二時過ぎれば、お鏡餅の「おひねり」を一包井戸に流し入れ、同時に米が入る樣に、「よろづの寶を俺ぞ汲みとる」と三度となへて水を汲む、これでお茶をわかして飲む、卽ち若水で、殘りの水と米は二日の若飯に入れて食す、（井）水桶にトシの夜米を包んでくゝるが、その米を東西南北に撒いて汲む、（御）又「年の初の若男よろづの寶俺ぞくみとる」ととなへ、ヒシャクで井川の流れに逆うて三度くむ。（北）その時の文句「新玉のとしの初の若男よろづの寶我れぞくみとる」（南小國滿願寺）「年の初めの若水を俺ぞ汲みとる」（長・小）「水神樣白銀（シロカネ）の水を御與へ下され」（白）

○若水として汲んだものを先づ藁打石にたらし、神に水のお初を上げて殘りを沸して福茶とす、その初めを佛樣に上げて、後一同いたゞく、（小峯）若水にお明（アカリ）を上げる。朝（アサ）祝（イワ）ひと云ふ。（草）

(三)福茶。（入れる茶の種類その他）

○海濱の丸いのを一つゞゝ入れる。（古・宮・白・井・御・藏・產）すい〳〵と幸運に向ふ樣にとの緣起、その種は捨てずに、着物の衿に縫ひ込めばよい運が向く。（小峯）

○入れるお茶は、前年の八十八夜に採取した茶。（古・宮・原）八十八夜にとりその日に煎り上げるもの。（御）

○又神々にもお茶を上げる。（古・遊）

○たゞ單なるお茶をのむ（卽ち「朝茶三杯身の奇特（キトウ）」との俗信により）。（內・遊・小峯）

(四)齒固め

○齒固めとて、餅搗の時作りし、直徑十糎大の餅をいたゞく、齒が強くなる爲にとの緣起。（小峯・長）

フククタ、（藏）テノクメとて、餅（オカチン）の大きなのに餡を入れ、餅搗の時家族數丈け作り、この時燒いて、一人に一つ宛食す。

○この外に

梅干（內）（白・風邪ひかぬとの緣起）

干柿共に白髮の生ゆるまでと長生の緣起に。（小・小峯・遊・藏・內・宮・井・御・古）北・ではなる丈け種の多い方よく、その形昔の金袋に似る所より財集る又白・では、萬の寶我ぞかきとるとの緣起。

勝栗（原・遊・白）何事にもかつとの緣起。

黑豆（北・まめやかであるとの緣起）

(五)此の日の雜煮及び特に此の日に限つての食物及び御馳走について。

○元日だけは、飯を炊かずに、年の晩に炊きためてをく。（北・宮）

○芋（芋の子が增える樣にとの緣起・御）と雜煮大根、昆布人參（ニージン）、牛蒡、鷄肉（これを雜煮の上をきにする、トリコユとの緣起・藏）等が雜煮のシタウキで淸し汁である。

丸く行く樣にとの意で卵の吸物。（宮・古・內・小・北・長・草）又蛤の吸物。（口があく、運が開く意）（阿蘇男爵家・白・原）芋丈を煮てこれに餅を入れて雜煮とす。（小峯）

○手掛とて白木の三方に米一升をのせ、その上に俵を作つてのせ、さらに上に御飾鏡を具へ上に蜜柑を供へ、その向ふに大のしをのせたものを云ひ、主人を始め皆御祝のものとして戴き新年の氣持を起さしむ。（遊）

○朝祝ひとして、數の子肴に御酒（宮・白・小峯・遊）をのむ。又肴として、蜜柑黑豆（まめまめしく働く樣に）刺身、鯨等も用ふ。（御・北）人參、牛蒡、數ノ子の三種（藏）芋及び豆腐の田樂。（草）

○生酒（古・長・產・草にてはこれを年酒と云ふ）火持淸酒に屠蘇を入れて煮たたて用ふ。（御）アクモチと云ふ甘い酒に屠蘇を入れる。（原）赤酒（肥後特有の酒）に屠蘇を入れる。（白・藏・產）

○醫者に年の晩藥償を支拂ひに行けば、屠蘇を下さるので、とそ酒を作り、それを土器で飮む。（宮・藏）

○雜煮を祝つて、男は東の方へ三度掃き、それより戶を開けて掃除す。（產）

(六)年始

○元日より、（產）元日は祝ひ籠つて出て行か

肥後國阿蘇郡正月民間行事傳承稿　（八木）

す二日より、(古・原・長・小・白)知己方を年始に廻る。

○此の時、手拭及び紙を持參し、新年の挨拶にまわる、吸物つきで、屠蘇で饗應す。(長)奉賀年賀等かいて、手拭や紙をつゝんで年始に廻る。

○出合年始(產・遊)一區一區の出合年始もあれば思ひ思ひに出廻る。(遊)

○村年始、元日、朝一軒一軒男が正門より挨拶にまはる。(北)十五日、各戸より戸主一人宛神社に集合村の協議會を兼れ會費五十錢程にて行ふ。(長)元日、區長宅で、午後二時頃より、一家より一人代表し、肴をもちより、區長宅より吸物、ブリの刺身、數ノ子、酢合へ等を出す。(御)ナシ。(藏)

○女年始、(御・にては二日に行ふ)女丈けのお茶のみ合ひが、正月十五日(宮)まで、二十日(北)までに、黃粉餅(キナコ)にて、それぞれ交互に行ふ。(宮・北)

○親族年始、緣家、つき合ひに幾日に年始をするとて案內を出す。(宮)又一軒に集り、家族連れで大賑をする。(小峯)

○新婚兩家の年始、家々によつて異なる。(小峯)貰つた方、初正月とて、近所及び媒酌人夫婦、その親族を呼び、御馳走する。(北)又初ゲン、ウとて二日に義父の家に挨拶に行く、ブリ一本に大鏡餅、樽代(一圓)、手拭、其他家族へ年玉持參、後日又酒肴持參で媒酬人同伴して行く。(藏・白・北)貰はれた方、お鏡餅と、その家族のものに年玉樽代をもつて行く。(藏)又新婚兩家にては初客(ハツギャク)があるとて、肴をよくして、交互に迎へ合ふ。(宮)

○寺年始、寺より手拭又は線香をもつて、門徒の家を廻り、門徒よりは御鏡と米をもつてまいる。(北・宮・藏)

(七)元旦の俗信

○この日薪炭を拾ふと幸運がある。(原)

○刀や什器や掛物をば出して飾る。(北・遊)

○松竹梅の生花をなす。(遊)

○戸をしめて、祝ひこもる。(長・小峯・宮・內・小)戸をあけると福の神が逃げ出す。(宮)

○朝寢する。(內・長・草)一日寢る。(原)

○土藏の戸を藏開きまであけぬ。(草・長・御・內・小峯)五日まであけず、その鍵を床にかざる。(藏)元日に藏開きとて、數の子屠蘇をもつて、藏の中で、簡單に祝ふ。(白)

○若水をくみに行く時土藏の戸をあけ、かへりに戸をしめる。

○元日に女子が最初に訪れるのを忌む。(內)しかし、商家にては、子をもつて、增す(イミラカ)とて驗德よしと云ふ。(宮)

○簞笥等の引き出しをあけぬ。(小峯)

○元日に掃除をすると福の神が逃げるとて、晝まで帚木をとらず。(古・原)又三日まで掃かない。(宮)塵が溜れば隅にためをく。(原)

○元日の朝外出する時は必ず明き方に出るものである。(宮)

(八)其他元日の諸行事

○產生神におまいりする。(古・內・小・白・小峯・御・北・遊・藏・長・草・產)阿蘇神社に鷄がうたへば一番チヨにまへろとよか。(宮・井)

○墓參。(白)

正月二日

○この日は、雀鷄にも負けぬ樣に早起きをし(小峯・長)雜煮を食す。今朝は燒餅もいただく。(小峯)

○初飯(若飯(ワカ))をば炊く。(宮・北)

○元日に、食べ物同じ。(古・內・遊・宮・北)

(一)初湯(ワカユ)を立てる(宮・內・小峯・長)。午前中に若返るとて入浴。(原・井・白)且、早く火を消す。(北・遊)大低三日になす。仕事始めを了へて、入浴(草・產では福湯とも云ふ、後福頭摘みにも行く)

(二)仕事はじめ

イ藁打槌起し(ワラウチヅチオコ)、又はなひぞめ(長・草)と云ふ。

男衆は鷄がうたへば、ごすと起きて、土間の入口近くに埋けてある、藁打石に、束にした藁をばのせて打つた。この行事は附近のもの起き競らべて、昔は帶もとかず、その石の傍で蓆を敷き、ごすと起きて槌をとつて打つた、早く起きれば一年の仕舞事がよいと、緣起しての言ひ事である。(遊・北・宮・小・古・内）この打つた藁で三掛三筋丈繩をなひ、(井・御）これを大神ナハと云ひ、米を紙に包んで、つるの葉と共につけて飾る。(御）なほこの打つた藁は、正月十一日まで毎朝早起して、晝迄に繩をなひ、一年中の繩の用意をする。(宮）なひぞめとしては今朝は今年鋤につけて川ふる「みづなー」又まがにつける引緒をなふ。なひ終れば、奇麗にたばね、人目につき易い所に飾り、藁打につけた富の米をとつて、その繩にかざる。(小峯）

○繩をなひ終れば、鉈の使ひ始めをする。先づ近所の山に行つて、椿を除いた他の木は何でもよく、葉のついてゐる木であれば、明き方に向つて、其の家に居る男の人數だけ、三人居れば三本、五人居れば五本と切り、これを持ち歸つて、庭先に立て、鉈につけてあつた富の米を結びつける。これを若木といふ。(小峯）

○歳の晩に鍬につけてあつた松とつるの木をとり一番近い田に持つて行き、その鍬で土を除き、其所に、松とつるを立てゝ、又土をかける、此れが若木である、卽ち鍬の使ひぞめをする。(小峯）

(ロ)縫ひぞめ、農家で男がなひぞめをしてゐる時女は縫ひ初めとしてお針をする。(長・宮・草・小峯）「針をこし」(藏）とも云ふ。又緒(麻緒）をうみはじめをする。(宮）

(ハ)書きぞめ（長）、吉書として君が代をかく(内)「新玉の年の始に筆取りてよろづの寶我ぞかきとる」とかく（藏）二枚清書を作り一枚は天神樣へ一枚は自分の勉强室の壁へはりつける。(小峯）天神樣へお供へする。(北)御では次の樣に書いて

紀元―年 奉歳德神 年正月二日

御供へする。元日に行ふ。(白・草）

(ニ)商家では賣初め、初荷として地方へ景氣よく荷送をする、この日最初に入つた金は神棚に供へる。(原）商店では添物あり、早いもの程景品多し。(白・北）

(ホ)馬乘りぞめ、百姓の若い衆が、農馬である駄馬を引出して來て、裸馬のまゝにのり、以前は阿蘇神社の前なる、宮の馬場附近をば、バンビユー打つて乘りまわした。(宮）靑年の競馬會は昔日の如く盛でなく三日に行ふ。(白）

(ヘ)矢開き、獵友會、靑年會で行ふが時日不定。(白）

(三)若夢、其の吉凶。

○昨夜卽ち元日の夜、南天の葉を敷いて寢れば、吉夢を見ると傳へる、(内)そして次の歌を寢しなに口ずさむ(南小國滿願寺)「ながき夜のとうのねむりのみなめざめ、波のり船の音のよきかな」(逆さに讀むも又同じ歌である)。

○吉凶に關し次の俚諺がある「二日の晩の初夢は一富士二鷹三茄子、さまと添寢をした夢を」。(宮）又、一富士二鷹三茄子、(白・小峯・藏・長・產）四葬式(宮・北）五糞(北）内にては七福神寶船、又遊にては五鐵砲其他は凶とす、又寶船と飛行機にて旅行の夢は出世するとの緣起あり、田植の夢は人が死ぬとて凶、(藏）又船夢の夢吉、凶は火事人寄田植夢。(長）

正月三日

○食事は三日まで元日に同じ。(長・北・草・御・產・古・遊）飯を食す、茶は餅で飲む。(宮・原・小峯）

○三日又は四日に藏開きをして、大黒樣の御

肥後國阿蘇郡正月民間行事傳承稿　（八木）

供へを下して、御相伴す。（内）

○縄なひ初め、（若湯、乗馬初め（白）農家では二日と同じく、朝三四時に起き、太神祝（タツナハ）をなぶ。八時頃にやめる。（御・藏・長）

正月四日

○この朝は福めしとて、飯を炊き（宮）又は福雜煮を作り（宮・小）男は山に又は野に、福萱切りとて出掛け（宮・内）二駄程づゝ（遊・草）のせかへり、午後は休む。

○「馬鞍起し（ンマンクラオコ）」とて牛馬を野に引いて行き、薪を切つて、又は草を負はせ等して、牛馬を使ひ始む。（長）

○又四日頃より年始廻を始む。（御）又この日に土藏を開ける。（御）

正月六日　（ムイカドシコシ）

○此の晩を又トシのバンとて、夕飯にお平椀をつけ、御馳走し、六日ドシコシとて、年をばとりなほす。（宮・北）その上に年越蕎麥も食ふ。（遊）早く食はれば、年の終ひが惡いと云ふ。（原）此日魚汁して飯を食するが、明かるい中でないと老けると傳へる。（内）元日に食事同じ、年湯に入る。（古）

○平素と同樣。（長・草）

○子供達は明日の用意にとて、全部總出で竹引を行ふ。（小峯・遊）

正月七日　七日の正月と云ふ。（北）

(一)鬼火（ヲネビ）タキ　（子供の仕事である）

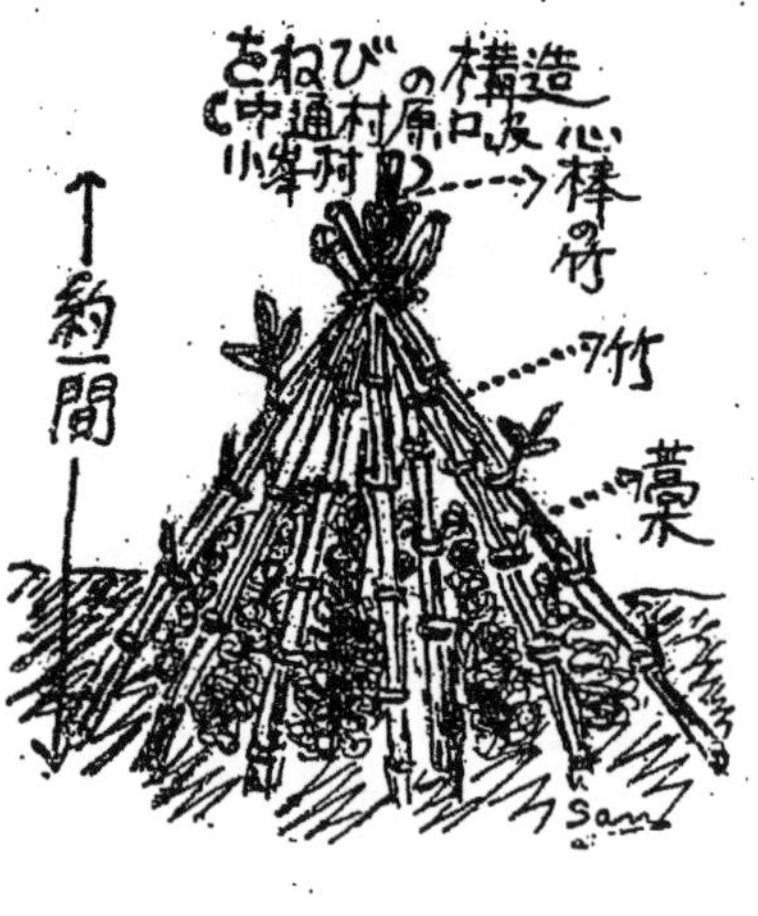

おねびの構造（中通村原口及小峯村）
心棒の竹
竹
藁
約一間

○未明より三叉路（ミツガネ）、十字路（ヨツガネ）等に於て、（大低は、村、部落の入口、そこには殆んど例外なく、秋葉山大權現、猿田彦大明神、ところによつては、埴山姫命等の祭石のある場所に相當するが）そこでチネビたきを行ふが、此れは、ウシトラの方向卽ち鬼門より惡氣のサ、ヌゴッと云ひ傳へる。又斯樣に村のものが寄り合つて、しない所もある、そこでは同じく早朝各戸の木戸口にて、竹を多くくべて、パーン、パーンとはしらかし、そ

のはしつた竹を木戸口の垣にさすと、盗人の番になり又鬼もこない。この音の高いほどよい吉が來る。（井・宮・古・遊・藏・草・產）

○此の日まで、青竹を燃さず、その燒殘りの竹を持ちかへり、今年一年の竹の燃し初とする、又その燒殘りの竹で餅を燒いて食へば達者となる。（小峯・北・產）又餅をチネビやきの現場で一米程の長さの青竹の先を四つに割つて、そこにさし入れ、このチキの中で燒く。（小峯・產）

○この竹についてゐる笹でお拂ひをする、卽ち厄拂となる、又この竹で體をなでれば、中風や惡病にかゝらぬ。（北）

○この日は皆柱口が明かるく成らぬうちに起きるべく、いつまでも寢入つてゐると、病人の宿札を打たれる。（内）

○其の構造

中央に一本の心棒の竹を立てる。その周圍に竹を組合せて、高さ一間位にし、人の出入りが出來得るほどの入口も作り、その中に藁を入れ（上圖參照）、この入口より入つて、火をつける。（原・小峯）嘗て人がこの火をつける爲に入り込んで出そこなひ、燒け死んだことがある。

又その傍に、竹の先を割り、次の圖の如くにして、（焚きたる竹、卽ち爆裂したるもの

肥後國阿蘇郡正月民間行事傳承稿　（八木）

を用ふるが本體）その各々を土中に埋け込んで鬼やらひ、又は鬼の目はじきを立てる。（原・小峯）

をにの目はじき
構造（小峯村）
竹（もうそう）
約四尺

○夕方になれびたきを行ふ。昨年の鬼の殘りを燒き殺す意。（御・小峯）

○行はなくなつた。（白・小）

○この鬼火燒きの跡掃除を奇麗にしないと蛇が多く出ると云ふ。（草）

（二）七草雜炊（ゾーシイ）

○所謂る七草を入れるのではなく、七種（クサ）のものを入れる。卽ち餅、米、大根、人參、揚豆腐等、又野菜七種（クサ）なれば何でもよろし。（宮・白・井・北・波野・藏・產・草）この內たんぽゝえばは是非入れる。（內）雜炊にせずに、七草飯とする處あり。（長・原・古・小峯・御）

○六日ドシの晩、切板（キリバン）でこの七種（クサ）をば切るが、その切り音の高きほどよろし。（內）

○七日は早起して、屋內を荒々しく惡魔拂ひの意味にて、掃除す。（白）七日正月とて、來客來り遊ぶ。（產）七日の朝五時頃正月に用ひし、松竹ゆづり葉をとり、後鬼火燒きをする、この時も吉書上げをばなす。（產）

○八日門松燒きとて、松竹など正月用ひしものを燒く。（北）十四日のどんどやの項參照。

正月十日

○朝參りとて、一番にお觀音樣にまいるとよい。一番に參れば「黃金聽（コガネノチョウ）につく」との俗信あり。（宮・藏）

正月拾一日「一に長者の藏開き、二に百姓の綱祝ひ、三に町人の帖祝ひ」との俚言あり。正月拾一日に行ふ行事をいひしものなり。（宮）

（一）長者の藏開き

○藏開きの時は、戶前を開放すると同時に、歲の晩に御神酒（オミキ）を上げて置いたのを下げて、新たに、御神酒を供へ、福を神に祈る。（原）大黑樣に俵を上げてお祝ひする。（遊）

（二）百姓の綱祝ひ

○朝特に大黑樣を祀り、後綱をなふ。（小・遊）

○午前一時頃より起き、嘗つてはたき火のもとにて行へり、そのなふ綱は次の六種である。この日は小豆雜煮（小豆、餅、つぶし餡にするところもあり）を作り、作つた綱を竈の附近のなるだけ、煤け容易き處に飾り、お祝ひをなす、其れ故これをまた飾り繩とも云ふ、煤けば耐久力強き爲なり。

一、水なし
二、ひきを　｝此の二つを三カケミーリと云ひ、鋤、まがをば牛に引かす時に用ふ。

三、からひき、牛の口より出て鋤をすく人の手許に行き、牛の口を左右して、かじをとり繩とも云ふ。

四、ハラオビ、鞍をしめつくる帶。

五、クチヂト、牛馬を引く手綱。

六、ニナヅ、荷をばゆひつくる繩。

俚諺に「三かけみーりはやすけれど、はらおび十五は出來兼ぬる、とあるがごとく、此の朝には、餘程の働き手でなければ十五のハラオビは作り上げ得ないのである。（古・內・宮・藏）大綱をなひ、結んで大黑樣などを作り、天井に高くつるす。又この日をなひ始め祝ひと云ふ。（白）

○牛のはな通し（イグリ）を行ふ。（白）

○百姓の鍬入れ。笹、茅、エボシを地に立てゝ鍬で切り立てる。（白・小峯）初耕祝ひをして初耕す。（御）「クヮイレイボシ」をなす、卽ちイボシと竹と薄の三種を束ねて苗代田に立てる、（長）堆肥の切りかやしを行ふ。（長・草）農業初めにして上記の事を行ひ入浴して、朝祝ひをなし余日休む。

〇二日の朝立てた若木を倒して、長さ一米位づゝに切つて、これを保存しておき、初田植の日、その木でお茶を沸かす。（小峯）

〇女は朝仕事に綿を引く。（內）

〇注記、阿蘇谷に於ては、舊二月の阿蘇神社御田作祭の終了する（卽ち俚俗云ふ、マツリアゲ）までは、絶對に田及び畑に鋤鍬をば入れず、もしこれにもとれば神罰たちまち、收穫にあたるものと考ふも、南郷谷及び外輪部にては、行ふなり。

〇鏡餅を燒いて、朝のお祝とする（古・白・小峯・北・遊）又嫁入先より送られたる餅を披露するところあり。（草）これで通例、ぜんざいを作る、後酒のみがある。これを又御神酒上げと云ひ祝ふ。（原）

〇この日は小鳥より早くお茶を頂くこと、小鳥よりおそいと一年中何事も遅れる、朝鳥が雀より早く鳴くと米がよく出來、雀の方が早くなくと粟のみのりがよいさうである。（北）

(三)町人の帖祝ひ

〇町家では一年中使用する諸帖面を作り、上表紙裏表紙に必要な記號をつけ家族全部て祝ふ。（宮・原）農家にても帖祝として雜煮を食す、ぜんざいを食す、（宮・藏・草・原）大福日記帖を拵へる。（草・原）

表

昭和何年 大福日記帳 正月吉日

裏

第何代 何某

〇酒のみをして、通(カヨ)ひを家々に渡す日（內・井・御）なほ御岳村にては昨年中の帖面をとぢて佛前に備へ、御祝ひをなす。

〇寺入の日（師匠等へつれて行かれる日）。（內）

正月十三日

〇牛馬の神の御祭。（藏）牛馬の子を貰らひに、黑川村字坊中、打越神社に御まいりす。（長）

〇阿蘇神社にて田植謠の謠ひ初めあり、卽ち「正月殿を祭る門戸(カド)の松が高い高いこそゑい歲德の門戸に祭る云々の正月殿(ドン)の謠ひぞめが行はる。

正月拾四日（拾四日どし）

〇朝どしをとる、（原・草）トビゴメを全部集めて、このトシとりの時に食ふ、（原）その中に粟、麥、玉蜀黍等を少々加ふ。（草）小豆飯をして東方朔（モッソウ）を入れ十五日の小豆粥に同じく作占をなす。（產）

〇此日の晩は十四日ドシと云ひ、夕飯に御馳走（魚）を加へ、お平椀をつけておごる。（宮・北・遊・長・草）此れを食する時、急いでたべれば、年賦の終ひが良かと云ふ、さすればその年の終ひ事萬事よろしく行くと云ひ、百姓は家敷うちを奇麗に掃除すれば、田の草が生へぬと云ふ。（同上）

〇この日を大歲といひ、運蕎麥（御・にては祝(イハ)團子(ヒダゴ)）を作り、その殘りの蕎麥粉にて、農作物に因んだ、里芋、唐芋、粟の穗、其他鷄、臼、杵等の作をこさへ、猫柳（御・にては樫の木、又はブミの木につけ大黑柱にくゝりつけて祝ふ）につけ、神佛、俵の山、（藏）馬屋等にそなへる。（小峯・御）

(一)左義長(ドンドヤ)（內・產・小峯・其他）**ドンドヤキ**（御）

〇宮地町にてはサギチヨウ燒きと云ふ。（宮・長・又シャギッチヨ・白）宮地町字石田佐伯猪熊氏（六四）の話によれば、嘗つては鷺島(サギッ)を白紙で折り、神佛壇其他に供へてあるお鏡餅の前に捧げてあるのを憶ひ出すと談つて、これを燒くためにドンドヤを又左義長とも云ふと說明した。

○十四日の早朝、(夕方－小峯)門松をとり、御飾りの松、ゆづり葉(つるの葉)御かざり紙をばあつめ、(これを松あがる(卽ち松納め)と云ふ)、孟宗竹の太いもの丶邊りに、(これを深く地に埋けて四方より引つぱる、產)添へ竹として數十本の笹竹や多くの藁をつみをき、その時、二日の朝書きぞめをして家にはつて置いた淸書をその火にくべて、高く上つたもの程、字が上手になると云ふ、これを「吉書上げ」(小峯)と云ふ、又餅を持つて來て燒いてくへば健康になる、(內)最後に中央の孟宗竹が激しい音をして、破裂すると、村の景氣がよいと云ふ。(內・小・井・宮・藏・原・御・長・白、にて行ふ、遊・草・產・にては今は行はず)この激しい音をば打ち上げと云ふ。(立野)

○前日にその各戶の軒先に赤い實のなるイボシの木にオヒネリをつけて立て丶置くのを子供達がとりあつめてドンドヤに合せてたく。(立野)

○その破片を拾ひもちかへり、翌十五日の朝の小豆粥の焚きつけにする。又、もちかへり家內で體をあぶれば病氣にか丶らぬ。(原・立野)腹をこわさぬ、風邪ひかぬ。(白)それとぐみの木を圍爐裡でたく(御・長)又この竹や木をもちかへり、屋根の上に投り上げてその年中の火事よけをやる。(立野)

(二)もぐらいとん(もぐら追ひ)

○十四日の陽のまだ出ぬうちに(內・遊・長・宮)十四日晚(產)これは、必らず釜の前から戶口の方へたゝき、家の周圍へと次の文句をうたひ順次に行ふ。(御)何處にでも、もぐらの居らなくなる樣にと大地を打つのである。(小・長)子供が亥子の晚の如くに農家をまわつて餅をもらふこともある。(宮・內・藏)

○その用具。竹(〆竹(御))の先に藁を卷きつける、これを藁ブトンと云ふ。(宮)竹又は笹の先を繩でくゝる。(古・長・內・小)ツトと云ふ(白・井)竹の棒の先に藁に木灰を包んでくびりつける。(遊)

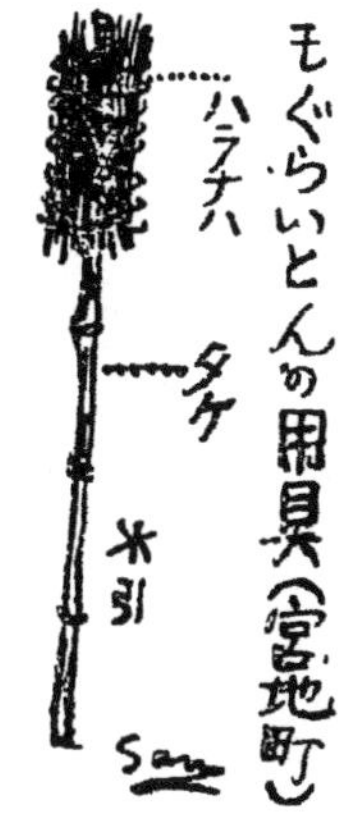

もぐらいとんの用具(宮地町)

○その文句○「十四日のもぐらいとん」「十四日のもぐらいとん」とてトタン、トタンと打つてあるき廻る。○「十四日のもぐらいとん、鬼は外に追ひ出せ」(古)「十四日のもぐらいどんな――福は內、打込めもぐら外に打出せ」(遊)「十四日のもぐらいとん、福は內、鬼は外、祝ふたもんにや餅やつて、祝はんもんナ鬼子もて子もて」(內)「もぐら外、福は內、鬼木戶」(白)

○打ち終つたら用具を、近くの川に流す。(小峯)家數の神に供へて、柄は火箸にする。(北)この竹をば柿、梨等に掛けるとその年は木に多くなる。(長)

(三)鳥追ひ

○十四日に竹を五六本切つて來て、家の周圍に立てる、これは鳥が此處にとまつて、外の作物にとまらぬ樣にとの意で立てるのだと云ふ。(御)

○十五日に「粟取りも、稗とりもおい／＼」とくわち／＼(鳥をどしを作つて追ふ)(遊)

(四)なりものいじめ。(宮・古・內・井・北・藏・產では暮方、遊では朝食前に行ふ)(小・小峯・草にては行はず)

○十四日の暮れ方、二人にて行ふ。A(切り役)B(ナレキ、柿、梨)。

A、一寸木に鉈、中斧で切りかたをつけて、「なるかならぬか」と振り上げて、「ならぬと打ち切る」と續けて云ふ。(宮)又「これこれ今年はえらいなるか、どうか、ならんなら根から、うち切るぞ」（原）と云ふ。

B木のうしろにしゃがんで「なります、なります」（宮）又「えらいなります、なります」（原）と云ふ。

○切りかたをつけぬと、ヒボオテ（未熟のまゝで、落ちる果實）がなる。

(五)首見（小峯）

○ドンドヤから歸へるころ、十四日の月は早や高く昇つてゐる、この夜「首見」といつて、大にぎはひをする、それは月に自分の姿をうつして、その月影に、首がはつきり解ればよし、若し首の所がくぎりなく、丁度すり鉢を蓋つた樣に見えると、其人は必らず、その年内に死ぬと言ふ。（小峯）

(六)陽氣占ひ、卽ち『月やき』（古・小・原・長・草・產ナシ）

○十四日の晩新年になつてから山へ行つて採つて來たイドラ等の生木の枝（これを手刈粗朶（ヒャーラ）と云ふ、（白）（又樫の木の薪、遊）をマッチで燃し、卽ちテックリを作り、じゃんじゃん燃して、隅々（スマスマ）が明かるくなる如燃（ゴッ）く、昔、この晩一匹の蜘蛛が天井から下りて來たことがあつて、緣起が惡かつたので、今でも晩の蜘蛛は火にくべよと云ふが、此の蜘蛛の下りて來ない樣に燃すのである。そして、その火と火の勢で貧乏神を燒き出すのである。そのをきが多く出來れば、金が多く貯ると云ふ。（宮・遊・草）さてそのをきを十二又は年により十三にならべて月になぞらへ、眞白に消えたるものは、その月天氣よく、眞黑になつた月は雨が多いと云ふ（月占（ツキウラ））。（宮・藏・遊・北・井）　六日ドシに豆を祝つてくれと來るほがひ人の豆を十二のけをいて、此の晩に、熱灰の上にのせて陽（ヒ）氣燒きをする。（御）

(豆)	一月	二月	三月	四月	五月	六月	…………十二月
	●	◎	●	⊖	○	●	……十二箇

一月	二月	三月	四月	五月	六月
天氣全然惡	上旬ト下旬番	上旬ノミヨクアト惡	半月良半月惡	天氣全然良	全然惡

○十四日は秋葉山大權現卽ち火ブセの神としてお祭りを村々の各座ごとに行ふ（正・五・九月）。（阿蘇谷一般）

正月十五日

(一)朝早く小鳥の鳴かぬうちに、（ために小鳥粥と云ふ、小）小豆御飯に餅を入れて、柔らかく炊かねばならぬ、故に小豆粥と云ふ。柔らかく炊かれば五月に植ゑる田が硬くなる。小豆粥には鹽を入れてはならぬ、入れば作物にケイシチが入るとて實らぬ先にかさになる。（宮・共他）（作物に鳥がつかぬために、小）又草にては除夜（トシノバン）に神佛其他に供したる米を十四日ドシの晩仕込み、十五日朝のこの粥を作る、且その中に大作をする所では、ニガコ竹を筒に二寸ほどに切りその竹筒（タカンポ）に（モッソウ又は東方朔と云ふ、宮・其他）それぞれ穀類例へば、米・粟・大豆・麥・玉蜀黍等の名を刻し、その中に多く、飯粒の入つたものほどその年の作よろし（所謂る筒占（ツヽゲ）なり）。（宮・古・原・井・藏・モッソウを入れての占は、北・長・產にて行はず）この時の副食は芹である。（立野）

○俗信。この日の小豆餅御飯のお茶碗を洗ひのごつた後水をば家の周圍に撒けば、蛇が年中その家に入らぬと傳へる。又この御飯を橋一つ渡らぬ先に、卽ち川わたりせぬうちに七軒たべまわると夏瘠せぬと云傳へる。（宮）

○鳥追ひをなす。（遊）

○鏡割りとて、嫁入先の聟が來て、歲暮に持つて來た鏡餅を割り、ぜんざいを作り、夜は賑ふ。（遊）

○田を鋤く時に用ふる鋤鞭（スキブチ）切りに行く。（內）

(二)綱引　通例十五夜の綱引きと云ふ。（宮・小・原・遊・產）（內にては八月十五夜にも行ふ。草、勝つた方豐年と云ふ。）

○十五夜さんの外輪山の端に登らつしやつた所を引くのである。宮地町では上町と中町の青年が集つて、當日、各戸に寄附（大低十錢）を貰らひ、ツケンナワを三ツネリにして、直徑五寸餘のボタツナを町の子供連の助力のもとになひ、出來上ぐればたぐつて町の中央に積み上げ、御酒を上げ、御幣を立てゝ、淸め、これを一同拜み、十五夜さんの上らつしやる時に引き出す。通例、上町と中町とが、それぞれ一方となつて引きはじめ、上手（ウハテ）に座した組が勝ちたる時は畑の作よく、下に座したる組の勝ちたる年は田の出來よしと傳へる。勝ちたる組が、その殘り繩を貰らひ、其れを切つて、スサとし壁に塗込む材料として、賣却し、その賣却高にて酒を購入して、若衆が飮むのである。各組が町々の對立なるが故に、應援團が出て盛である。

○俗信、正月十五日に雨が降ると、盆の十五日に雨が降る。

○松の內を通例松あがり、（宮）又は松だをし（遊）の行はるゝまでを云ふ。卽ち次の期間が松の內である。

元日——七日まで（北）
元日——十四日まで（古・白・藏）
元日——十五日まで（內・井・宮）
元日——十六日まで（長）

正月拾六日。 地獄の蓋（カマブタ）があく日。（宮・其他）

山の神祭。

○製材所などの山の木扱ひをする人及び木びき達が休むのである。（宮・內・白・小峯）此の日仕事をすれば山の神が怒られる。山の神に御神酒を上げる。（產・內）此の日、山に行かぬ、山に行つて目をつけば、盲人になる。（北）此の日は山の神樣がすべて、木竹を一本づゝ數へられると云ふので、此の日は一日山に行かず休業し、木及び竹を切らぬ樣にする。（御）

○正月は十六日迄洗濯をせぬ、平常（カネテ）でも一日十五日十六日に洗濯せれば人づき合ひが惡るい。（宮）

○正月十六日及盆十六日に、十六夜樣（卽ち十六夜の月）の三體上らつしやる時、その月影で自分の影法師を見て、その首がミイタテタ如ツ見えれば、卽ち首が見えぬ時には、その年中に死ぬと云ふ。

○年の內にいろ〳〵な物につけて祝つた富の米を寄せ集め、それを入れてお粥を炊く、（小峯）又十四日に作つた餅花（臼とか、農作物の形にして）をば下して戴きそれをつけた猫柳は川に流す。（小峯）

正月拾七日

○十七日は十七夜とて御觀音樣に御詠歌をながす。（古）

○十八日觀音さんのお祭（內・草）觀音菩薩樣の初緣日である爲に御參りす、成君村に馬頭觀音菩薩があつて、牛馬の神樣なる爲、遠くは宮崎縣よりもおまいりをし、馬を引いて、その元氣と產の輕い樣にと御祈りして御札をもらつてかへり馬屋にはる。（御）

正月二十日

○此の日まで、大黑樣にお供へしたる粟餅をお下して食すれば幸福を得る、大黑樣は農家及び儉約の神樣故（當地方にては一般に炊事場にすゝけ大黑を祝ふ民俗あり）米餅よりも粟餅をお好になる。（草・原）

○此の日粟餅を食すれば年中蜂に刺されぬ故、他所より貰つても食す。（宮・古・內・白・小峯・井・御・北・遊・藏・長・產）

○豫て大豆をすつて黃粉を作つて本日黃粉餅を作り、「今日の二十日バッタイ（黃粉をもバッタイ、又はハッタイと云ふ）を上げます」とて神佛に供へる。すると正月さんは廿日バッタイになつて出て行かれるのである。又一般でもハッタイを食ふ。（宮・小・井・北・遊・御）卽ち正月はハッタイ食つて逃げて行かれて（ハッテイカレテ）二十日で終りとなり、翌日より正月ではなくなるのである。又ためにハッタイを二十日コウバシとも云ふ。

○年の晩に通例ブリをば魚屋より買ひ求めて來る。これをトシトリ魚と云ひ、此の二十日の日にその骨たゝきをば行ふのである。其れ故に「二十日骨たゝき」「骨正月」とも云ふ、其の魚の大きくて、まだ殘る所にては、阿蘇神社のウンの祭の時に骨たゝきを行ふ。(宮・御)

○正月も今日で終ひとなれば一日休む(小峯)

○二十日の日にひもじいめに逢へば、年分ひもじい目に逢ふ。(宮) 故に幾度も食事をする。(白)

○エビス講。此の日に、各村々の部落にそれぞれ設けられたエビス座で、各戸交互のエベッサンマツリを行ふ、その時に二又大根に目出鯛を二匹上げる、特に町方に多く行はる(十月及び正月)。(宮・内)

正月二十三日

○夜二十三夜。三夜待ちとて、餅を搗き、その中にフッ（よもぎ）を入れてよもぎ餅とし、圖の如く、中央に太き餅を置き、その圓周にその年の月數丈け小餅をならべ、外輪山の端に三體の月の出られるのを部落のものが集つて話し歌ひして、お待申上げる、外輪山より一間も上られた時、左右のお月樣が中央に合して一體となられるが、この三體の月を拜すれば運が良いと云ひ傳へられ、正・五・九月の三度に行はれ、この三度お待ち申せば一年お待ち申したことゝなる。この餅を子もつ女が喰へば三夜さんーこ子をもつとて食せず。(宮・白・草)「話や庚申歌二十三夜」との俚言あり。

正月二十四日

○地藏祭。(遊)

正月晦日

○この日御鏡餅を頂けば川のもん（ガッパ）につけられぬといふ。(小)

○フッを取りゆでゝ團子の中に入れて食す、年中腹いたみせず。(御)

○里歸へり。(北)

○明日になれば二月となつて、明神樣（阿蘇大明神）の「御前迎へ」（卽ち娘御取り）の月になれば、一般の嫁のとりやりは禁ぜられてゐるので、本月中によめのとりやりを行ふ。卽ち男女同志が結婚合意で娘の兩親が許さぬ場合、男が嫁をとつてくること、嫁盜みを正月中に行ふことも不文律的に許されるのである。そしてそれは大抵この晦日の日に行はれる。卽ち村の若い衆にたのんで娘を晦日の夜陰に乘じてその家よりつれ出し、その時戸口より「何某がこなたの娘を盜みました」と大聲で叫んで、急いで娘を男のもとにまでつれこむのであるが、翌日よりは、一般人の結婚及び娘のとりやりはタブーとされるので、娘の兩親も娘をば男のもとよりとりかへす事が出來ないのである。さて兩人は次の二月の一月の間で、實質的の夫婦となるのである。數年前まで行はれたり。(宮・古・坂梨)

正月に村を訪れるほがひびと

ほがひ人とは正月に主として、地方より來て、祝言をのべて村々を、あるき廻る人々であるが、當地方に來るこのほがひ人も、折口信夫氏の年中行事、民間行事傳承の研究に錄されてゐるごとく、二種類に分類されるのである。

註、民族學第四卷第六號・四四六頁
卽、それには、來る年の言觸れ(ことぶれ)を行ふものと、今年一年のことを褒めて廻る言壽(ことほ)ぎとの二つがある。しかしその前者は今では、殆んど存せず、僅かに、太神宮の當麻曆の頒布であつて、これは、前年の暮に近い頃に、村々にくばられるものであつて、年の暮を示し、且つ來るべき、春の豫告案を與へてくれる。
後者に屬すべきものとして、次の數々のものが存して居り、又一部では毎年くり返へされてゐることが報告せられてゐる。

(一)主として商家を訪れるものとして、オキナコボシ、又はオキナサン。

(二)主として農家を訪れるものとして、
　イ、粟ノ實ノ穗入リの祝
　ロ、カセドリウチ

(三)主として一般に通じて訪れて來るものには
　イ、御札くばり
　ロ、若鹽のイワヒ
　ハ、ふきよし
　ニ、大橙(ダイダイ)、小橙(ダイダイ)
　ホ、腰馬
　ヘ、鐘鬼大臣
　ト、豆くばり
等である。

此等の訪れて來るものは、松の內、時には十四日正月まで〻ある、大抵はその日の生活にもこまると思はれるルンペン級の五十の坂を越えた男女の老人であつて、一人はシテで一人は祝儀の貰ひ手の二人が組合つて時には紋附羽織に袴と云ふいで立ちで、元旦から十五日までの間に、祝(ホ)がひに卽ち福を祝ひ、各戶各家の幸運をことほぎにやつて來るのであつた。或時は、隣接する地方より、時には十數里もかけはなれた處より、たとへば、上益城郡御岳村の、奧深い山中までも、遠い殆んど十數里も隔れてゐる、海邊の宇土から、やつて來たのである。又阿蘇郡小峯村の、九州山脈の山隈にあたる陬村にも、それに隣接する宮崎縣の倉岡とか奈須とかの遙かに片田舍であるところから、訪れて來るのである。何れにせよ、みなこの村へ祝ひに來る人々は、異風(イヒユー)なりをして、時には手拭で顏をかくしてくる他所者(エトランゼ)であることである。そして、祝つてその代りとして持ちかへるものは、現金ではなく、米、餅などが主で、それをその背の竹製の籠(テゴ)や、袋に入れて、大國主命の樣にして歸へるのであつた。

さて、概言はこれ程にして上記のほがひ人のそれぞれについて簡明に記載を進めやう。

(一)(二)、ともに、その家人にしられぬうちに、不意に福の神の飛込む樣に祝つてものを置きさつて後で、その代りを請求しに來るのを常とする。オキナコボシ(不倒翁)の一尺にも餘るものを、歲暮より元旦の戶口を僅かにあけた處よりなげ込んで、投げても、投げても直ぐに起上るを、緣起とする、又ダラの木タケのヘゴで粟の穗の、たれてゐる樣を作り、歲の晩それを門口に立てかけて、來るべき豐穰を祝ひ(粟の實の穗入の祝)又新年になつて十四日正月までに帚木其他、草かき又簡單な農具を作つて、それを「かせどりうとか」と云つて家になげ込んで行くのをカセドリ打ちと云ふが、此等は共にその祝ひの性質上後程より、そのもの〻實質價以上の價値ある米餅をやるのが常であつた。

正月の二日頃に又各神社の御札くばりが各戶を、訪問して、新年のオハラヒの意味でこれを現金にかへてあるく。又この海より隔絕された、中九州の鹽尻とも云ふべき地に、若鹽を祝つてくれと、非人が一つまみ程の鹽を盆の上にのせてさし出して行くが、これも新年の見當物(ケントモン)とて、もの〻けがれを清める鹽として、米の二合半とかへるのが常である。その鹽をば御竈樣の上に三ケ所に別けて、荒神拂と云つて、厄拂ひとするのである。又松の內には、クワンジン(願人坊主の轉)が一本の

肥後國阿蘇郡正月民間行事傳承稿（八木）

綱に大橙小橙をばつけて、何のことわりなしに家内に入つて來て、仕事場である土間にこれをごろ〳〵さし、その年を壽いで、「代々その家が連続する樣に」と祈つて、御禮をもらつて歸へるのであつた。その腰に馬を作りつけ、たゞ一人で面白おかしく、

〽こし馬ほいほい、この馬何に喰て肥えた。二本木（肥後熊本にある遊廓名）女郎衆のまめくて肥えた、ヒーン、ヒーン、ダーダー

と口ではやして、前庭を飛びまわつて、お金をもらつてかへるものがあつた。又破れ着物に、太綱で頭卷して異形な樣態で大聲をはり上げて、

「ヤーレ、鐘鬼大臣、鐘鬼が立つた門に、厄病、厄難、風七難、裏をかく、表てんうつばらひの鐘鬼大臣」

と呼んで、手にもつ鞭にて戸口をばたゝいて、はらひきよめて、行くものもあつた。

又徳川時代の初期の物吉の名殘と思はれるものが、この山深い阿蘇の盆地に殘つてゐる。

註、（人倫訓蒙圖彙「物吉し。竹の皮籠のすみ塗りにはりたるを負ひて洛中を勸進に出づる、物吉といひそめしより、緣儀よしと名付けしものあり」）

それは、福吉（又はフキヨシ、長陽村）と云ふものであつて、賤民の一種の階級に屬するものであつた。大抵正月の三日ぐらひまでに二人連でやつて來て、一人はかまげを擔ひ、米餅をもらひ、他の一人は歌ひ手で

〽ふくよーし　よーし、よーし、年の始めに米倉に金倉、寶藏のみくらに、福のとまつとろ。お芽っとう御座います。又

〽ふくよーし　よーし、よーし、ふくよーし、米倉、金倉、寶倉の御藏は、太く幸ひ、ふくよーし お祝を致します

〽福は内鬼は外

と色々歌ひ込んで、御餅や米をもらへば、いそ〳〵と出て行くほがひびともある。この福吉がをとづれると、この次には、近所の者は、たとへ男でも女でも誰れでも、此の家を訪れてよいとの俗信もあつた。（長陽村）元日の第一のおとづれが、この福吉であれば、此年の幸運は我家のものと、緣起をかついで、御祝儀もはづんだものであつた。

又、大抵五十の坂を越した位の年かつこうの女が、袷の上に、大きなチャンチャンコ（袖無）を着て、竹造りの大きな籠を背負ひ、小豆大豆などを持つて各戸を廻つて、これをお祝ひ下さいと盆にのせて差し出すのを、二十粒か三十粒宛とつて、その代りとして、餅や米をもらつて歸へるものがある。この豆とても、十四日の晩まで殘して、陽氣占ひの豆として、

尊いものと考へられて祝はれたものである。

偖て、最後に嬉遊笑覽等にその名の見えるチョボクリも尙數年前まではその名殘をば、この諸山のとりよろふ、山間盆地には德川時代より引きつゞいて殘存してゐたのである。

註、嬉遊笑覽、或問附錄、日本隨筆大成本六四〇頁

思ひ思ひにトボヘタ異風な風體で村々を次々とまわつた、彼等の中で故老達の懷かしい印象にのこつてゐるのは藏原大さんと云ふチヨボクリイヒであつた。

〽やれやれ來た來た、來たと云ふても、お客じゃごんせん、飛脚じゃごんせん、藏原大さんが、ちよぼくりやきいてもくんねー、何からしゃべろか、かにからしゃべろか、わしが來るから、惡魔と病はすつたくこんこん。

所々の河原に鳥の分が集まつて、芝居狂言、やらかすところに、孔雀九方が大夫でごんす。みそちゅくゎくゎちゅが踊り子の役者で、向ふの山には、雉がホロチッ、サンコ鳥が鼓うつ、ぎょぎょ　しゃ　ぎょし　ぎょし……

等トゴエゴッをば、しゃべり門戸に子供を集めて、賑はつたものであつた、又一斗桝をばかたげての物貰ひも

〽はかり米々、今年の米はよーできました、赤玉なしの、白玉ばかりで、せきぞろなんどは、いわれ因緣……ナンテロと村々を廻るものものが、多かつたのは、そのかみの平和な農村を、ことほぐ正月が現存の樣なさびしい正月とは全然相異ならしめるものであつた、何れにしても、此等のことほぎ人も地方より入り込んで來ずに、次第に寂しい正月となつて來たのは、この山深い阿蘇にも、世界文化の波動が遠慮なく時とゝもにおしよせて來て、鐵道が中九州を橫斷して、此の中央を通じ、我が國の國立公園候補地の名だゝるものゝ一つとなされて次第に開發せられて來たのにもよるが、又時勢の次第に、民間傳承をかへり見ない次の時代の人々に移つて來たことを示すものでもある。

（昭和七年十二月十八日、高木先生の第十一回忌の命日、稿了）

運搬的民俗資料報告のお願ひ

民俗學第九號は運搬具の考究と、資料集蒐に於て多年の體驗をつまれて來た高橋文太郎さんの御好意によつて、その專門的な運搬の民俗への心附き方を、お書き願ひました。

われ／＼の希ふは複雜な民俗の事實に無理解な先驗された概念でゆく特殊科學のメスの解剖ではない、この專門の採集者の緻密さは、つゝましやかな事實への思考――人間性のいろ／＼の表情への氣がね心――を根底にしてをることゝ考へられます。若し之によつて同じこの方面に興味をもたれる方があられゝば、學會のために氏のために、いま一人の『高橋文太郎』さんを得ることゝなりませう。

その結果は或は初めの豫想以上に大きい汪々たる民俗の環潮を知ることゝなるかも知れぬ。また極く微細であるか知れぬ。けれど、氏によつて一つの疑問が提出されました。たゞわれ／＼は緻細にこの疑問への事實をしらべてみたい。

何氣なく使ひ習はされてゐた用具に、それを使用する人の表情に大きな學說への要素のありうる期待のうちに、いかにつゝましやかで緻密な目で、われ／＼は物と物への習はしをみつめればならぬことか。どうぞこの勞苦多い採集に御參加を得たいものです。そしてその緻密な目のみが、まこと資料採集の學に於ける尊嚴をなすとすれば、編輯者もまた、御報告への深い固執と、發表の體裁には充分の誠意をつくさればなりません。

次の諸點を御注意下さい。

〇複雜な圖版は墨書（ペンに墨汁をつけてかくこと）、別紙にて、本文所要個所に貼つて下さい。

〇本文は、句讀を御吟味下さい。　（明石）

運搬用具の採集（一私稿として）

高橋文太郎

一　呼び名とその形

最近私の知人であつて若き學徒である細野重雄さんは民俗學に趣味を持つてゐる處から、自分の山の方言採集についての一草稿（日本山岳會々報所載）を見て、ケルン第二號にそれに付き或る言葉を記した後、方言は美しくあるから採集するのだと謂ふ意味の事を書いてゐた。

然しそれは假令山の方言であつても、單に美しいと謂ふ理由だけでは物足りぬ事勿論であると私は思ふ。之から爰に記していく生活に闘する運搬用具の採集にしても、第一にその用具を何と呼ぶかが、先づ問題になつて來る。卽ちその土地での物の呼び方の採記である。新たに採集を始められる人々のために、矢張り其の採集の必要理由を述べるのが、最も親切であり適切であると思ふが、民俗學に闘心を持たれる一般素人及素人學者にしても、實際その方言採集に興味を持たれなければ、第一に問題にならないのは極まり切つて居る。それで興味を持つてゐる人々は、それぞれ或る考への下に採集を始められ、又進まれてゐると思ふから、私などが爰で殊更に何故に運搬に闘する用具とその呼び名の採集が民俗學的資料として必要且つ興味あるかを申述べる必要もあるまいと思ふ。

今までの民俗學的資料の採集にあたり、一般的には物それ自體が非常に等閑に附せられてゐた。採訪者は地方に行き物を見て名前を聽くが、只その方言が面白いといふ事だけに重點を置いて、土地での呼び名だけをノートして來るといふ工合であつた。それ故肝心の物それ自身の形體―恐らく暗示的な物も多くあらう―を注意の外に置いてしまつた。實物も見ず知らず、他人の集めた方言だけを資料として考へる弊もあつた。之では實感に乏しくなるのは判り切つてゐる。處が、最近に至つて頓に各方面の學者を始め一般の同好者は、物の形に注意するやうになつた傾向が顯著である。そして爰から又新たに考へ直され、又は直されやうとしてゐるといふも恐らく過言ではあるまい。

自分なども最近の大和吉野郡十津川村方面の旅行の際、その植物などの方言名採集にあたり、痛切にこの實物採訪についての便利と正確を感じたのである。運搬具などは殊更にそうである。

同じテゴといふ背負嚢の形式にしても、土地により變化がある。或はハケゴといふ腰に吊す小籠にしても、岩手縣下閉伊郡岩泉町のハギゴは首のくゝれた花籠型であるが、越後岩船郡三面村で見たハケゴは武藏北多摩郡保谷村などで畠の草取りの時など腰にさげる圓筒型の腰籠（ビクと呼ぶ）のやうに壺深くなく、もつと平たく横巾の廣いへギ板製のもので、之には乾鮨など入れて臺所に吊してあつた。又三面で同じくハケゴと呼ぶ小籠は、ゼンマイ取りの男が腰に下げてゐた。鮨入のハケゴよりは之はもつと小型で淺かつた。同じこのハケゴといふものに、越後岩船郡村上町で見たのは竹製の蓋付魚入籠で、之と略同型のものを自分等は前記十津川村小森で見た。そこではボッツリと呼んでゐた。之などは正に同型で呼名の異なる例である。

前記三面村のハケゴと略同じ型の小籠が、鳥取縣八頭郡山形村ではコシゴ又はコシヅと呼ばれてゐる。[1] 青森縣北津輕郡小泊港でコダシと呼ぶ繩編み嚢は、岩手縣上閉伊郡土淵村でコダシといふものと同型で、[2] 兩者共に背に負ふ。又この小泊港でメカゴ又はテカゴといふ花籠型の竹製籠は、紐で肩に掛ける運搬具であつた。前にあげたビクと呼ぶ小籠も、腰に下げるとのみ極つて居らぬ。同じビクと謂ふも所によると越後岩船郡三面村地方でテゴと呼ぶ類のものであつたりする。即ち茨城縣久慈郡黑澤村上郷でいふビクはテゴ系統の背負編み嚢で、上州利根郡法師溫泉でもビクと呼ぶこの系統の背負嚢を使用してゐる。[3]

例へばカリといふ背負梯子（木框型）が大隅肝屬郡內之浦町では見られるが、宮崎縣南那阿郡福島町には矢張りカリと呼ぶ繩編みの背負嚢がある。(4) 或は信州下伊那郡神原村本山でドウラン（越前炭燒用語）といふネコダ系統の背負編嚢を、信州南安曇郡穗高町では單にセナカアテと呼んでゐた。前者のカリは物が全く違つてゐる好例であるが、後者のものは同型異名である。之等によつて見ても、方言と共にその實物の觀察又は採記が如何に重要であるかが判つて來る。欲を言へば、斯ういふ採集をする場合に、この嚢はこの籠は何々型といふ風な標準名を定めておくと、非常に便利だと思ふ。この事は採集上の注意の項で少し述べて見たいと思ふ。

二　運搬史の一部と運搬形式

原始時代に於ける人間の旅行の方法は、云ふまでもなく自然が人間に賦與した足をもつて徒步する事であつた。然も次に人間がもつと敏速安全に動き廻るために、種々の履物が用ひられるやうになつた。地方的環境に從つて、例へば積雪地にはスノウシュウ（雪靴）や又或る場所には革紐の付いたサンダルといふ括り靴などが使用された。之と同じ事をわが國にも適用して考へる事が出來るので、運搬の形式としては先づこの徒步旅行が最初のものとして考へられ、次に荷物の運び手としての人間が考へられる。原始人は食物、燃料、日用品などの品物を運ばうと欲した時に、自然的に自分の肩や腕や頭にその運搬の役目を果させたのであつた。要するに極く初期時代に於ては、物を運ぶと謂つても他に別の方法は無かつた。結局荷物は人間の筋肉運動とその使用によつて運ばれたのである。今日でさへ、この方法は至る處に行はれてゐて、筋肉で搬ぶ物品の原始的運搬形式は、決して排棄されては居ない。要するに人間の身體はそれ自身が、種々な荷物を運ぶのに適してゐる事が證明されてゐるのである。同時にその方法は多くの工夫がされて、運搬作法を便利にして來てゐる。物品に於ても卽ち負ひ繩、籠などの運搬具のいろいろの形が工夫され、人間の運搬能力の範圍の增大を招來してきてゐることも事實である。

次に吾々は駄獸といふものを考へる。

要するに人間が手馴けた動物を使用して物品を運搬せしめるのである。之は犬、牛、駱駝、象などが考へられるが、駄獸の中最も重要な位置を占めて來たものは主として馬である。

要するに運び手としての人間と駄獸、同時に車輪なしの運搬、次には車輪の發明と車輪運搬が考へられる。その次には近代的文明の運送機關が考へられるのは謂ふまでもない。又別に水上の運搬具、舟なども考へられるが、近代的のものと同樣爰では省略する事にする。車輪なしの運搬のうち、主として重要なものに橇の發明があつた。

今までの一般運搬史の過程を述べるための筋書は、主に外國の學者例へばエリソン・ホークスやブールトンなどの詞の引用に過ぎなかつた。只吾々は運搬具採集に當つて、之により幾分益するところがあれば仕合せである。

要するに外國までも引くるめて、運搬の最原始的形式といふものは、人間各自が自分の頭、肩、背、腕などを用ひて物を運ぶ方法に外ならぬのである。

爰に記す採集記事はこの筋書の中ほんの一部分であり、卽ち履物類も省き、主として頭、前頭部及び肩、背又は腕、手を用ひるものに重點を置かうと思ふ。それも全く遺漏なきプランは到底今の場合立てられぬのである。

三　運び方、物具の分け方など

然らば採集の場合如何に分類して採記するかといふ問題であるが、之は現在では未だむしろ分類より採集量を出來るだけ多くして置くべきであらうと思ふ。他の場合例へば、昔話、傳說や謎などの採集でも、何か一定の型の名前が標準的に極められてゐると、蒐集した後で各自が保存して置く整理上都合よいと思ふことがある。然し未だ我が國ではなか〳〵民俗學者側も、そこまでは棚卸しをして吳れてはゐないし、採集した資料の整理なども一般的には出來てゐないのである。

最近の宮本勢助氏著になる民間服飾誌履物篇には、いろ〳〵わが國の履物についての學術的分類及び標準的名稱と方言が記載されて、吾々を益することが甚大である。

實は地方から集めた民俗學資料としての蒐集品などを分類整理するとなると、恐らくその土地での呼び名は問題ないとしても、一般の標準名とすべき名稱を如何に假令ひ假りにでも極めるかの段となると、なか〳〵困難だと思ふ。然し之から地方蒐集家の諸士のためにも、何等かの標準名を考へ出し同好者達の間だけでも假定しておく事は無駄ではないと思ふ。

第一圖・ハケゴを下げたる男兒

羽前西置賜郡北小國村栃倉

ところで、こゝに謂ふ運搬具を如何に分類したらよいかの問題であるが、さて分類して見る段になると容易でない。それより前に肉體的動作に於ける方法によつては、㈠頭を用ひるもの㈡前頭部及腰部を用ひるもの㈢肩及背を用ひるもの㈣腰を用ひるもの㈤肩を用ひるもの㈥手を用ひるものなど考へられるが、まだ之では充分でない。㈠は九州川邊郡西南方村坊ノ津などで頭に物を載せる場合であり、その運搬補助具としては輪型の物載せ臺が使用されてゐる。ところが、頭に載せる物自體は何も限定されてゐる譯のものでなく、例へば籠を頭に載せてゐる村の隣村では頭に載せる技法なく、同じ籠を背に負ふてゐたりするのは普通である。が、越後、羽前などのハケゴ、テゴなどの系統になると割合にその運搬方法は背に負ふとか腰に下げるとか一定してゐる場合が多いやうである。㈡の前頭部に紐をあてゝ背に負ふ方法は、東京府三宅島神着（カミツキ）村坪田（ツボタ）村などで行ふてゐるのは申す迄もなく、同島坪田村のカゴ又はカゴナなどは適例である。(5)この部になると運搬具の方も身體に着け方が特殊的であるから限定されてゐる。（第五圖）㈢の場合はテゴ、カリ、ドウラ

第二圖・ヘナカアテを着けテゴを背負ふ女・越後岩船郡粟嶋浦村内浦

第三圖・ニシコヒミノを着ける女・羽前西置賜郡小國本村伊佐領

運搬用具の採集（高橋）

ン、コダシ系統などで、背に負ふて肩にその紐があたる。恰度現今の登山者連中が用ひてゐるリユツクサツク型に類似のものである。この(三)はもつと嚴密に謂ふと、肩及背の外、大いに腰部を用ひる場合がある。之は大和十津川村小森で用ひられてゐるオイソといふ背負ひ繩使用の場合などで、この繩の外に補助具としてコシアテ（腰當）といふ桟俵（さんだわら）を腰に著けてゐた。之などは餘程低く背負ふために、腰部に重みが懸つてゐる。この負ひ繩は大隅内之浦町でカイナワといふものと同系統で、當地ではシカタと呼ぶ藁編みの背中當を併用してゐた。之は肩から背中に重みが多く懸つて來る。このシカタに相當するものは、東北地方にも多く見られ、秋田縣北秋田郡扇田町のネゴといふ背中當などもそうである。(6)負ひ繩も同様で、秋田縣由利郡笹子村のニナ、岩手縣岩手郡雫石村のリンジヤクなどこの適例である。(7)即ちレンジヤク型である。一寸前後するが、その背中當と同じ効用をもつてゐるものに、山形縣西置賜郡小國本村伊佐領（イサリヨウ）で見たニシヨヒミノ（荷負ひ簑）（第三圖）、又は同郡北小國村栃倉でいふゴンジミノなどがある。前記扇田町のネゴにあたるものを、越後岩船郡粟嶋では、ヘナカアテ（背中當）（第二圖）と呼び、背負繩はニナワといふ。要するにこの種に屬する背中當としてはミノ系統とネゴ、シカタ系統が數へられる。

(四)の腰に下げるものには、西置賜郡北小國村栃倉で見たハケゴなどは好例である。私の見た時は之に山から取つて來たアケビのボイ（新芽）が詰めてあつた。籠の材料もアケビの蔓であつた。（第一圖參照）又、越後岩船郡三面村で見たスワフゴ又はフゴと呼ぶ腰下げ籠は、前者は葡萄の樹皮製で、後者は稻藁製で瓜の種など入れてあつた。併し何れも運搬といふよりも効用としては携行程度のもので、同時に採集や保存の役目を兼ねてゐる。

(五)の肩を用ひるものには、第一に天秤棒やサシ（挿し）棒など數へられる。藤木喜久麿氏の話によると、東京府新島、式根島で見た天秤棒は恐ろしく上側に反（そ）り返つて、その角度が殆んど直角であつたさうであるが、角度に於ては幾分の誇張と人間の目の欺（だま）される點はあるとしても、面白い話である。同島では之を女が頭にのせて物を運ぶ。尙藤木さんは島で物を頭に載せる稽古をしたといふが、この技術は六つかしくて修得出來なかつたさうである。この話の出た序に記すが、紀州南牟婁郡泊村古泊(コトマリ)で見た物賣女は頭に載せた籠に紐をつけて、それを手で操りながら歩いてゐた。（第四圖）然もこゝでは若い娘が薪を山から頭に載せて運んでゐるが、實に年の若いのにも似ず巧妙な技法を既に修練してゐると感心した。それでも段々道の石に躓いて、轉んだ瞬間、頭の薪を拋(ほう)り出した氣の毒な失敗を目撃したものであつた。兎に角南九州でも紀州の南東海岸でも、頭に載せて物を運ぶ村と運ばぬ村が歴然と色彩をはつきりしてゐる點を見ると、隣村の物眞似位の修練ではこの運搬作法も決して無い事だけは判るのである。

第四圖・頭に物をのせたる女

紀州南牟婁郡泊村古泊

鹿兒島市では割合に反(そ)り上つてゐる天秤棒を擔いてゐる魚賣女を見た。紀州新宮町邊では天秤棒をオコーといつてゐた。之に吊り下げる魚籠なども仔細に比較すると面白いと思ふ。尚鹿兒島市の花賣りの擔ぐ花を載せる手籠(テゴ)なども面白い。武藏北多摩郡保谷村などでは、收穫の麥運搬に束をサシボウで突き挿して天秤型に擔ぐ方法も用ひてゐる。このサシボウは天秤と違つて之だけで運搬の役目を果すのである。（六）の手を用ひるものなどは甚だはつきりとせぬ區分で、嚴密に謂ふと（一）、（三）、（五）の場合など多く手は重要な役割を演じてゐる事は言ふまでもない。單純に手に持つだけといふものは農山村などでは餘り多くを見ないやうである。（五）の肩を用ひるものでも、見やうに依つては、極く輕い物などは紐で肩から脇下に或は稍ゝ背の方に下げる場合もある。羽後飛島で見た蕨摘みの子供達は、こんな風に丸型の小籠を肩から極く手輕に下げてゐた。岩手縣岩手郡雫石地方には麻布の苞型の背負袋が未だ殘つてゐる。之は昔、穴明き錢の束を入れた袋だともいふが、珍らしいものである（アティック・ミウゼアム宛田中喜多美氏報）。

斯ういふ運搬動作ともいふ可きものから全く離れた、例へばその材料や形式から分類も出來やうが、私は假りにその動作と關聯さして右の樣に記して見た。他日もつと正確妥當な記述をさして頂き度いと思つてゐる。或は單純にテゴ系統、コダシ系統又は荷繩、背負籠、背負嚢などの用語を定めて物具で分けるのも一方法である。（補遺參照）

四　採集上の諸注意

次に採集上の諸注意について聊か述べやうと思ふ。自分の生れた土地或は永住の土地又は全然未知の場所へ旅人の立場で採訪に出かけた時など、いろいろの場合が考へられる。何れの場面でも、第一に採訪の態度といふことが最も大切であると思ふ。之は大に注意を要する事であるが、又なかなか六つかしいものだと思ふ。採訪者にも種々の經驗的段階のある事は勿論で、未知の村に這入つて直感する感激も人々によつて違ふわけである。例へば島の表口と裏側の部落に這入つた時の氣持の全然違ふといふ貴い最初の印象や極く邊鄙な山村例へば越後朝日山麓の三面村のやうな山懷ろの人生に直面する時の氣持などは、採集事業以外に極く貴重な體驗だと謂はれてゐる。甚しい場合の例は、こういふ極く純眞な村の感じは、唯味はつただけでよいとして具體的の資料の採集などは手に付ける事を欲しない氣持になる時や或は意識的にそうせぬことも間々あるやうである。之は特殊の人々に許される境地で、普通一般の採訪者は出來るだけ多くを見聞する事がよいのではないかと自分は考へてゐる。

次に採訪にあつては極く冷靜にして主觀を働かし過ぎぬ事、成る可く外形と共に内的に出來るだけ其土地の人々の氣持を知ることに努める事、運搬具の採集もこの氣持が充分判らぬと細かい技法の點など了解出來苦いが、之は或程度まで知らぬ土地への採訪の時は仕方がないことかも知れぬ。その器物の使用者、製作者、製作地、材料の識別採記は勿論のこと、それに關聯した運搬技法は殊更に採記する必要がある。物への背負繩の著け方、身體への結び方などまで仔細に觀察するのは云ふ迄もなく、物の部分的呼稱も出來るだけ正確に檢べるのがよい。要するに物の呼び方と運用狀態の採記は欠くべからざるもので、特に又注意を要するのは、その物が極く特殊的で個人の趣味的のものか一般共通性のものかの認識も誤らぬやうにせねばならぬ。

それから物具の採記はスケッチによる場合がよい事もあらうし、寫眞でなければどうしても正確に採集する事の不可能なるものもあると思ふ。要は出來るだけ正確に採取する事である。撮影、スケッチの場合は物品を活用さして撮ることも時には大に必要である。例へば身體にその物の著け方などは、寫眞があれば一旦忘れてしまつても後に判るし、撮影しておくと其時氣付かなかつた點例へば背負ひ梯子（木框型）などが著しく背に負つて見ると人間の頭上まで框が丈高いものである事に氣付くのである。之などは人が背負はないと、どの邊が背中に當るかなどの點が全然氣付かないのが普通である。物具の形に於ては全體的のものと部分的のものとの二樣の採記が殊更に必要である。

次に物具の長さ厚さなどの測定及び製作過程形式などの採記である。之等は始めから心掛けてやらぬと、仲々困難な仕事である。それから昔話などの採集とは少し違ふが、話し手の氏名、住所、年齡、職業は出來るだけ訊ねておけば結構である。

次に運搬具を採集するにあたつて、忘れてならぬものは、その補助的又は併合的作用を果してゐる道具である。前記したが、背負ひ繩使用の時、多くは併用具として著ける背中當の類、背負梯子（木框型）使用の際、手に持つイキヅヱ（信州下伊那郡神原村坂部（サカンベ））やニンボウ（三河北設樂郡振草村古戸（フット））などの類の杖である。(8) この杖は休憩の時立つたまゝ木框を杖の叉に載せて休めるやうに出來てゐる。荷車曳の人が梶棒から肩にかける紐なども此の好い例である。

それ故採訪の時は、例へば背負ひ繩だけを使用してゐる時も、別に併用具としての背中當があるかどうか、この繩を使用してゐる場合が多い處でも或は木框の背負梯子が幾分でも使用されてゐるかどうか、或は其土地に殘つてゐる言葉から以前は頭に載せる運搬方法も行はれたのであるかどうか、即ち物と技法の變移やそれらの移入と衰退などについて注意せねばならぬ。又、渡り者の群などが他地へ行つても郷土の運搬具を使用してゐることなども、例へば三信國境の山村に渡り住む越前炭燒の群、大和十津川村などで背負ひ繩が全勢を極めてゐる反面に背負ひ梯子が衰退していく現象、然も信州邊からの移住者が獨りこの木框に執着を持つてゐる狀態など、注意すれば面白い。この度越後岩船郡粟嶋を訪れて釜屋部落にいくと、極く雪の尠ないこの島にも藁靴が多く使用されてゐるのを目擊した。時にはその土地の地形環境に注意し、斯ういふ場所には斯ういふ運搬具の發達常用ざるべきであるといふ概念を捕捉することも亦必要であらう。

終りにもう一つ記すことは、物品の中、その土地の素人が仕事の暇に丹念に作りあげたものと、村人ではあるが半商賣人のやうな地位の者が作つた場合、或は町の商店などで賣る大量生產品などの場合がある。越後の粟嶋にも雪沓を造つて賣つてゐる村人があつた。山形縣伊佐領あたりに見るニショヒミノなども恐らく商品ではあるが、各自の所有をはつきりする爲めに、覺えの記號を織り込ましてあつた。それが商品であつても、其土地で一般に使用されてゐる地方的の物ならば皆この蒐集の仲間に入れて差支へないと思ふ。特殊的な素人製作品を珍重する必要はないのである。（昭八、八、九）

註　1―8　アテイノク・ミウゼアム所藏品により調査す。

補遺・物による分け方のプラン

一　荷繩　背に負ふ物品をからげる繩で、オイソ、ニナワ、カイナワ、レンジヤクの類。本文肉體的動作による分類三項參照。

二　擔ぎ綱　橇曳きが肩から胴へ斜に掛ける、橇のウデギに繫がれたヒキツナ（岩手縣岩手郡雫石村）などの類。之はむしろ俳用具として考へらる。

三　背負籠　ヲイカゴ（大和吉野郡十津川村小森）、ショイカッゴ（武藏北多摩郡保谷村地方）、カゴ（三宅島神着村、之は紐を前頭部に掛け腰部に吊下げる背負ひ籠）の類。

四 **腰籠** 本文動作による分類四項參照。ハケゴ、フゴの類。

五 **荷ひ籠** 天秤棒にて兩端に吊し下げる魚籠など。例へばニネカゴ（紀州新宮町、魚賣女使用）、テゴ（鹿兒島市、魚賣、花賣使用）の類。

第五圖・カゴを負ふ女

東京府三宅島神着村（藤木喜久麿氏作）

六 **頭籠** 頭で物を運ぶ時使用の籠類で、其地方によりその物が極つて居る場合は此項も必要であらう。

七 **背負嚢** 本文動作による分類三項參照。テゴ、コダシ、ネコダの類。リュツクサツクの如き紐の付け方のものと、上部の紐と下部の紐を胸で結び合はすものとの二種に大體分けられる。

八 **荷ひ嚢** モッコの類。之には併用として擔ぎ棒類が必要である。

九 **擔ぎ棒** 挿し棒、天秤棒の類。挿し棒の方は單獨で使用出來る。例へば麥束などその兩端に突き刺して運ぶ。

十 **背負梯子** 背に負ふ木框で、ショイタ又はセイタ（靜岡縣磐田郡佐久間村中部）、ショイバシゴ、又はショイタ、ハシゴ（武藏入間郡吾野村正丸）などの類。之には補助的併用具として杖がある。例へば前記中部でいふツヱなど。

十一 桶

十二 担架

十三 橇 岩手縣岩井郡雫石村にはハヤブサ・ウシ、ヨツヤマ、バチ（バツ）といふ橇の各種がある（アテイツク・ミウゼアム調）。之等は人が曳き、又別に馬が曳く馬橇（バソリ）がある。大隅肝屬（キモツキ）郡内之浦町では馬橇をキウマといふ。

十四　併用具及補助具　假りに併用具といふ用語を設けた。單なる補助具よりもつと強度に併用的役割を果してゐるものに、荷繩使用の際の荷負簑、背中當がある。前者は簑型のもので、例へばケラ（岩手縣岩手郡雫石村）、ニショヒミノ（山形縣西置賜郡小國本村伊佐領（イサリョウ））、ゴンジミノ（同縣同郡北小國村柝倉）などで、後者は荷重に對する背中の保護具とも見られる背中當の類で、例へばへ（セ）ナカアテ（越後岩船郡粟嶋浦村内浦）、シカタ（大隅肝屬郡内之浦町）、ネゴ（秋田縣北秋田郡扇田町）などである。

天秤棒は背中當と同樣併用具の中に入れても考へられる。之だけでは單獨に物を運ぶことが出來ないからである。頭の物戴せ台の輪や流材曳上げなどに用ひる鳶口なども此の部に入れて考へられる。

篲持　これは民俗學ではなく經學であるが禮記檀弓に君臨臣喪以巫祝桃茢とあり後漢の鄭玄は曰、桃鬼所惡茢萑苕可埽不祥とあり士喪禮及び周禮によれば襲してのちは桃茢を去るとあり、之は襲する以前の事であつて、君その臣の喪に臨むや周禮春官喪祝に王弔則與巫前といひ、鄭司農は喪祝與巫以桃厲……といひ、厲音列記作茢、黍苕穰也音例亦音列とある。左傳襄公二十九年に魯の襄公は楚に往つたとき楚子昭卒した。時に楚人公をして親襚（襲）せしめんとした。公その非禮を強ひらるゝを患ひた。穆叔は祓殯而襚則布幣也と云つて卽ち布幣（杜預注・朝而布幣）と等しき禮をとらしめた。卽ち、乃使巫以桃茢先祓殯たのである。前述する君が臣喪に臨む禮と同じ禮を以て臨んで魯の威靈を傷つけなかつた。杜預注に茢黍穰とあり、疏に正義は曰。茢是帚。蓋桃爲棒也。毛詩傳曰藡爲萑萑苕謂藡穗也、杜云茢黍穰者今世所謂苕帚者或用藡穗或用黍穰、是二者皆得爲之也。然し皆桃を以て不祥を祓ふとのみ解してゐるがきうのみは考へられない。之が帚としてみとめられてゐることを注目する。後漢書百官志執金吾の條下に本注云本有式道左右中候三人六百石車駕出掌在前清道還持麾至宮門宮門乃開とあり、漢官儀には之事がやはり執金吾の下にのつてゐるが譌文（孫星衍曰く）で式道候秦官也……式道左右凡三帷車駕出迎式道持麾王宮行之乃閉（北堂書鈔設官部）。以上行列の事を述べたが、山口氏のいはれる意味で、（本誌本卷第七號）史記などにも趙王埽除自迎執主人之禮引公子就西階（信陵君列傳）等ある。（明石）

朝鮮 Dolmen 考追補

孫晋泰

本誌第五卷第六號に載せたる拙文『朝鮮の Dolmen に就いて』に次の追補を爲して置かうと思ふ。W. Gowland が之に就いて「現朝鮮人の祖先が建造したものであらう」と甚だ漠然と言つてゐることは既に紹介した通りであるが、その後 Homer B. Hulbert はその著 'The Passing of Korea,' London, 1906, p. 295. の中に次の如く述べてゐる。長文ながら參考のためその全文を引いて置かう。"The discussion of Korean relics would be incomplete without a reference to the curious structures which are found in verious parts of the north, and to which we give the name dolmen for want of a better. One of these consists of two huge stones set on edge to form the opposite sides of an enclosure, and across the top is laid another. The upper stone is a veritable monolith, being often fifteen feet square and two feet thick. The space enclosed is about eight feet long, five feet wide and five feet high, and the most natural conclusion is that it must be some form of sepulture; but, though the back of the space is sometimes closed with a stone, the front is always open, nor have any bones been found in any of them. There is not a word about these curious monuments in Korean history, and the only explanation that the people give is that they were built long ago to keep back the powers of the mountains, who would otherwise invade the lowlands. These stone are always partially covered with earth, and there is no doubt that originally they were entirely covered. They are often found in the midst of wide plains, and the imagination is taxed to account for the method by which those rude people moved the huge stones from the hills to their present places. I incline strongly to the opinion that they are very ancient graves, in spite of the fact that no bones are found; for even in the Koryu (高麗) graves, which are quite authentic and from which so much rude pottery is taken, no bones are found, not even the skull. This shows that six or seven hundred years will suffice to cause a complete disintegration of human bones, at least in Korean soil. These dolmens are much more ancient than any Koryu grave, and the argument is so much the more conclusive. Much still remains to be done by way of excavation and examination of these relics, but the Koreans are so superstitious that little can be done at present." 朝鮮の地質が六七百年を以て完全に骸骨を分壞せしむるためドルメンの下に人骨を見出すことが出來ないのだらうといふ說は取るに足らないが、ドルメンの一部分が土にて覆はれてゐることに據つて、その原型は全く封墳にて覆はれたる墳墓であつたらうと斷じたことは眞に近い說と言はざるを得ない。氏が若し半露出ドルメン墳墓又は巨石蓋墳墓の如きを發見したならば氏も亦私と同一の結論(蓋石は墳上に露出されてあつたといふ)に達したであらう。Hulbert の此說の後、西洋人達は尙ほ墳墓說を信ずる能はず、祭壇說を出したのが H. G. Underwood である。氏はその著 'The Religion of Eastern Asia,' New York, 1910, p. 101—2. に於いて "The second class of monuments are the dolmen, found scattered all over the land. Those seen by the writer have in the main been situated in the plains, and have generally consisted of three stones, two enormous slabs supporting a third. They vary in size, the supporting slabs being from three to five or six feet wide, more than a foot thick, and rising five or six feet above the ground. In two case only has there been a fourth stone closing up one side. Notably in a long plain near the city of Eul Yul in the Yellow Sea province, (黃海道殷栗) there is a line of these dolmen of great length and apparently at even distances, the row runing north and south. No bones or relics of any kind have been found, either under or near any of these dolmen. Despite this, Professor Hulbert, who has made a study of them, argues that they are probably tombs, and urges rightly that time may have easily destroyed all such vestiges. When, however, we find that from the oldest times the records speak of burials being made upon the hills and hillsides, we doubt whether this was their purpose, leaning rather to the belief that they are altars, and were in all probability used for the worship of some of the earth deities of Korea's nature-worship, especially as we find most of such altars on the plains, and as the concurrent testimony of natives is that they are such. と云つてゐる。しかし此は毋論甚だしき1片の臆測に過ぎない。更に甚だしいのはC. A. Clarkであつて、氏はその著 'Religion of Old Korea,' New York, 1929, p. 181. に於いて "We have already spoken of the dolmens which may have had something to do with Shamanism. Whether they were altars or graves, no one knows. We do know that, in connection with geomancy, they are sometimes deliberately set up in order to control the Fungsui of places, to shunt off evil influences which might run down certain mountain backbone ridges into villages where people live." と云つてゐる。氏は民間の風水說を事實性あるものゝ如く信じたやうである。

尙ほこゝに特記して置きたいことは今を距る七百三十餘年前、高麗の李奎報が此のドルメンに就いて簡單ながら記錄を遺してゐることである。卽ち「東國李相國集」卷二三「南行月日記」の中に「明日將向金馬郡、求所謂支石者觀之、支石者、俗傳古聖人所支、果有奇迹之異常者」とあるのがそれであつて、これは高麗神宗三年（金の承安五年、西紀千二百年）十一月のことで、李相國は當年三十二歲、全州牧の司錄兼掌書記の時である。金馬郡は今全州及び益山等郡に編入され、今の益山郡に金馬面がある。彼は殊に旅行と山水を愛した人であるが、三十二の若年の俗吏にして能くも斯くドルメンに興味を寄せてわざ〳〵金馬までそれを見に往つたものと感服せざるを得ない。のみならず若し我々がドルメンに就いての世界最初の文献を究むるならば此は恐くその一二を爭ふべきものではあるまいかに思はれて、ドルメンそのもの以上に奇蹟的な興味を覺えさせられるのである。

琉球風俗

西紀一五四二年朝鮮濟州島民朴孫等十二名が琉球に漂着し、そこに四箇年滯留の間非常なる歡待を受け、一五四六年便船を得て福建に渡りやうやく歸國して之を朝廷に報告し、注書は彼等の話に據つて琉球風俗を記して之を實錄に載せ、柳大容は彼等の語る所を採つて琉球風土記を作つた（今逸）。これらの事は伊波普猷氏によつてもはやどこかに紹介されてゐさうに思はれるが、寡聞にして未だ識らず。私は此の餘白の埋ぐさとして次にその民俗に關する部分だけを紹介して置かうと思ふ。「明宗實錄」卷三（十九丁表十二行至二十丁裏五行）元年二月戊子朔の條に「傳于政院曰、見冬至使聞見事件、則本國朴孫等（濟州人凡十二人）漂到琉球國、國王至誠歡待、又於闕庭饋享、交隣厚意、不可不謝、但無路可通、本國使臣、若於中朝見琉球國使臣、則宜以此致謝（朴孫見福建道水車、詳習其制、還本國、教匠人造作、其用甚利於灌作）注書尹潔、因朴孫等之言、記琉球國風俗、其略曰、…且女有官職、凡女政皆決於女官、朝廟不於國王、而獨於王妃也、女官行也、騎不跨鞍、踞于鞍上、兩足一鐙、如據胡床然、馬首行辟與僕從、皆用女人、初喪不廢食肉、其葬也、斲削巖作爲宮屋形、鑿其內空曠、以木板爲戶、置柩於其中、凡一家之死者、皆入其中、祭則開戶、祭訖卽鎖、力不能者、求得巖穴如屋者、置柩焉、不用埋瘞、貨幣用銅錢、錢一百當米二升、其婚娶也、夫家先輸錢婦家、宴飮凡禮、皆自婦家設之、夫家一無所措、期至、夫盛衣服上馬、諸族擁後而行、用二銀榼、盛以幣物、植以花蕊、當馬首前導云（下略）」と見え、魚叔權の「稗官雜記」（大東野乘本）卷四には「嘉靖壬寅、濟州人朴孫等、漂到琉球國、留四年、轉解中國、因得回還、柳大容採其語、作琉球風土記、略曰、…冬衣皆袂、無襦襖之制、夏制蕉布或苧布爲衣、蕉布者盖以芭蕉縷爲識者也、男女之冠、皆編椰葉爲之、男冠如本國僧笠、或以帕抹首、或露髻而行、女冠如本國圓筐子、人不得見其面、唯命婦戴之、其餘用所著衣蔽面而行、男有袴子、女只以單裙圍之二重、貴賤皆然、男女皆椎髻、男則於右、女則於後、唯貴者着草履、餘皆跣足、大抵男多長鬚、女多豔色、其俗無車輛之屬、家不畜犬、野無虎狼狐狸雉鳶鳴鵲、味多海錯、采無水芹、釀濁酒不用麴、只嚼米和涎、盛器經宿、其甘如蜜、凡交易皆用銅錢、土產多金銀、而拘於神忌不得行、若產於日本者則許用、不立學舍、童穉就寺僧學番文、其學經書者、皆入學於福州、每歲元日及八月十五日、祭其先、自正月初八日至十五日、達夜燃燈、男女游玩、道路塡塞、三月三日、士庶相聚宴飮、五月五日、造船象龍形、選童男船各二十人、挿金銀綵花、執棹爲戲、七月十五日家家燃燈、男則服女服、女則服男服、來往爲戲、冬至日作豆粥以食、…」とある。

（孫晋泰）

朝鮮民家型式小考（三）

孫　晋　泰

三、天幕型民家

附圖第一に見るやうな型式の住家を假に私は天幕型民家と稱して置きたい、tent-like dwelling の意味である。朝鮮に於いて之が果して古代より一種の民家として存してゐたか否かは據る可き記錄無く疑問である。しかし乍ら、朝鮮の北隣西伯利亞民族の間には此の型式の住家が極めて普遍的であり、又朝鮮に於ても現に之が貧民の間に住家として屢々發見せられ、又黃海・平安・咸鏡諸道の如き北部朝鮮の諸地方に於ては穴藏(ウム)を覆圍ふ小屋として民家庭內に普通に見られ、且昔話の中にも貧乏人は常に此の天幕型住家に起居する者として現はれるのである。であるから、此の住居が朝鮮の古代に於いてそれ程の一般性は有せなかつたにせよ、一種の民家として存したであらうことは認めてもよくはないかと思はれるのである。

今は專ら貧民（乞食・鰥の如き）によつて構へられる此の天幕型住居は俗に小幕(ヲマク)又は草幕(チョマク)と稱せられ、往々傳染病者の隔離小屋としても建られ、此の場合は病幕と稱せられ

第一圖　黃海道黃州邑金成麗君宅庭內穴藏上の小舍

る。その構造は十數本乃至數十本の長木を圓く地上に立列べ、その上端をば一緒に縛つて固定させ、その表を俵か筵・黍幹などを以て覆うて風雨を防ぐ極めて簡純な構へであり、地面に筵や俵を敷いて起居するのが普通であるが、內部に溫突を拵へたり、周圍に雨水を防ぐ溝を掘つたりしたものを往々見受けられることもある。主として稻・麥の藁又は黍・粟の幹等を編んで外覆ひを拵へるために草幕又は黍幹小幕とも稱せられるのであるが、これは毋論農業民族に於いて見るべきものであつて、西伯利亞諸種族の間には冬は獸皮を以て、夏は樺皮又は布を以て外覆ひが造られるやうである(一)。而して又西伯利亞諸種族のそれには頂上に煙穴を有するが、朝鮮のそれには無い。

附圖第一は八年前私が黃州邑黃崗里友人金成麗君宅庭內醬甕間の傍に於いて見出したるもの、外覆ひは黍幹を編みたるものにて成り、漬物甕や果物等を入れてある穴藏の上に建てゝ、冬は寒氣を防ぎ夏は暑氣を防ぐ用を爲す、之を黃州では沈菜覆ひ(漬物甕を覆ふ小屋の意味)と云ひ、咸鏡南道では斯る小屋を沈菜籬又は沈菜覆(chim-chi tök)と云つてゐる。第二圖は昨年六月平安南道陽德邑外の溫泉場民家庭內に於いて見出したるもの、漬物甕を埋めた穴藏の上に構へた黍幹覆ひの小さきものである。第三圖は昨夏平安南道江東邑外の平原中に於いて見出せるものにして俗に農

幕と稱せられ、長木(丸太)を一切用ゐず蘆にて小幕型に造りたるものであるが、小幕に見る如き出入口を有せず、手にてその一隅を持擧げて見ると中には手鍬・草鞋その他の農具が入れられてあり、野良仕事の際急雨に遇へば彼等は此中にて暫く雨を避ける、謂はゞ farm-shelter とも稱すべきものであらう。これら三圖とも住居ではないけれども、天幕型住家に源を發したであらうことは疑ひあるまいと思ふ。而して又天幕型住家も大體第一圖に見る穴藏上の小屋に大差無きものであることはこゝに繰返して言ふまでもないであらう。

四、穹廬型民家

私がこゝに謂ふ穹廬型民家とは、古代蒙古民族の住家として支那史上に所謂る穹廬と其の外形に於いて類似せる者を指すのであつて、穹廬そのものが古代朝鮮に民家の一種として存在したといふことを擧げて論じようとするのではない。前項天幕型民家に就いても同樣である。

第四圖は私が八年前黃州邑に於いて見出した熱氣浴場、俗に汗蒸家であるが、此の家の特色は柱を用ゐず土石を以て圓壁を造り、その上に穹形卽ち半圓形の屋根を構へてゐることである。斯る型式の家は決して汗蒸家に限られてゐるわけではなく、殊に南鮮貧民の間に於いてこれは住家と

第四圖　黃海道黃州邑の熱氣浴場（汗蒸と稱す）

第二圖　平南陽德邑外溫泉場民家庭內所見穴藏上の小舍

第五圖　黃海道海州延坪島民家

第三圖　平南江東郡江東面民畑中所見の避雨小舍

して屢々見出されるものである。而してその圍壁の造り方には種々あつて、土石を混用する者、石のみにて造る者、泥土のみにて造る者もあり、往々にしては、雜草が根を下ろして互に絡まれ、爲めに固くなつてゐる土（俗に之を茅（テー）と云ふ）を剝取し來たつてそれにて造る者等を見ることが出來る。土石を混用せる者を墻家（タムチプ）と云ひ、石のみを積累ねて造れる者を石墻家（トルタムチプ）、泥土のみにて造れる者を土墻家（フクタムチプ）、茅土にて造れる者を茅土家（テーチプ）(tte-chip)などゝ俗に云ふ。墻家と謂はれるのは、その圍壁が普通民家の周圍に造られる土石の墻と類似してゐるからである。又此の型式の小屋は富農の肥料貯藏所又は水車小舍として多く南鮮に發見されるものである。これらの家は甚だ穹廬に類似してゐる。用材は兩者相異り又朝鮮のそれらには頂上に煙穴を有することもない。けれども壁室の圓いことと穹形の屋根などその外型は頗る似た所がある。しかし乍ら朝鮮の穹廬型民家が果して蒙古の穹廬に源を發して獸皮・樺皮・葦等の代りに漸次土石を用ゐるやうになつて專ら貧民の間に（又は富農の物置・則として）存續されて來たものであるかどうかは疑問である。而して又朝鮮古代の民家に穹廬があつたかどうかといふことも前述の通り知る由がない。加之、高麗時代盛んに半島に移住した蒙古人が朝鮮民家建造の上にどの程度の影響を及ぼしたかといふことも明でない。しかし乍ら穹廬と外型を同うする前述民家が古來半島に存したであらうことだけは考へられはすまいかと思はれ、又只今の私の考へでは、第五圖に見るやうな正方に近い外壁を有する民家の如きは、穹廬型民家が柱を立てるやうになれば自から生ずべき一種の型式ではあるまいかと思はれるのである。而して此の型式の民家が殊に今日黃海道に於いて多く見出されることは、此地が元代蒙古人と密接に關係してゐたための影響を濃厚に現はしてゐるものではあるまいかとも考へられるのである。私は黃州・延安・白川・海州・延坪島に於て此型式の民家を多く發見し、殊に延坪島は第五圖に見る如く全島二百餘戸の中その大部分が斯うであつた。

今序に此の正方形外壁を有する民家と、第二項既述一字形民家とに就いてその外形・內部等を少し許り比較して見よう。屋根を除外して外形上前者は正方形、後者は長方形である。內部に於いて前者は正面の入口（高六尺幅三尺許りの）を入ると直ぐそこに玄關とも稱すべき空場（臺所と連續して一間四方許り）があつて、それより各々の部屋に入られるやうになつてゐる。部屋は大體に於いて二間であるのが普通で、この二間は屋內を田の字形に區分したその一分づゝを各々占め、壁を隔てゝ互に連接してゐる。而して殘餘の二分が殆ど全部臺所に充てられてゐるのであるが、わづかその中の一間四方位ひの一部分が前述玄關の役をなして出入口と續いてゐる。つまり田の字の四區劃の中左側の二分が各々一室になつてゐれば、右側の二分はぶつ通しになつて臺所として用ゐられ、而してその正面入口に接した少部分が玄關として用ゐられてゐるわけである。であるから、此の家に於いては一旦玄關を通らなければ部屋にも臺所にも入られないわけである（後門よりの出入は別として）。これは一の字形家屋の開放的なるに對して內包的であるとも謂へようか。一の字形民家は長方形なる故に、言はゞ目の字を横に置いたやうなもので、その端の一分が臺所、他の二分が各々部屋になつてゐて、これら何れにもそれぞれ出入口（格子戸）がある。從つて外からいきなりその戸を開けさへすれば各々の部屋なり臺所なりに直ちに入られるわけで、三者共通の出入口即ち玄關の如きは全くないのである。

五、住居より觀たる古代朝鮮の文化問題

終りに臨んで私は、住居上より觀て朝鮮古代の文化が南北何れに屬すべきであらうか、尙進んでは、それに據つて朝鮮の人種問題が果してどの程度にまで考へ得られるか、といふやうなことに就いて一言したい。

樂浪郡時代平壤を中心とする平安道の地に割合進歩した漢の文化が入つてゐたことは周知のことである。けれどもそこには支配階級たる漢族以外に有史以前よりの原住民があつたはずである。その原住民は今明かでないとするも、今の江原道の地には穢族が住み、咸鏡道には沃沮、南滿洲の地には高句麗族が住んでゐて、これらの諸族は大體に於いて北滿の夫餘と同じく通古斯の一族であつたのである。斯る狀勢より察して當時平安道及び黃海道の地にも恐くはやはり通古斯の一族が住んでゐたであらうと推察せられるのである。然らば京城以北の當時の朝鮮文化は大體に於いて北方系統に屬し通古斯のものであつたやうである。けれども南鮮の地即ち當時三韓の地には果して如何なる原住民があつたか、此の問題は今尙ほ明かにされてはゐない。そこで、之に就いて住居の上からどの程度の考論が出來るか、それを試みようとするものである。それには先づ、馬韓の民家であつた竪穴住家と辰韓の民家であつた累木住家、並に天幕型住家・穹廬型住家等の分布狀態を明かにしなければならない。

竪穴住家は第一項註內に詳述した如く古代の肅愼・靺鞨・挹婁等滿洲東北一帶に住んで居た種族によつて造られた。昔アイヌによつても造られ、又 Kamchadales, Chuckchee, 等も昔は之を造り[21]、Eskimo のそれは周知の事である。此の外にも例へば古代北米インデアン諸族間には、kum 又は wigwam 等と稱せられる半地下住家があつて、屋上は

泥土・木皮・筵などにて覆うたものであり、(3) 古代蘇格蘭人も cave を意味する weem といふ地下住家を有し粗石にてその地下室の壁を造つた。(4) 斯の如き例は枚擧に遑がないが、此等の現象は要するに地理的に寒冷な處に住む未開種族の間に多く穴居が營まれることを立證するものである。而して此等の中地理的に歷史的に朝鮮半島と最も關係の深いのは肅愼・靺鞨である。けれども之と劣らざる深密關係を有する蒙古と支那には果して穴居が無いものかどうかを一應調べて見る必要がある。胡樸安氏等所編「中華全國風俗志」（民國十二年 廣益書局刊）を見るに、その下篇卷九蒙古人之居住二二頁の條に「察哈爾部蒙民、多穴居野處、俗謂土窖、形式方圓互異、穴外葺藁爲蓋、穴內鋪氈以居、攷其構造、尙不能如苗族土穴之精緻耳」とあつて蒙古にも穴居があるらしい。けれども此は古來蒙古人の住居ではないはずである。然らば支那はどうか。顧炎武の「天下郡國利病書」卷四五に據ると「山西土瘠民貧、村落細民不能屋宇、就高地鑿土爲窖以居之、夏涼冬溫、云々」とある。これは淸初に於ける山西貧民間の横穴住居に就いての記錄であらう。「中華全國風俗志」上篇卷一五九頁山西の條も「石樓縣志」を引いて「其性醇、其俗儉、樸略少文、男不經商、女不紡織、惟農是務、棟宇不飾、民多穴處」と記るしてゐる。これは「石樓縣志」卷三風俗條の記述を要約したものであつて最後の一句は原本に「鄕民居土穴」とある。又同書下篇卷六、陝西風俗瑣記三八頁の條には「土人大半住土窖、窖或一層或二層、卽毛詩之陶復陶穴也、窖上不是原田、卽是孔道、袁子才詩話載土窖詩云、雨風不向窓中入、車馬還從屋上過、可以互證」とあり、同じ下篇卷六甘肅平涼等處之穴居四六頁の條には「甘肅平涼府高平關一帶、民皆穴居、穴皆穴山而成、地奇冷、出行者必以手擁護其鼻、否則歸而鼻脫矣、誰謂上古之風、不見於今耶」と云つてゐる。これら山西・陝西及び平涼府の穴居は何れも横穴のやうであり、酷寒なる氣候に由つて生じたる民居であるらしい。のみならず支那には「易」に「上古穴居而野處」と謂へるやうな傳說が古來あつたやうであるから、支那の古代にも穴居は存したものであらう。しかし乍ら古代の歷史的事實に鑑みて支那の穴居が朝鮮に入つたらうとは思はれず、而して又南部朝鮮の如き溫帶地に穴居の獨立發生の蓋然性が薄いとすれば（馬韓族に隣接し地理的狀態を同一にする辰韓族は累木家屋に住んでゐた）馬韓の穴居は古への肅愼族のそれに源を發して半島南部へ進み來たつたのではあるまいか。果して然らば馬韓の土住民は同じ通古斯族の中に於ても肅愼と種族上最も近い關係を有する一族であつたのではあるまいか。これは兩者が地理的に相近隣してゐるところよりしてさやうに考へられないこともあるまいと思はれるのである。

次に累木家屋の分布狀態はどうか。「通典」卷二百・北狄・結骨の條には「結骨在廻紇西北三千里……其人竝依山而居、身悉長大、赤色朱髮綠睛、有黑髮者、以爲不祥、人皆勁勇、……每一姓或千口五百口、共一屋一牀一被、……以木爲室、覆以木皮、云々」とあり、同駮馬の條には「駮馬其地近北海、去京萬四千里、經突厥大部落五所、乃至焉、……以馬及人挽犂、種五穀、好漁獵、取魚鹿獺貂鼠等、肉充食、以其皮爲衣、……隨水草居止、累木如井欄、樺皮蓋以爲屋、土牀草蓐如氈、而寢處之、草盡卽移居、云々」とある。前者は混血せる、そして獵に依つて生活するキルギーズの一族にして當時バイカル湖西南に住居してゐた者でありたるべく、後者は漁獵を主とし、バイカル湖(北海)の南邊りに住む土耳古の一族だつたのではあるまいかと想はれるが、その地點と種族問題とは姑く別として、兎角バイカル湖南又は西の山地に住んで累木樺皮蓋の家を構へてゐたことは恐く事實であらう。又「唐書」百十七下回鶻列傳中には「斛薛、處多濫葛北、……構木類井幹、覆樺爲室」とあつて、これも累木家屋を造り、恐くやはり前二者と近隣せる土耳古の一族だつたのであらうと思はれる。次に近年西洋人の著書に依つて見るに、この住家はアルタイ族・ブリヤート族・イエニセイ諸族の間にも見られ、yourte or yurta と稱せられてゐる。例へば Deniker は Yeniseian, Altaian 等の住居に就いて「彼等の丸太家屋は圓形の yourte 卽ち毛氈天幕に倣つて造つたもので、六角又は八角平面形であるが、近來は露西亞人の影響で漸次四面の家屋に變りつゝある」[5]と云ひ、構造上の詳細なる記述はないけれども、ロシアの學者 Yadrintsev に據つて添へたる圖版(第四五)を見ると、それは明かに六角又は八角の累木家屋であつて急傾斜の屋根を有してゐる。Nansen の「シベリア紀行」に依ると、彼はイエニセイ灣內の Krestovsky に於いて timber-hut 卽ち累木家屋を發見して下の如く云つてゐる。「我々は海岸より起る煙を見た、そしてそこに平たい屋根を有つた小屋 huts を見出した。それらは恰も屋根を未だ造つてない半成家屋のやうに見えた。それより南に下るに隨つて我々は斯る家を益々多く見出すことが出來た。この家は夏の間そこで漁をするロシア人と Samoyed 及び Yurak 等のものであつた」[6]と云ひ、更に又 Krestovsky 島の南イエニセイ河口[7]の Sopochnaya Karga に於ても同樣の家を發見したとて寫眞圖版[8]を揭げてある。この圖版は私が前號に於いて既に紹介した。Sirelius に依ると Ostyak, Vogul 等も斯る家を造つてゐる。[9] Bulstrode 夫人の「蒙古紀行」[10]中に見える Buriat 族の所謂 yurta はその圖版に依つて見るとやはり累木家屋であつて斜面の屋根など有してゐず、丸太と丸太との隙間に泥土を充塡してゐるのが判る。

Curtin は「南シベリア紀行」中にバイカル湖西の Buriat 族のユルタに就いて「ロシア支配以前に於ける Buriat の家屋は通常八面の丸太造りであつて、屋根は土にて覆はれ、その中央には煙を出す穴を有し、……戸は正南向きであつた」(11) と云つてゐる。斯る例は枚擧に遑がない程であるが、これだけの例に依つて見てもアルタイ族・ブリヤート族・イエニセイ諸族等が累木家屋を往古より有してゐたであらうことを知ることが出來ると思ふ。その八面又は六面なること、その屋根の構造及び煙出穴等に於いて彼我の間に相違はあるけれども、これらは Deniker の說けるが如く彼等の圓形ユルタ（穹廬型のもの）と比較研究を試みたり、氣象（殊に雨量）その他より考究すべき事柄であつて、丸太を積累ねて住家を構へる根本の方法は全く同一である。然らば辰韓の累木家屋は果してサヤン（薩揚）山の地方又はアルタイ山の地方等よりその昔蒙古満洲を經て種族と共に半島の東南端まで移入したものかどうか。今の私の考へでは、これは馬韓の穴居の場合と異つて、斯る住居は木材の豊富な山林の間に住んで狩獵又は原始的農牧を營む未開人の間に自然に生ずべき最も單純な住家型式であつて、これに依つて人種關係や文化關係を論ずることは能ふまいと思はれるのである。前引唐代の結骨と今日のブリヤート及びアルタイ族等何れも樹木（殊に樺）に惠まれたる地に住み、今日の朝鮮に於いて見てもやはり深山谿谷に住む火田民の間に之を見ることが出來るのである。斯の如き例を一二他に求めるならば、明の鄺露の「赤雅」巻上獠人の條は西南の獠族に就いて「獠俗畧如獞同、而嗜殺猶甚、居無酋長、深山谿谷、積木以居、名曰干欄、射生爲活、雜食蟲豸」と云ひ、これも恐くは累木家屋かと思はれ、Carpenter の「世界の家屋」に據れば、歐羅巴人の米洲植民時代 (colonial days) に於いては盛んに log-cabin が造られ、Abraham Lincoln も實に此の家に生れたのであり、今日でも深山の中には之を造る風習があるやうである。(12) 氏の掲げた二圖版を見るにそれらは明かに累木家屋である。思ふに氏の所謂 log-cabin は移住歐人達に依つて造られたのではなく、彼等が先住土民のそれに倣つたものであらう。それは何れにしても、これ亦文化的並に人種的關係なくして獨立的に發生すべき可能性を許る一例でなければならない。因つて我々は辰韓の文化系統及び人種的關係をその住居たる累木家屋に依つて考察することは困難であると言はざるを得ないのである。終りに、天幕型住居及び穹廬型住居等が果して若し朝鮮の古代に民家型式の一つとして存してゐたならば、それらは北方系の文化なること言を俟たないであらう。（終）

註(1)西伯利亞原住諸種族の天幕住居は西伯利亞民俗を扱つた凡ゆる書物の中にそれを見ることが出來るが、煩雜を省くためこゝには黒龍江の鄂倫春族のそれに就いて頗る要領を得てゐる記述と思はれる「中華全國風俗志」下篇卷一（一四四―五頁）の文を引くに止めて置かう。「鄂倫春族之住屋、名曰撮羅子、斜搭木爲架、上尖狹、下圓闊、夏季、富人外圍以布、貧人外圍以葦或草、冬季、富人表裏都用皮圍、貧人在葦或草之外面、敷以雪、春秋季、富人圍小毛或麞腿皮、貧人與夏季同、頂上開直徑尺餘之孔、裏面掘地、設圓形或長方形之火坑、長方形者、長約三尺左右、寬二十一尺左右、內燒以柴、三面鋪草、上面鋪皮褥爲臥處、北面臥處上方、掛皮袋數個、袋中盛八拉罕（神之意）二三個不等、必待有高貴之客來、方讓於此處坐、此處臥也、住所遷移無定、逐鳥獸而居、大都在有山有河之處、此處鳥獸獵盡、卽遷移他處、冬季多住於山之陽、夏季多住於河之濱也」

(2)W. Bogoras, The Chuckchee, (The Jesup North Pacific Expedition, Memoir of the American Museum of Natural History. Vol. VII.) New York, 1904, pp. 180—1.

(3)L. Spence, The Myths of North American Indians, New York, 1915, pp. 48—50.

(4)E. B. Tylor, Anthropology, London, 1924, p. 232.

(5)J. Deniker, The Races of Man, London, 1900, p. 161 and Fig. 43.

(6)Fridtjof Nansen, Through Siberia; the Land of the Future, translated by Arthur G. Chater, London, 1914, p. 70.

(7)Ibid. p. 74.

(8)Ibid. p. 60 and the Plate.

(9)U. T. Sirelius, Die Handarbeiten Ostjaken und Wogulen, Helsingfors, 1903, p. 48, Fig. 75.

(10)Beatrix Bulstrode, A Tour in Mongolia, London, 1920, p. 114, 'Our Buriat Hostes.'

(11)J. Curtin, A Journey in Southern Siberia; the Mongols, their Religion and their Myths, London, 1909, pp. 54, 34.

(12)F. G. Carpenter, How the World is Housed, New York, 1911, pp. 56—60.

○此文は昭和八年度帝國學士院の學術研究費補助に依る「朝鮮民俗資料の蒐集並にその研究」の一部である。

安南旅行記（第二信）

河內にて

松本信廣

颱風の余波を琉球沖で受けて少し動揺したスラバヤ丸は、八月三日基隆に入港し、石炭を積み込んで卽日出港、南支那海を横斷し、海南島をまはつて八日早朝印度支那ドソンの沖合に達つした。此處で佛人の水先案內が乘込み、潮の滿つるのを待つて江を遡り、正午海防に到着した。濁流の河、汀に茂る椰子樹、前こゞみに櫓を押す安南人の漁夫、全て目に映ずるものは目新しい。河岸に六隻位の汽船の碇泊した海防の港は、セーヌの河港とあまり變らぬ田舍風の港である。波止場に極東學院のガスパードン氏が迎へに來てゐて吳れて、共自動車で卽日河內に向つた。スリッパー一足にも稅をとつた稅關は、窮迫した植民地政府の財政狀態を示してゐるものと云へやう。印度支那の住宅は、東洋式にフランス風を交へ巴里に永くゐた吾々には懷しい氣がする。市街を走り出ると一望漠々たる東京平野である。右手に遙か東潮山脈の突兀たる山影を望むだけ、あとは見渡す限り水田で、濁水に浴する水牛、繩で桶を引つぱつて原始的な灌漑をしてゐる農夫、頭上に荷をかつぐ女、悠々として日本の王朝時代を思はす樣な安南人の風俗は、いら〳〵した都會人の神經をなだめて吳れる。點綴する熱帶植物林の風趣も吾人には物珍しく、竹林に圍まれ、門のある村落形式は、ガ氏の說明によれば海賊襲來時代の遺風であると云ふ。亭々たる大榕樹が神として祭られてをるのも面白い。百キロの行程を走つて薄暮河內に達し、フルーヴ・ルージュを渡つて町に入り、とりあへず土人街の一端なる小田ホテルと云ふ日本旅館に投宿する。

河內の町の中央には小湖（プチ・ラク）と稱する池があり、中央の小島に小塔が聳え、繪の樣に美しい。此處を中心として市は外人街と土人街に分れてをる。有名な極東學院は、外人街の靜かな地區にその由緒深い建物を構えて居る。あまり大きくはないが、ペリオ、マスペロ兩氏を始め幾多支那、印度の專門學者を生んだ本學院は、吾人にとって先づ第一に杖を曳くべき由緒の地である。此處は學院といっても生徒を有しない。學者がゐて研究し、年々大きな東洋研究の報告書を出すだけである。學院の本體は、二層の書庫で、下に支那書と安南書、上に歐洲本とその他國語の寫本類がある。所員の讀書室は二階で外來者のは下である。現在フランス人の所員は五、六人の少數であるが、その外にレツトレと云ふ安南人がたくさんやとはれてゐて大學者製造の下積みとして默々はたらいてをる。本館より少し離れてセデス氏の住宅及び、ムス、ガスパードン兩氏の住む住宅とが二棟建てられてあり、別に日本書庫、寫眞部、コラニ女史のはたらく部屋が各一劃をなしてをる。最近出來たフイノー博物館も學院の所管である。書庫は、通風のため夜でも八時まであけはなたれ守衛が番して居る。圖書閲覽の自由は日本以上である。學院のくはしいことは何れ別の機會に述べるとして兎に角その東洋關係殊に印度支那に關する書籍の完備せることは羨望に堪えない。歐洲本、支那本も實によく集つてをるが殊にその特色とすべきは安南本であらう。これは其數三千九百廿一冊ばかり貯藏され、その外　鄕村の書上げが約三千二百七十三冊ばかり存する。從來日本で安南本は等閑視されてゐたが印度支那の研究には先づ第一に之に目を着くべきであると思ふ。

フランス人は、漢字の使用を廢止したので安南人の青年は、漢文書籍を重んぜず、書物は漸次亡びつゝある。しかし本屋とてないのでその蒐集は樂ではない。價などは殆ど一定してゐない。四十ピアストルといつたのを嫌だと云ふと半額にし、翌日は更に十ピアストルにすると云ふ風である。こういふ古い本を讀むと我々には安南が過去の歷史とその周圍の隣人の文化と結ばれて再現して吳る。實際ローマ字でかゝれた安南の地名人名は、吾々には全くニュアンスを奪はれてわかりにくく且つ面白みがない。

河內の附近には幾多の史跡、傳說地があるがこれはもう大抵漢文の本に採錄されてをる。その一つを擧げて見やう。河內の郊外に秀麗なその山頂の三つに分れた傘圓山といふ山がある。昔雄王といふ神話的王樣が媚娘といふ女を持ってゐた。あるとき二人の求婚者が來て王はその取捨に困り、明日早く來た者に之を與へる約束をする。當日早く來たのが山精で、女を傘圓山につれて歸つた。後から來て失敗した一方の求婚者水精は、之を怒つて水を激して山を襲ふた。山精土人に敎へ、竹で籬をつくり、かつ弩で之を追ふて撃退した。以後水精は每年水を増して山を攻める。これが年々出水の原因であると云ふ。フルーヴ・ルージュもフルーヴ・ノアルも今丁度水が増して赤い水が岸をひたしてをる。河岸の住民は、増水と共に土堤にのがれ、水が減ずるとまたもとの所に歸つて住んでをる。竹でつくつたその家屋、貧弱な體軀、一日數錢で生きてをるといふ彼等の生活、悲慘そのものと云ふべきであらう。然し自然の威力に默從して彼等の顏には艱める色もない。

安南人の齒を黑くしてをるのは、吾々の祖先の遺風を思はして懷しい。彼等は寢る前に齒を塗つてゐる。男は頭にカン即ち鉢卷を載せてをり、女も髮を頭のまはりに結び、白布でくるんでをる。苦力の着る衣服のセピヤ色がいかにも南國的である。大體の文化は支那文化が基調をなしてをる。然し固有の風俗が根强くこれと結合してをる。何れこまかいことはまたの機會に述べるが北から南に太初から動いてゐる支那文化の力の偉大なるに驚かされる。

學界消息

○『南島雜話』

小出滿二氏寫本に係る鹿兒島高等農林學校本を底本として白塔社の同人と共に『南島雜話』の謄寫出刊を試みられた永井龍一氏は、其出刊後諸種の校本を入手することを得、前記刊行の際に見ることを得なかつた部分の發見などもあつたので、更に其補遺篇の發表を企劃しこの程公刊の涉びに至つたといふことである。補遺篇は未だ入手しないので其詳細についてはよく知らないが、かつて管見することを得たところによれば挿圖の美麗るものが多い部分であつた。その正編ともなづくべきものについては雜誌『嶋』に紹介があつたからこゝに贅言を費すのを省くが、これは奄美大島の土俗誌で、風俗人情產業等に關する鹿兒島藩の文政年代の調査記錄である。植物、動物、產業殊に農業技術に關する部門の記載が詳しい。圖錄の非常に多いのは本誌の特色で、それによつて語らずして色々のものを表示してゐるが、冠婚葬祭等の風俗書にも興味深きものが多い。摸寫圖には原本の色彩を見ることが出來ぬのは寂しいが、謄寫の技術はまたよくその趣きを寫し得て居る。正編は一六〇枚の大册であるが、卷を繙けば次から次へと讀む面白さが續いてつきない。非賣品なるも殘部ありて岡書院にて取扱ふ由。

○『蕗原』　本誌二月號本欄にその事業の一端を紹介して同人の健在を祈つて置いた雜誌『蕗原』は今回組織を新にして、その母胎であつた伊那富小學校鄉土研究會より生れた民俗研究會の手によつて刊行されることになり、最近其第二卷第一號を出刊した。

未だ充分に其全體の讀過をして居ないので、何時も乍らの簡單な紹介に止るのを殘念に思ふが、こゝにその目次を揭げ、その內容は讀者諸氏の推知におまかせする。

『信州のハンマ童戲に就いて』　小口　伊乙

信州に雪解の四五月頃行はれるハンマ遊戲の諸例を東筑、南北安曇、諏訪郡、上伊那郡伊那富村、南佐久、木曾、更級の諸郡にわたつて求めて記述し、その起原を索めてハマ弓考に及んで居る。

『村の手工業』　中村　寅一

冒頭に賃仕事と手工業との區別をのべて、實際に於てはこの種分類が困難なることを述べ、次に居職と出職の二大別と其定義をのべ、次に發達した經濟段階に於ても低い程度の段階が有機的に並存すること、それが地理的條件に依存して、必ずしも古い生活意識に依據するものでないとしても、一面に他のものよりは古い生活意識を偲ばせる條件をより多く具有することを注意し、村の生活技術誌と民間傳承との關係をのべ、經濟段階に於ける支配的な經濟組織のあまりにも圖式的な視點の適用は避くべきことを注意してゐる。出職としては、木挽り拂、屋根拔剝き、屋根葺職人、篩屋、マンガ屋、桶屋、外井戶堀、酒屋杜氏に至るまで二十の職業をあげ、居職としては、鍛冶屋、仕立屋、賃ビキ等十三の職業を共に上伊那北部の村の手工業の例をとつて、注文の取り方、仕事のはか、組織、手間等について興味ある記載をしてゐる。勿論これは手工業中の所謂職人乃至半工半農に屬する諸例であるが、村の生活を單位とする工に關する文獻として貴重なるものの一つである。

『村人の身分に關する慣習』　竹內　利美

一、帶しめ、出產、名附、拾ひ親、お宮參り、喰ひ初め、誕生、初節句、帶むすび、學校はじめ、子供仲間、二、元服、若衆、婚姻、三、一軒前、(株)、中老、隱居、四、養子、他所者、捨子、奉公人、小作の四項に分け、川島村中飯沼澤の例によつて、一、二、三は一人の個間が通過儀式により村の社會集團に一人前の人間として公認されて行く過程をのべ、〃、は外部から來て村の人となる際の儀禮について述べて居る。で村の社會人になる道筋の經緯、村の株についての記載とそれを持つか否かによるさげすみの程度等大變くはしく記述されて居る。

『出産に於ける習俗』　下平　達郎
上伊那郡川島村一ノ瀬に於ける該習俗についての記載。

『開墾の話』　井上　正文
上伊那郡川島村にある「カノハタ」（鹿の畑）といふ荒地の開墾、それと養蠶。農村資金との交渉、共有山のこと等、開墾の經營に關する實情談がある。

『伊那富村五軒家の家名其他』黑河内重則
村屋の出來る經路を描く。

『赤穂に於ける商品符牒』　田畑　邦男

『鯉池の話』（上伊那郡伊那富村辰野）　長田　尙夫
鯉養殖の慣行がしるされてゐる。

『川島村四軒家採訪記』　畔柳　稔
分家と耕地割譲のこと、親分子分、共有林、小作、其外のことが記してある。

此のグループの採訪に孜々として精進する同人諸氏に敬意を表する。

謄寫版七十八枚。誌代として本號は實費三十五錢を受く。申込は長野縣上伊那郡伊那富小學校　長田尙夫。

〇**ドルメン　北海特輯號**

アイヌの文化と白人說　金田一京助
オホーツク海沿岸の古代文化　清野　謙次
千島の人類學的興味　三宅　宗悅
北海道に於けるアイヌ研究家　高倉新一郎
北海道千島に於ける人類學者の調査小史　柳生　三郎
コロボックル論の今昔　河野　廣道
虎杖の道を辿る　久保寺逸彦
アイヌ說話　知里眞志保
コタン情景　吉田　巖
コタン夜話　更科　源藏
北海道神居古譚での話　齋藤　武一
アイヌ製品に見える「シロシ」又は「イトッパ」はカマシルシ「窯印」と類緣なきか　平光　吾一
蒐集家の悲哀　杉山壽榮男
樺太の馴鹿　石田　收藏

この外特輯以外の記事として『墨西哥土族の履物に就いて』杉浦鐵若、外數篇がある。多數の口繪グラビヤ版の美麗さと適宜なバラアテイはアイヌ文化を點描する。『北海道樺太關係書拔抄』が卷末にあり、本號はアイヌ研究手引草とでもいふべき好文献をなしてゐる。（以上**村上**）

〇**柳田國男氏**　八月中旬より八月末旬まで北海道方面を旅行される由。

〇『**琉球昔噺集**』（喜納緣村著。定價二圓、神田區鍛冶町三元社版。）

少年雜誌「おきなは」を出してゐた著者の、當時の少年讀物の材料として蒐集したのが、此六十篇の「昔噺」である。從つて昔話も傳說も區別なしに採錄され、會話・修辭其他全體の表現に於て余りに文飾を施して、地方色を殺し標準語に直つて了うてゐる爲に、却て訣り難い所がある。傳承の原形を沒却して了うたのだ。小波老人の微笑にあまえてはならない。學問に育くむべく序をよせられた伊波普猷氏の編になつたアルスの『兒童文庫』の琉球昔話の、えつせんすとして整理された七話以上に、この六十篇がもう『昔噺』であつてはならぬからである。

南島古人の心にその舊い生活の一面を見出し大和本土との間に話の上での何故の近隣を思はねばならぬ。比較研究の用意の爲には、採集地名を書くことも必要だつた。早く、故佐喜眞興英氏は、『南島說話』を用意して置いて吳れたのである。（**鈴木**）

學界消息

モミナイ、モムナイ・山口君の「壹岐俗信」（南方熊楠）サイハラヒの事（宮本勢助）

樹木と神と………………早川孝太郎

「案山子のことから」「行事の持つ謎」「神々の誕生」と承けついでの推論はそのスケールも大きく、資料の華彩なる、採集者としての民俗の濃厚な描出にひかされて、いままでに多く出た抽象論と、そして多くの所謂民俗學の推論のマンネリズムへの輕視をおどろかすに足る一篇である。三六六——三六七頁にかけての、民俗學を特殊科學の一方的な假定的概念からみようとする人々への苦言がある。民俗學が、民俗意識の具體的構成を思へば、それの依據性をも抽象的に研究するにしても、民俗の事實（歷史）を明かにしようとする推論と、事實（歷史）が明かになつてゐるものからそれの依據性を極めようとする努力とは、交換的に研究されればならぬにしても、これを混亂せしめてはならない。氏のおゝ、小言には眞理があると思はれる。氏の企圖は自然物、人工物が、祭を中介としてその後に人界に靈威として關係するその形式を求める推論である。その基底は信仰を以て社會法と意識せられてゐた古代への理解にまつものではあるが、科學のメスは、主に人界靈界交接の圖型を造型物、又は作法によつて爲がくにある。——「臼を對象に」から「或臼の成立」と推論して臼の民俗から、神話傳說の解釋への大きな暗示となつてをり、之の臼の成製の事から材料たる樹木の崇拜の人界靈界交涉の形式を求めてゆき——「としぎりと云ふこと」の形式の意味からトシの來臨を考へて、「樹木と神の降臨」に於てはそれは「歳の始に山から木を迎入ることに關聯してゆく」と考へてをり、「ミヅキと薪」に於てはその迎へられる木の意味とその諸型式をのべ、次に「門松から天然の木へ」に於て、從來の門松、松迎ひの作法の解釋にあきたらず、その木を一時休ませて置くことに注目し、家々毎に神むかへえたのではあるまいと考へて、ここに「杖立・箸立の樹へ」に於て、松迎への木の外に之に用意するものの諸相をのべて、其を以て神のしるしとする物の、人がつるく神のしるしの形相を擧げた。「親木から梢へ」に於て、「實は松迎へ、ワカキ迎へは、天然の神の標木に依つて祭を行ひ、後に神の一部、神から齎らされたものを、各自の家に迎へて來る意もあると思ふ。……この間の過程を、所謂分靈の思想を以て、一本の根から蘖を分つやうに說く事には少しばかり矛盾がある」と云つて、家に迎へられる神への祭の、直接降臨の形式にも考へられてくることを、思念してをる。（**明石**）

○寄稿のお願ひ

○**種目略記**　民俗學に關係のある題目を取扱つたものなら何んでもよいのです。長さも御自由です。

(1)論文。民俗學に關する比較研究的なもの、理論的なもの、方法論的なもの。

(2)民間傳承に關聯した、又は未開民族の傳說、呪文、歌曲、方言、謎諺、年中行事、生活樣式、習慣法、民間藝術、造形物等の記錄。

(3)民間採集旅行記、挿話。

(4)民俗に關する質問。

(5)各地方の民俗研究に關係ある集會及び出版物の記事又は豫告。

○**規略**

(1)原稿には必ず住所氏名を明記して下さい。

(2)原稿掲載に關することは一切編輯者にお任かせ下さい

(3)締切は毎月二十日です。

編輯後記

殘暑の哀へは刑戮の氣だとか。さるすべりに深まる朝夕の、また若榴の季節にこげてゆく秋らしさなど、海やまから歸られる皆樣に、東京は寡婦を悲吟し美服粧奩を紐解くで厶いませう。

この月は別しても宮本勢助氏の暑さの中を御執筆下さつたこと深謝いたします。なほ次號にわたつて御發表いたゞく事となつてゐます。

又、編輯部のわがまゝなお願ひから『運搬用具の採集』をお書き下さつた高橋文太郎氏の、その體驗から吾々に語りかけられる採集の樂を、皆樣と共に喜びたいと存じます。

礒貝勇氏の『物を容れ運ぶ器のことなど』は早川孝太郎氏の好意からの御紹介になつたところ、ここに兩氏に感謝申し上げます。櫻田氏の家の事と衣服の事、また相まつて、現今の民俗學の斯の方面の相を示し得ればと存じました。

本號が機緣となつて、皆樣から運搬用具、衣服の事その他、皆樣の目に親しい物の御報告をお示し下されば、編者の喜び之に過ぎることありません。

齋伯守氏の『方相氏について』は古代のエゾチックな、郊吸より献ぜられた中黄門の倡優侲子に從はれる方相氏の熊被四目の假面の興味ある解釋をされて、伊波普猷氏の御紹介です。

八木氏の正月民間行事稿は包括的採集で、改めて新しく氣づかれる多くのものあることを信じます。六號組なれど校正は嚴正です。

なほ、かねて企圖されたアイヌ文化に献ずる號を本年末、二號連續にて全號特輯することになつてをります。九州地方資料號は來月を『其の三』として終りたいと考へてをります。（明石）

△原稿、寄贈及交換雜誌類の御送附、入會退會の御申込會費の御拂込、等は總て左記學會宛に御願ひしたし。

△會費の御拂込には振替口座を御利用ありたし。

△會員御轉居の節は新舊御住所を御通知相成たし。

△御照會は通信料御添付ありたし。

△領收證の御請求に對しても同樣の事。

昭和八年九月一日印刷
昭和八年九月十八日發行
定價金六拾錢

編輯兼發行者　小山榮三　東京市神田區表猿樂町二番地
印刷者　中村修二　東京市神田區表猿樂町二番地
印刷所　株式會社開明堂支店

發行所　**民俗學會**　東京市神田區駿河臺町一丁目八ノ四　振替東京七二九九〇番　電話神田二七七五番

取扱所　**岡書院**　東京市神田區駿河臺町一丁目八　振替東京六七六一九番

MINZOKUGAKU

OR

THE JAPANESE JOURNAL

OF

FOLKLORE & ETHNOLOGY

Vol V September, 1933 No. 9

東亞民俗學稀見文獻彙編・第二輯

CONTENTS

PUBLISHED MONTHLY BY

MINZOKU-GAKKAI

8, 1-chome, Surugadai, Kanda, Tokyo, Japan.

民俗學

民俗學

第五卷 第十號

昭和八年十月

民俗學會

民俗學會會則

第一條　本會を民俗學會と名づく

第二條　本會は民俗學に關する知識の普及並に研究者の交詢を目的とす

第三條　本會の目的を達成する爲めに左の事業を行ふ

イ　毎月一回雜誌「民俗學」を發行す

ロ　毎月一回例會として民俗學談話會を開催す

　但春秋二回を大會とす

ハ　隨時講演會を開催することあるべし

第四條　本會の會員は本會の趣旨目的を贊成し（會費半年分參圓壹年分六圓）を前納するものとす

第五條　本會會員は例會並に大會に出席することを得るものとす講演會に就いても亦同じ

第六條　本會の會務を遂行する爲めに會員中より委員若干名を互選す

第七條　委員中より幹事一名、常務委員三名を互選し、幹事は事務を執行し、常務委員は編輯庶務會計の事を分擔す

第八條　本會の事務所を東京市神田區駿河臺町一ノ八に置く

附　則

第九條　大會の決議によりて本會則を變更することを得

委　員

石田幹之助　宇野圓空　折口信夫

金田一京助　小泉鐵　小山榮三

松村武雄　松本信廣（以上在京委員）

秋葉隆　移川子之助　西田直二郎

（以上地方委員）

前號目次

昭和八年十一月五日發行

民俗學

第五卷 第十號

目次

再び胡人採寶譚に就いて

石田幹之助

昭和三年の十一月、私は「民族」の第四卷第一號に「西域の商胡重價を以て寶物を求める話」と題し、唐から五代頃にかけ、支那に流布してゐたと思はれる一種の說話群に就いて語りかけたことがある。然り、語りかけたのであつてまだ語り終つたのではなかつた。實は直ちに續稿を纒め、次の號になりと登載を請ふ豫定であつたが色々な事情と性來の疎懶とが禍して遂にその意を果すことが出來ず、荏苒今日に及んでしまつた。これは當時の讀者諸氏、別して種々之に就いて激勵を賜はつた柳田先生に對して何とも相濟まぬことゝ考へ、深く恐縮してゐる次第である。

ところでその「色々の事情」であるが、先づ前稿にはいつものことであるが急いで書き上げた爲に書きぶりが拙くつて十分意を盡さぬ部分もあつたし、一二地名の比定などに間違もあつたし、又類話の擧げ方がまだ足りなかつたりして始めから不滿であつた。それらを訂正なり增補してから約束の說明らしいものを附け加へようと考へてゐたことがその一つである。類話の如きは既に承知の上で敢て擧げなかつたものも一二あるが、後で見出したものも一つ二つあり、又日本に傳はつてゐるVariantと目すべきものを柳田先生の「日本昔話集」(上)のうちに發見したり、孫晉泰君の好意によつて朝鮮の文籍に見えるKorean Versionを二三承知したりしてどうしてもそれを追加したおきたかつたことなどは是非玆に一言しておき度い。次に說明のことであるが、これも今に至る迄大體意中に描いてゐたことをうまく纒めて見ることが出來ず、まだ大方の叱正を仰ぐ所までになつてゐない。始めはこの一群の說話に通じて存ずる幾つかの要素、――例へば或る寶物

1 を買手の方から頻に値をせり上げて高價に買ふことだとか、胡人が寶物のありかを自然と嗅ぎつけて來ることだとか、之

再び胡人採寶譚に就いて（石田）

に關連して胡人に一種の寶物を見分る鑑識力があり、今迄つまらぬものと考へてゐたものが貴重なものだと分るのはいつも胡人の發見によることだとか、さういふ幾つかの要素を拾ひ出し、その各々が何か全く異ふ話のうちにも見出されはしまいかといふ疑問を提出し、それが事實他の話の筋の中にも屢々見出されることを述べて當時この要素が獨りこの種の話のうちにのみ存せず、廣く色々の話のうちにも一種の意匠として使はれてゐたことを明かにし、何かその根蔕に橫はる事實を推測してみようといふ考へであつた。時人がかゝる要素を構成部分とする話を好んで語りもし聽きもして別に異とする所のなかつた奥底には何か相當のわけがあつたのではないか、といふことを朧氣ながらつきとめて見ようといふ考へであつた。次にかういふことも亦私の胸臆のうちにあらましの形が出來上つてゐたのであつた。それは胡人の說明する寶物の用途、——といふよりはそれが何故そんなに貴い寶物であるかといふ理由のうちに、或は實際西域方面に左樣な俗傳が存してゐたのではなからうか、諸々のイラン民族やアラビア人の間に何かそんな風に信じられ、傳へられてゐた事實があつてそれが說話に反映してゐるのではなからうかといふ臆測を揭げ、それにはかの「寶母」といふやうな考へ、即ち或る寶物がその魔力に依つて他の多くの寶物を呼び寄せるといふが如き事が、或種の貴金屬（と思はれたもの）などに就いて物語られてゐたことなどを擧げて之に答へようといふ腹案であつた。

さういふことを一とわたり述べた後に、甚だ平凡なことではあるが、これらの說話群を通觀して唐・五代の間に如何に多くの西域人が支那內地の隅々までも入り込んでをり、それが多くは巨資を擁する富人であつたこと、その商賣の對象は色々なものに及んではゐたらうが寶石類や稀珍の品どもを主要な買入品の一つとしてゐたらうこと、從つて彼等はこれらの品質や價値に精通してゐたと思はれること、などがこれらの說話からだけでも十分窺はれるやうな氣がする、殊に胡人の各地に入り込んでゐたことは桑原博士が專ら兩「唐書」・「通鑑」・「元和姓纂」・「通典」といふやうな、一流の資料に據つて正面から正攻法で詳細に論證せられたのに對し、これは裏面からこれらの說話に據つても十分之を立證することが出來る、といふやうなことを述べて見ようとした。私の寡聞を以てしてはこれらの物語が西域には存せず、印度方面にも所見なく、どうも支那人の間に發達したものではないかといふことも、そこに附加へて略說して見ようと思つたことであつた。

然し飜つて考へると、右のやうなことを云ひ出すには何れにせよまだ〱材料が不足である、早まつていゝ加減な說を立てゝは自ら給き人を誤るの誇りを免れないと考へて、とう〱今日まで續稿を書く勇氣なくそのまゝにしてしまつたのであつた。勿論私の如きものは說話傳說の學に全くの素人であり、讀むべき書・聞くべき師を眼前に持ちながら少しも眼を肥やし耳を富ます努力をなさず、甚だその任に堪へないことを自覺してゐたこともその大きな原因の一つではあつたが。

所がこゝに編輯委員の徵稿を機とし、續稿めいたものを書かねばならぬことが起つた。それは前に述べたこと以外に、私はかねてからもう一つ二つあの說話群に就いて考へてゐたことがあつた。即ち唐・五代の頃にあれ程行はれたと覺えるこの說話群が、宋以後になるとすつかり姿を消してさつぱり現はれて來ない。私の其後見出した限りでは唯一つ、蘇東坡の書生に絡まるこの種の話だけで一向類話が出て來ない。これは勿論私の淺學の致す所であらうがそれにしてももう少し何か名殘が跡を留めてゐさうに思はれる。この話は其後すつかり支那の民間なり文籍の間に跡を絕つてしまつたのだらうか、といふことがその一つであつた。又、前に發表した實例のうち「破山劍」の話に見えるやうに賣買の約束の成立した或る寶物を、胡人に引き渡さぬ前に使用して見た結果(たとひそれが無意識にではあつたにせよ)、その寶物の寶物たる力を失つてしまつて商談は不調に終る(或は價が急に下落する)といふ筋の話が一つしか見當らないのは不思議だといふことが他の一つであつた。一體これらの話を虛心平氣に讀んで行くと、假りにその寶物の價値や用途を說き明かされた場合には、「それでは俺が一つ使つて見よう」といふ氣を起して何か取り返しのつかぬ失敗を仕出來すのではないかと話の筋が氣に懸るのが人情である。(其後に「日本昔話」の上卷で知つたのであるが、現に日本に渡つてこの話は「長崎の魚石」といふタイプで「破山劍」の話の型式をとつてゐる)。それにも拘はらず宋以後にはこの型式へ發展した話が一向見えない。依つて或は其後左樣な話も行はれたであらうに、不幸にして今日その傳を失つてしまつたのではなからうか、それともこの方向にはこの話は發展せずにしまつたのでもあらうかと考へてゐたのであつた。然るに、——實に然るに、近頃支那で出版された「民間」

といふ月刊の民俗學雜誌を見ると、この一群の話が「回回採寶」譚なる名稱の下に幾つとなく物語られてゐる。一九三一年九月の第四集〔第一卷〕以下一九三二年八月の第十二集までに實に二十一篇の類話が揭出され、而もそれが一々實地の採集記錄に係るもので、今現に浙江省紹興・杭州等に行はれてゐるものだといふに至つては驚かざるを得ない。のみならず、そのうちには私の竊に豫期したが如く、「破山劍」乃至「長崎の魚石」式の失敗譚が數多く見出されるのである。――からなると、私のかねて抱いてゐた疑團に對して新たなる資料が現はれたことになり、それに滿足な解答が與へられたと見ることはなほ少し早いとしても、何はともあれ類話の殖えたことだけでも之を紹介する責があると考へるに至つた。これが私が今小閑を偸んで玆にこの稿の筆を執つた所以である。

まづ便宜上これらの話と題目と採集者、その出身地、採集地、揭載雜誌の號數などを表にして示すことゝしよう。

番號	題目	採集者	鄉貫	採集地	所載「民間」號數・發行年月
1	定風針	林融甫	江山	江山	〔第一卷〕第四集（一九三一、九月）
2	夜明珠	同	同	同	同
3	月中桂	同	同	同	同
4	時辰鐘	同	同	同	同
5	青山金牛	孫善農	紹興	紹興（?）	同、第七集（一九三一、十二月）
6	白燭	王伯鏞	同	同（?）	同
7	裙	王仲坎	同、柯橋鄉	同（?）	同
8	烏龜	魏斌臣	華舍	紹興	同、第八集（一九三二、一月）

9	沙魚	沈耀廷	紹興	同	同
10	黄瓜	韓蓉卿	同(?)	同	同
11	翡翠劍	王仲坎	同、柯橋鄉	同	同、第十集(一九三二、十月)
12	夜明珠	同	同、同	同、柯橋鄉	同
13	定妖針	倪少天	同、同	同、同	同
14	還魂圈	同	同、同	同(西鄉)	同
15	大龜殼	丁夢魁	紹興	紹興	同、第十一集(一九三二、七月)
16	青葱—停風珠	同	同	同	同
17	煙管	曉天	?	同	同、第十二集(一九三二、八月)
18	輕身丹	王仲坎	紹興柯橋鄉	紹興(柯橋鄉)	同
19	玉蠟燭	王金聲	紹興(?)	紹興	同
20	豆腐布	同		杭州	同
21	白蠟燭	沈耀廷	紹興	紹興	同

この二十一條の話を通觀すると、殆ど唐代に行はれた話と同樣な筋のものもあるし、時の經つにつれて自然に進化發展して行つたものと思はれるものもあり、その間說話變遷の經路といふやうなことに對し、彷彿として何物かを心得せしめるやうなものがあるやうに思はれて、少くも私には一方ならぬ興味を覺えしめる。次にこれらの話を取り敢へず二三のsub-groupに分け、且つその梗概を極めて簡略に語つて見よう。

(A) 略ゝ唐代の話と筋を等しうするもの。

再び胡人採寶譚に就いて (石田)

6

再び胡人採寶譚に就いて（石田）

(11) 翡翠劍。――或る百姓の家の牆の上に葱が植ゑてあつた。これが幾年經つても枯死もしなければ大きくもならない。そこへひよつこり回回が一人やつて來た。（回回はアラビヤ人を指すのではあらうが、何も必ず民族的にアラビア人と限る要はあるまい。西域の商胡で中國に寶物を買出しに來るといふ役割を勤めるものをすべて回回といふことにしてある）。あの葱を銀二百兩で買ふが賣らないかと尋ねると、百姓はとんだ儲けものだと思つてその値で之を回回に賣り渡した。ところがこれは葱ではなくて翡翠劍といふものだつたさうで、之を買つた回回は後に或る金持にその劍を賣つて二千五百兩を得たといふ。回回は商賣が上手で隨分これ迄も大儲けをして來たが、こんどのやうなことは破天荒の話である。

(13) 定妖針。――回回が或る村へ來てそこに生えてゐた極めて小さな一株の木を見付け、ためつすがめつ頻りとそれに見入つてゐたが何かそのうちに寶のあることを悟つてそこの百姓家へ出かけて行つて「あの小さな木はお前さんのところのものかね、一つ銀五百兩奮發するからあれを賣つてくれないか。」と聞いた。百姓は「旦那冗談はよしませう、あれは私の木には相違ないが、あんなものがそんなに高い値になる筈がない。」と云つて取合はない。回回は決して冗談ではない、自分は本氣でまじめに云つてゐるのだと說得するので、百姓は不思議に思ひながらもいゝ儲け口だと考へて賣ることにきめた。百姓はこの天から降つたやうな五百兩の金で永く樂しい日を送つたといふが、この木の中には定妖針といふものがあつて回回の寶と見て欲したのは正にそれであつた。

以上の二例には寶物の用途が說明されてゐない。たゞ翡翠劍と云ひ、定妖針といふのみで、それが如何なる力を有する寶かを示してない。買手の方で値段をせり上る條は見えないが、まだ以下疊出する例の如く、いつの間にか回回は高い價で妙なものを買つて行くものと通り相場になつて、賣手の方から高い値を吹きかけて少しでも餘計に出させようとする形の影は少しも見えない。まだかういふ方へ發展してゐない、消極的ながら唐代の諸話の形の方に屬するものかと思はれる。

(14) 還魂圈。――或日回回が某氏の家の近くを通つてその屋上に大きな柴圈が一つあるのを見付け、しげ〳〵と之を眺めてゐたがそれを寶物と知つて買ひたく思ひ、家へ入つて行くと女がゐたので「どうだね、あの柴圈を賣つてくれないかね。」と云ふと、「賣れない賣れない」と云つて女は手を振つて斷つた。回回は片手を振つて賣れぬといふのを、五百兩でなければいやだといふことゝ勘ちがひをして「五百兩？よろしい、よろしい」と云つて金を出すので、女はうまい儲け口だと思つて之を賣つてしまつた。この天の與へも同樣な金を手にして、女は大喜びで有頂天になり、一切の心配事は九霄雲外に吹き飛んでしまつた。その柴圈は實は還魂圈と云ふものであつたといふ。

この話にも前二話の如くこの寶「還魂圈」なるものが如何やうな寶かの說明がない。（凡そどんなものかを推測は出來るが）。取引の一段に手を振つて斷ることが誤つて五百兩を要求したことに解されることがあるが、これは誤解ではあるが、回回の方から云へば賣手の方から或る價を要求した形になつてゐるので、その方向へ一步踏み込んだ形の話と見ることが出來よう。この手を振つたことが他の意味に解されたといふ意匠は以下紹介する所にも一二見える所であるが、これは一般の說話にもよく見る所であつてこの回回採寶の話に特に纏はるものでないことは云ふ迄もない。

(1) 定風針。―― 回回が或る日一軒の民家に碓（からうす）の杵があるのを見付け、それを貰ひたいといふ。持主はこれはてつきり寶買ひの回回さんに違ひない、それが見當をつけたものとすればこの杵はたゞものではない。安くは賣れないぞと考へて大分高いことを吹つかけたところ、回回は銀一萬兩を出して終に貰つてしまつた。「こんなものを貰つて一體何になるんです」と賣主が尋ねると、回回は「さればさ、これは大した寶で、私たちが航海をする時大風が起り大波が立つて船が危險に瀕するやうなことがあつても、この寶物さへあれば風は即刻止み波も立ろに靜まるといふ功德がある、定風針といふものが即ちこれのことだ」と答へたと云ふ。

これは賣手が回回の素性をよく知つてゐて自分の方から高い値を云ひ出す、といふ點が新しい形式で、あとは唐代通有の物語とそつくりである。

(2) 夜明珠。―― 或る金持の息子に輕慧なものがあつた。父親から百兩貰つてあちらこちらと遊び步いてゐるうち、或る城內で麵を食つたところ、それが非常にうまかつた。そこで麵店の主人に八十兩だけこの麵を貰ひたいから三日のうちに調へてくれと云ふ註文をした。三日經つと註文通り出來上つたので、息子は大きな瓶を三つ買つて來て之に麵を盛り、之を船に載せて自分の家へ運ぶことにしたが、半分も行かぬうちに麵が腐敗し始めたか、臭氣を發して堪へられない。夜見ると一疋の大蜈蚣が麵を偸み食つてゐたが（誤つて汁の中へでも落ちたのであらう）溺れて死んでゐる。（といふやうな次第であつたが）ともかく家まで持つて來て人に之を買はないかといふのだが誰も買ふものがある筈がない。すると或日回回が來て之を買はう、いくらだといふ。息子が片手を出すと回回は之を五千兩と思ひ込んでそれだけの銀を拂つて三瓶とも持つて行つてしまつた。息子は御蔭で大儲けをすることが出來た。回回がどうしてこんなものを買つて行つたかといふと、抑々この蜈蚣が問題なので、その頭に一粒の夜明珠といふものがあつて月のやうに輝いてをり、よく一城を照遍し、且つ渴を醫し、口の渴いた人がこの珠を把つて口中に含むと立ろに渴が止まるといふからなのである。

この話には唐の「宣室志」に見える陸顒の話と同じく麵と虫とが出てくる。無論兩者ともその現はれて來かたが異ひ、その役割や意味も全く違ふがこの話は何か「宣室志」の話に allude してゐる所はないであらうか。一考を要すべき問題である。

(B)　唐代に見える「破山劍」の話の變形かと思はれるもの。

「破山劍」の話は寶を胡人に引渡す前に、無意識ながら持主がその寶の寶たる力を消耗してしまひ、愈々胡人が金を持つて受取りに來た時には非常に値打ちの少ないものになるといふのがその筋である。これが一轉して賣主の親切心からではあるがやはり知らずにその寶の力を除去してしまひ、全く無價値のものたらしめて買手は買はずに行つてしまふ、といふ筋に變つたものがこゝに紹介しようと思ふ(B)グループのものではないかと考へる。

(7)　裙。——　或る日回回が寶を探しに來た。某なるものゝ庭先を通ると竹竿の上にぼろ〳〵の裙が掛けてあつた。回回はこれは寶物だと知つて家人に銀五百兩で買ひたいといふ。「なに、五百兩？賣りますとも」とそこの女が大喜びで答へた。然し回回は大分諸方で寶を買つた後なのでその時金が足りなくなつてゐた。そこで女に「明日金を持つて來るから」と云つて歸つて行つた。女は後でこの裙は前に自分が御產の時に使つたもので血が附いて汚れてもゐるから少し淸めておいてあげようと河の緣へ行つてきれいに洗つてしまつた。翌日回回がやつて來たが大きな聲を擧げて「もういらない〳〵、折角の寶が洗ひ去られて無くなつてしまつた」といふ。女は親切が仇になつた――「弄巧反拙！弄巧反拙！」と殘念がつたといふことである。

(4) 時辰鐘。―― 回回が或る家で丸い石を一つ見付けた。この石を百兩で賣らないかと云ふと、家人はこれは寶だなと感づいて千兩でなければいやだといふ。「よろしい。然し明日來て買はう」と云つて回回は歸つた。家人はこれは寶物に違ひないとしても灰塵にまみれてゐて少しの光彩もない。よく洗つて磨きをかけ、ぴか〳〵したものにして置いたら回回が嘸かし驚喜するに違ひない、と思つてすつかり洗ひ淨め磨きこんで待つてゐた。あす回回が來たら定めて高い値で買ふだらうと思つてゐると、翌日回回は約の如く來たがこの石を見て「壞れた、壞れた、もういらない！」と大聲に叫ぶので、「どこも壞れてはゐない。もとのまゝの石ではないか」といふと、「この石には十二の小孔が備はつてゐて一孔は一刻を示し、或る時刻には或る孔から小さな羽蟻が飛び出して時刻を知らせる。羽蟻の飛び出す孔を見れば時刻が分る時計のやうなものだ。然るに今見ると小孔は皆磨りへらされてしまひ、羽蟻も同樣死んでしまつた。もう何の役にも立たない」と回回が答へたので、家人は之を聽いて大さう悔んだが追ひつかなかつたといふ。

(17) 煙管。―― 蛇を捕へるのを生業(なりはひ)としてゐた丐兒があつた。その持つてゐるうす汚い煙管を回回が千兩で買はうといふ。千五百兩でなければいやだと云ふが、結局翌日回回が金を持つて買ひに來ることゝなつて再會を期して分れる。所がその夜のうちに丐兒は少し慾張氣を出して、こんなに汚くても高い値になるならすつかり掃除して置いたらもう少し高く買つて行くだらうと煙管の汚れをきれいに落してしまつた。回回が翌日來て喜ぶだらうと思ひの外、折角の寶が洗ひ落されてしまつたと買はずに歸つてしまつたので、丐兒は儲け損じて相變らず蛇を捕つて步いてゐるといふ。

この(17)の話では賣手の親切氣が慾氣に變つてゐる。(4)の時辰鐘の話も一步この域に踏み込んでゐるかと思はれる節がないでもないが原文ではそこがはつきりしてゐない。「這定然是寶物、可是灰塵堆積在上面、沒有一點光彩！倘若把他洗淨磨光、回回豈不是更歡喜嗎？於是就把石頭洗淨磨光！明天回回來、定能出很高代價了」とあつて最後の句に「更に少し高く」の意を現はす語がない。これが(17)の煙管の話だと「說不定還可多賣些錢哩！」となつてゐる。

(16) 青葱—停風珠。—— 或日回回が大善寺の前の一商店の檐に一盆の青葱を見て百金で買ひたいと云ふ。主人は萬一竊まれでもしたら困ると思つて店內に之をしまつたが、翌日回回が來て頻に「もうあれは不要だ」と云ふ。わけを聞くとあの中に蜘蛛が一匹ゐたが、已に逃げ去つて隣の商店の看版の中にはいつてしまつたのだといふ。隣の主人は奇貨措くべしとなし、之を回回に賣らうとすると、回回は五百金で買ふが明日來るといつて其日は歸つた。主人はこの看版が非常に汚れてゐるので之をせつせと洗つておき、翌日こんなにきれいにしておいたと云つて回回に見せると、回回は一見して「いらぬ、いらぬ」と云ひ、蜘蛛はもう逃げて大善寺の塔の上にゐると云ふ。回回はもう之を捉へる機がないと知り、大善寺の和尙に話をしてその取り方を敎へ、又その腹中に停風珠といふものがあることを告げて立去つたが、和尙はその敎の如くして之の寶を得たといふ。

これもこの類の話として差支なからう。

(C) 寶ときいて急に賣り惜しみ、給いてその用途用法を尋ね、自ら試みて成功するといふ筋のもの。

これはこの二十一話のうちでは一つしか例がない。

(8) 烏龜。—— 或る老漁夫が息子と一緒に一日大江へ魚捕りに出かけた。網を幾度下してもさつぱり魚が捕れないで一匹の烏龜ばかり網にかゝる。烏龜は誰れでも好かないものだから始めは棄てゝゐたがそればかりかゝつて來る。息子が家へ持つて歸つて飯粒でも少しやつて養つて見ようと父に提案してさういふことにした。すると翌日回回が來てそれを三千兩で賣らないかといふ。漁夫は一躰之をどうするのだと聞くと、明日買取つた上で話さうといふことになつて別れた。漁夫はその晩烏龜を壜に入れてよく蓋をしておいた。さうして翌日回回が來た時に大さう惜しいことをしたやうな面持で、昨晩ついあれを逃がしてしまつたが一躰あれが何になるのかといふ。回回は逃げてしまつたなら仕方がないと思ひ、實はあれに鹽を食はせると糞をする、それが皆眞珠なのだと說き明かした。回回が歸つてから漁夫は早速烏龜を出してその通り試みると果して多くの眞珠を得、俄か分限者になつたといふ。

(D) C が一轉して自ら試みて失敗を演ずるといふ筋のもの。

この類の話は非常に多い。梗概ながらも一々紹介するのは煩はしいからその特異の點だけを傳へることにしておかう。要するに筋は大躰同じで、見る影もないつまらぬものを回回が來て方外に高く買ふといふので急に不審に思ひ、そのわけを尋ねて見るとそれが大した寶物であつて、その力で大儲けをすることが出來るといふことなので遽に賣るのが馬鹿々々しくなり、翌日回回が來るといふのを幸に、その前に自分でその寶の力を實驗して見る。(或はどうしても賣らないといふので回回は已むなく斷念して歸つてしまふ。さうしてその後で自分で之を試みるといふ形も多い)。するとその用法を十分に聞いて置かなかつたとか何とかいふ理由で大失敗を招き、結局虻蜂取らずに終るといふのがその主旨である。それで

(21) 白燭の話では寶が瘠豚の腹中の白蠟燭であり、之を點ずると幾多の財寶が飛集して來るのであるが、それを捕へる方法を知らなかつた爲に之を取り損ねる。

(18)(19) 玉蠟燭の話では百姓の小供の肚の中にある玉蠟燭が寶で、(21)と同樣な筋。

輕身丹の話では白鷄の肚中に輕身丹といふものがあり、その持主たる女がその性質を聞き知つて一刀に鷄の腹を割いて見たらば何もなかつたといふことになつてゐる。

(20) 豆腐布の話では杭州の豆腐屋が店外に久しいこと忘れて雨晒しにしてゐた豆腐布といふものが寶で、その力で西湖の邊から金牛を捉へて來ることが出來たが、その布をつひ紛失した爲に途中から金牛に逃げられてしまふといふことになつてゐる。

(6) 白燭の話は(21)と似たものが寶になつてをり、用途は船上で之を點ずると龍神が欲するだけの財寶を出すといふこと

になつてをるが、船一つぱいの錢を得て燭を吹き消し、再度の用に供せんとした爲、龍神が妬んで送つたその軍に追はれ、風浪に抗し得ずして船は沈沒するといふ筋になつてゐる。

(5)の金牛の話では寶は殆ど實のならなかつた稻の枯莖で、青山の金牛を取りそこなふことになつてゐる。

(10)の黃瓜の話はしなびた黃瓜が寶で、これが寶の山を開く鍵になつてゐるが、この話では全くの失敗に終らず、十分とは行かぬが多少の成功を收めることに終つてゐる。

(3)月中桂の話は(B)型と(D)型との結び著いたもので、錆だらけの古い斧が寶であるが、それを磨いたら一層効力を發揮するだらうと思つたのが失敗の因で、月中の桂木を切つてゐる途中で月宮の園丁に見付られ、捉へられてとう〲殺されてしまふといふことになつてゐる。

(12)夜明珠の話では明月を賞してゐた百姓の小倅の頭に急にこぶが出來、その中にある夜明珠なるものが回回の求むる寶となつてゐる。この話はこの小供を賣れといふことになるので父親と母親との間に賣る賣らぬの爭が起る。子供もいやだといふので兩親が試に小供を買つてどうするのだと尋ねると、頭を割いてこぶからかの寶を取出すのだといふ。親子は仰天して飛んでもない、賣れるものかといふことになつてゐるので、失敗を演ずる迄に至らずして止んでゐる。

(E)　以上のいづれにも屬さぬもの。

さて上揭二十一條の話のうちには、回回採寶といふ點でこのグループに入つてはゐるものゝ、その特色に於いておのづから旣に紹介した十九條の話とは異ふものが二つある。それは便宜上一緒に取り上げた迄であるが參考の爲めにその筋だけを述べておきたい。

(15)　大龜殼。――扇屋があつたが運が開けず、すつかり左り前になつてしまつた。何の收入もないので家中の什物を質に置いたり、賣拂つたりして辛うじて日を送つてゐたが、所謂坐して食へば山も空しで、もうにつちもさつちもいかなくなつてしまつた。すると或る日のこと、高某其他多くの人がやつて來て一つ海外へ何か物を賣りに行つて一と儲けしようぢやないか。君も一緒に行け、資金は高さんが出すと云つて扇屋を誘つた。扇屋は今は何を賣るといふあてもないので、水菓子屋へ行つて蜜柑を一籃買つて來てそれを商賣物とすることにした。彼等の一行はやがて或る名も知らぬ異國の岸に著いて船を泊てることゝなつた。外の人は皆陸へ上つて何かそれ〴〵物を賣りに行つたが、扇屋だけはたつた一人船上の一角に坐りこんで持つて行つた蜜柑を並べて買手を待つてゐた。すると外國人が通りかゝつて之を珍重し、之を買ひたいと云つたが言葉が通じないので片手を出すと、外人は金貨五枚で蜜柑一つと解して買つて行つたが、非常に味がよく、香も高いので大評判になり、先を爭つて買ひに來るといふ次第で忽にして扇屋は小金を儲けた。それから又外の港へ船を着けて、他の連中は商賣に上陸して行つたが、扇屋はもう賣るものがないので悄々として岸上の小丘に登つて、あてもなく四周の景色を眺めてゐた。するとその頂上の少し平な所に大きな龜の甲が一つあつたが、裏返して見ると或る小鳥の巣があつて、驚いてその小鳥がばた〳〵と飛び出して逃げ去つた。扇屋は之を珍しいものと思つてそれを拾つて山を下つた。その後幾つかの港々を經廻つて或る日一大市場に船が著いた。例により扇屋が獨り船に居殘つてこの龜の甲を玩んでゐると適ゝ回回が通りかゝつて五十千金で之を買はうといふ。扇屋は喜んで之を賣つてしまつたが、回回はその甲の內から十八粒の寶珠を取り出してこれ〳〵と話して聽かしたので、扇屋は自分の無識を大いに悔んだといふことである。

(9) 沙魚。—— 或る海に途方もなく大きな沙魚があつて航海中の船を呑んでしまふので人々に恐れられてゐた。或時極めて大膽な徽州の船があつて、うまく之を紹いて海口に近く引き寄せ淺瀨へ導いて來たので、海潮の退くと共に進退の自由を失ひ、且つ水が涸れた爲にとう〳〵死んでしまつた。鄕人はなほ恐れて容易に之に觸れなかつたが、そのうち回回が何人かやつて來てその眼睛と胃とを取り去つて行つたが、何でもそれで大へんな儲をしたといふことである。

私の愚稿は取り敢へずこれで終ることゝする。徒に幾つかの說話を紹介したものに過ぎず、何等提說の形を成してゐな

14

い恥かしいものであるが、說話の學に興味を有する同學の士に何等かの資料を提供し得ば望外の幸である。

肩巾考（第二回）

宮本勢助

第二章　領巾の研究

第一節　領巾と肩巾とを分解す

埴輪土偶及び天壽國曼荼羅所見の綬の如き服物の研究は、其以前に爲された永いヒレ研究史の最後に到達した新しい問題だつたのであつた。前章に列擧した諸説中第二の袈裟説は現在既に其支持者を失つた説である。第三のチハヤ説は論者自身が早く撤回して居るから殘るのは八木奘三郎氏の第一のヒレ説（領巾・肩巾）と、故高橋健自博士の第四のスキ（繦）・巾明衣説とだけである。而して此兩説の關係を云ふと、後説は明白に前説を否定したもので、前説の是をヒレなりと解したのに對して後説は是をヒレに非らずと解するのであつた。畢竟此兩説は現在にもなほ隱然相對峙しつゝ未解決の儘問題として遺されたものなのである。卽ち此綬の如き服物は前説によつて新らたにヒレであると解釋されたのであつたが、過去現在に於て一般にヒレと考へられた服物は全く其所謂綬の如き物ではなかつたのであつた。又八木高橋兩氏の高説を仔細に點檢するとヒレ其物に對する見解に關して或は其存在年代に關して首肯し難き點の有るのを認めざるを得なかつた。綬の如き服物の何物たるか又は其ヒレであるか否か、又はヒレとは如何なる服物なるか等の諸問題を闡明するには先づ其ヒレ研究の發達過程及び其諸學說を一々檢討してかゝらねばならぬのである。

先づ試みなければならぬのは從來の學者に依つて爲された領巾・肩巾の混同説を打破して、領巾と肩巾とを分解する仕事である。

肩巾考（宮本）

ヒレ（必例・比例・比禮）は領巾とも肩巾とも書かれて領巾も肩巾も、「領巾、日本紀私記云、比禮」（倭名類聚鈔）又、「肩巾、此云二比禮一」（日本書紀）とあるように等しくヒレと呼ばれてゐた。先づ考へなければならぬのは服物としての領巾と肩巾との關係卽ち兩者が同物であつたか否かの問題である。此問題を考へる前に假に領巾をリヤウキン、肩巾をケンキンと呼ぶことゝする。是は領巾をも肩巾をも同時にヒレと呼ぶことの不便から濟ひ、且つ混亂を防ぎ度い目的からである。

領巾と肩巾とを同一服飾とする說は鎌倉時代以後江戶時代を經、現在に亘て行はれつゝある學說であるが、卑見によると、それ〳〵の論者にとつては領巾・肩巾同一說と云ふべきであらうが、孰れも何等根據の無い、徒らに別種の二物を混同したと考へられるので以下是を領巾・肩巾混同說と呼ぶことゝした。

領巾・肩巾混同說の由來はかなり古いもので或は書紀編纂以前にまで溯るものであらうが、學者に依てはつきり唱へられたのは鎌倉時代の仙覺律師の說を始めとする。仙覺は最も明確に領巾と肩巾との關係を考證して次の如く云つたのであつた。

ひれはむかし女房の裝束に裙帶領巾とて有ける也。ひれ或は肩巾此云とかけり。領もひれとよむ。又肩の字を用たり。かたにかかりたるか。膳夫釆女等之手襁肩巾天武天皇御宇十一年三月甲午辛酉（廿八日）にこれをとゞめたる也。（萬葉集鈔卷七）

仙覺は萬葉集所見の領巾を考證する爲に東宮切韻・遊仙窟註等を引用し、肩巾は天武紀を引用したのであつた。併し仙覺はヒレ（肩巾）をも、依然、女子服飾で男子にも用ひられる服飾だつたとは考へなかつたのであつたらしい。從つて仙覺は、始めから肩巾と領巾との差違點に就ては全く不注意なのであつた。其肩巾と領巾とを異名同質と考へたのは、主として、等しくヒレと呼んだ點に據つたものであつたと考へられる。此仙覺の考へに據ると、領巾・肩巾混同説の何等根據のあるものでない事が考へられる。

此後における新井白石翁の領巾・肩巾混同説は恐らく仙覺の説を繼承したものであつたと考へられる。

領巾讀てヒレといふ。（中略）されど天武天皇十一年詔に（中略）肩巾（中略）と見え、（肩巾よむ事領巾に同じ）延喜式祝詞にも比禮挂る伴男（中略）など見えたれば、古にヒレといひしもの、婦人の飾をのみいひしにはあらず。〔東雅八、器用〕

仙覺は肩巾をも領巾と等しくなほ女子服飾であつたとして考へたらしく、其着用者に就ては別に記すところがなかつた。天武紀の記事だけではそう考へたのも當然と云ふべきである。多分肩巾が男子に着用された事に考へ及ばなかつたのかも知れない。然るに白石翁は延喜式祝詞を引用してヒレが男子にも着用された新事實を發見した結果として女子服飾のみをヒレと呼んだのではないと云ふ考に到達した。此に至つて領巾・肩巾混同説は更に一歩を進めて左道に踏み込んだのであつた。此結果からすると、領巾までが女子以外の男子にも着装されたように考へられるようになつて了はなければなるまい。貞丈翁が女服の領巾を肩巾と任意に書き改めるに至つたのも同様の結果からに過ぎなかつた。

此後伊勢貞丈翁は此説を更に延喜隼人司式に據つて、次の如く確めたのであつた。

比禮は女服のみに非ず男服にも比禮といふものあり延喜隼人司式曰凡元日及卽位蕃客入朝等儀官人二人史生率ニ大衣二人番上隼人廿人今來隼人廿人白丁隼人一百三十二人一分ニ陣應天門外之左右一蕃客入朝天皇不臨軒者不陣 群臣初入自ニ胡床一起今來隼人發ニ吠聲一三節蕃客入朝不在吠限 其官人著ニ當色橫刀一大衣及番上隼人著ニ當色橫刀白赤木綿耳形鬘一自餘隼人皆著ニ大橫布衫一襟袖着兩面襴 布袴着兩面襴緋帛肩巾橫刀赤木綿耳形鬘番上隼人已上橫刀私備執ニ楯槍一坐ニ胡床一。又曰凡遠從駕行者官人二人史生二人率ニ大衣一人番上隼人四人及今來隼人十人一供奉番上以上並帶橫刀騎馬但大衣已下著ニ木綿鬘一今來著ニ緋肩巾木綿鬘一帶刀執槍步行（中略）

（以下脚注）右隼人ノツクル所ノ肩巾ハ卽チ比禮ナリサレバ男服ニモマタヒレアリ、（中略）

肩巾考（宮本）

吾國の比禮と云ふもの其の比禮と云ふものに文字を供ふるに至りて或は領巾の字又は肩巾と記したりと見えたり。(下略)〔安齋隨筆卷之十八〕

此に至つて領巾・肩巾混同説は全く完成されたと云つてよい。斯くて貞丈翁は此混同説に對して別に疑問を有ち乍ら、何時の間にか漸々領巾と肩巾とを混同して考へるに至つた。即ち次の如く領巾を肩巾の別名の如く考へ、或は領巾を直接肩巾と書くに至つたのであつた。

肩巾　右（延喜隼人式）に見えたり（或用二領巾字一共に同じ）婦人に不レ限隼人も服レ之、〔同卷之二十〕

肩巾(ヒレ)　裙帶　裳　此の三つは婦女の裝束にて國史令式等に見えたり源氏物語枕草紙などにも見えたり、然るに後代唯裳のみにて肩巾（或は領巾とも書く）裙帶を着る事を聞かず（下略）〔安齋隨筆卷之六・一六〇頁〕

併し曾て肩巾裙帶と書いた樣な例は全く文獻からは見出し得ぬ事實なのであつた。

其後屋代弘賢翁も次の如く云つてゐる。

ひれは、文字には領巾とも、肩巾とも書きて、上古には男女共に用ひたる物也。(中略)但領巾は婦人のみ懸けて男は懸けぬものゝよし、古くよりいひたるは和名鈔に、婦人項上餝也云々、日本書紀神(天)武天皇の卷に膳夫采女手襁肩巾並莫服とあるなどを據として、よくも考へぬ説なり。いま按に、古も武官は男子も肩巾を懸けたるなり。其の證は延喜式隼人司の條に、緋帛肩巾横刀云々とならべいひて、其の下あまた所見えたり。おもふに天武天皇の御代に膳夫采女等の手襁領巾かくる事を禁ぜられて、隼人の肩巾の事は、何とも沙汰なかりしは必ず懸ねばならず、膳夫采女等は懸けずも事足る故にこそありけめ。又一本の延喜式の隼人には、肩巾をカタアテと訓みたれば、領巾とは異なりと思へども然らず。日本書紀天武天皇の卷に肩巾(此云二比例一)と正しく見えたるにて明かなり。又隼人は耳形大衣など、めなれぬ裝束すれば、肩巾も此の官に限りて懸くるにやと思はるれども然らず。緋帛、肩巾、横刀云々と對へいひて、またく武備の裝束なる事しられたる上は、耳形大衣などゝ違ひて、最も肝要の裝束なればなり。〔古今要覽三、五四二〕

混同說に從つて屋代氏が和名鈔や天武紀の記事を根據として支持する領巾の女服であるとする說をよくも考へぬ說なりと評したのは却て誤りである。古來領巾が男服であつた徵證は絕無と云つてよいであらう。又右文中に領巾が天武朝に禁ぜられたと云つてゐるが、それは肩巾であつて領巾ではなかつた。

爾來領巾・肩巾混同說は學界を風靡して此後の萬葉集古義・大日本史・古事類苑・衣服の辨・歷世服飾考・服制の研究等の諸書は皆其說を踏襲しなければならなかつた。從つて、綬の如き服物に闘する第一說の八木奘三郎氏・第四說の高橋健自氏も亦、領巾・肩巾混同說者たることを免れ得なかつた。即ち第一章所引八木氏論文にも領巾・肩巾同一說であつた事はヒレ領巾（人類學雜誌一三七號）或は肩巾（日本考古學一四二頁）と書いてゐるのに徵せられるかと思ふ。高橋健自氏も同樣に混同說の範圍を脫しなかつたことは「多神社の祭神及神像考」（考古學第四篇第十一號六四九頁）の記事に、領巾の考證中天武紀の肩巾の記事を引用せられて居るので明らかにされる。斯くて此領巾・肩巾混同說は江戶時代を風靡したのみでなく略一の定說となつて現在に及んだのであつた。

領巾・肩巾混同說は、前にも少し言及したが先づ伊勢貞丈翁に依て其價値が揣摩されたのであつた。即ち次の如く云はれてゐる。

さればヒレと云ふもの男女の服にともにあり、然るに或は領巾と云、或は肩巾と書く故に、文字の義をもつて論ずる時は、もし其義違ひある歟。されども共にヒレなり、（中略）異朝に領巾といふものは、女服と見へたり。〔安齋隨筆、後篇二〕

誠に好箇の疑問であつたが未解決の儘に終つたのは惜むべきであつた。領巾が女服であつたのは、支那ばかりではなく、我國に於ても全く同樣なのであつた。

領巾と肩巾とは本來別種の服物であらう。何故領巾と肩巾とが同一服物であつたかと云ふ事は仙覺を始め新井伊勢屋代諸家は上述の如く何も全く證明する處が無かつた。兩者の關係を想像せしめたのは領巾も肩巾も等しくヒレと呼ばれたと云ふのみに止つて居る。此同名である以外には其關係を認めしめるものが存在せぬようである。却つて同一服物ならざる點が多々有ると認められる。先づ普通な領巾の名稱に對して殊更肩巾と書いた點の如き其一つである。書紀編纂當時普通ヒレは領巾と書れたと認められる。それは天武紀以前の崇神紀にはヒレを領巾と書き、履仲紀の隼人の名のサシヒレを刺領巾と書いてゐることによつて考へられる。當時領巾は殊更改めて其訓を示さなくともヒレと訓まれたのであつたが、天武紀の肩巾の方は既に訓無くしてはヒレと訓み兼ねたので殊更に此云二比例一と訓を示したのであつたと解される。斯くヒレの語を現はす通有の領巾の文字があるのに天武紀及び文武紀にヒレを殊更肩巾と書いたのは領巾と異なつたものであつたからでなくてはなるまい。又ヒレは女服に限つたものでなく男女通服とする說は肩巾に於てのみ首肯されるが、領巾には通用し難き說と云はなければならぬ。領巾を男服とする例證が無いからである。以上に據つて領巾と肩巾との差違は自ら明らかだらうと思ふが、是は領巾の屬性を明らかにすれば一層それが明らかにされることゝ考へる。

以上の領巾・肩巾混同說に關して田安宗武卿が如何なる說を懷抱したか現在全く知るよしがないのは誠に遺憾である。服飾管見・同別錄等には領巾と肩巾との關係に關して全く記されて居らぬ。併し特殊の記載はないが尠くとも領巾・肩巾混同說でなかつたことは略揣摩されるかと思ふ。但し宗武卿が崇神朝以前から領巾の存在した事を認めてゐられたのに據ると、或はやはり混同說の範圍を脫し得なかつたかとも思はれる。

壺井義知・天野信景の二家も次の說だけに據ると全く領巾・肩巾混同說に觸れて居らぬ。

義按　裙帶（クタイ）は肩にかけ、領巾（ヒレ）は頸の餝のよし、或記に見えたり。今の世にはありともきゝおよばぬなり。〔裝束集成十二〕

義とは壺井義知翁を意味するものであらう。又一擧博覽（鈴木忠侯・文化四年）四十六の記事の後半は右の記事に據つたものであらう。又

我國古へはたすきひれなどいふ物を服せし（中略）ひれは婦人の首服なりといふ、されど裙帶巾領は肩には懸しとみゆ。〔鹽尻卷之十一〕

とあるのを孝經樓漫筆（山本北山）のたすきひれの記事は抄出したのであるらしい。

第二節　領巾の服飾學的屬性の考察

領巾の服飾學的屬性は、肩巾に對して著しい特殊な點を有て居る。

（名稱）領巾の名稱其者は全く支那傳來のもので、早く漢・揚雄の方言に

帍裱、謂之被巾（婦人領巾也、方廟反）

と見えたのを始めとして次の諸文獻に散見して居る。

北周　庾信詩〔佩文韻府所引〕

隋　隋書五行志

唐　樂府雜錄（段安節）　酉陽雜俎（段成式）　支諸皐（段成式）　遊仙窟（張文成）註　楊太眞外傳

宋　錢氏私誌（錢世昭）　春渚紀聞（何薳）

併し五代以後の中華古今注（五代・馬縞）・事物紀原（宋・高丞）等には領巾の名稱全く所見なく專ら披帛・巾（中華古今注）・披帛・披子〔事物起原〕と呼んでゐる。

原田淑人學士は、其「支那唐代の服飾」（大正十年板）「西域發見の繪畫に見えたる服飾の研究」（大正十四年板）には、專ら、披帛帔子と呼ばれたのであつた。私は領巾の唐代に存在することを「唐代の領巾と裙帶」と題して考古學雜誌第十二卷第二號（大正十年板）に記して置いた。領巾と帔子との關係は、遊仙窟の註に單曰領巾。袂曰帔子。春著領巾。秋著帔子。とあるので極めて明瞭である。

我國の領巾〔日本書紀・萬葉集・延喜式・倭名類聚鈔・北山抄〕の名稱は全く以上の支那の領巾の名稱を其儘傳來した

ものであつたのである。又領巾が我國でヒレと呼ばれたのは曾て存在した服物のヒレの名を以て其儘領巾を呼んだものであつたらう。從來の說の樣に是を反對に曾て我國に存在したヒレを支那風に殊更領巾と書いたものと解するのは不可であらう。

〔着法〕領巾が全く女服であつたことは、婦人領巾也〔方言〕・婦人頭上巾也〔遊仙窟〕・婦人項上餝也〔倭名類聚鈔〕とあるのや次の例の如く着裝者が悉く女性であるので明らかにされる。

宜陽公王世積家婦人〔隋書五行志〕
內人鄭中丞（女郎）〔樂府雜錄〕
楊貴妃〔酉陽雜爼・楊太眞外傳〕
鄭瓊羅（女子）〔支諸皐〕
明節劉后・宮嬪〔錢氏私誌〕
錢安道尙書小女〔春渚紀聞〕
崔生女〔雲笈七籤〕

我國に於ても領巾は全く同樣で其着裝者は亦女性であつた。

吾田媛〔崇神紀〕
松浦佐用嬪面・海部處女〔萬葉集〕
中宮・齋院宣旨・女孺・走孺・御巫・御門巫〔延喜式〕

伊勢貞丈翁は、「異朝に領巾といふものは女服と見へたり。和名抄にいふ處も、則異朝にいふ處の領巾の註に據て記したりと見へたり」〔安齋隨筆〕と云はれたが、我國に於ける事實も全く支那に異ならぬのであつた。

領巾の着法に就て文獻上からは頭上〔遊仙窟註〕又は項上〔倭名類聚鈔〕とあるのに據つて僅に揣摩し得るに止まるが、

なほ次章に是を詳述しよう。

以上は領巾の肩巾と異なれる特殊の點である。

第三節　領巾の形體着法

褶帶比禮の現實に生存した平安朝は勿論、鎌倉時代にもヒレ（領巾）の形體着法はまだ明瞭であつたに違ひあるまい。永仁年代の領巾代の名に據ると、代ならぬ領巾の大體も未だ忘却されたのでは無かつたらうと思はれる、然るに裝束師の如き特殊の家と關係の遠い人々の間には、領巾に關する具體的事實が漸く不明になつて、領巾を或は袖でもある樣に解した說などもできたのであつた。是は當時領巾を考證した仙覺が其著書に「袖にあらざる所見分明なり」（萬葉集抄）と其說を反駁してゐるので明らかにされる。併し仙覺自身も如何なる程度まで領巾の服飾學的屬性に就て知つて居たかは詳かでなく、其具體的な事實に就ては全く其記述に現はれて居らぬ。斯くて漸々領巾の服飾學的屬性は次第に忘却されて全く不明に歸して了つたのであつた。

此後江戶時代に至つて、領巾が如何に不明であつたかは、第一節に記した壺井・天野二家の記述に據つて徵されるかと思ふ。然るに此難入難解のヒレ・領巾の服飾學的屬性が次第に闡明されるに至つたのは誠に不可思議と云ふべきであつた。勿論此展開に與つたのは新興の考古學的研究の力に他ならなかつた。併し如何にして是こそヒレ・領巾であらうと云ふ服物が新らたに發見されたか、又如何なる服物がヒレ・領巾であるかと云ふ問題を何時何人が打出したかは、現在まだ是を詳かにしない。藤原貞幹翁田安宗武卿二家は服飾學的造詣の深かつた學者であつたから、ヒレ・領巾の服飾學的屬性の研究に關しても蓋し必ずや關與したであつたらうと思ふが、今は全くこれを知るよしもないのは遺憾である。宗武卿の遺稿からは全くこれに關して見出すことができない。併し現在何等の手がゝりはないが、古畫に現はれた一種の服物が、ヒレ・領巾研究の對象として、必ずや是等の學者に依て撰み出されたのであつたらう。

屋代弘賢翁は、佛畫の天女の像に現はれた一種の服物卽ち天衣を領巾から聯想し、且つ其服物に據つて領巾の服飾學的屬性を研究してゐる。其說は略次の如きものである。

肩巾考（宮本）

ヒレは、文字には領巾とも、肩巾とも書きて上古には男女共に用ひたる物也。其の用は手襁と對用して、領肩に懸けし物にて、裝餝にはあらざるべし、然るを和名鈔に、婦人頭餝也と注せしは、上古の用ひざまを考へざりし也。（中略）崇神天皇の御宇の比には、最早婦人の裝束と成つて、常に肩領に懸けて有りしものにや。（中略）其の製もいかにも替りあるにや、思ふに領巾は幅のまゝにてかくるものあらん。さればこそ領巾の端に香具山の土をつゝみてとも見えたれ。又皇大神宮儀式帳に、生絹御比禮八端 須蘇長各五尺弘二幅 云々、など見えたるにてしるべし。いまゝのあたり見る物ならねば、委しく其製はしらざれども、いとふるくよりゑがく所の天女の像、みな必ず領の邊よりいと長き絹をまとひたる樣書けるは、確かに古の領巾なるべく思はるゝ也。皇大神宮儀式帳等に見えたる領巾とは違ひて、今みる天女の像に懸けたる如く長くては用をなすに、其の便よからぬにやと、一渡りは思はるれど、よく考ふるに、萬葉集に見えたる大伴狹手彥が妻の夫の別れを悲みて、松浦の高嶺に登りて、遙に行く船を慕ひて領巾を脫ぎて招きしといへれば、古のは長かりしなるべし。遙に望むに長からざれば見え難かるべし。長き領巾を力の限り振きけむ故にこそ、へだゝりゆく船の中にも領巾とは見たらめ。（古今要覽三、五四二）

以上には領巾の形態着裝等に就て具體的に記されては居ないが、領巾が一幅の巾であり、其着裝型式の大體も、それを領や肩に懸け兩端を垂らしたことも、略明らかにされたのであつた。領巾の着裝型式の先づ知られたのは是れなのであつた。是を假に甲型式と呼んで置く。

又田沼善一氏も次の如く云つて居る。

ヒレかけたる狀は、古き畫に是かれあり、初に出せるは、柳花苑の舞びめの狀にて、舞樂古圖の中に出たるなり、（中略）伴翁のいはれたるは、今此畫によりて按に、此舞女の體、肩に掛て垂たるものは、領巾なるべし、此舞もと唐より傳はりたる事、右に見えたるがごとくなれども、其裝束は、此方の領巾を用ひたりと覺ゆ、唐より傳はれる舞樂の裝束に、此方の服を用ひられたる事、此古圖の中に、猶例多しといはれたり、善一今これを打かへしてよく考るに、伴翁の說まことに當れり、此裝の中頭なる物のみは、宗と異國衣裝にならへるならん、（中略）

ヒレに領巾の字を當たると同じくて、（中略）

さて異國にも、此ヒレに似たる物ありて、畫にも多く見えたり、西王母と名づけたる者の畫王照君の畫など、其外にも多し、又木にて彫り作れる、天人辨天毘沙門など云ふものゝ像にもつけたり、之は異國にもこゝの比禮と似たる物の有しにて、元より別物なり、之は末に出す佛像の畫にあり、其畫は智光曼荼羅と云物に、見えたる古畫の模を、抜とりて出せるなり、其佛像の頸よりかける細き絹は、天衣と云物也、猶是をはづして手に持つ形もあれど、是は佛像の類には少からず、人の見しれる物なれば多くあげず、其手に持る方の注に、擧ニ左手、下ニ右手、各兩手取ニ天衣ヲ、舞ニ踏于反華上ニ、と注せり、此天衣と比禮とまぎらはしき形なれば、心して誤るましき物になん、おのれも前には、柳花苑の樂に、吉祥天女舞體ノナリとあるをもて、その天衣かとまとひもしたりき、猶くはしくは正して明に知らるゝなり、

（中略）

次にあげたるは、智光曼荼羅の畫の中の佛像なり、是もいと古き畫なり、此くびよりかけたる細き絹は、天衣なり、此物やゝヒレに似たる故に、誤り心得る人もあるなり、故にこゝに出して辨へ置なり

〔頭書　今昔物語十四の十七語に、夢ニ龍ノ冠シタル夜叉形ノ人也、天衣瓔珞等ヲ以テ身ヲ莊テ云々、十五の廿一語に、天衣寶冠ヲ著セテ、此ノ車ニ乘セテ返リ行ナムト爲ル時ニ〕

此天衣も、思に心ばへは、こゝのヒレと似て、身のかざりなれと、天竺は極て熱き國にて、衣を著る事は少ッなれは、腰より上の裸にて、見にくきを、强てかざるとて、かゝる物をば用ひたるなり、之れが自に似て狀の近きなり〔筆の御靈前編卷之一〕

肩巾考（宮本）

肩巾考（宮本）

明治以後にも領巾の形體、着裝型式は以上の如きものとして知られてゐた。卽ち福地天香氏もビレと云ふものがある。（中略）能く天女や何かゞさげて居る。其のヒレと云ふものを打掛けてズッと肩から下げて後ろを引摺るやうにして居つたのであります。〔日本服裝沿革〕と云つてゐる。

從來領巾研究の對象となつてゐたのは主として佛像の天衣であつたが、明治以後大に勃興した奈良朝遺品の考古學的研究の結果として當時の繪畫、平安朝の神像等に現はれた一種の服物が代つて領巾研究の對象となるに至つたのである。

正倉院御物鳥毛立女屛風に描かれた女體には、一幅の巾を左右の脇へ長く垂らした者。又は一幅の巾の中央を前にしこれを左右の肩へ掛け兩端を後ろへ垂らした者。又一幅の巾の中央を前にし一方は右肩に掛け、他は左手へ掛け、各其端を後ろへ垂らした者等がある。此服物に就て、早く故文學博士小杉榲邨翁は、是をヒレ・領巾だと解されたのであつた。

立女の（中略）前より左右の肩にかけて、うしろに垂らしたるは領巾（ヒレ）なり。〔有職故實、一五四頁〕

此領巾の着裝型式は從來全く知られなかつたものであつた。假に是を乙型式と呼んで置く。

此後此乙型式の存在を更に確證したのは故文學博士高橋健自氏で、氏は大和國多神社の女神像を研究して次の如く云はれたのであつた。

次に兩肩より兩乳の邊に向つて懸れるものあり、藍色にて花形の文を描けり。（中略）こはそも何を現したるものか。穴師神社のにも同樣のものあり。然るに第二圖と第四圖とに於ては、下部に至りてその兩端相連り、U字形を成し、恰も輪袈裟の如き觀あるは、吾人をして更に了解に苦ましむるものあり。然れども予の考ふるところを以てすれば、こは領巾（ヒレ）なるべし。領巾はその製後世絕えたれど、今古書と遺物とにより推察することを得るなり。大神宮儀式帳には、「生絹御比禮八端」の注に、「須蘇長各五尺、弘二幅」とあり、外宮儀式帳には、「生絁比禮四具」の注に、「長各二尺五寸、廣隨幅」とあり、延喜縫殿式には「領巾四條料、紗三丈六尺」とあるなど、長さ一定せざれども、領巾の文字より見るも領の邊に用ひるべきこと明なり。況や天武紀に「肩巾此云比例」と訓注ありて、肩にかゝることを示し、和名抄に「領巾婦人項上飾也」とありて、項（ウナジ）の邊にかゝることを示せるをや。加之和名抄の背子の注に「領巾附」とありて、全く背子に附隨せるものなることを知るべし。前に述べたる彼の袖幅短き衣にして、背子なること誤なからしめば、このU字形の裝飾や、やがて領巾なりと斷定するも敢へて過なかるべし。

なほその着用の法式に就きては、第二圖及び第四圖に於て見る如く、全長の中央部を體の前方にして、之を左右の肩にかけたるなるべく、今の女學生の襟卷の掛け方及び辨才天を始め諸種の佛像に於ける着け方は、全く反對なりしならむ。かくいふ證は、たゞこれこの女神像のみならず、彼の正倉院御物鳥毛立女屛風の圖に於て明に認めらる。鳥毛立女は、六圖あれども、一として後より前へかけたる領巾見えず。中にも領巾を黑く描ける二圖の如きは特に明瞭なり。要之、第一圖は寶髻を去りたる結髮をなし、禮服の表衣なる大袖の上に背子を着け、その上に領巾をかけたる女子の御姿なり。〔考古界第四編第十一號六四八―九頁・多神社の祭神及神像考〕

此後同氏は領巾の甲型式と乙型式との關係に就て次の如く云はれてゐる。

領巾。領巾のつけてゐるのを最もよく判るものがあらうか（石田）。其の例は尠くはない。奈良時代のものにも存する。藥師寺の吉祥天例の如きは其の顯著なものであらう（高橋）。どう、かけたたらうか（石田）。掛け方は色々ある。一樣でない。最も普通なのは今日のショールの如く肩から前にかけてゐる。正倉院御物樹下美人などは寧ろ異例で胸の所で、前から後にやり、また腋の下に出してゐる（高橋）。〔考古學雜誌第十六卷第五號所載根岸夜話（六）〕

唐俑及び唐宋の繪畫に現はれた一種の服物には領巾と解すべきものがある。早く文學士原田淑人氏に是を披帛・帔子と解されたのであつた。〔支那唐代の服飾一〇〇頁・西域發見の繪畫に見えたる服飾の研究三四頁〕　併し同氏は其着裝型式に就ては全く觸れられなかつた。〔此處に云ふ正倉院御物樹下美人は先に所謂鳥毛立女屛風である。〕

肩巾考（宮本）

唐俑及び唐宋の繪畫等に現はれたところに據ると領巾の着裝型式には次の數種がある。

第一型式

服物の主要部を頸から背部にかけて當て、其左右部は兩肩を越して前面の胸部に於てキモノの襟の如く引きちがへて合せる。（挿圖第六圖）其合せ方には左前と右前とがある。此上前になつた一方の長い部分は拱手した手に懸けて其儘垂下する。（唐俑〔支那古明器泥象圖説・唐代の服飾〕繪畫〔千佛・敦煌・高昌〕）（挿圖第七圖）此垂下する方法は宋代にも存在して壁畫に現はれてゐる。

第二型式

是はキモノの襟の樣に前を合せず、領巾の、短い左方の部分を裙の上邊に於て處置し、長い右方の部分を肩より其儘前面に垂下する。〔繡佛〔千佛〕・繪畫〔同上・高昌〕俑〔歷世服飾圖説・唐代の服飾〕（挿圖第八圖）

第三型式

領巾の中央部を背の上部に當て、其左右の部分は左右の肩を越して前面の左右に垂下する。第一第二の型式は左右の長に長短があつたが是は略左右同樣の長さとなつてゐることである。〔敦煌・張萱擣練圖〕（挿圖第九圖）

第四型式

領巾の中央部は背部に有るが其左右は肩より下つた腕の部分を越して脇に挾まれて垂下してゐる。〔古物評定所唐俑圖錄等〕又宋代の壁畫に現はれたものは大體此型式に屬し其長い部分を左手に懸けて垂下してゐる。〔敦煌〕

第五型式

領巾の中央部所在の位置は殆ど胴部の背後に有り。〔千佛・引路菩薩、唐周昉聽琴圖卷〕

第六型式

領巾の中央部はなほ背後にあるも、其左方のみ肩に懸り右方は全く肩に懸らず、〔唐俑、周昉聽琴圖〕

第七型式

領巾の中央部の位置が、全く第一乃至第六型式とは全く反對になつてゐる。卽ち中央部が前面の胸部に在り、左右の部分は左右の肩を越して背後に垂下してゐる。〔周昉聽琴圖〕(挿圖第一〇圖)

第八型式

腰帶の如く腰に纒ひ其前面で結んだものである〔周昉聽琴圖〕第六型式の唐俑に據つて是も領巾であることが考へられる。

從來知られてゐた我國の古書彫塑所見の領巾の着裝型式を以上八種の型式に比較すると甲型式は略第三型式に相當し、乙型式は全く第七型式に一致するものであることが明らかにされる。併し更に嚴密に云ふと、例へば大和國藥師寺所安神功皇后、仲姬命兩御像所見の領巾の如きは、領巾の中央部を背の上部に當て、其左右の肩を越した點に於てのみ第三型式に一致し、左右の垂下した部分の脇挾まれた點に於てのみ第四型式に一致してゐるのである。又乙型式卽第七型式は、鳥毛立女屛風以外の我國の遺品には山城上品蓮台寺の因果經にも見えてゐる。

領巾の服飾學的屬性殊に其形體及び其着裝型式は實に上の如きものであつた。而して斯の如き着裝型式を有した領巾は何年代から我國に存在したか。

第四節　領巾の由來と其出現年代

領巾が我國に存在する由來に就て早く田安宗武卿は是を支那よりの傳來と考へたのであつた。伊勢貞丈翁は我國の領巾を支那のそれと無關係だと考へたらしく、田沼善一氏の如きは全く是を我國獨自の服物と解したのであつたが、領巾の名稱が我國に存在する事だけに據つても支那よりの傳來なる事が考へられるかと思ふ。殊に前節に說いたやうに其形態着法の點から考察して全く其支那傳來なることを否み得まいと思ふ。此關係は却つて既往の平安朝頃には知られてゐたのかも知れぬ。鎌倉時代の仙覺にも其消息がまだ知られてゐたらしく、それは其支那文獻を引用した態度から考へられる。

領巾が我國に出現したのは果して何れの年代なのであつたらう。從來は勿論現在でも領巾の初見に關する唯一の史的徵證として引用されるのは、日本書紀卷五、崇神天皇十年九月壬子の條の、武埴安彥の妻吾田媛が領巾の頭に香山の土を褁んで祈つたと云ふ次の說話に現はれた記事であつた。

於レ是。天皇姑倭迹迹日百襲姬命。聰明叡智。能識ニ未然一。乃知ニ其歌怪一。言ニ于天皇一。是武埴安彥將謀反之表者也。吾聞。武埴安彥之妻吾田媛。密來之取ニ倭香山土一。褁ニ領巾頭一祈曰。是倭國之物實則反之。（註略）是以知レ有レ事焉。非ニ早圖一必後之。

此記事に據つて田安宗武卿は、我國に於ける領巾の沿革を記述した中に次の如く云つてゐる。

此領巾てふもの、崇神天皇の御宇にはや見へたれど、令には見へず、又延喜式より見ゆめり、後の世にたえたり。〔服飾管見・五〕

更に次の記述に據ると、宗武卿は、崇神紀の記載の儘に崇神朝當時既に領巾の傳來してゐたことを認めたことが考へられる。

抑伊邪那岐大神の御禊祓したまひし條に御裳あり。是をもて見れば彼御衣も禮服のさまなりとしらる。袜はた神代よりの物なり。褌袴又神代にあり。崇神紀に領巾見へ腰裳見ゆ。（註・此腰も褶裾なり。事前に見ゆ。）古事記垂仁の條に美豆能小佩のこと見へたり。（註・是は玉佩なり。事は前に見ゆ。）是等の物からくにゝも有もの也。もとも之か中には國も近ければおのづから相似たるもあるへけれといかてこと〳〵くしからんや。（中略）是等をあはせ見れは神代よりから人まうて來てうりかふ事明らけし。されはそのくにのよそひもかの長啼鳥等も神代に來る事理也。〔服飾管見別錄卷第四・神代よりもろこし人求通辨〕

此他日本書紀には履仲紀にも仲皇子の近習の隼人の名に刺領巾と云ふのが見えてゐる。が、勿論是等の記事は領巾の存在が、崇神朝（紀元五六四―六三一年・西紀前九七―三〇年・漢武帝天漢四―成帝建始三年）履仲朝（紀元一〇六〇―一〇六五年・西紀四〇〇―四〇五年・東晋安帝隆安四―義熙元年）等の年代に溯るものである事を示すものではなく、唯僅に書紀の編纂者が有つた唐代の領巾に關する知識に據つて或は古傳説に現はれたヒレに目新しい領巾の文字を宛てたか、又は全然服飾史的事實を顧慮せずに領巾を崇神朝に於ける吾田媛の傳説に附加したものであつたかのどちらかであつたに過ぎぬ樣に解される。殊に延喜隼人司式の隼人のヒレが明らかに肩巾であるのに據ると、隼人の名の刺領巾のヒレも肩巾と書く可きであつたらう。とにかく天武朝に禁止されたヒレが肩巾であつた事實に徴すると其以前の時期に於けるヒレが領巾であつたとは考へ得られない。

更に最近に於ける考古學的研究の結果は明らかに崇神紀の記載又はそれに據る從來の所説と矛盾すべき一事實を示してゐる。即ち原史時代の埴輪土偶には領巾が全く現はれて居らぬ一事實は是である。埴輪土偶の研究の權威者だつた故文學博士高橋健自氏は實に次の如く云はれたのであつた。

第二は領巾（ヒレ）である。これは女子に專ら行はれたもので、奈良時代の領巾は繪畫にも彫刻にも見ることが出來るが、上古の服飾を徵すべき埴輪には曾てその例を見ない。（古墳と上代（大正十三年板）文化・一七三頁）

從つて同氏著述の考古學（大正二年板）日本服飾史論（昭和二年板）歷世服飾圖説（昭和四年板）等諸書の索引に領巾（ヒレ或はリヤウキン）の項を缺如したのは全く原史時代に於ける領巾の存在が考古學的に證明不能であつたことを告げるもので、同時に此事實に對し氏が考古學者として極めて嚴正な態度を持して居られたことが推想し得られる。

此事實は、早く關保之助氏も注意して美術學校日本考古學講演筆記中に口述せられてゐる。

後藤守一氏も

領巾（ヒレ）は上古女子に專ら行はれたものであるが、埴輪土偶には曾てその例を見ない。（日本考古學・一六八頁）

31.

此事實を更に「日本埴輪圖集」（高橋健自博士編・大正八年板）人類學寫眞集埴輪土偶之部（大正九年板）埴輪集成圖鑑

（昭和六年板）等所載の埴輪土偶に就て點檢したが、甲型式及び乙型式の着法を示した服物卽ち領巾と等しきものは發見されなかつた。

又唐宋の遺品に現はれた領巾の着裝型式の第一乃至第八型式と等しきものは全く發見されなかつた。

とにかく以上の事實は、我國原史時代中の一時期には領巾が存在しなかつたことを語るものでは或はあるまいか。

併し、埴輪土偶研究に造詣深き和田千吉氏の高說に據ると、埴輪土偶の殘片には稀に或は領巾かと解されるものも存在するとの事であつたから、將來それに關する高見を發表して戴くことゝした。

次に推古朝の天壽國曼荼羅所載の女子服裝中にも同樣甲型式或は乙型式の着法を示した服物卽ち領巾と等しきものは全く見出し得ない。

以上の二つの考古學的事實は我國には原史時代から推古朝へ掛けては領巾の存在しなかつた事を告げるものなのではあるまいか。

然らば領巾は何年代に我國に出現したか。領巾が我國に出現したのは、肩巾が公服としての意義を喪失した事實と密接な關係があつたかと思はれる。肩巾の名であつたヒレの語を、後々領巾が交替してヒレと名乘つた事實に據つても考へられると思ふ。肩巾は天武朝十一年三月己酉に禁止されたが、其後二十三年後の文武朝慶雲二年四月丙寅に至つて肩巾田は再び復活された。恐らく是は肩巾が復活したのであつたらう。

以上の事實に據ると、天武朝十一年以前には未だ領巾は無かつたのであつたらう。又文武朝にも同樣まだ領巾は無かつたのであつたらう。卽ち當時まだヒレと呼ばれてゐたのは肩巾なのであつた。

恐らく領巾は文武朝にはまだ採用の運に至らなかつたのであらう。是は大寶服制に於ける男服の未だ唐服化して居らぬ事實に對してもそう考へられるかと思ふ。

元正朝養老四年に成つた書紀には既に領巾の文字や領巾に關した事實が現はれて居る。併し是は唐代に於ける領巾の知識が書紀編纂の養老年代の我國人に既に存在したことを語るものではあるが、是だけで當時領巾が我國に存在したとは速斷し得られまい。

唐代服飾が我國に影響を及ぼした年代は普通に考へて居るよりも遙に新しいらしい。孝德朝白雉二年（紀元一三一一年・西紀六五一年・唐・高宗永徽二年）には新羅の貢調使が唐服した理由で我國から呵嘖追還されたのであつたが、其後六十九年目の元正朝養老三年には前年歸朝した遣唐使多治比眞人縣守等が、始めて唐國所授の朝服を着て朝廷に參進したことが特筆されたのは我國の唐代文化に對する態度の一大變化だつたのであつた。更に此前年の養老二年は衣服令の改撰せられた年なのであつた。此養老衣服令の女子の禮服・朝服等には、領巾は全く見へて居らぬ。是は極めて注意に値ひすべき事實でなければならぬ。領巾を女子の朝服の單位の一として數へた田安宗武卿は明白に次の如く云ひ切つてゐる。

かの朝服にも領巾を具しけり〔服飾管見五、故實叢書本三七三頁〕

併し宗武卿が領巾が養老衣服令の女子朝服中に見へぬ事を確認したことは、前引服飾管見同條に「令には見へず」と云つて居るので明らかである。

宗武卿は服飾管見卷第五の女の朝服の條に「女の朝服は令私考に解畢ぬ」（以上）と云つてゐるが、玉函叢說所收の令私考は僅に筆を起しただけのものであるのに過ぎない。併しとにかく宗武卿は領巾が崇神朝以前から存在したことを認めたのであつたから、或は養老衣服令の女子朝服中に領巾の存在したことをも認めたのであつたかも知れない。

養老衣服令に領巾が見えぬのは、或はまだ領巾が公服としては認められなかつたことを語るものかも知れぬ。勿論領巾は支那に於ても當初民間服飾であつて公服ではなかつた。其名が新舊唐書などの唐代服制中に現はれぬのも畢竟それに他ならぬのであつた。養老衣服令に現はれぬのを理由として當時まだ領巾が傳來しなかつたとも云ひ切れない。併し唐代男子の所謂常服が、我國には養老衣服令の朝服制服として採用されてゐる事實に徵すると、元正朝養老年代には領巾はまだ傳來しなかつたのであつたかも知れぬ。是は後世に於ける外國服制の採用には原則的に男服の先行に對して女服の採用が遂に後れる事實に據つても考へられるかと思ふ。

まだ確言はできぬが、領巾の出現傳來採用は、或は聖武孝謙朝以後に屬するのではあるまいか。

第三章　肩巾の研究

從來に於けるヒレの研究は、專ら領巾の研究であるのに過ぎなかつた。自今は改めて肩巾に就て研究しヒレ全體の研究を完成すべきであると考へる。

肩巾に關する文獻は現在略次の三種に止つてゐる。

(一)日本書紀卷二十九、天武天皇十一年三月辛酉條

辛酉。詔曰。親王以下百寮諸人。自今已後。位冠及襅褶脛裳莫著。亦膳夫釆女等之手繦肩巾（肩巾。此云比例）並莫服。

(二)續日本紀卷三、文武天皇慶雲二年四月丙寅條

先是諸國釆女肩甲（巾）田。依令停之。至此復舊焉。

(三)延喜式卷二十八、隼人司

凡元日卽位及蕃客入朝等儀。官人二人。史生二人率大衣二人。番上隼人廿人。今來隼人廿人。白丁隼人一百卅二人。分陣應天門之左右。（蕃客入朝。天皇不臨軒者不陣。）（中略）其官人著當色橫刀。大衣及番上隼人著當色橫刀。白赤木綿耳形鬘。自餘隼人皆著大横布衫。（襟袖著兩面襴。）布袴。（著兩面襴。）緋帛肩巾。横刀。白赤木綿耳形鬘。（註略）執楯槍。並坐胡床。

凡遠從駕行者。官人二人。史生二人。率大衣二人。番上隼人四人。及今來隼人十人供奉。（番上已上並帶横刀騎馬。但大衣已下著木綿鬘。今來着緋肩巾。木綿鬘。帶横刀執槍步行。）

凡大儀及行幸給裝束者。（中略）隼人各肩巾緋帛五尺。（中略）（但肩巾。衣袴隨損申請。）

大日本古文書一―六にも肩巾の名は全く見出し得ない。

肩巾の直接文献の他になほ肩巾以外の名稱で記された肩巾關係の間接的文献がありはしなかつたかと思ふ。云ふ迄もなく肩巾は比例と呼ばれてゐたのであつた。又奈良朝當時領巾をヒレと呼んだ慣習からヒレ（肩巾）をも領巾と書いたことがあつたらしい。履仲紀に見えた住吉仲皇子の近習隼人刺領巾（サシヒレ）の名は、隼人が肩巾を懸ける事實と關係があるものらしく、そうとすれば其ヒレは領巾と書くべきではなく正しくは肩巾と書くべきであつたらうと思ふ。肩巾を領巾と書いたのは書紀編纂時代の常識に依つて其儘漫然書かれたものなのであつたらう。是から推測するとなほ他に肩巾を領巾と書いた例が或は尠くあるまいと思ふ。併し崇神紀の領巾頭や萬葉集五雜歌の松浦佐用嬪面の領巾はやはり其儘領巾と解すべきもので肩巾ではなかつたらうと思ふ。又欽明紀の大葉子の歌の比例も天武紀の肩巾の比例とは同じ文字であるがやはり領巾であつたらう。萬葉集の領巾麾之嶺、欽明紀の比例甫曬須母耶云々に現れたヒレを振る慣習も領巾に就て行はれたものではなかつたと思ふ。殊に前に云つた領巾着裝の第一型式の領巾の右方を長くした部分が振るのに適當して居たかと解される。萬葉集十三雜歌の海部處女等、纓有、領巾文光蟹とあるウナガセルもまさに領巾の着裝法に一致するものである。

以上の文献から肩巾に就て知り得るところは左の諸點である。以下肩巾の服飾學的屬性を領巾のそれに比較し乍ら述べることゝする。

肩巾此云二比例一（天武紀）とあるのは、肩巾が直に領巾でなかつたことを明示したもので、同時にヒレが本來肩巾の名であつたことを示したものであらう。同じ書紀が他の崇神履仲二紀にはヒレを領巾と記し乍ら別にそれがヒレと訓むのだとことはらずに措て、特に天武紀に限つて肩巾と書きそれにヒレと註した用意を了解しなければならぬ。履仲紀の刺領巾や萬葉の領巾がヒレと訓まれるように書紀完成當時專らヒレと呼ばれてゐたのは領巾なのであつた。恐らく其以往のヒレは領巾と區別する目的から特に肩巾と書かれたのであつたらう。當時肩巾は昔ながらに依然ヒレとは呼ばれながら存在したのを天武紀に肩巾と書いたのみでは服飾的實質が了解されぬので殊更ヒレと但書をしたのであつたらう。肩巾の肩字も特に領巾の領字に對して其着裝の主要な支持の位置を示したものであつたらう。此點にも二者の著大な差を認むべきであらう。

肩巾の形に就ては僅に其長（タケ）・地質・色目等に就て知り得るに過ぎないが、其長が記された事實に據つて、略帶狀、卽ち帶の如き簡單な形態のものであつたらうと考へる。肩巾の長は隼人の肩巾の五尺の一例を知るのみである。肩巾の五尺と云ふ長は略現在の襷の如きものとして着用し得可きものであることを思はせる。延喜式に據ると領巾の長は九尺乃至六尺である。領巾に比して肩巾は著しく長が短かつたと思はれる。

右の比較に就て次の記事は如何に是を解すべきであらう。

大神宮裝束（中略）　絹比禮八條。（長五尺。廣二幅。）（中略）

度會宮裝束（中略）　絹比禮四條。（各長二尺五寸。）〔延喜式卷四〕

五尺の比禮は五尺の肩巾と其長に於て一致するが此比禮は二幅であつて直に是を肩巾であつたとは斷定しきれない。併し此比禮が領巾で無い事は勿論であらう。又外宮の比禮の長の著しく短かい點が注意せられる。なほ此比禮に就てはよく考へてみたいと思ふ。併し現在私は何等の根據も無いが此比禮をも肩巾であらうかと考へて居る。

肩巾の着法に就てはもとより不明で、僅に着裝者の性・職掌等に就て知り得るのみである。肩巾は男服でもあり又女服でもあつた。卽ち女性の采女及び男性の隼人に着裝されたのであつた。なほ天武紀の膳夫采女等之手繦肩巾とあるのを、從來手繦は膳夫、肩巾は采女に各限つたかと解したが、大殿祭の祝詞に

皇孫命朝乃御膳夕乃御膳供奉流比禮懸伴緖。繦懸伴緖乎。〔延喜式卷八〕

とあるのに據ると、ヒレカクルトモノヲは膳夫であつたらうと思ふ。此比禮も勿論肩巾であつたらう。肩巾が男女服であつた點は、女服であつた領巾と著しい差違を示すものであつた。

肩巾が始めて史上に現はれたのは天武天皇御宇十年（紀元一三四二年）三月辛酉で、此日他の諸服と共に全く公服としての性質を喪失したのであつた。此後二十四年を經た文武天皇御宇慶雲二年（紀元一三六五年）四月丙寅に至り、曾て廢止された諸國の釆女の肩巾田が再興された。此後平安朝に至つてもなほ隼人は肩巾を着けたのであつた。

さて、埴輪土偶及び天壽國曼荼羅に現はれた綬の如き服物が何物であつたかと、立ち戻つて考へて見る。

八木奘三郎氏の第一說は綬の如き服物を解してヒレ（領巾・肩巾）なりとするものであるが、それが領巾で無かつた事は第四說に於て高橋健自博士が詳細に論破し去つた通りであつた。又小編第二章に於ても同樣の主旨を述べて置いた。從つて綬の如き服物の領巾即ちヒレでなかつたことは明らかである。併しそれはヒレ（領巾）では無かつたと云ひ得られるのであつて、ヒレ即ち肩巾でなかつたとは云ひ得ない筈である。從來の領巾・肩巾混同說から肩巾を解放して考へると、綬の如き服物はヒレ（肩巾）なのであつたと解すべきものであるかも知れない。八木奘三郎氏の綬の如き服物をヒレと解する第一說の結論は斯く訂正して考ふべきものではなからうか。現在綬の如き服物と肩巾とを結び合すべき積極的徵證は乏しく、僅に次の一二の點に止まる。

肩巾は、其名稱の現はすところに據ると肩に懸ける服物であるらしい。綬の如き服物も肩に懸ける物であつた。

肩巾の或物の長は五尺であつた。綬の如き服物の長も五尺程の物であつた。

肩巾は男女に着用された。綬の如き服物も男女に着用されてゐた。

肩巾は或は此綬の如き服物なのではなかつたか。此綬の如き服物の古い名稱はヒレと呼び肩巾と書いたものなどではなかつたか。

とにかく領巾の存在する以前の古へに存在した肩巾（ヒレ）が、埴輪土偶及び天壽國曼荼羅に現はれた綬の如き服物なのではなかつたかと云ふ設想を一つの臆說として世に問うてみるのも强ち無益な事でもなからうと思ふ。

（完・昭和八十九稿）

綬の如き服物

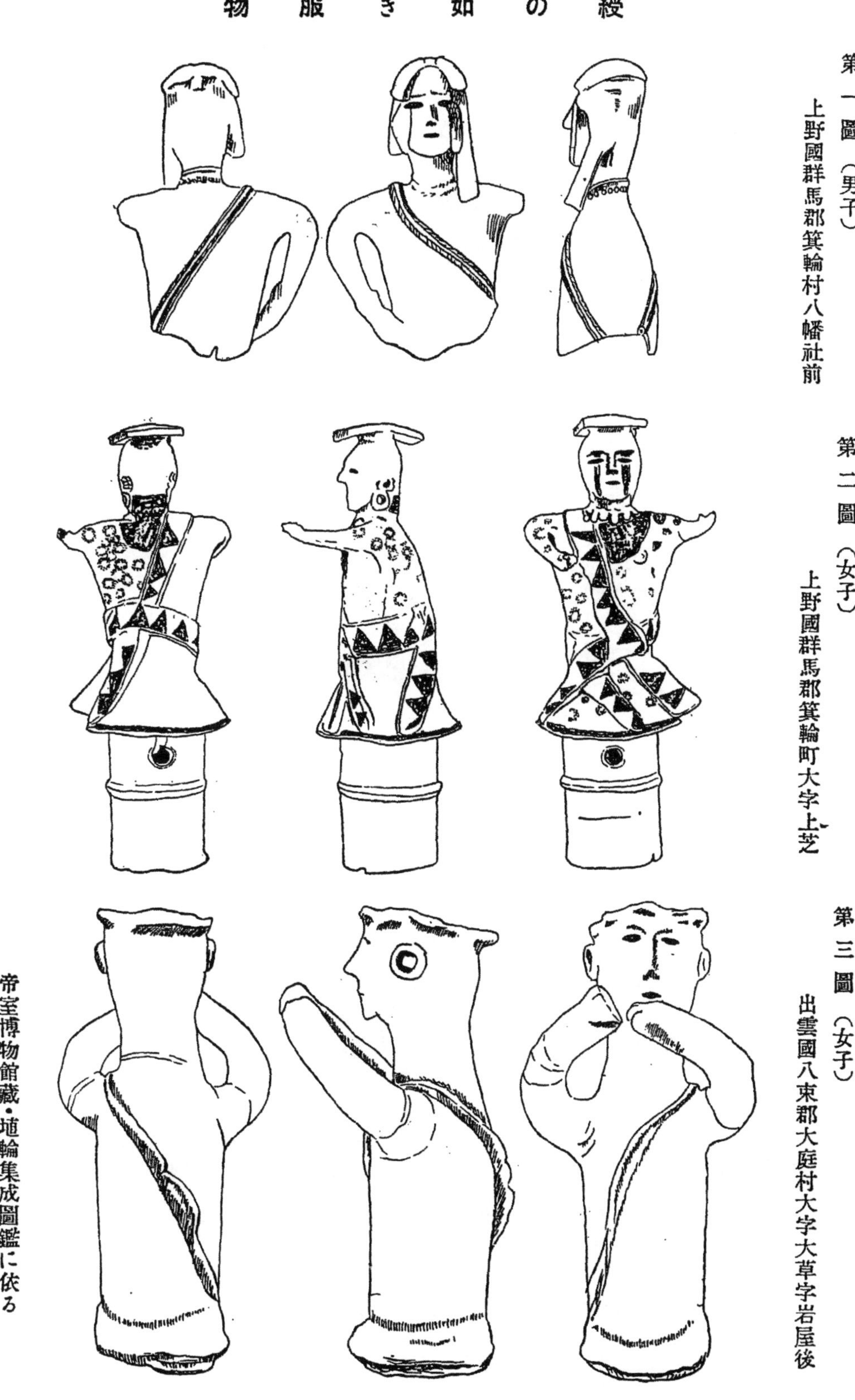

第一圖（男子）上野國群馬郡箕輪村八幡社前

第二圖（女子）上野國群馬郡箕輪町大字上芝

第三圖（女子）出雲國八束郡大庭村大字大草字岩屋後

帝室博物館藏・埴輪集成圖鑑に依る

綬の如き服物

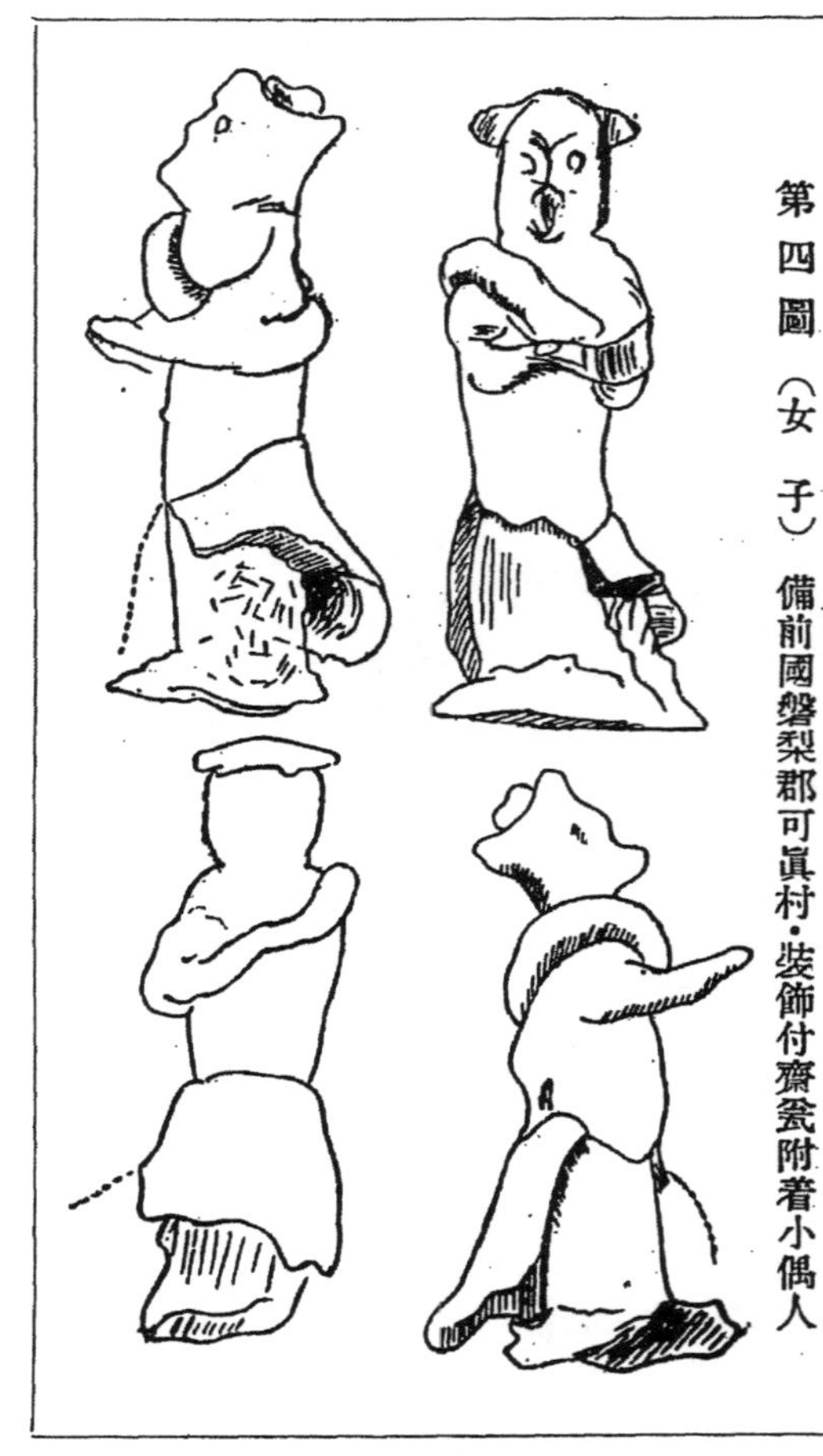

第四圖（女子）備前國磐梨郡可眞村・裝飾付齋瓮附着小偶人

第五圖（女子）天壽國曼荼羅（大和中宮寺藏）

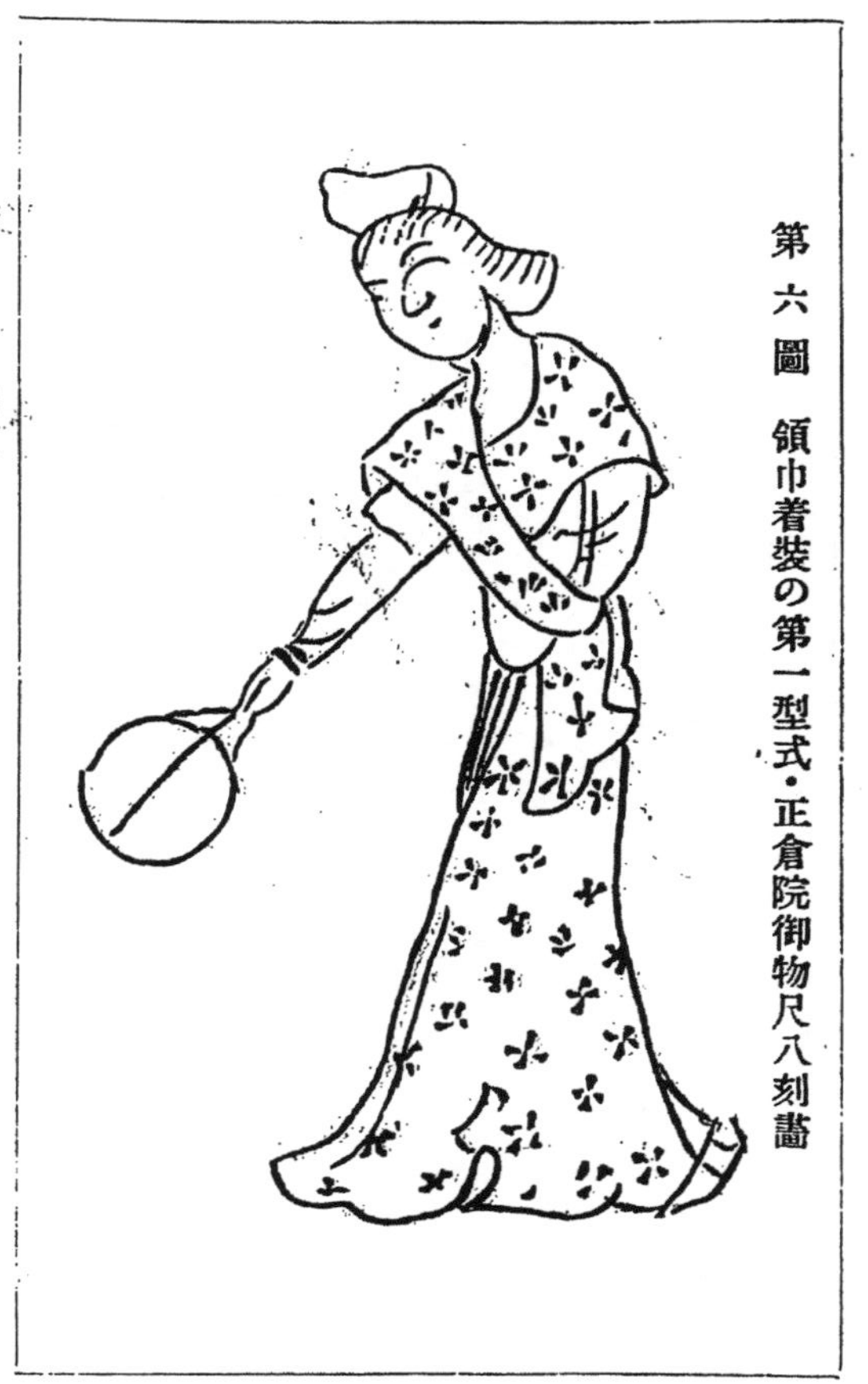

第六圖　領巾着裝の第一型式・正倉院御物尺八刻畫

第七圖　領巾着裝の第一型式・唐俑・家藏

第八圖　領巾着裝の第二型式・唐代繡佛中所見（千佛圖版三五）

第九圖　領巾着裝の第三型式

徽宗皇帝摹張萱搗練圖卷（波士敦美術館藏支那畫帖）

第一〇圖　領巾着裝の第七型式

唐周昉畫・聽琴圖卷・羅振玉氏藏（唐宋元明名畫大觀）

寄合咄

岩手縣和賀郡澤内村にて

明石貞吉様

朝、田澤湖畔を立つて、仙岩峠を越え、その日は雫石泊り。雫石はこの春來た時とは、全く風物が別に見えます。あの時の田圃はまだ一面の雪で、その中に肥塚（コエヅカ）だけが黒く三角形をして並んで居ました。あれから種子が播かれて、その稲がもう刈取られつゝあります。そうして稲を干す爲の例のホニョウが、肥塚に代るやうに幾つとなく立つて居ます。

今日七時半に宿を立つて、營林署の森林鐵道の御厄介になつて、澤内に入りました。晝少し前です。一行は角館から同行した武藤鐵城さん、雫石の田中喜多美・吉田茂八さんの二人と、私達一行を合せて都合七人、トロの上に赤毛布を敷いて、そこに腰を下し、まだ少し早い紅葉の山を運ばれて來ました。

澤内三千石の谷は、谷ではなくて野です。西の方秋田縣の境にある和賀・高下（コウゲ）の山々も、東の方柴波・稗貫郡に境する山々も、武藏野の平原につゞく、狹山あたりを思はせるものがあります。和賀岳の頂上は紅葉が恰度さかりでした。村には薄が至る處に穂並を見せて、その中を白い砂利道が開かれては居ますが、ポツリ〳〵丘を構へて立つた家とは、全く交渉のない氣がします。この薄の野からにじみ出た水が、北上川に落ちてゆくのです。

貝澤部落は一番の奥で、私達のコースから云ふと、最初の村なのです。この夏田中喜多美さんから伺つた時は、山伏峠・長橋峠などにつゞく、陰惨な村を想像しましたが、來て見ると明るくて、そうして山を登つて野の一部には入つた感があります。雫石の冷やりとする日陰谷から、日向丘へ出た氣がするのも、地勢が南が展けてゐるせいでせう。陸地測量部五万分一鶯宿（オーシク）の圖にある大木原・貝澤野は、トロの上で眺めて通りました。田圃には稗が作られてあります。それを今刈取つた處で、十把位づつ穂先を集めて、小さなニヨウにして居ます。上を雨を防ぐ爲でせう、蕎麥や蓬の束で、帽子でも被せたやうに覆つてあります。このボッチを被つたニヨウが、遠くから見ると案山子のやうです。そして又、それが田の畔や路傍に列を爲してゐる處は、藁人形の兵隊さんを思はせます。三河などではかうして、山の草を刈つて貯へておきます。草ニユウなどともいひますが、ツボキといふ名が通つてゐます。

稗が昔の生活の名殘に、ほんの申譯に作つてあるのと異つて、これはまだ重要な作物である事をめづらしく思ひました。粗末に刈取られた稲株否稗株が、田面に殘つてゐる處も、實は私は初めて見たのです。三河などの山村の、つひ四五十年前ではあるが、もう話以外には知ることの出來ぬ狀景を、あからさまに見せられてゐる氣がします。土地の主食物は米・麥・稗などと、小學校の鄉土史にはありましたが、矢張り稗が主食物なのでせう。農家の台所に立つて、食事の有樣など見たいやうに思ひましたが、氣後れがします。人樣を何かの標本扱ひにするやうで、どうしてもそれは出來ません。

この春貴方の御鄉里を訪うた時にも感じたことですが、東北地方の殊に山村の家々は、私などにはまだ全く見通しがつき兼ねます。解らない部面が多分過ぎるやうに思ひます。一體に大きな構への家には入つて、土間（ニハ）から台所（ホドコ）、寢所（ネマ）、座敷（オクエ）と、それ等の隅々迄が、どんな觀念で取扱はれてゐるかも、全く見當がつきません。佐々木喜善さんが、早くからそれを注意されて、ザシキワラシの話、オクナイサマ、オシラサマの話などに關聯して、諭へられたことが多かつたと思ひます。圖で表はしたら、單なる生活技術しか考へる余地はありませんが、そこには、私達の生活と一緒に、離れることの無かつたものがいくつとなくありました。それは家といふものを考へる上に、忘れてはならぬ大切な要素でありました。その他圍爐裏、火棚、流元（ハシリ）、土間（ニハ）にしても、單純に作業や團欒を目あてに考へてはならぬものがありました。厩につゞく奥の土間には、そこを中心に、コダシやハケゴやタワラやスグリマスなどの器具が置かれて一方には馬鈴薯とこの邊の所謂ハイモ（里芋）が壁につけて盛り上げてある。マゲ（天井）を覗くと、籾俵が吊されたり、スッペだのゴンベなどいふ藁沓から、譯のわからぬ棒切れや藁細工の品などが積んである。そのほかまだどんな物が藏つて置かれてあるか、想像すら叶ひません。

澤内の或農家には入つた時でした。掃き清められた土間の所々に、鼠なのでせう、小さな穴が幾つも開いて居る。フッと目をそらした瞬間、まんまるい瞳をした小さな獸が、その一つから顏を出してゐたやうにも思ひました。佐々木さんが、殊に澤山集められた鼠の淨土の昔話を思ひ出しました。その穴の下に、何かの世界を想像する童心を、當然として肯定せずには居られません。何でもない直徑一寸程の穴にも、旅の者などには、到底觸れる事の出來ぬものを見て居たので、そこからすべてが出發してゐる。

その體驗を、おしかぶせようなどの氣持は毛頭ない。只それがあるから、どうしても所謂客觀性になり切れない。私などが、鯱鉾立ちしたつて、及びもつかぬやうな尊といものを有つてゐながら、それをおしかくして、感覺の全く異つた、早く言へば粗雜な人達と步調を合せるべく、步いてゆかうとされたのが佐々木喜善さんその人であつたやうに思ひます。話が脇道に外れたやうですが、そうではないのです。實は昨日仙岩峠を踰えて來た路で、田中さんから佐々木さんの急逝を聞いた時から、ずつとあの人の事を思ひつゞけて來ました。そうして、あゝした素質を持つ人を、失なつた學界を淋しまずには居られません。

今夜は川舟の農家に泊めて貰ひます。そして明日は一圖に坂を降つて、湯本から川尻へ出たいと思ひます。

十月二日　**早川孝太郎**

貸家札と表札との謎に就て

ことし四月廿五日大阪今宮中學出身の中野昌彦といふ學生が、入學試驗の失敗を苦にして可哀想に、千日前歌舞伎六階小窓から七十五尺下の鋪道めがけて飛び死出の旅路へと急がれた事件がある。ところが同廿六日の大毎記事によると、本人は右ズボンのポケツトに貸家札を糸で縫ひつけてゐたさうで、同紙に「中野君が右ズボンポケツト裏に縫ひ込んでゐた貸家札は西區南堀江上一丁目鷄商藤彦こと藤井彥兵衞氏方が同家北隣の商店向二階建洋館に附けてゐたもので貸家札の迷信について郷土史家南木芳太郎氏は語る、標札、貸家札が受驗合格に効驗あらたかと迷信されはじめたのはいつごろからかわかりませんが二年ほど前も東京市内で頻々と標札、貸家札が盜まれ當局が捕へると犯人は意外にも受驗學生連で盜んだ札を全部學友連に分けてゐたといふ事件があつたほどで、この迷信の緣起は一度調べてみませう」と見えてゐる。私は敎育界には緣遠いので、近頃の學生氣風は皆目判らず、從て其心理を探究する機會はないから、此迷信の發生は新しいものとは知りながら的確に其由來はこうじやとの差押えは出來ないが、然し疾うから是は、こんなところに胚胎したものであるまいかと考へてゐる。

先づ其前に一寸語て置たいことは此貸家札の事である。一體いつ頃から是が貼出されるやうになつたものか知らぬが、私は此札によつて家主根生といふものがいつも克く讀めると思ふ。其記臆の新しいところでは、大正年間例の大景氣で住宅が不足を告げ出してからこのかた急に家主連の鼻柱が强くなり、反對に又其裏を行く惡辣な借り手も出來て、借家爭議の絕え間ない今日となつたけれど、以前は、どこもかしこも都會では、借家が、ごろ〳〵し、東京の如きは加資家などと緣起のよい字をかいて借り手のとびつくを待ち構へたやうなこともあり、羇旅漫錄を見ても「京にてかし家の札は必ず子供にかゝせて札を横に戶へはりつけおく、かくすれば、その家はやくふさがるといふ何ゆゑなることをしらず、かくのごとし」とあるが如く、なんとかして早く借手を見出さんと、子供の筆さきに其御利益(りやく)をもとめてゐたこともあり、取別け此貸家札が、右の羇旅漫錄には横に戸へはりつけおく

かしや

とあれど、今では普通定まつた型であるかの如く斜めばりとなつてゐて其謂れも訊して見ると、之も最初は

かしや

の如く右から斜めに左へ、後に

かしや

の如く左から右へと斜めに貼り替へると「入」といふ字形となるところから起つたものらしく、實にたはいもないことであるが、此貼り方が、どんなに弘く世間に普及してゐるかは、備前岡山などで、萬一貸家札が其常例を破て直角に貼られてゐると忽ち何者かに剝がれ取らる奇風が明治年間まで存してゐたことで想像出來るのである。これは、どういふ謂れか判らぬが此眞直ぐに貼られた貸家札を燒いて其灰をくへば疝氣がなほるといふ俗信が在つたためときくが、是を見ても貸家札の傾斜が如何に定型であるかの如く扱はれてゐるかが感づかると共に又家主連が如何に「入る」といふ緣起を擔で之に期待を矚してゐたかも看取せられ、その又由來を知らずに之を眞似する者が、どんなに多いかも同時に窺知せらるのである。

以上の家主心理……其表現せらる貸家札の貼り方から考へ、本題の學生が此貸家札を携げて受驗すれば成功すと思ひ付くに至つた動機を辿て見ると、よし各〻其目的とすることは異てゐるとしても、要は矢張、入るといふことを連想して、其物を magic としたところに一脈の相通ずるものが在ると私は想ふのである。實際世間には此他にも色々類似の物を想定して、同じ物は同じものを生み出すとの觀念から己が所願をかなふ道具に之をつかふ例はザラに在て、偶々貸家札の場合は其發明が新しいので異樣の感を人に與へてゐるけれど、其類例を語らば日本に限らず外國にも枚擧に遑ないほど此種習俗が見出さるのである。たとへば公孫樹から乳の如き汁が出るとて、乳の出ない婦人が乳の授かるやうにと此樹に願込めする風の諸國にあるが如く、肥前佐賀郡では子供の首あたりに出來る腫物(はれもの)をホーバレ又はハサミバコと呼ぶところから之が治癒の禁厭として、藁繩を竹にさしこんで肩にかつぎ、「お殿樣(とのさん)の合羽箱(かつぱばこ)(挾箱の事)かわりませう」と口に唱へて之を川に投じ後ふりむかず歸る風あるが如き、豐前では子供の乳齒がぬけると、上齒なら「鼠の齒とかへてくれ」といふて床の下に投げこみ、下齒なら屋根に投げ「雀の齒とかへてくれ」といふて置けば生え代る齒が丈夫になるといふが如き、……之は豐前に限らず諸國でも耳にするが、フレーザ氏のゴルデン、バウによれば外國にも此例多く鼠にやるといふて捨てるところも

あれば、ブリチッシュ、コロムビア、トンプソン、リーバー、インリアシの如きは犬のやうな强き齒を生ぜよとて、父親は子供の乳齒を鹿肉の中にいれて犬に與ふこと見え、尙ほ本書には此他に "Like causes like." "Like cures like." "Like likes like." の類ひ所謂、Sympathetic magic の諸例を、かなり澤山揭げてゐる。カールヴェス、リード氏著、マン、アンド、ヒズ、シユーパスチイオンといふ書には Sympathetic magic といふ觀念聯合の法則（Laws of the association of ideas）から自然に起ると一般に考へられてゐるけれど是だけでは十分でない。Sympathetic といふ形容辭では間接魔力（Indirect magic）の總べてに、あてはまるから、此間接魔力を Sympathetic と Exemplary との二つに別けべきものであるとて、後者の似た物で代役（Substitution of similar）さする例として、濠洲で雨乞式に羽毛を空中に飛ばすは羽毛を雲と見るからじやと、其他マンダンの狩獵式に水牛の皮を着けて水牛の役を演ずる話など揭げてゐる。ラオール、アリーエル氏著、ザー、マインド、オブ、ザー、サヴエージ、といふ書には觀念聯合（associations of ideas）と多くの人類學者は看做してゐるけれど、自分は之を情緒聯合（associations of emotions）であると考へるなどと論じてゐるが、要するに人間といふものは、どこの國でも、又どんなに世はひらけても、己の爲になることなら、碌でもないものと人が嗤ふと、どうしやうと平氣で其加護に賴らうとする氣分はぬけないもので、それからそれへと色々の magic を産出して止まないものである。

されば貸家札と同樣表札にしたとて受驗生が之を携帶する風を生じたのは矢張、門に入ることと學校に入るといふことの所謂觀念聯合から起つたものであるまい歟と思ふ。

三養雜記に『門ふみ、莵波集に

門ぶみやあるかひもなくまよふらん　源義長

身を捨人にもとの名もなし　崇世法師

この連歌が門ぶみとあるは今の名札のことなり。かゝれば、門に表札をいだして尋ぬる人のしれやすきやうにすることも、ふるきならはしと見えたり』とあれば、門札も古るくよりあることは判るが、後世之が、こんな御利益に用ひらるとは誰れも夢想にも及ばなかつたことであらう。話は異（ちが）ふが、私は一昨年二月一日、京都市內の大將軍八神社にまゐり、神社御改築のときの餘材で、つくられた表札をいただいたことがある。大將軍社は天帝所管の將で鬼神を領し、四方を鎭護すと申すから、こういふお宮から表札を授與することは洵に意義あることで、必ずや世間に珍重せらることであらう、こうなつてくると、尋ぬる人の便利の爲に揭出するに過ぎなかつた一片の木札にも無頓着ならざる人の

心くばりが窺はれて無關心に見遁がすことは出來ない氣がするのである。（昭和八年九月十六日稿）（宮武省三）

田下駄のこと

霞浦邊、くはしくいへば、土浦町の南西方に當る丘陵地の中にある谷では、稻苅りの時にナバといふ下駄をはいて水田に入り、水中に足が沒せざるのと稻の切株に跣足をいためざるによりて之を用ひるといふ。現物をみないからよく分らぬが、話を綜合してみるに、幅の廣い板の眞中に藁緒をすげたものらしい。（昭和八年十月四日茨城縣新治郡九重村岡野ちょ子氏談）宮本勢助氏の『民間服飾誌履物編』一八七、一九一、一九九頁に百姓傳記五、物類稱呼卷四、滋賀縣方言集より所引せる引用文の中になんば、なんば、ナンバの語あり、なんばはかんじきの同義語にして、深田に履く下駄、次のなんばはかんじきかじきの畿內方言、ナンバは泥田を步行する桶である。とある。これでナバの語が孤立した言葉でないことを知つた。

この水田にはく下駄は中仙道、厩、大宮邊に於ても盛に使用されると聞いたが、まだ行つて見ないから、實物も名も知らない。千葉縣の香取神宮の一ノ鳥居のある、利根川べりの香取郡津宮村でも、以前は稻苅りにかういふ下駄をはいたといふが、話によると今は使はず、裸足のまゝで田にはいるといふ。實物が殘つてゐたら、送つてもらいたいと思つて話者に賴んで置いてあるから、その中にこの方はもつとはつきり分つてくる筈である。某日友人北村泰助君が伊豆の天城山から下田の方を步かれて伊豆を巡られた時に、伊東へ出る道で、稻苅りに田下駄を使用してゐるのをみたが、名はきかなかつたといふ。かうした田下駄、オホアシの類の使用されてゐるもの、せめて關東地方だけでも知りたいとしきりに考へてゐる。（昭和八年十月二十日）（村上清文）（一〇五頁へつゞく）

資料・報告

南佐久の「とづかり」其の他

箱山貴太郎

長野縣南佐久郡から秩父地方に抜けて群馬に出る道を歩きました。峠から峠へと幾つもの峠を抜けて行つたのであります。詳しく調査するとよかつたのですが何分にも急しい旅であり淋しい一人歩きでありましたので一つところでゆつくりと調べてゐることも出來ませんでした。本當に眼についたところだけをきゝまして書いて見ました。私の報告にのつてゐる村は皆極く山中と言はれてゐるところで村の入口と出口には必ず注連が張つてありました。家は石をのせた板か樹皮をもつて葺いた屋根で夏である爲めか壁などはぬつたあともない樣な家ばかりのところでした。全く冬になつたらどうするだらうと思はれる樣なところが多う御座ゐました。又そのうち都合が出來ましたら行つてゆつくり調査したいと思つてゐます。兎に角見て來たまゝを忘れないうちに報告しておきます。

すかり　經二糎位の縄にて十糎に三糎位の目に編みて筵の如く作りたるもの、一米（高さ）五十糎（橫）位の大きさなり。主として馬鈴薯を入れて運ぶに用ゐてゐたり。馬につけて肥料を入れるにも使ふとの事なり。

（採集地　南佐久郡南牧村稲子・同川上村、原）

さで　篠竹などをまげて箕の如く作りたるもの。きまつた大きさの目ではないが大體すかりと同じ位の大きさなり。よく河原などで土方が砂利を入れて使ふに用ふる如きものなり、ごみなどを取るに用ふる。

（採集地　南佐久郡南牧村稲子）

けつてー　けでー　蓑なり、附近の濕地に生えてゐるすげ（莎草科鬼ナルコスゲの類か）と言ふ植物を取つて來て乾してたゝいて作つたもの、作り方も普通のみのと少し違

南佐久の「とづかり」其の他（箱山）

ふなり。（採集地　南佐久郡南牧村稻子）

こもあし　こもを編むに用ふる木　經五糎長さ二十五糎位の丸き木に繩をまいて俵や葦の簾やこもを編むのである。（採集地　南佐久郡南牧村稻子）

トヅカリ　圖の如くわらにて編みたるもの口經十糎長さ三十糎位砥石を入れて歩くもの。（採集地　南佐久郡南牧村稻子）

第一圖

第二圖

繩にて編みて作る、大きさは、右と同じ位。（採集地　群馬縣北甘樂郡尾澤村星尾）

カルコ　びくとも言ふ、馬の鞍の上に二つの桝のある二寸角位の木で作つたわくをのせ、その桝に前のすかりの如きものの底のないものをつけて使ふ時は底を繩にて結ひ肥（堆肥）などを入れて運び目的地に達すると底の結び目を解くと下に落ちる様に出來たもの。（採集地　南佐久郡川上村大深山）

クツゴ　馬が仕事をするとき途中草などを食つてゐると仕事が出來ぬから食へぬ様に口にはめるもの。繩で編んだものもあり又竹でざるの如く編んだものなどがある。馬の口に丁度はまる位に出來てゐる。（南佐久郡川上村大深山）

しよいづかり　藁のみごで細い繩をなひ四十糎に二十五糎位の大きさの袋を作る。目は二糎に四糎位で底の兩端から上部の口のところに繩で四糎位の巾に編んだ背負ひ紐をつけて辨當などを入れる様に作りたるもの。主として山に行く者のリックサックの如きものなり。（採集地　南佐久郡川上村居倉同梓山群馬縣北甘樂郡尾澤村星尾秩父山中にても見かけたり）

ニンボウ　しよいこに荷をつけて背負ふとき休むときに圖の如き太さ經六糎位の棒を持つてゐて臺として休む、勿論立つたまゝこの棒を言ふ。（採集地　武州三峯附近同三田川村附近）

第三圖

ダボウ　先のニンボウのことなり。（採集地　群馬縣北甘樂郡磐戸村檜澤・同尾澤村星尾）

ツケコシゴ　經二十五糎位の高さ二十糎位の圓筒形の底丸の籠にて二ケ所に紐をつけて肩に懸けられる様にしたるものなり。桑を取りに持つて行くものなり。（採集地　武州秩父郡三田川村三山）

ザル　ツケコシゴと同じもの。（採集地　群馬縣北甘樂郡尾澤村星尾）

トボウジメ

第四圖

圖の如き藁で作つた注連を家の入口のところに下げ正月が終つても取らずに毎年新らしいのを下げる。古い家程澤山になる。古くなつて腐つて落ちると川に流すか又は鎮守様へおさめる。かま神様と大神宮様の注連も取らずに毎年古いのがある上に飾つて行く。松はとつておいて毎日の焚きつけにする。十三日（正月）には竹を二つに割つてその先にだんごを挿しこれを粟棒と言ふ。（採集地　埼玉縣秩父郡三田川村坂本・群馬縣北甘樂郡磐戸村）

ショイタ　背負子のことなり。（埼玉縣秩父郡大瀧村廐生）

セイコ　同前。（埼玉縣秩父郡三田川村坂本）

ショイコ　同前。（群馬縣北甘樂郡尾澤村星尾）

チンヂボヤ　枝の澤山ある木の枝（これは奥山にあると）を箒にしたり竹の先につけて蜂の巣を取るに用ふ。

お堂の前に立てかけてありたり。

第五圖　（採集地　群馬縣北甘樂郡尾澤村星尾）

ショイツカゴ　竹の身（皮部を取つたるところ）だけで作つたもの　大きさは經五十糎位で高さ七八十糎位のもの　南佐久の「とづかり」其の他（箱山）これに背負ふにいゝ様に肩にかける紐が二本ついてゐる。この背負ふ仕かけになつてゐないものをめくらつかごと言ふ桑を取つて入れて來るのである。（群馬縣北甘樂郡尾澤村星尾）

ノロス　七夕の時竹に色紙の短冊の外に色紙を細く切つて長くつないで竹の先に吊すこれをノロスと言ひ六日の夕刻飾り八日の朝下げるとき子供がもらひに來る。七夕の朝は午前十時前は前栽畑に入つてはいけぬと言ふ。それは棚機様がこゝに下りられて樂しまれるからだと言ふ。七夕の笹は虫よけにする。非常に奇妙に効能があるものでこれを持つて行つて畑にさすと油虫などたちまちゐなくなると。（採集地　埼玉縣秩父郡三田川村三山）

蠶の休みの名稱

一眠　ヒジ休み
二眠　タケ休み
三眠　フナ休み
四眠　ニハ休み

（採集地　群馬縣北甘樂郡尾澤村砥澤）

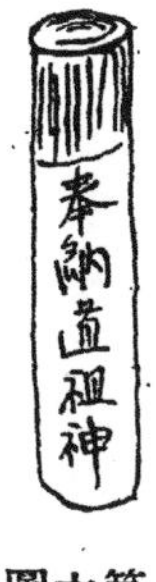

第六圖

ぬりでの木の經十糎長さ五十糎位の頭部に皮を殘して下部に圖の如く書いたもの三四十本有り

南佐久の「とづかり」其の他（箱山）

たり。村人が各々正月十四日にあげるなりと。
（採集地　群馬縣多野郡間物(マモノ)・群馬縣多野郡乙母(オトモ)）

もう少し細くて一米位のものにて藤づるなどまきしため螺旋狀の型歴然たるものなどもありたり。
（採集地　群馬縣多野郡住居附(スモウヅク)）

正月様(ショウガッツァマ)又ぬりでの木の經二糎長さ十五糎位のものを澤山あげておくところあり。村人これを正月様と呼ぶ。
（採集地　群馬縣北甘樂郡尾澤村星尾）

山アテの事

山口貞夫

櫻田勝徳氏が五巻六號に書かれたアテの事は大變面白く拜見しました。これには必ずや土地土地によつて名稱の相違あるべきは勿論、その方法にも面白い呼方があらうと思ひます。こゝには佐渡の外海府、日本海の海府それに志摩半島で行はれてゐる山アテに就いて簡單乍ら御知らせします。順序として佐渡から申しますが、此は外海府姫津出身の漁師に聽いたのでした。此地ではアテと云ふ言葉は知らぬ樣で山見と申して居ます。

先づ大佐渡で目標になるのは云ふまでもなく金北山です。勿論位置決定には二つ三つの視線によるのですが、岬の鼻が兩方から來て丁度重なつた時を「一杯一杯」と呼びます。櫻田氏のサシアヒに當るのでせう。之が少し喰合つて見える場合を「クヒアヒ」、反對に鼻と鼻とが引つきさうになつて居て而も僅かの隙のあるのをホソドと申します。之は櫻田氏のケヌキアワセでせう。又此邊には小さい島が多いですが、岬と島の關係も上と同じです。二つの島があつて小さい方が大きいもののかげになつた時は「眞一枚(マイ)」と云ひます。之が逆に小さい島が大きい島の前にある場合は其の關係位置に應じて、後の島が例へば鉾島なら「ホコ中」とか「ホコ三一」とか云ふ風に表現します。即ち前者は眞中にある場合、後者は三と一の割合の位置にある場合です。

日本海の海府とは羽越の國境に跨る葡萄山脈の南方海岸部を指します。此附近の山見に就いては岩船の漁師から聞きました。此邊は御承知の様に可成り單調な海岸線で、島と云へば粟島と飛島があるだけです。主な目標は三面の南に當る鷹巣山(九一一米)が普通使はれますが、鳥海山も勿論見えれば良い目標になります。例へば鷹巣山の前に中山と云ふ山が重なつて見える場合は「鷹巣が中山にモタレタ」と言ひます。又或場處まで進んで丸山と云ふ山が見え始めたとしたら之を「丸山ダス」と申しますが、其の正面に當る時は「丸山モオリ」であります。又海上に遠く出て鳥海山と例へば粟島がケヌキアワセになつて見えるとすれば之を「鳥海ロスヒ」と云ふさうです。少々喰合つてゐてもロスヒで包括するらしいです。こうして海上に「鯖コのワギ」でも見付ければ其の位置は二三の山見によつて決せられる筈です。其の積りで聞出せばもつと詳しい材料が得られたかも知れませんが今はこれしか解りません。

志摩半島の鳥羽附近の海で聞いた所によりますと、此邊りでは山アテを約めてヤマテと申して居ます。ヤマテを行つて位置を定めるのを山をツメルと云ひます。それには始めに大きな目標でツメテ段々細いもので狹く決めてゆくのです。此の附近では朝熊(アサマ)山、伊良湖の大山等良い目じるしでありますが、大臺ヶ原山なども良く見えます。

山アテの事(山口)

ヤマテには勿論山の重なつたり合つたりするのを使ふのです。漁師夫々自分で心覺えの山や島に名前を付けてゐる相です。喰ひ合せと云ふ語は岬と岬、島と山などが少し重なつた場合を廣く包含して居ます。二つの山が重なる事はマモルとも單に重るとも云ひ、離れる事をロアクと云ひます。そして島と島の間を拔けて行くのはアヒドウシです。又島と島とが重なつて居れば、何島が何島の內にある、反對にはづれてゐれば、外にあると申します。

波アテと云ふ語は無い様ですが實際には之も可成り使つてゐるのでせう。例へば南イナサ(南々東)の風で送られる波はイナギと云ひますが、此が鳥羽灣へ這入ると段々西の方へ向きが變ります。又シマ(岩)やオレジマ(暗礁)があれば、其のシホカゲ(潮影)には潮が弱くなるか又は逆流する所が出來ます。これなど夜位置を知るには格好の目安となるさうです。(八・九・卅一)(參照、櫻田勝德氏「アテといふ事」民俗學、五卷、六號)

スカリ　早川孝太郎氏が今春新潟縣中頸城郡桑取村大淵から採集してこられた雪中步行用の大形の輪カンジキ(アチック・ミユウゼアム收藏)にスカリといふのがある。輪につけてある五寸四方位の網目の網地から來た名稱でないかといふ疑念が箝由貴太郎さんの『南佐久の「とづかり」其の他』のスカリ・トヅカリ・ショイヅカリの項を讀んで强められた。(村上)

岩手縣澤内村所見のセアテ

村上清文

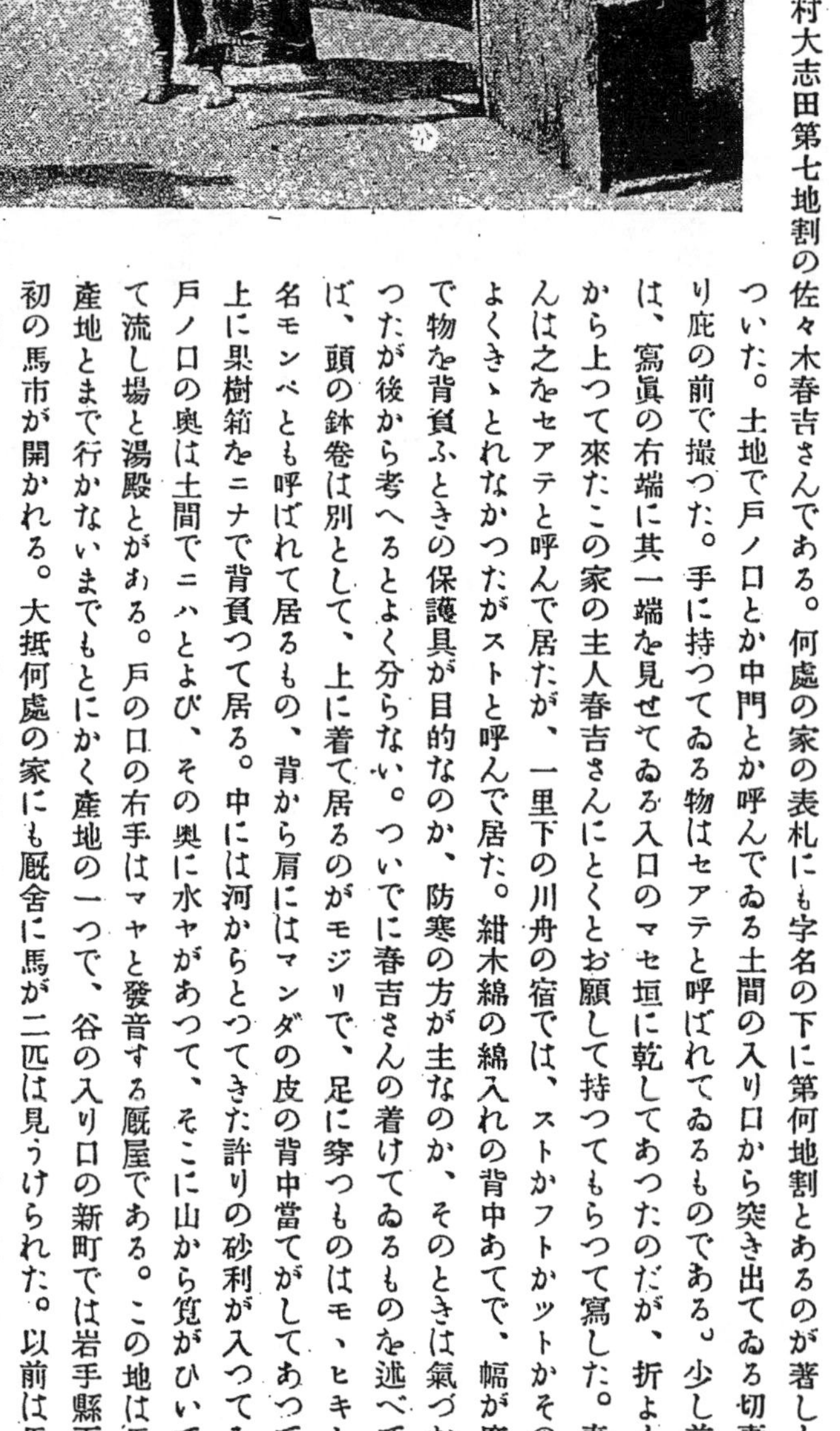

寫眞の人は岩手縣和賀郡澤内村大志田第七地割の佐々木春吉さんである。何處の家の表札にも字名の下に第何地割とあるのが著しく眼についた。土地で戸ノ口とか中門とか呼んでゐる土間の入り口から突き出てゐる切妻の張り庇の前で撮つた。手に持つてゐる物はセアテと呼ばれてゐるものである。少し前までは、寫眞の右端に其一端を見せてゐる入口のマセ垣に乾してあつたのだが、折よく河原から上つて來たこの家の主人春吉さんにとくとお願して持つてもらつて寫した。春吉さんは之をセアテと呼んで居たが、一里下の川舟の宿では、ストかフトかツトかその邊はよくきゝとれなかつたがストと呼んで居た。紺木綿の綿入れの背中あてで、幅が廣いので物を背負ふときの保護具が目的なのか、防寒の方が主なのか、そのときは氣づかなかつたが後から考へるとよく分らない。ついでに春吉さんの着けてゐるものを述べて置けば、頭の鉢卷は別として、上に着て居るのがモジリで、足に穿つものはモ、ヒキとも一名モンペとも呼ばれて居るもの、背から肩にはマンダの皮の背中當てがしてあつて、其上に果樹箱をニナで背負つて居る。中には河からとつてきた許りの砂利が入つてゐる。戸ノ口の奥は土間でニハとよび、その奥に水ヤがあつて、そこに山から筧がひいてあつて流し場と湯殿とがある。戸の口の右手はマヤと發音する廐屋である。この地は馬の名産地とまで行かないまでもとにかく産地の一つで、谷の入り口の新町では岩手縣下で最初の馬市が開かれる。大抵何處の家にも廐舍に馬が二匹は見うけられた。以前は馬も放し飼ひにしてあつたさうだが、今放牧は牛だけである。寫眞の右に轉つて居る箱はフネで秣桶の二番手になつたものである、何處の家にもきつところがつてゐるのでこんなものでも旅の印象には強くのこつて居る。　方言の中で特に斷つておかなかつたものは川舟の佐藤嘉市氏より採集せしものと我々の爲めに高橋藤市氏が編んだ『川舟方言訛語集』とによつた。（昭和八年十月二日自影）

三浦三崎の「でつと」其の他

太刀川總司郎

一　三浦三崎の「でつと」

神奈川縣三崎町の海南神社の年の市は、十一月の申の日と酉の日とに定まつてゐるが、其の直ぐ前の未の日に、「でつと」の神樂といふのがある。此の日には氏子の家で、親をなくした人があれば、其の人は此の神樂がはじまる前から終るまで、自分の家に居てはならぬ事になつてゐる。「でつと」のお神樂が初まりますよ　と觸れてくる頃には、大抵當該の人々は親戚などから迎へに來られて、そちらへ行つてしまつてゐる。此の人々を迎へた家では茶菓など出して四方山話しをして時を過させる。而して神樂の終るのを待つて家に歸す。此の家を出てゐなければならない人を「でつと」と呼んでゐる。三浦古尋錄といふ物があるが之は文化九年に浦賀の加藤山壽といふ人の書いたもので、風土記やうのものである。これに矢張り此の「でつと」のことが載せてある。曰く「神事每年十一月酉の日此神の氏子の習とて出居外と云事有、是は民家忌服あれば神事の日一日我家を出外の家に居る是を出居外と云て古來よりの仕來りと云」と、現在の風といくらか違つてはゐるが古い風習らしい。色々と調べてはゐるが、まだ由來など分りさうにもない。

二　雨崎の井戸

南下浦村字松輪小字池田といふ所にもと大きな堰があつた。此のあたりが地圖には雨崎と出てゐる。此の堰を埋めて作つた田が池田といふので、堰の殘つた部分がまだあるが、そこが井戸になつてゐる。凶作の時や、日でり續きの折には、池田の人が此の雨崎の井戸に祈つて中を掻き廻すと、必ず三日でも四日でも雨が降るといふ。この雨崎と房州との間には大蛇が年に何回とか往來するのであるといふが、就中五月雨の頃になると「淺間樣がお通りになるお邪魔になるから、雨崎には行くな」と云つて親たちは子供等をいましめるが、行つた者は毒氣にあたつて熱病に罹るそうだ。麥の穗が出初める時分かと思ふが、山や畑をつらぬいて、小さな松や其の他の草木が、薙ぎ倒されて、道がついたやうになる。何か大きなものが、地をひきずられた樣な工合だといふ。これを淺間樣のお通りの跡だと云つてゐる。

三　劔明神

東京灣口を扼する有名な劔崎が、この松輪の村にあるのだが、こゝの劔明神は名だけが新風土記に出てゐる。今は、例の合祀のために、村の中央の八ツ堀といふ所の山王社に他の社と共に祭られてゐるが、元の處が矢張り尊敬されて、社もそのまゝになつてゐる。此處は海岸洞窟で、入口に拜殿があり、奥深い穴の天井からは絕えず水が滴り落ちてゐる。下には徑五寸位までの丸石を敷きつめてあつて、奥には小さい祠がある。これが元の本殿である。土地の人々の信仰は中々厚いもので金刀比羅樣か劔樣かと云はれる程である。沖を通る帆船も、此の前では一時船足が止るといふので、通行の船は、ゴサンゴと云つて必ず白米を海に投げ神に獻じてゆく。此のゴサンゴといふ語は三浦半島のあちこちで使はれてゐるのであるが、柳田先生の山村語彙にもサンゴバラといふ項に、サンゴは散供で供物のことかも知れぬ、とある。こちらでも正に其の意味に使用されてゐる。

劔明神の前にも大きな池があつて、滿潮の時には海につゞく。水が青くよどんでゐるから、底知れずだと云はれてゐる。此の池に、もとは鯛が澤山ゐて、房州の鯛の浦の樣であつたと云ふが、今は一尾もゐない。此の池の魚をとると必ず病にかゝると云ひ傳へてゐるのに、房州の漁夫が或時網を入れて澤山の魚をとつて行つたが、間もなくひどい熱病にかゝり一週間ほどして死んでしまつたさうだ。

四　木を伐つた祟り

久里濱村岩戸に、岩戸明神といふがあつて其の傍に巴御前の墓と稱するものがある。其の墓のうしろに、二抱へもある大木があつたのを、さき山が伐つたのだが、伐り終ると大きな音をして其の木が前の小川に逆立ちになつて落ちた。落ちると枝の彈力か何か分らぬが逆さのまゝポンポンと二三囘とび上つたがアレアレといふ間に、どーんと倒れて、伐つた先山を押しつぶしてしまつたといふ話だ。

同じ村に佐原と云ふ所がある。三浦大介の腹切り松だの、馬繫ぎ松だのがある。馬繫ぎ松は山の上にあつて、腹切り松は道路に近い田圃の中にある。この松のあたりにも大木があつたが、これを伐り倒すのに先山が一人、朝から晩までかゝつて茶も呑まず煙草も吸はず仕事を續けたが、日暮れになつて漸く伐り倒すと、すぐさま近所の家を一軒ごとに廻つてあるいて、「お蔭様で、やつと伐れました」と云ひ云ひした。そうしてすつかり一巡してしまふと、其儘呼吸をきつて死んでしまつたと云ふことである。此の二つの話は共に其の大木が何の木であつたかを明かにしない。

五　大黑屋の猫

昔、西浦賀に大黑屋と云ふ船宿があつた。こゝを定宿としてゐた一人の船頭は、南瓜が大好きで、食事にこれが出ないと機嫌が惡かつた。或時、此の宿での夕飯の時、一疋の猫が室へ入つて來た。船頭は南瓜とは反對に猫は大きらひであつたから、いきなりなぐりつけて追ひ拂つた。所が猫は恐ろしく凄い眼付をして船頭をにらみつけたので、さすがの男もゾツとしたといふ。翌日のこと、船へ歸らうとして傳馬を漕がしゐながら、ふと振りむくと、ゆうべの猫が泳いでついてくる。氣味の惡いのと恐いのとで、夢中になつた船頭はありあふ竿で滅多うちに打ち殺しあとをも見ずに船へ逃げた。

その翌る年、又船が此の港へ着いて、例の宿へ泊つたのが矢張り南瓜の出盛る頃だつたので、夕飯の膳にはチヤンとそれがつけてあつた。喜んで食べやうとしたが、何だか氣分が變である。どうも食べたくない。自分ながら怪しく思つて、宿の主人を呼んで此の南瓜の出所をたづねると、こゝの家の庭へ自然と出來たのだと云ふ。二人でそこへ行つて根を掘つて見ると、猫の骨の眼窩から生えてゐたので、船頭は驚いて主人を詰ると、今になつて思ひ出したが去年の今頃うちの猫が行方知れずになつたので若い者たちに探させたが、皆目知れず、日を經て海岸に死骸が漂ひ寄つたから、ふびんに思つて、どこへでも埋めてやれと家人に始末させたが、こゝとは知らずにゐたといふ話。恐ろしい執念に船頭は失神するほどであつたといふが、其の後の事はどうなつたか知れない。

六　女房の執念

同じ西浦賀の遊女屋へ、壽司を入れてゐる職人があつたが、一人の遊女に夢中になつていく度となく家をあける。女房が苦勞して其の遊女に「亭主を遊ばせて呉れるな」と賴んでも、「こちらは商賣だから」とて受けつけぬ。男は益々深入りするばかり、女房は到頭恨んで自殺する。するとそれからは、此の遊女が寢てゐる部屋の障子に髮の毛をサラサラとあてるものがある、それが每夜のやうに續くので、彼の男も氣味が惡くなり、遂に發心して諸國札所巡りに出かけた。けれども旅宿につくと必ず「お二人樣」と呼ばれる「一人」だと云つても御婦人がおつれ樣でと云はれる。つひに堪えきれず橫須賀へ來て米ヶ濱の龍本寺に入つて、こゝで一生を終つたと云ふことだが、勿論姓も名も傳はらぬ。

七　龍燈木

浦賀町大津の、眞宗、信誠寺と云ふ寺に碑が一基あり、龍燈木古跡とある。昔この寺が一時ひどく微錄した頃、今の碑のあたりに一大樹があつて、每夜この木の上の方に火がともつた。濱の方では人々が、海から龍が上つて獻ずるのだと云ひはやしたが、それから此の木を龍燈木といふのだとのこと。南方先生の隨筆の中の御論考も思ひ出されて可笑しいことである。此の寺は又蓮如上人が中興したと云つてゐる。上人は此の寺の八世に當るがある時、寺寶をいだいて西の山腹の矢倉へ入つたまゝ出て來なくなつた。慧燈大師と云ふのは此の方だ、と云ふ。蓮如上人は正に慧燈大師であるが入定されたのは山城宇治のほとり、山科とか聞いてゐる。話は面白くもつれるもので、この矢倉は猿島の洞穴につゞいてゐるとか、江の島へつゞいてゐるとか、犬を追ひ込んだら江の島の龍窟へ出たとか云つて居て、こゝへどこかの坊さんが寶物をもつて入つたまゝ出て來なくなつたとも云つてゐるが、現今は埋つてしまつて分らなくなつた。

八、蹄の跡

浦賀町の大津と伊勢町との間、今陸軍の重砲兵學校のあるあたりは馬堀（マブリ）といふ。こゝに馬頭觀音があつて咳を治する効驗あらたかだと近在に名高い。前回に報告した浦賀のシャゴ神様と同じやうに、こゝの奉納手拭をさいて頸に卷いてまじないとし、癒つたら新らしい手拭を奉納するのである。馬堀と書いて、マブリと讀むことから山村語彙のまぶると云ふのを思ひ出すが、こゝにはもと、十年程前まで特殊部落と云はれた人たちが居つたり、馬の傳說があつたりするので、何か馬に緣があつたのかと想像をたくましうさせる。

土地の人々も知つてはゐるが、例の三浦古尋錄の記載をそのまゝ書くと次の樣である。

「元曆の頃上總の國より荒馬海上を泳ぎ渡り小原臺に籠る。里民、美女鹿毛と名つく。此馬小原臺の林を食ひ坂の中程に駿足もて岩を穿つ。故に馬堀と呼びし由、宇治川の先陣に名高き佐々木高綱の乘馬は此馬なり」

九　大　蛸

北下浦村字長澤（ナガソ）は、大正大地震で出來た大斷層で有名であるが、こゝに七桶の里といふいはれ話がある。此の村の漁夫が、昔磯へ出て大きな章魚を見つけ之を取らうとした所があまり大きくて力が强くて磯に吸ひついてゐて離れないから、足一本だけ切り取つて桶に入れたら一ぱいになるほど大きかつた。翌日磯へ行くと、まだ昨日の蛸が居るので、又足一本だけ切つて歸つた。かうして每日一本づゝ足をとつて七日を經たが、八日目に最後の足を切らうとして近づくと、蛸は突然その一本しか殘らぬ足で漁夫をとらへて、海の中へ引きずり込んだ。七桶の蛸の足で命を失つたから、この里を七桶の里といふのださうだが何となく無理があるやうな話だと思ふ。

十　天狗のとまり木

浦賀町新井の叶明神社の山頂に松の大木があるが、上の方はどうしても葉が出ずに、折れたばかりの樣に見えるので、之を天狗樣のとまる所と云ひ傳へてゐる。山の上へ登る石段も、幾度修繕しても崩れるので、これも天狗樣があるかれるからだと云ふ。房州の漁夫が（失敗談はこちらでは皆房州の人にするやうだ）土地の人のとめるのを聞かずに、夕方この山へ上つて天狗かくしに逢つたとも云ふし、又は、神様は御稚兒の風をして居られるといふ。緋の袴を着けた神様は、たそがれ時に境内を遊歩される。だからその頃この山へ上るのは、もつたいないのだ。漁夫が知らずに夕方唯一人で上つたら、この緋の袴のお姿を見た。それから熱を出して間もなく死んでしまつたとも云ふ。同じ浦賀の久比里に、天狗の毛拔場といふ所があると聞いたが、私はまだそこへいつて見ない。

十一　矢切の峯

久比里から内川を越えると久里濱村であるが、この村の字久村（クムラ）に、日蓮宗の等覺寺といふ寺がある。此の寺の裏の山を矢切の峯と云つて、一の澤の開山（私は知らない）、禪譽上人の住んだ念德寺の舊庵だとの事である。其の上人が住んでゐる頃、近邊に浪人者が徘徊して、弓で鳥を射て步いた。或日一羽の雌鴨が、鴨の首をくわえて本堂の前にうづくまつてゐたのを上人が見つけて、是は前の日浪人が射た雄の首である。雌が悲しんでゐる樣子だから之に佛果を授けてやると云はれて祈念すると、鴨は首を地に置いてうなだれてゐたが、讀經が終ると何處ともなく飛去つたといふ。其の日浪人が又弓矢をもつて寺內へ來たので、寺中の者が此の事を話すと、浪人も菩提心を發して忽ち弓の弦を拂ひ矢を切り捨て上人の弟子となり、名を上弓坊と改めたさうで、此の山を矢切の峯といふとか。

十二　石渡家の話に就て

五月號に載せていたゞいた石渡家の話に就て同家の當主の兄である澁谷幸夫君から、あの話は違つてゐると一本やられたので、以下同君から直接聞かされたのを、も一度書いて見る。同君は橫須賀市の青年團長で、常に私の仕事を授けてくれてゐる人である。前に書いたのは、山崎小學校の訓導をしてゐる島崎君といふ澁谷君の親友からきいたので、其まゝ疑はずに書いたのであつたが、よい失敗の經驗にもなり、話といふものゝ移りかわる樣子の一つの參考にもなつたと、まけ惜しみをのべて置きます。

扨、澁谷君の話によると、違つてゐる所は第一に文右衛門氏は當主から七代前だといふこと。其の次に無劔山の鐘は撞かなかつたのだといふのである。文右衞門氏は恐ろしい蛭の様を見てすつかり震え上つて歸宅した。すると、婆さんといふのが頗る氣の强い人で、何故撞いて來ないか、意氣地なしがと云ふ調子で、ひどく怒鳴りちらしたあげく、撞き方を知らねば敎へてやるとばかりに、爐にかゝつてゐた藥罐をとり上げ片手にもつた火箸でうんと突いたら、火箸が藥罐に突き通つた。

これから後どういふものか、することなす事一々幸先よく、家は益々繁昌して遂には三百石の大名主となつた。何でも金貸しらしい事をしたやうだと澁谷君は云ふ。此の大名主眼が大きいのと非常に意地悪なのとで、眼光り文右衞門と呼ばれて近郷の百姓等を恐れさしたといふ。所で文右衞門は年老ひてからどうしたことか食膳に向ふと飯が蛭に見えて到底箸をとれぬ。とうとう何も食へなくなつて餓死のやうに死んだのださうだ。

葬式の日、朝は拭ふた様な日本晴だつたが追々と雲行きが悪くなつて、遂には强い雨風となり雷鳴さへも激しくなつて來た。いよいよ出棺といふ時に突然門口に落雷して棺も何も何處かへとんでしまつた。門前に程近い臺の坂といふ所から金谷の大明寺まで凡そ一里の道を、葬列のために薄縁(うすべり)を敷きつめたといふ程の大した葬式が、とう〳〵棺も佛もなしで行はれた。いくら探しても見つからなかつたのであるといふ。列がすつかり出てしまつたあとで、天氣はからりと晴れたが、其の時になつて、門口に血にまみれた片腕が落ちてゐたのを漸く見つけた。今、こゝに腕塚といふのが建つてゐるが、これが其の腕を埋めた處だと云つてゐる。この塚には二基の石碑があつて双方とも享保二年と彫つてある。現在も石渡家の所有地である。と云ふ事である。

十三　身代りの名號

三崎町の字に宮川と云ふ處がある。こゝの話。昔この村に信心深い妻女があつて一向宗を厚く信じたが亭主はまるで佛のことなどは顧みなかつた。妻女は薪部屋に、歸命盡十方無量光如來と書いた軸をかけ、毎夜一人でこれを拜し名號を唱へてゐた。然るに亭主は、自分の女房が人目を忍んで毎夜薪部屋へ通ふのを疑ひ、或夜そつと伺へば、何やら人聲がするので、果してそうだと山刀をもつて來て無二無三に刺し殺した。アツといふ女房の聲をあとに部屋にかへれば、これは何とした事殺した筈の女房は納戸に居て針仕事をしてゐる。亭主は狐にたぶらかされたかと、燈をもつて薪部屋にひきかへして見ると、十字の軸の光といふ字の所へ刀を差し通してあつた。これに驚き恐れて以來夫婦心を合せて名號を尊び敬つたので、遠近の者も傳へ聞いて參詣するものも出來、上方から來る船の者なども信仰するやうになつたので、別に一堂を建てゝそこへ掛けるやうにしたといふ事。

十四　五郎ヶ淵

いつの事か分らないが、餘程昔の事だといふ。五郎ヶ淵と云ふ所で或人が釣をして、毎日獲物の多いのを喜んでゐたが、或時きれいに化粧した婦人が來て此人に馴れ馴れしく話しかけ、こんなに澤山獲物があるから之を肴に酒宴をしやうと云はるゝまゝ誘はるゝまゝに、喜んで化粧ヶ久保と云ふ原までくると、急に女の姿は見えなくなり籠中の魚も一尾もゐなくなつてゐたといふ。この化粧ヶ久保は傾城ヶ原とも勸請原とも云はれ又は書かれてゐて、どれが本當か分らない。五郎ヶ淵と云ふ所は東京灣へ注ぐ平作川の中流、森崎の妙覺寺の下の所であるが、この名の由來はまだ分らない。土地の人も知らない。

十五　提燈橋

久里濱村佐原の太子堂は、聖德太子を祀り今でも盛んに參詣者がある。此の堂の前にある橋を、雨の降る夜に渡ると必ず提燈の火を消される。何者がするのか分らぬが、こんなことが度々あつたから、この橋を提燈橋といふのだらうである。

附記　今度は話ばかりを拾ひあつめて見ました。小さい破片はまだあります。破片だけは別にまた書かして戴きたいと思ひます。それから、猫と南瓜、又は瓜の話は各地に多くあるやうに思ひますが、先進諸氏の御示教を仰ぎたく思ひます。

（了）

相模木古庭の年中行事

太刀川總司郎

此の一篇は、木古庭の舊家、伊東敏三郎氏の好意により集錄し得たものである。

一、正月の支度

十二月の二十七日頃には各戸で餅搗が行はれる。家によつて日が違ふし、餅の種類も異るが、こゝには模式的と思はるゝ伊東家のものを記すことゝする。まづ鏡餅を造るが、これは歳德神（としがみ様としてゐる）に供へるものと他の神々に供へるものと違ふ。前者は、一飾り三升位で普通のお供へを米で造り上に粟の菱餅二枚を載せる（第一圖）。後者は大神宮に上げるのが三升の普通のお供へで、その他は一升のもので、之を十二組造つて、佛壇、天神様、稻荷様、荒神様、おそでん様、（之は私はまだ不知）などに上げて十二飾といふ。次に、のし餅をつくる。これは正月三ケ日の雜煮にしたり、水餅にして置いて時々に食べる。それから、なまこ餅をつくる。これには海苔や豆やごまなどをまぜて、かき餅にするのである。

第一圖

二十六日には、箸かきをする。山から、かつの木（ぬるでの木である）を切つて來て箸を作るのであるが、此の木は他人の山から取つても山の持主はとがめない事になつてゐる。夜になつて、近所の人々を二三人賴んで來て（小作人など）一年間使用するだけの數を作る。餘つた木は小さい杵だの獨樂だのを作つて子供の玩具にする（第二圖）。働いて貰つた人々には酒肴を出して骨折の御禮をする。

第二圖

二十九日には門松下しをする。山から松の枝を下して來て、これで門松を造るのであるが、之もかつの木同様他人の山から取つてもいゝのである。この松はすぐ翌日には飾らない。一夜だけしか經ないのは一夜飾りだといつて、翌々日に立てることにしてゐる。一夜飾りを忌むのである。

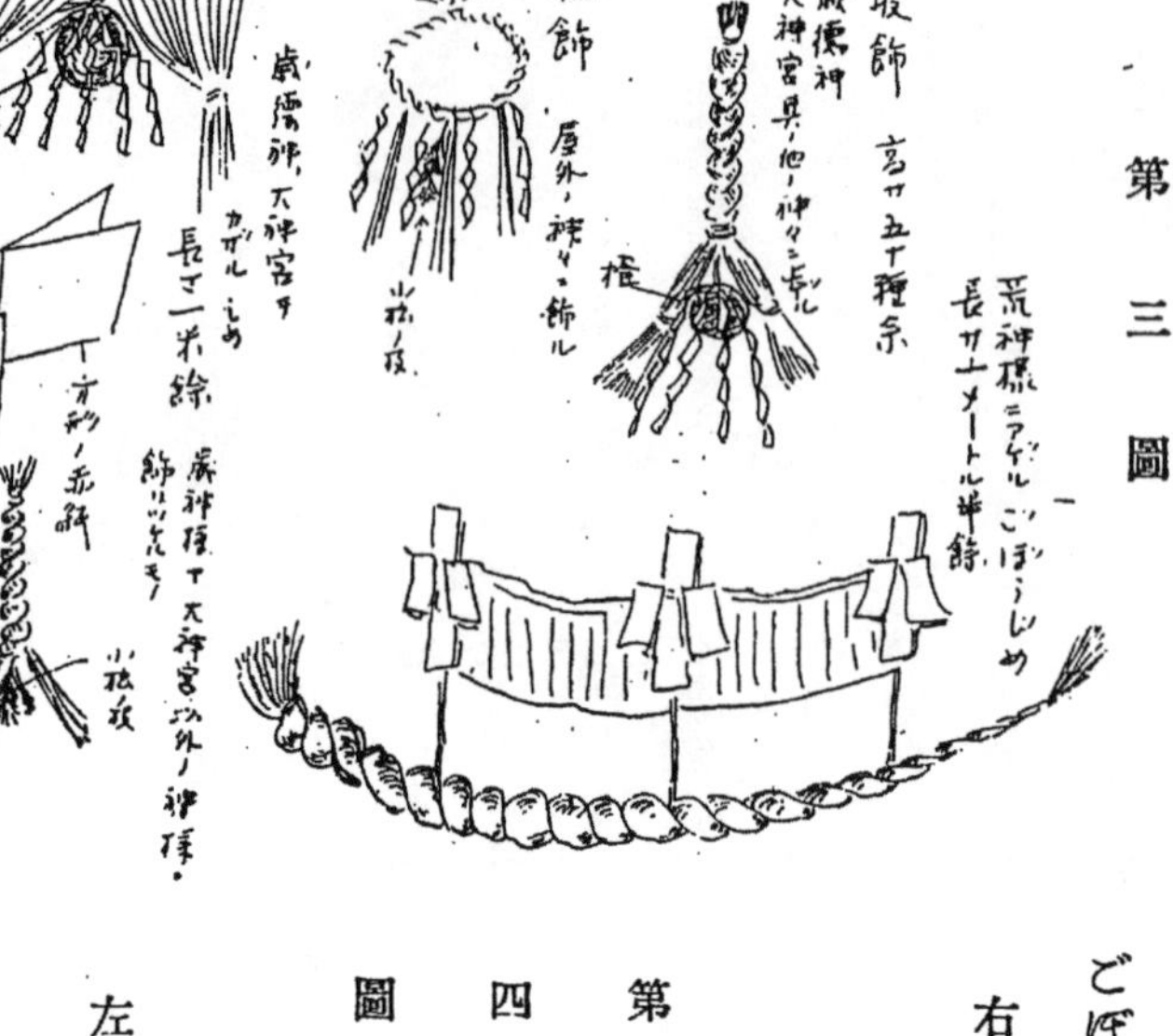

第三圖

三十日にはお飾りなへをやる。二三人、人を賴んで、股飾、輪飾、七五三飾、ごぼうじめ等を作る。股飾は歳德神と大神宮樣など屋內の神樣に飾るので、前記二箇所のは他のよりも大きく作る。輪飾りは室外にある神樣に飾るので、稻荷樣、井戸神樣、木小屋、池、屋外の便所等である。連飾は家の入口及座敷の正面の桁に飾る。ごぼうじめは大根じめとも云ふが之は荒神樣に飾る。歳德神と大神宮の前に飾るのは又形が違ふ(第三圖)。

第四圖

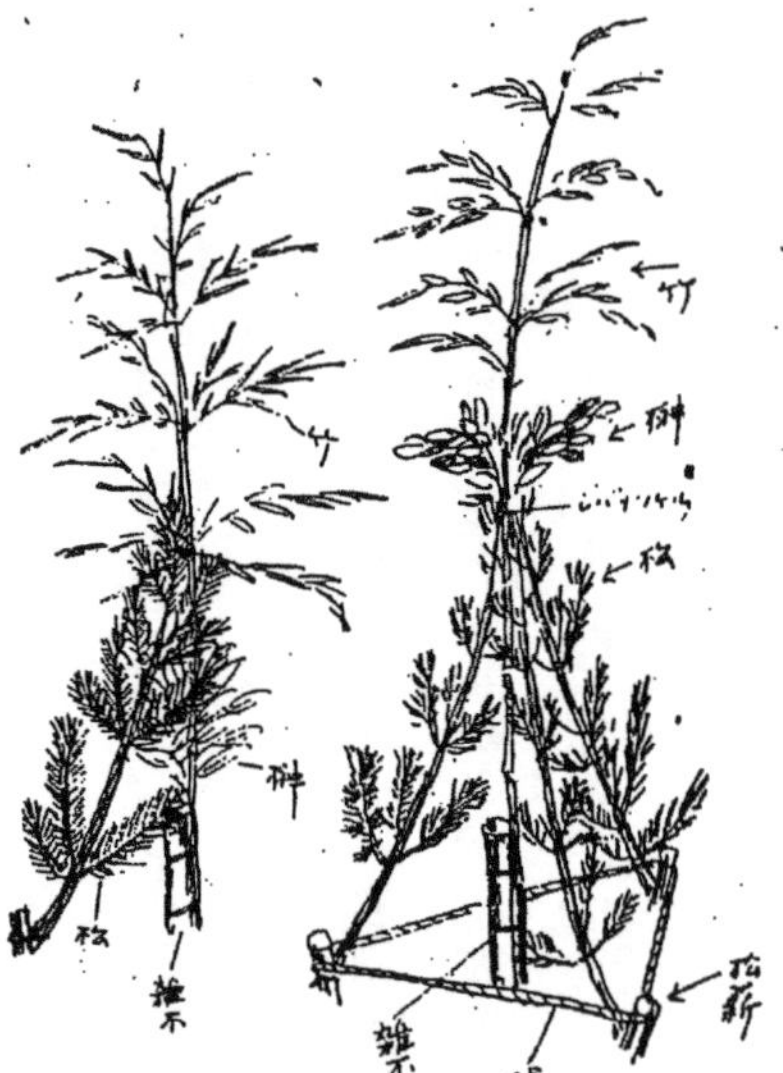

右ハ門口ニ飾ルモノ、
高サ二間半位、松ヲ三角錐形ニ立テル。

左ハ小屋、土藏、稻荷ソノ他ノ
門松デ一對ヅツ立テルガ松ヲ正面外側ニ向ケル。

三十一日には正月のすべての仕度をする。第一に寺からいたゞいた色々のお札を各所にはる。次に門松をたてる。是は入口に一番大きいのを立て、それから稻荷樣、物置、倉庫、鳥小屋など皆一對づつ立てる。門口のものは高さ二間半位で松は三角錐形にする。小屋、土藏、稻荷樣などのは又形が違ふ(第四圖)。こんどはお飾りをする。前に記した色々の連飾の類に橙や、紙や、小松の枝などをつけるのであるが、荒神様に上げるのは特別な形で、赤と靑と黄との三色を順に重ねた紙を三つの人形（ひとがた）につゞけて切つたのをお寺から戴いて來て、之をつける。之は火防せを意味するといふ。

池、井戸、稻荷樣、屋外の厠等へは圖の樣な形にした赤い紙を、竹で挾んで立てる。（第三圖左側中段圖參照）。これがすむと御神酒とお供へを上げる。夕方には神々におあかりを上げ、蕎麥を作つてあげ、切火を切つて淨める。臺所では三ケ日の貢しめが作られる。此の夜はどこでもする樣に遲くまで起きてゐて、明日に迫るお正月の仕度をするが、神々に供へるものは、すべて貢る時には、燃木（もしき）に切火を切つて淨める。お寺へは蕎麥を作つてもつてゆく。此の大晦日の夜は早く寢ると白髮になるといふので、子供等までも無理におそくまで寢かさぬやうにおこして置く。

三十日か大晦日にはお寺でお札を配る。正月お寺へ年始にゆくとき、お札の御禮として若干を包んでゆくのである。このお札の數々は圖によつて承知せられたい（第五圖）。これでまづまづ正月を迎へる仕度が出來たのである。

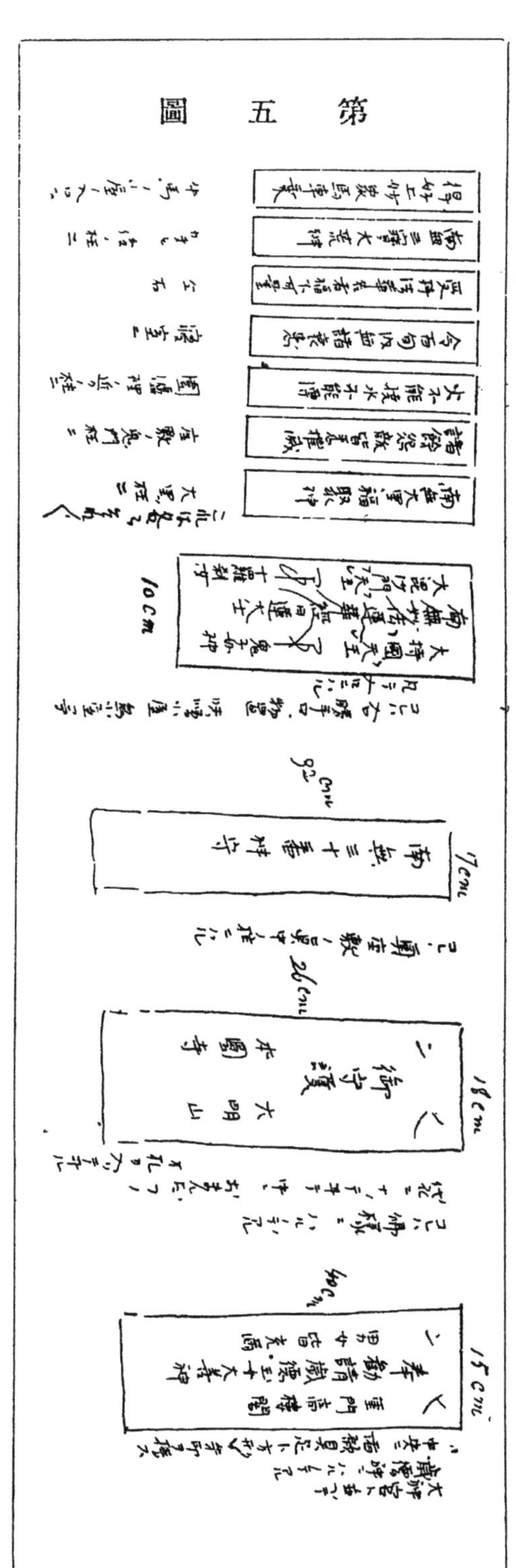

第五圖

相模木古庭の年中行事（太刀川）

第六圖

正月十四日ニ櫟木ニ餅ヲツケル形。

コレヲ神棚ニ供ヘル

神棚ヘ上ゲルノハ更ニ、柳の木ノ花ヲツケル。

あーぼの木

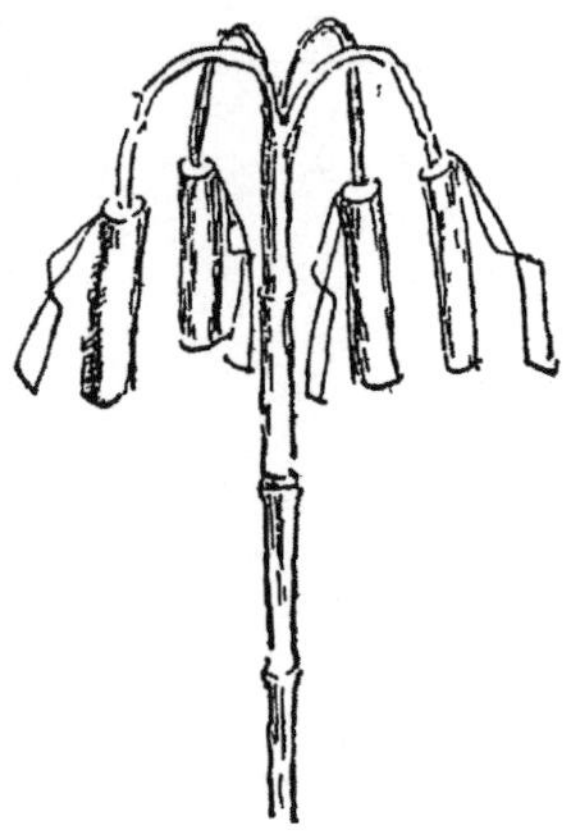

畑ニ立テル（四十糎位のもの）

二、正月、（元日、二日、三日）

神事はすべて男子が爲す故、男は早く起きオセチや餅などを神樣に供へる。供へる前にお燈りをあげ、切火を切る。神樣にも佛樣にも供へるが特に三十番神（木古庭全體が日蓮宗だから）荒神樣、オソデン樣、天神樣、夷樣、大黑樣、稻荷樣にもあげる。朝夕二度供へる家もあれば、正午に供へる家もあり、すつかり供へ終ると女が起きて來て雜煮を作り男子はお客樣のやうに各自の膳につく。これで屠蘇の祝がはじまる。二日には村の若い衆が歌ひ初めと稱して新年宴會のやうな事をする。三日間大體右の如くである。

卯の日は、神々が還られる日で、又供物をするが、この日から門松をとり去り、小枝をその代りに挿して置き一ケ月後に之もとり去る。この日、ウナヒ初（田打初）をする。年々の惠方に向つてウナヒ、そこへ松と輪飾りを供へる。卯の日が三ケ日のうちに來る時は第二の卯の日を之れにあてるのである。

七草には、七日の朝、神棚の下で吹き竹、まな板、庖丁などで菜をたゝき、唐土の鳥が日本の國へ渡らぬ先にストトントンと歌つて此の菜をゆで粥に入れて、卽ち七草粥を作るのである。

十一日には藏開きで此の日一日中土藏の戸を開き神々に供物をする。

十二日には十二日講をやる。每月十二日に順番に當つた家へ皆集つて、自我偈を誦し、太鼓を叩きお題目を唱へ、終つてから、里の相談事を持ちだしたり又は一ケ月の經費を皆が夫々この席で支出する。

十四日には、櫟木に餅をならせる（附けるのである）木は神棚の下の柱に結びつける。丸いのや三角のやがある。小枝に餅をつけたものを神様に供へるのである。神棚へ供へるものは更に、柳の木を削つて作つた圖の様な花をつけて之を供へる（第六圖右・中央圖）。入口にもこの柳で作つた花を下げる。これは木綿の花が咲くやうに祈るのだといふ。畑にはアーボの木を、毎年惠方を求めてこの方角に立てる（第六圖左圖）。

第七圖

正月十五日ニ粥ヲツケル柳の木ノ皮ノムキ方

神棚へあげるあーぼの木。連飾其ノ他ノ飾リモノヲシバルノハ麻デスルノデ、麻糸デハナイ

十五日には柳の木の皮を半分むいた間に、小豆の粥をつけて、之で果樹を叩く（第七圖右圖）。一人が「なるベーか、なるめーか」と云つて叩くと他の一人が「ソチヤなり申し候」といふ。すると初の人が「ならぬとセーニヤ木をひつた切つて、つん燃すぞ」といふ。かう云ひながら木を叩くのである。神棚へはアーボの木を（是はニハトコの事である）まるめて、紙をつけて粥と共に上げる（第七圖左圖）。供物はいづれもザツキに入れて上げる。毎月十五日は里の長（里扱ひ）が集つて木古庭全體の經費を整理したりいろ〳〵の相談をする。

三、甲子講

これは隔月に行はれる。甲子の日に里中が集つて、まづ自我偈を誦んでから、夕飯を一所にたべる。晝は子供が御馳走になるが、この經費として米五合とお茶の代十錢づゝを戸主が持ちより之で支辨する。

四、七夜講

毎月二十七日の夜、瀧不動様の堂へ集つて法樂をあげる。二十八日の午後は坊さんと信徒と集つて、千卷の陀羅尼誦會を開く。

五、日待（地神講）

夜あかしをして翌日を待つので、春秋二回やるが、期日は其の都度、宿をする家で定めて發表する、酒や飯を夕方に出すが、晝は子供が御馳走になる。しかし甲子講のやうに讀經はしない。

六、日天様

正、五、九の三月に行はれる行事で、たゞ僧侶が各檀家へいって御經をあげて家内安全を祈る。

七、節分

追儺の豆を煎る時に、カラス木（もっこくの事である）豆がら、茄子の木、柊に髪の毛をまぜて燃す、燃しながら、「やら、くさいそれくさい……云々」といひながら、煎るのである。

八、初午

二月の一日にやる。木古庭一面の信徒が、木古庭の稲荷様に集つて、本圓寺の坊さんが來てお經をあげる。この時子供がお菓子を貰ひ、各〻里の人々は夜になると集つて飲食して騒ぐ。

九、農家の正月

いろんな正月がある。部落の區長が之を定めて回狀で觸れることになつて居る。田植などは此の時までに終らなければならぬ事になつてゐる。七十ばかりになる年寄たちの話では、もとは回狀でなく、高い丘の上から法螺の貝を吹いて「あしたから何々正月だぞ」と大聲でどなつたものだといふ。今行はれてゐるのは左の三種で、何れも田に重きを置き、水田を大切にする習俗だといつてゐる。

イ、種蒔正月　八十八夜頃三日間

ロ、田打正月　五月中旬　三日間

ハ、田植正月　七月初旬　三日間

十、畠山様

四月二十九日、畠山様の祭りといふのが行はれる。各戸十錢づゝ出し、牛馬のある家は二十錢を出す。牛馬に過ちのない様に、馬頭觀音に祈るので、本圓寺の坊さんが來て御經をあげる。大人には酒が出るし、子供には菓子をくれる。此處は畠山城趾といはれてゐる所である。

十一、蟲送り

本圓寺の持になつてゐる瀧不動堂で法樂をあげ、虫送りのお札をいたゞいて來て、若い笹に結び、田や畑に立てる。このお札の數は田の廣狭に應じて、いくつも立てる。昔は村の衆が大勢で太鼓を叩き田のまわりを廻り、一束の稻を木古庭から上山口へ、上山口から下山口へと順々に村境まで送り下山口の海岸で海へ之を流して虫を送つたのだが、今は全く廢れてしまつた。

十二、帝釋樣

土地の人はテーシャク樣といつてゐる。里々によつて各ゝ日が違ふ。後山(うしろやま)及廣尾(ひろを)は十一月三日、大澤は同じ、籔の里は十一月一日、入(いり)の里は七月十四日である。しかし、大澤ではお乗樣といひ、籔の里、入の里では共にお庚申樣といつてゐるので、テーシャク樣は後山と廣尾だけである。里々に其の年の當番があり、こゝへ米や小豆を持ちよつて、赤飯を炊き、小さい玩具の様な三角の握飯をこしらへて、之を子供等に頒ち與へる。大人は戸主が集つて法樂をあげ、太鼓を叩いたりする。夜はお經を誦んだり、お題目を唱へたりする。

十三、歲徒(おんべ)

正月の飾りをもす、一月十四日にやるのである。子供が笹を刈り、色紙をはり、書初をも燃す、子供は家々を廻つて錢を貰つてあるき、菓子を頒けて貰ふ。此の火で大人たちは餅をやいて食べ子供等にも食べさせる。

十四、八(やう)日(か)僧(そう)

十二月八日と二月八日と年に二回あつて、此の日、眼籠を竿にさし、屋根にかかげる。眼一つ小僧が屋根をあるくから、眼が澤山ある籠をかゝげて來ないやうに祈るといふ。家によつては、横須賀堀の内あたりの様に、たゞ屋根の上へ、めざ

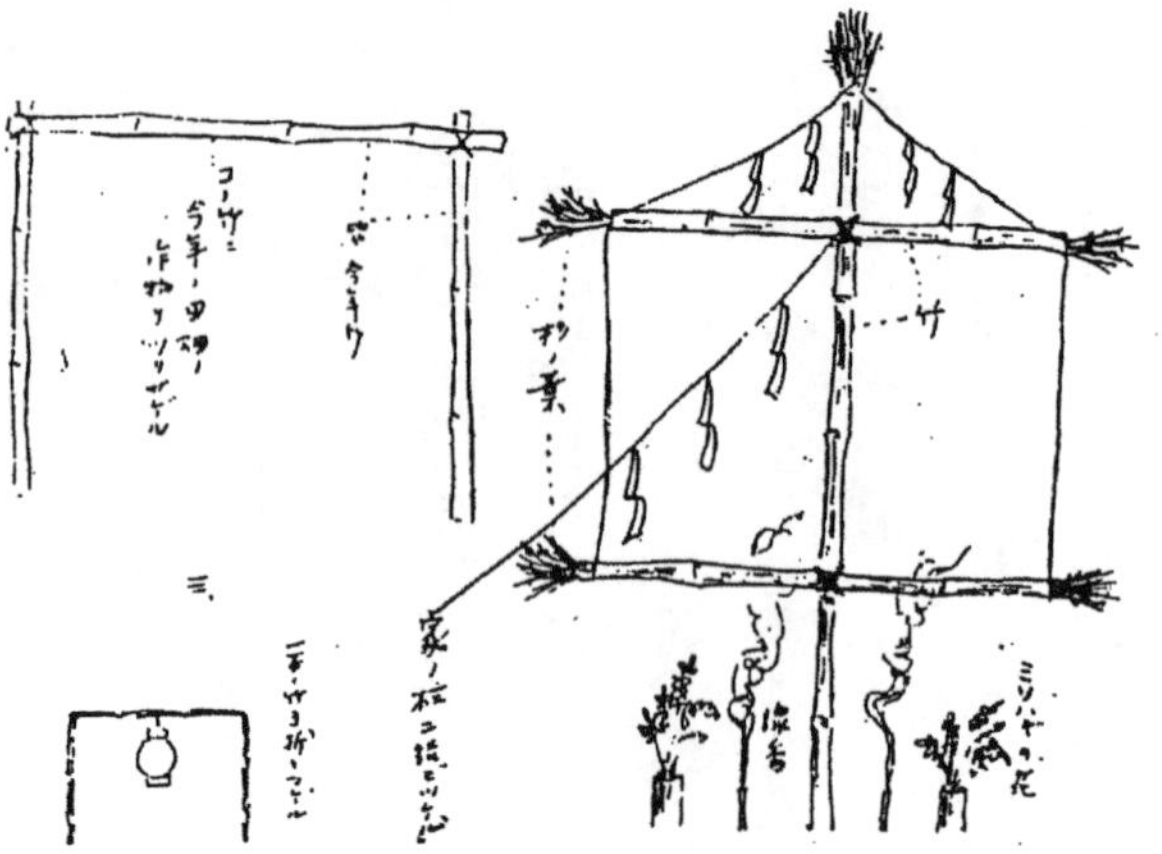

るだけ置くのもある。此の日、蕎麥とか壽司とか、五目飯とかいつたやうなものを作つて御馳走し、神樣へもあげる。十二月八日は親が子に馳走し、二月八日には子が親に御馳走することになつてゐるのだと云ふ。

十五、盂蘭盆

木古庭では八月に行ふ。十四日の夜は新盆の家に、里中の人々が集り、御經をあげお題目を唱へ太鼓を叩いて供養する。十二日講の様に、その家では茶菓を出すならはしとなつてゐる。八月一日に新盆の家では圖の様なものを立て、之を十六日迄置いて、その日に取りさる（第八圖）。立てる場所は家の前なのである。一年の內に新佛が二人あれば二つ立てるし、子供のは小さいのを立てる。墓地には一本の竹を折りまげて白張の行燈か提灯を下げ夜點火する。佛壇には今年竹を結んだものに今年の田畑の作物を吊り下げ（第八圖）、茄子や黃瓜の牛馬を作ることは他所と同樣である。（終）

第八圖

イヨノーヒヨータンヤ

内のおせどに　おみよがと　ふきと　おみよが目出たや　ふつきはんじよ　オモシロヤ　イヨノーヒヨータンヤーエート

ソコヤ（滋賀郡伊香立村、地つき唄）

イヨノーヒヨータンヤに付いての昔話がある。昔伊豫國の瓢屋と云ふ人、村內の人々が餘る苗を捨てるのを見て、之を惜み、自分は苗を作らず、只捨苗によつて、其の田地に植付け、多くの收穫を得ることが出來たが、年重なるに從ひ、村內の嫉む處となつて、遂に村民相謀つて苗の餘裕を作らず、亦餘裕あるも瓢屋に與へる事を止めたれば、瓢屋止むを得ず瓢の種子を植付け、これより多くの收得があつたといひ、目出度事に用ひたと云ふ。

（中西祥男）

相州津久井郡を中心とせる

武・相・甲地方の養蠶に關する土俗

鈴木重光

當地方に於て養蠶は副業とはいふもの丶、その結果如何は各戸の家產の寢かし起こしをするものであるから、その飼育については、昔から隨分苦心したもので、蠶兒はオコサマと尊稱して大切にしてゐる。

そんな譯であるから、掃立その他も決して忽せにせず、蠶種を洗ふのは午の日を撰み、掃き立ては酉の日にした。これは「ウマクトル」の意に他ならないのであつた。

養蠶に關する年中行事としては、正月十四日には早朝團子をこしらへ、蠶神（おしら樣）の掛物の前へ、鏡餅と共に供へる。この團子は主に圓いのであるが、大小の繭形のものも數個こしらへる。原料は粟と米の粉である。御神酒は、お神酒德利ではこれに似た小さな繭を作るからとて、大きく作るやうに飯茶碗であげる。

この日はイヌツゲ（方言ダンゴバラ）の枝へ、團子や蜜柑をさして、蠶神の前へ飾る家もある。これはメーダマ（繭玉）といつて、蠶の上簇を表したもので、この他に正月になると、雜木の枝へ糯製の繭・惠比壽・大黑・寶物等を吊したものを賣りに來るのを求めて飾る。

此日に下肥を汲んで置くと、養蠶期中に汲んでも、その臭氣が蠶兒に害を爲さないといつて必ず汲む。

夜はカイコビマチ（蠶日待）と云つて、主婦達が集つて、御飯にケンチン汁の御馳走で日待をする。これはつまり主婦の懇親會であつて、宿は年番で米五合代を出し合ふ。

武・相・甲地方の養蠶に關する土俗　（鈴木）

十四日に供へた團子は、大抵十六日にさげるが、相州愛甲郡荻野村邊では、十四日の朝白樫・梅・荻の枝へさした團子を、十六日の風に當てるものではないといつて、十五日の夜にさげる。

これは家によつて違ふけれども、昔は蠶兒掃立前の煤はきの日には、朝は牡丹餅をこしらへて食べてから煤はきにかゝり、オコジュー(午後の間食)は團子、夕食は麵類を食べた。

蠶兒が四齡になるとフナゴダンゴ（船蠶團子）といふを作つて祝つた。船蠶一枚は繭一枚に相當するといはれ、これだけで繭一斗の收穫があるのださうである。

上簇祝ひをオコヤトイ祝イとかタナッパキ（棚ッ掃キ）と稱し、アガリダマといつて矢張り團子を作つた。今は此風はないやうである。近頃でも麵類などこしらへて、養蠶中手傳つて貰つた者を招き、又隣家などへも配る。

昔は親が死んでから初めて養蠶をする時には、ヨメゴ（嫁蠶）といつて三齡位になつた蠶兒を一と盆位宛、部落中へ配つたもので、中には蠶種を少しづゝ配るもあり、丁寧なのは桑葉をつけたのさへあつた。贈られた方では「これはいゝ嫁樣だ」と、お世辭を言ひながら受けはするが、少しばかり貰つたとて碌な世話は出來ず、自然に消滅させるやうなもので勿體ないから、大正元年頃から廢してしまつた。

すべて家族中に死者があつた年には、養蠶期中は遠慮して、他家の蠶室へは入らないやうにした。若し入ると違蠶するやうなことがあるとて非常に忌まれてゐた。

近く葬式のあつた家の人は、すべてに遠慮する。即ち忌引のことをテマといふ。即ちその年をテマドシといひ、養蠶期中桑葉を近くで買ふことをせず、他村へ行つて買つた。然しテマの者から買ふのは一向差支へないとしたものである。これ等はすべてヨメゴを配つてしまふ迄のことであつた。

養蠶の豐作を祈る爲めには、毎年十二月になると巡つて來る武州橘樹郡日吉村駒ヶ橋元下田の地藏樣が來た時、蠶種へ祈禱して貰ふことは、今も折々見ることである。

昔は役の小角の役場と傳へらるゝ相州愛甲郡中津村八菅の八菅神社へ、蠶種を持參して祈禱を受けて來た。これは四月二十四日の相州津久井郡串川村寺澤のお祭りの時などに、此祭りへかけて行つた者もあつた。八菅には修驗者が多く、古來ハスゲッポーエン（八菅ッ法印）といふ言葉がある位であつた。

前記寺澤のお祭りといふのは、同地雲居寺の大施餓鬼水陸會のことで、その餘興に競馬があり、これに集る馬へ、折りから賣りに出る竹箒を貰つて、豆を入れて食はせたのを、養蠶期の桑箒に使用する。この四月二十四日頃は、昔はそろ〳〵蠶兒を掃き立てたものであつた。又寺の門前の地藏尊についてゐる苔を採つて歸つて、桑葉に混じて蠶兒にやるやうなこともするさうである。

この寺澤の箒と同じやうなのは、武州西多摩郡増戸村横澤大悲願寺の馬マチで、四月二十一日には近村の馬が盛裝して集り、總門から入つて境內の西隅にある觀音堂に參拜し、堂の周圍を何回も左廻りに廻つてから、竹笹及び煮た青豆の入つてゐる箒を、養蠶守護のお札と共に戴いて歸る。その箒は矢張り蠶兒の掃き立て桑をとるに使ふのである。此寺の例祭は四月廿一、廿二の兩日で、廿二日には大施餓鬼がある。（恩方村　山本兵太郎氏報）

五月初の巳の日は、相州津久井郡千木良村小原澤の辨天の祭りで、此日も養蠶の豐作を祈願する者が多數參詣する。この辨才天は人首蛇身で蝦蟇に乘つた石造のもので、弘法大師作と云ひ傳へられてゐる。對岸の內鄉村若柳字奧畑出身の江戶町奉行根岸肥前守は、深く之を信仰し、常に馬に跨り相模川の激流を乘切つて參詣したのであるといふ。今は祭禮の日の他は、千木良村の見富山善勝寺內に安置されてゐるが、小原澤の辨天山にあつた時、二度盜難にかゝり、村境迄行くと賊の身體が竦んでしまふので、いつも無事に戾つたといふ。

武州南多摩郡由井村打越の辨天へも、津久井地方から參詣したさうであるが、これも養蠶期中鼠害除けの祈願をしたらしく、此地方では屋內で蛇が鼠を追ひ廻すのを見ても、これは辨天様が鼠を捕りに來たのであるとて、決して追ひ出さないのである。

武・相・甲地方の養蠶に關する土俗　（鈴木）

昔は寅の日に煤掃きをすれば、棚が靜かであるといはれた。棚が靜かとは、鼠が害を爲さないといふ事である。

武州西多摩郡西秋留村牛沼の秋川神明神社の例祭は五月五日で、その時巫女が熊笹を持つて出る。この笹を頂いて來て蠶兒の掃立てに使ひ、又メカイ市でメカイ（笊の一種）を貰つて使ふと養蠶が當るといはれてゐる。（八王子市　小松茂盛氏談）

甲州北都留郡梁川村綱の上字彥田の福壽庵の馬頭觀音に、養蠶の豐產を祈り、馬の沓をかりて來てこれに新しいのをつけて納める。例祭は舊曆正月十九日であつたが、今は新曆三月十九日に行はれる。

養蠶の豐作を祈るうちで最も奇拔なのは、正月二日武州西多摩郡拜島村にある元三大師の達磨市へ行き、達磨を偸むと養蠶があたるといはれてゐる事であらう。

又武州北多摩郡府中の六所宮の暗黑祭に行つて、男女が出合ひをすれば、養蠶・農作物が豐作であるとて、昔は盛んに若い娘達が出掛けたといふことは、有名過ぎる話である。故に出合祭り、おまんこ祭りなど稱へられ「前があたる」即ち「繭が當る」といふから來たのであるらしい。

諸國に多い蠶種石といふものには、相州愛甲郡荻野村上荻野の華巖山（一名西山）に、蠶種石といふがあり、蠶種の催靑する頃には、この石の苔も靑くなる。此處の華巖山松石寺は四月七日が緣日である。

甲州北都留郡巖村八ツ澤發電所の山上に、蠶種神社といふ小祠があり、後方の高さ八尺位の立石は、矢張り蠶種と共に靑くなるといはれてゐる。每年四月十六日が例祭で、昔はこの近くで最も賑かな上野原町の祭禮に次ぐ賑かさで、露店も多く出で、又春から秋にかけて國中（甲州笹子峠以西）や武州地方から參詣人が多かつたが、此地が東京電燈會社の所有に歸してから寂れてしまつた。然し今でも每年四月十六日夕刻から、近くの悉聖寺・松留・八ッ澤・四方津から子供が各自松火を持ち寄つて火をつけ、山上さながら火の海と化する。これは流石に警察署でも留めかねて、世話人に責任を負はせて後と始末をさせる事にして許可してゐる。當日は近隣の者は菓子や酒を持參して集合し、頗る雜踏する。

齋藤昌三氏著『性的神の三千年』に「甲州上野原（中央線沿道）在松留の石神は繭の形に近いので、蠶神と稱してゐるが、一口に「コガミサマ」といふので子の神の生殖神として崇拜するに至つた」とあるのは、別のものであらうか？

武州南多摩郡元八王子村の八王子城址の上り口にも蠶種石があり、これも信仰する者があるらしく、いつも洗米があがつてゐる。（八王子市　小松茂盛氏談）

次は桑葉の豐凶をトふものに、武州西多摩郡殿ヶ谷村字殿ヶ谷に、殿ヶ谷の一本榎といふがある。此樹は八高南線箱根ヶ崎驛より東へ徒歩數町、殿ヶ谷村の平野中にあつて、周圍一丈三尺、高さ五丈、幹は直立して、地上一丈五尺の所より枝が四方に繁茂し、枝張樹相甚だ佳く、雄大の感があり、樹齢約二百年のものである。（『東京府史蹟名勝天然紀念物調査報告書』第二册）この樹が一齊に芽生し一齊に繁茂すれば、その年は桑葉の相場が安く、然らざる時は高價である。又北の方からその葉を害蟲が食ふ時は、矢張り北の地方から桑葉の相場が高くなるといふやうであるから、可なり遠方からこの芽生えを視察に來る者があつたさうである。

蠶兒飼育中に、武州御嶽山や相州大山の御師が廻つて來て「棚祭り」といつて養蠶豐作の祈禱をして行き、八月頃再び來た時、お初穗として繭一升宛を納めることになつてゐたが、今は毎年續けては來なくなつた。毎年四月頃武州御嶽山へ太々講で登山すると、滯在中は初めから同じ箸で飲食し、歸宅の時之を持ち歸つて、掃立當時の蠶兒を處理するに使用する。

相州津久井郡三澤村三井の峯の藥師からも、蠶守護のお札を配つて歩く。この藥師は又三井の藥師ともいはれ、明應年間の草創で、藥師像は行基作と稱せられてゐる。本年四月迄は人里近い平地にあつたのを復興して、山上の元屋敷へ移したが、曾てこの元屋敷の地均しの時には、吉原の遊女が來て土塊を紙に包んで運んだので工事が頗る進渉したと傳へられ、その時奉納された錫杖の環だけが、今尚殘つてゐるといふ話もある。此山の北方の平地には、よく野天搏打が行はれたものであつたといふ。

此地方一帶は、早くから養蠶業が行はれてゐたらしく、蠶絲の神として崇められてゐる相州津久井郡小淵村藤野の唐土

武・相・甲地方の養蠶に關する土俗（鈴木）

明神の由來に就てみるに、往昔秦の徐福が仙藥を東海に求め、紀州熊野浦に着し留つて還らず、遂に歸化して更に東國に入り、此地に來た時、當時國内亂れて前むこと能はず、已むなく歸還の意を決し、携ふる所の一體の神像を此地の鷹取山の岩石中に安置し、事蹟をしるして去つた。これを誰言ふとなく大明神と稱して信仰して居たが、慶長の頃とかに里人之を今の地に奉遷し、寶曆八年に社殿火難に罹り、神像も亦烏有に歸したのを、舊型を摸して作つたのが今在る神體であるといふ。

徐福と共に來て當地に土着した者で、秦氏を冒すものゝ子孫が、數十年前迄は村內第一の舊家として住んで居つた。今小淵村やその西方甲州上野原町諏訪には、秦・畑・波多・波多野等の姓の者のあるのは、これ皆秦氏の一族であらう。

又津久井郡佐野川村に蠶山（こやま）・桑森の地名があり、『新編相模風土記』に「……文化年時の頃迄も桑樹の老大なるが五六株もありしが今はなしと云ふ。國史に曰く雄略天皇十六年秋七月詔宣國縣殖桑と。是時に値り當山の住人多强彥蠶種の取方を工夫し蠶種を取て貢獻す。然るに當國には桑樹少し、故に山東の國多磨の橫野の原に於て桑の苗をしたて、最寄の國々へ植へしむと云ふ。是に由て當山に蠶山桑森の各所あり。」とある。

この蠶山は武・相・甲に跨がれる三國峠の中腹にあり、桑森はその西北數十町にあつて、小淵村の唐土明神を最初に祀つた鷹取山も村の南にある。而して武州多磨の橫野に續ける八王子市の異稱を桑都といひ、西行法師の歌に、

淺川を渡れば富士のかげ清く　桑の都に　青あらし吹く

とある通り前記の說に符合してゐる。

徐福に關する傳說の眞僞は姑く措き、漢民族の歸化人が此地方に移住し來り、蠶桑の業に從事しつゝあつたのであらう。

（『蠶絲の光』第三十三號原岱氏「唐土明神」）

只今私の手許にある乏しい資料だけでも以上の通りであるから、尙各所の神社佛閣につき詳しく調べ擧げたなら、實に莫大な數に達するであらうと思ふ。

（昭和八、六、一五、附近飼育の蠶兒概れ上簇を終りたる日稿）

三浦郡上宮田に於ける初寄合

桑山龍進

一　序言

關東南方海岸地方の持つ地質學的愛兒三浦半島が東方房總半島と指挾む浦賀海峡に面する邊り、千駄崎と南端雨崎はこゝに美しき球形孤を描き、白砂青松靜寂の中に數々の村落の安らかに眠るを見る。神奈川縣三浦郡南下浦村上宮田は此の孤上尚ほ浦賀三崎街道の切する地點に在り、比較的低地に發達せる半農半漁の一聚落である。私が此の地の民俗採集の動機は、昭和六年七月三浦半島の考古採訪の旅上、土製網錘及び石錘の土俗品採集に起因する。（土製網錘は俗名「アミボ」と稱し、現在黑褐色黑色のものを使用す。砂丘上にも部落地上にも散布し更に後方臺地の繩紋式・彌生式土器散布せる畑地表面にも混在する。臺地出土の網錘は土質燒成色澤現在のものと異る。）

昭和八年一月二日地人の「初寄合」を觀る好機を把握し、こゝに小報を記するとともに種々便宜と理解とを寄せられし十劫寺御住職吉水辨道師及び長島準、松本重藏、吉水鹽家三氏の御厚情を謝して序の言葉に代ふ。

二　初寄合の式會

上宮田は木ノ間・松原・岩井口の三部落より成り、此の初寄合は岩井口十劫寺本堂外陣にて行はれたるものゝ採錄である。每年正月二日、日沒を待つて部落の青年のみの集會が行はれる。之を「歌初め」或は「初寄合」と稱し、之に伴つて若者衆入卽ち男子十七才に達すると始めて青年の仲間入を許可される青年同盟會加入式が行はれる。昔は元服式とも稱したと謂ふ。式會は總會及び宴會の二部に分け、次の如き順次にて行はれる。

I　總會

一、一同着席
一、當番幹事挨拶（手打式）
一、世話人挨拶
一、會議（會員意志發表）
一、新入者紹介
一、規約朗讀
一、會計ソノ他報告

三浦郡上宮田に於ける初寄合（桑山）

一、來賓講話

II 宴會

一、退會者退席

着席に於いては先づ若者頭たる世話人を最上座とし、幹事二人即ち年齢三十一―二にしてやがて同盟會を去る氣作男取持（トリモチ）が世話人衆に對つて座の中央よりやゝ下に座る。多くの他地方の若者衆が長幼の序を以てする如く十七歳より卅五歳までの若者は悉く世話人を中心として第一圖に示す如き位置に着く。手打式には當番幹事の挨拶により一同起立して七回手を打つ。この方式をゝを以て手打の音を表せば、

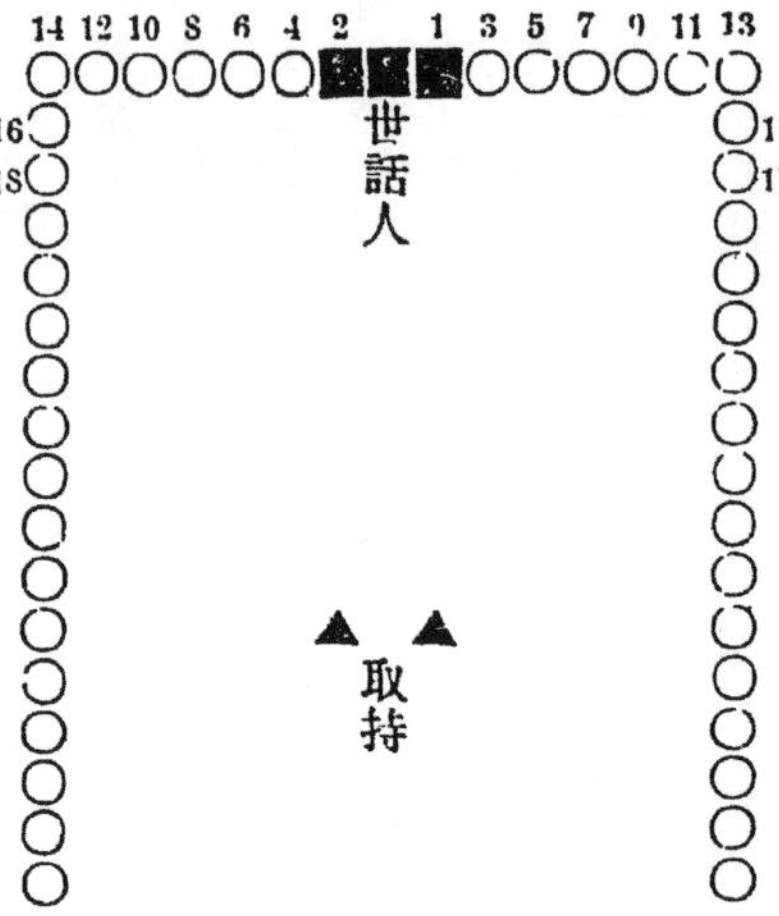

ゝゝゝ……ゝゝゝ……ゝ

Fig. 1. 初寄合着席圖
1,2,ハ年齡順

之で靜肅の雰圍氣が流れると世話人は部落の經濟的經過報告をなし、會議を終ると取持の新入會者紹介に移る。

三、新入者入團儀禮

初寄合に於いては新入者の紹介は最も重要なる儀禮であれば相當莊寧さを以て行はれる。

子分たる新參者は各、親分に引かれて第二圖の如く座し、親分は子分に代つて座頭なる世話人に口を開き、世話人に向ひ左端の者より順次紹介してゆく。此の時親分は、

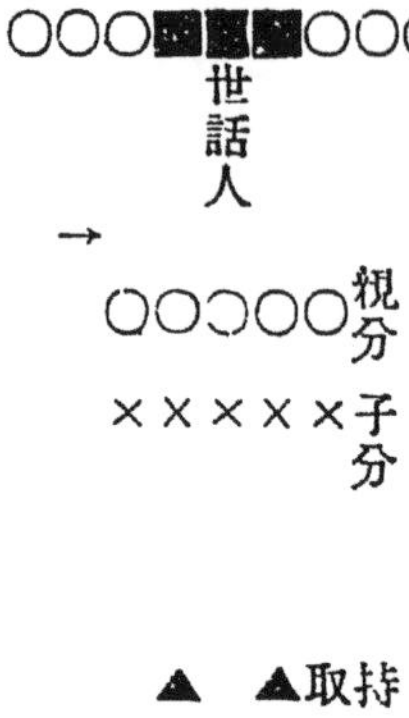

Fig. 2. 入團式座法

「私は此の度子供一人を設けましたもので同盟會に御加盟戴き度く連れて參りました。名前は×××と申します。」

銘々の紹介の終る度に座衆は同音に言ふ。

「お目出度う御座居ます。」

と。親分は錢一封を世話人に捧げて、

「僅かのものですが何分お賴み申します。」

と語り一同世話人に禮して座を下る。この錢一封は前には酒一升づゝ持參せるものの變化代用せるものである。

此處で世話人は座衆に新入會者の姓名を紹介す。昭和八

年には七名の加盟を見、第三圖に見る樣式にて連名簿に記入する。次に取持は、「規約を讀みますからお世話人衆座をお新め下さい。」と言明して規約を朗讀す。

大正拾六年一月二日加盟
宮澤×藏
金子×司
相澤×吉
相澤×治

Fig.3.連名簿內容一例
上段ハ親分下段ハ子分

四　青年同盟會規約

「少壯者同盟會規約並ビニ連名簿」中の青年同盟會規約十七條を記すれば、（加盟帳は世話人手許に帳簿箱なるものあり一切その中に保存する）

第一條　本會は相互の親睦を厚うし信義を守り禮法を愼み、風火水震非常の事變に際したる時は協同一致救援に盡力するを以て目的とす。

第二條　本會は青年同盟會と稱す。

第三條　本會は松原・木ノ間・岩井口三里に於ける年齡十七歲以上三十五歲以下の青年を以て組織す。但し村內の名譽職神職僧侶及び學校役場等に奉職するものは協議の上會員たらざることを得。

第四條　本會は年齡三十四歲及び三十五歲の會員を特別會員とし、非常の事變に際したる時は役員を輔佐し一致協力の任務に盡しむ。

第五條　本會に世話人三名、幹事三名、評議員九名を置く。世話人は本會一切の任務を綜理し幹事は世話人の指揮により庶務を司り評議員は世話人の諮問に應じ又は特別の事務に服するものとす。

第六條　本會の役員はすべて投票を以て之を定む。但し世話人は三十才以上の者に限る。

第七條　世話人の任期は滿貳年、幹事及び評議員は滿一ヶ年とす。但し再選するも妨げなし。

第八條　本會は每年一月を以て總會を開き會員の入會退會及び庶務を議定するものとす。但し時宜により臨時會を開くものとす。

第九條　本會員は非常の警報に接したる時は直ちにその準備をなし猶豫怠慢なるべからず。

第十條　本會員は互に眞實を以て相交り善を勸め惡を戒め吉凶相慶弔し須く長者を敬ひ小者を慈むべし。

第十一條　本會員の席次は世話人幹事評議員を除くの外入會者の順序を以て之を定む。

第十二條　入會者は年齡十七歲に達したる時部內の戶主一名保證に立て壹月の總會までに世話人に申込むべし。但しその他の入會者も右の手續によるべし。

第十三條　本會は入會の初年本會の雜務に從事するものとす。但し次年に入會者少數なるか又は全くなき時は尙繼續するものとす。

第十四條　年齡三十五歲以下にして不具廢疾又は身體虛弱の爲その任に耐えず退會するものあれば一同協議の上その許否を決するものとす。

第十五條　本會規約變更を要する時は役員一同の贊成を得て總會に附するものとす。

第十六條　本會規約に違背し又は本會員の體面を傷けたるものは脫會せしむることあるべし。

第十七條　本會員は如何なる事情あるも前條の脫會者と交際すべからざるものとす。

次に取持は決算報告を終ると青年に達せるものにして年期中不在者の親分は提燈を携へ來り、前記の若者の紹介と同樣なる挨拶を世話人に爲す。

「皆さん今晚はお目出たう御座居ます。此の度私は一人の子を設けましたが同盟會へ加入して戴きたいと思ひましてこゝに來ましたが年期中にて伺はしめることが出來ませんで皆樣よろしくお願ひ致します。」

と禮を述べて座を退く。次いで取持は式前既に投票にて決定せる本年度の役員卽ち廿五歲以上のものゝ名を讀みあげ新役員の挨拶がある。此の役員は消防小頭に相當し幹事

となる。消防は明治十七年設定され現在は青年團と全く合同してゐる。

他村よりの移住者入聟と若者連との相關係は如何であるかといふに、加入上は何等の差別なきも村内他部落にては祭禮の時は相當の差別ある處もある。從つて若者の體面を傷ける如きことあれば社會的制裁として脫會せしめた。單なる過失等の場合は唯、親分の謝罪により解消するが、脫會は現に非常に重大であり脫會者は親分とともに酒を提げて何回も同盟會に謝罪せねばならぬ。隣部落なる菊名にては河海の邊りにて若者衆の爲に水中に投込まれる。且つ若者衆は脫會者と交際せず、全然社會的に問題にせず殆んど追放的態度をとる。

五　酒　宴

以上、總會の順序を終り、羽織を脫ぎ、取持は「お世話人衆どうぞおテーラ（お平ら）に。之より酒宴に移ります。御一同樣御膳を出しますからおテーラになさいまし。」と宣言す。此の食膳を運ぶものは十七―二十一歲迄の小若衆卽ち新入者と二三年前の加盟者が當り、未だ筒袖の未成年者は世話人の長者より酒盃をつぎ、彼等は自然的に訓練されてゆく。（小若衆として雜役に服せしめる例は福島縣石城郡草野村北神谷・中山太郎「日本若者史」三一頁にもあつた）食膳に供されるものは以前は酒と生大根なるも、現在は大根を福

神漬に代へる。

六　酒宴に於ける歌謠

その歌舞を得意とせる若者二名は座の中に出で踊り、之に合せて歌ふ寄合衆は霜夜の時を忘れて興ずる。謠曲「ところは高砂」「四海波靜かに」及び俗謠「本町二丁目」「流山」の四者の中後者二つを錄採し得た。

A　本町二丁目

本町二丁目の糸屋の娘、姉が二十一妹が二十、姉に少しの望みはないが、妹はしさに〳〵御りよがんかけて、お伊勢七度熊野へ三度、芝の愛宕樣へはありや月參り。愛宕みやげに何と何をもろた。傘が三がい刀が三こし、姉もさしなよ妹もさしな、同じ蛇の目のからかさを。

B　流　山

あれ見さいよ筑波の山のよこ雲ナエ
よこ雲が下こそわれが親里ナエ
親里が夜のまゝ近くなれよがせ

×　×

東金の茂ヱ門の門のほりものナエ
鶴と龜、孔雀の鳥と山鳩ナエ

×　×

お目出度やめでたいものはお船魂ナエ
朝おろし晩には黃金を積みこむナエ

お船魂とは船の魂、舟の主を云ひ、舟祝ひの時舟の中心とも言ふべき所を四角に切り、五穀、骰子、女子毛髮、男偶を入れて之に蓋をし神主之を祭祈す。新造船には必ず祭る。

七　退會者祝儀

かくて宴會の終るに先立ち永らく若者衆と力を共にし、卅五歲を越えた者は此の同盟會より退會せねばならない。退會者は座衆に挨拶を終ると若者連は退會者を祝つて萬歲を唱ふ。此の萬歲は以前は退會者の歸途に胴上げを行ふた。併し退會者とても退會後は特別會員として二ケ年間相談役（顧問）となる。かくて退會者を送つて寄合の會を終る。併し新入者は一人前に成れる意味に於いて古參の若者は彼等を引具して三崎町の妓樓に連れて行くことを特記して置く。

八　三浦半島海岸地方に於ける青年式執行

村落の分布

私の聞知する範圍にて青年式を行ふ地は外に八ケ所ある。菊名、松輪、網代、永井、下宮田、三戸（北・神田・谷戸）。永井にては十六年目、下宮田にては十年目、三戸谷戸にては廢止し、北にては八―九年目に行ふと言はれる。神田にては若者宿を選定し宿に門松を立て日の出・鶴・龜を飾る。共同の山を選び此處よりの燃木を貢ぐ。寄合にては野菜の歌を歌ふと之に答へて亦野菜の歌を口にする。式を終ると宿の松は鄕社なる諏訪社へ祈奉する。――八・八・一三――

岐阜縣惠那郡三濃村の一農家の入口

（昭和八年九月　高橋文太郎氏作）

村上清文

三河の西北端小渡(ヲド)の町から美濃の國の明智町に向つて矢作の溪谷に沿ふ街道の左手の山丘の上に在る三濃村下柏尾の一農家の出入り口。潛り戸の前に兄妹二人の子供が立つてゐる。右上の簷先には輪に捲いてさした花がある。村の東の山脈中に屹立する惠那郡の中山さんのお祭りに多分曳かれる神馬を飾つたもの。中山さんは山犬の神樣で、當日この邊の人は馬をひいて行く。左手に出ばつて構へてゐるのは湯殿、腰から右方に軒端の影が落ちてゐる。角の柱に掛けてある籠はコシツケカゴといつて女の人が腰につけて桑摘みなどにゆくもの。下は蠶の簀、右手に白く光る障子のきはの柱には播種用にとつて置いた唐蜀黍が下つてゐる。日增しに秋色をこめてくる高原性の村居の九月初旬の晴天の日の晝下り。舊曆で日數を數へれば昨日盆をすましたその翌日。何となく季節の移りめと收穫に近づく前の小閑をあらはしてゐる感じがする。

河童の譚

久保寺逸彦

こゝに譯出した「アイヌの河童の話」は（ヘムーノエ Hemū-nōye）といふ折返す囃詞を毎句折込んで謡はれる神謡（原詩二百七十句）ではあるが、他の神謡の多くが神々の自敍傳風の神話として第一人稱敍述をとつて主觀的に敍べられるのに反して、第三人稱的敍述で客觀的に敍べられてゐるらしい點が妙である。傳承者のエテノア婆さんさへ、「何神の自敍傳だかわからない」といひながら、私に傳へた程だつた。ノートして行く中に、どうやら河童の身上譚かと早合點して、傳承者に訊ねたら、「さうかも知らん」と答へた。金田一先生に御訊ねしたら、先生も、とうにこの神謡を採集されてゐられたが、やつぱり何神の自敍か判然しないが、古老の話では染退（澁茶利）の老酋長が村人に物語つた神謡ともいひ、或はまた何神かが老酋長の夢枕に立つて告げたものだ等ともいつてゐるとの御話であつた。金田一先生は、神謡は要するに説明神話で、祭祀の理由・行事の起原・神々の根元を明かにするところに特色があつたが、漸次その重要な意義が忘れられて、興味中心となり、一篇の物語と化してしまつたものであると御説きになつてゐられる。

實はこの神謡の大略は、金田一先生が既に「民族」の第一巻二號に「求婚傳説より羽衣・三輪山傳説へ」の論文中に御紹介ずみである。そして、この説話を十勝川が不漁になり、染退川が豐漁になつた代りに、年毎に役（犧牲）として人間が取られるといふ説明説話として解ぜられ、また河童青年が花嫁の家に寄寓して、勞働して結婚を許されるに至るのは、勞働婚の痕迹を示すものだといふことを説かれてゐる。訣らないながらも、憶測すれば、この説話は結局、染退川で年々人が溺死する理由を知るため、神々に祈り、神意を伺つた時、何神かが巫女に神憑りして託宣したものが、神謡として傳承されたものかも知れない。殊にこの神謡が、「眠れる人々にてもあれ、目覺めたる人々にてもあれ、神の託宣はかくこそあれ。」と謡出て、「この染退川の、川にて、人々死につゝ、いや年毎に、あるべき（もの）と、かく、我いふものなり。」と照應して結んでゐるのは、神韻縹緲として夢見るやうな敬虔な心持とでもいひたい。ひよつとすると、「集侍はれる神主・祝部等諸聞し食せと宣る……稱辭竟へ奉らくと宣る」といふ樣な祝詞の莊重な句の更に溯つた形に一脈のつながりがあるのではあるまいか。文學の搖籃時代を思ふと、こんな大膽な假説もつひ心に浮ぶのである。

この神謠を譯すにも、金田一先生にすゐぶん御力添をして戴き、友人知里眞志保君を煩はすことも少くなかつた。度々ながら、深く御禮の言葉を申上げたいと思ふ。

河童の譚（久保寺）

（村人よ）眠つてゐる人も、眼の覺めてゐる人も、よく御聽き下さい。神の御託宣はかうなのです。

神々に呼ばれる名はルロカリペツ（海へ廻つて出る川の義）、人間呼んでトカプチ（語原説紛々なれど「陽光にて魚の皮焦げる程魚多き川」の説がよいか。）といふ十勝川の川上に、狩の名手と名を得た富裕な首領（酋長）が村を治めてゐた。その首領は子供とては、たゞ娘一人があるばかりで、今は寄る年波と共に、さしも狩獵（山に獸を狩り、川海に魚海獸をとることも含む）の名人として狩運にめぐまれ、食べ物に何不足なかつた身も、昔に引かへ、暮向も落目になり、人の山幸・海幸の噂を羨んでは佗しく暮してゐた。

或る日、何處から來たものやら、一人の若者が、此の村に訪れて、老首領の許へ身を寄せることになつた。この若者はまあなんと狩運にめぐまれた男だらうと人も驚嘆する程の狩獵上手で、海に漁り、川にあさり、山に獸を逐うては、どし〴〵家苞を老首領の家へ運び入れるのであつた。ために、首領の家の暮向も、うつて變つて、賑やかになるのであつた。

かうして事もなく、暫く日を經たが、或る一日、この若者は、何か物言ひたげな素振をしながら、暫く默つてゐたが、やがて、「村長よ。あなたの娘御を私の妻として戴きたいと思ふのですが、……豫ねて、言はう言はうと思つてはみたものの、餘りあつかましいので、切出し兼ねてゐたのです。どうか承知して下さいませんか。この願を叶へて下さるなら、村長が年寄るまで、一生涯、暮を手傳ひ、不自由なく食べさせて、極樂往生させて上げませう」といふのだつた。

老首領は、「身體が自由にきいた頃は、誰にもまけず狩獵した自分ではあつたが、かう年とつてしまつた上、働手と賴る息子もない俺のことだ。折角かうまでいつて呉れるから、無器量の娘だが、あの若い者に呉れてやつて、老後の面倒を見て貰へたら、願つてもないことだな」と思案して、若者の申出を承諾し、若者を娘の婿として、一家事もなく睦しく暮してゐた。

さて、或る夜、老首領は夢を見た。

爐頭の横座に神とおぼしく、如何にも神々しい人が坐つてパクリパクリ煙草をのんでゐたが、さて老首領に次の樣に話しかけた。

「これ、これ、我が親愛な首領よ、私は別に遠方から來た者でもないのだ。汝は汝の家の奥座にゐるチセコロカムイ（家の神。火の姥神（アペフチ）の夫と考へられてゐる。）だ。よく、私のいふことを聞け。汝の婿の若い者を、このまゝ、家に置くと、遠からず、汝の家も、村も無事でゐないぞ。ぐづぐづせずに、一刻も早く、あの婿の奴を逐出してしまへ。さうしてこそ、家も村も助からうといふものだ。」……

と、チセコロカムイが老首領の夢枕に立つて告げた。だか、老首領は、こんな口實で、あの婿を追出すことは出來まいと思つたので、その夢の神託（おつげ）にも空耳潰して默つてゐた。そしてまた何日か過ぎて、或る夜、またも老首領は同じ夢を見た。先夜の樣に、チセコロカムイが夢にあらはれて、先の言葉を繰返した。

「私は汝の家や、村のことが心配で堪らないから、婿を逐出せといつたのだ。それでも、汝は聽入れずに、うつちやつてゐるのだな。汝の婿をこの儘にして置いたら、大變だ。汝の家族も村の者も、誰一人だつて助かりつこはあるまいぞ」……

といふと、再び老首領は夢を見たのだつた。かうまで言はれては、老酋長も、氣になつて、思案の果、到頭、神託（おつげ）のまにまに、婿の若者を家から逐出すことに決めて、その旨婿に言聞かせた。逐出されようとはとうに感付いてゐた婿の若者は首領の家を去るにあたつて次の樣なことをいひ殘した。

「本當の俺の身の上を明かさう。何にだつて大將（長（をさ））はあるものだ、何をかくさう、俺は河童（ミンツチ）（蛟・虬。ミンツチは邦語の「めどち」といふもの。三尺位の子供で、頭に皿があり、手足などぶら〳〵して、直ぐに抜けるといふ。神名はシリシャマイヌ（山側の人）といふ。）の大將だ。これでも神の中（うち）に數へられるものだ。それで、俺の妻にするに足る女を神の中に探してみたが、氣に入る程の女もない。次に人間界をふりむいて見ると、十勝川の川上に村長たる首領の娘は、人間に生れながら、神界にも人間界にも二人とない美貌の娘と、目にとまつたので、俺は汝の家にやつて來て、婿となり、今まで、狩獵に骨折つて、家の暮向を助け、食物にも不自由させず養つてやつてゐたのだ。今、さういふ次第で、逐出されるなら、仕方ない。業腹だが出て行かうよ。だが、俺は行きがけの駄賃に、汝の住む此の十勝川の川筋一帶にある人間の食料（ヘル）（穀類・野菜・魚類等一切）の靈（ラマチ）も一緒にさらつて行く（さうすると、飢饉になる、アイヌの人々の考へる飢饉は、山に熊も鹿も獲れず、川に鱒・鮭も漁れず、農作物も稔れぬことを意味する）からさう思へよ」と。

かくて、その河童の首領が十勝川を去つてやつて來た所は、この染退川（シビチャリ）（永田方正翁の說によれば「シベ・イチャラ」で鮭の產卵場の川と）は、川上の二俣にある淵（ヘツタラ）なのだ。

この淵（ヘツタラ）の上手（かみて）を守る神は夫婦神で、男神はチウサンケクル（チウ（潮流・水流・水脈・早瀬）サンケ（下す）クル（人）。水の早い流を下す人。滾瀬彦とでも譯すべきか、適譯考當らず）、と呼ばれ、女神の名はチウサンケマツ（滾瀬媛（たぎり）とでも）といふ。又淵中を守る神の背神の名はチウロリクル（チウ（水脈・早瀬・潮流）ロリ（押沈める。押靜める）クル（人）滾靜彦）嫣神の名はチウロリマツ（滾靜媛）である。沼尻を領有する神は男の獨神（ひとり）で、その名はウヱンプタカム（ウヱン（惡い、醜の）プタ（蓋、もと邦語）カム（冠る、頭に戴く。醜の蓋かぶり。金田一先生の筆錄されたものにはウヱンカサコロ（醜の笠かぶり）いづれの名から考へても、河童の一族だと思はれる。）と呼ばれる魔神（ツムンチカムイ）である。

しかるに、恨み憤つて十勝川を立去つた河童の首領は、染退川の二俣なるこの淵に來て、沼尻にすむ魔神のウヱンプタカムと魔神は魔神同志で住むことになつた。その爲め、爾來、この染退川は、從來とは違つて、魚が澤山棲息して魚幸は豐かになつたが、その代り、件の河童が役（ヤク）（犧牲。魚を豐饒ならしめる代償として要求するもの。）を取るので、年毎に、（染退川では）人間がとられとられして死ぬことになつたのであるぞ。

この次第をかくと我告げ知らすのである。（完）

朝日長者の話

磯貝勇

昭和七年八月ももう終りに近い二十五日、僕は九重の山旅を終へた輕い氣持で、其朝法華院温泉を發つて鳴子川に沿ふて千町無田に出た。草から草への樂しいそゞろ歩きだつた。アサギマダラが幾頭も幾頭も悠々と飛んでゐた南國的な情景を今でも覺えてゐる。千町無田の略ゞ中央部にある一軒茶屋で一休みした。

七十に近いと言つた其處の媼が、「朝日長者の梅」だと言つて差出した香のいゝ果實と共に「朝日長者の話」だと言つて話して呉れたのが此昔話だつた。先を急ぐ身だつたけれども、リュックを下ろして、澁茶を啜り乍ら一時間もかゝつてこれを聞いた。

（昭和八・九・二七）

87　朝日長者の話（磯貝）

昔、千町無田に朝日長者と言ふ長者が住んでゐて、そこに三人の美しい娘がゐた。長者の家には、前千町後千町の廣い田があつた。或る年のひでりに田の水が干上つて前千町後千町の田は干割れた。一人や二人の力では此廣い田に水を充たす事が出來ん、長者は娘を嬶(かかア)にやると言ふ約束で、大蛇に田に水を容れて貰ふことになつたら、一夜の中に前千町後千町の田には水が一杯になつたが、長者は大蛇との約束を思ふて悩んで床についた。そしたら一番上の娘が、

「お父さん、御飯が出來上つたから召上れ、今日は顏色が大變悪い様ぢやがどうかされましたか」

と言ふて慰めに來た。長者は大蛇との約束を話して

「大蛇の嬶になつて呉れる様に」

と頼んだが

「誰が大蛇の嬶に行くか」

言ふて、一番上の娘は斷つた。今度は二番目の娘が

「お父さん、お飯が出來上つたから召上れ、今日は顏色が大變悪い様じやがどうかされましたか」

言ふて御飯をすゝめに來た。長者は大蛇との約束をはなして

「大蛇の嬶になつて呉れる様に」

と頼んだが

「誰が大蛇の嬶に行くか」

言ふて、二番目の娘も斷つた。今度は三番目の娘が

「お父さん、御飯が出來上つたから召上れ、今日は顏色が大變悪いやうながどうかされましたか」

言ふて御飯をすゝめに來た。長者は大蛇との約束をはなして

「大蛇の嬶になつて呉れる様に」

と頼んだ、親孝行ものの末娘(すえこ)は

「有難い本を十三卷作つて呉れ、そしたら大蛇の嬶に行く」

言ふて承知した。

長者の家では、有難い本を十三卷、末娘に持たせて、立派な嫁入仕度をして、大蛇の居る御池に行かせた。末娘が有難い十三卷の本をかゝへて池の側に立つてゐたら、大蛇が出て來て大きな口をあけて娘をのもうとした。末娘は有難い本を一卷づゝ十三卷投げたら、十三番目を投げた時に大蛇は立派な女人になつて、末娘の御蔭で人間になれた事を御禮して何處かへ行つた。

末娘は今更長者の家に歸ることも出來ないので、山サ越して旅に出ようと思ふて歩き出した。其中に日が暮れた。遙か向ふに赤い灯がチンガリ見えるので其處へ行つたら、其處に一人の婆さんがゐて、

「此處は人の住む家ぢやない、鬼の住む家ぢや、わしも若い時に此處に迷ひ込んで鬼の嬶になつたが、お前は早く逃

げんといかん、しかし今、鬼子(おにこ)が歸るから、其處の櫃の中にかくれておれ」

と言ふた。其處へ二匹の鬼子が歸つて來て・

「人間臭い、人間臭い」

言ふた。婆さんは

「人間なんか居りやせん、早く寢え〳〵」

言ふて鬼子を寢かした。婆さんは鬼子の寢てゐる間に末娘を櫃から出して、奇麗な着物の上からドンザギモノを着せ、猫の皮をきせて山サ行かせた。後から鬼子が山サ行く途中、猫が山サ登つて行くのを見たが、今日は父さんの命日じやと云ふて喰はなかつた。

猫の皮を着た娘は峠を越へて或る村に出て、長者の家の隣で何か仕事はないかと尋ねた。丁度長者の家の風呂焚きが一人要るのでそれに賴んでやると言ふて賴んで吳れた。そうして其長者の風呂焚きになつた。末娘はドンザギモノを着て、顏は眞黑にして働いた。

或る時、長者の家で芝居があつた。末娘はドンザギモノを一寸脫いで、顏を洗ふて、芝居を隙見した。それを長者の若旦那が見た。末娘は逃げて風呂焚場に歸つて相變らずドンザギモノを着て、顏を黑うして何知らん顏でゐた。其處へ若樣が追ひかけて來て、

「今、此處へ奇麗な娘が來なかつたか」

と尋ねた、風呂焚きの末娘は

「知らん」

と答へた。若旦那は色々探してみたがたうたう判らんので重い病氣になつて床に就いた。長者の家では心配して醫者を招んで手を盡したが却々なほらんので八卦をみて貰ふたら「長者の家にゐる女子を殘らず病氣してゐる若旦那の前に出せ」言ふた。長者の家には四十七人の女中がゐた。それを一人一人藥を持たせて若旦那の前に出させたが、若旦那は誰が持つて行つても嫌ふて藥を飮まん、たうたう風呂焚の穢い女子一人になつた。あれも女子ぢや言ふので風呂に入れてドンザギモノを脫がせたら見違へるやうな奇麗な娘になつた。若旦那の前にあんばいを伺ひに出させたら、若旦那はよろこんですぐ病氣がなほつた。

そうして、こんな奇麗な娘は屹度、朝日長者の末娘に違ひないと云ふ事が判つて、長者の家の若旦那の嫁になる事になつた。そうして七日七夜の祝言をした。

朝日長者の話（磯貝）

正誤　八號八七頁（七二三頁）十一行「中學越史提要」は撮要、九行コンクシヨンはコレクシヨン

九號十六頁（七五七頁）下段七行禍は禑。

酒桝星

内田武志

「民俗學」六月號に櫻田勝德氏が「アテといふ事」を書かれた。其中に漁夫達が一つの山アテにより方角を悟り、二三のアテによつて船や瀬の所在を知るといふのがある。

斯樣な風は駿河の海岸地方でも同じ事をやつてゐて、之を「タケを見る」とか「ヤマを見る」などと云つてゐた。燒津から漕ぎ出して駿河灣の眞中程にある瀬の海に行く迄に色々と魚の住家が幾つもあつて、其處を一々タケを見て名稱が付けられ記憶されてゐた。近い處から順に云ふと、ガマダシ、アンニョージダシ、チョッキダシ、カンバラダシ、セイケンジダシ、キッタチ、オカダカミ、クボタカミ、オークボゴンゲンサン、ナカツブラ、オキノツブラ等となるのであるが、此事はいづれ整理して報告する積りであるからこゝでは精しく書かない事にする。

尚櫻田氏が同文の中で、しかし山アテは山の見える間だけの事で星のきらめく夜になると切角の此心覺えも通用せぬ事になつてしまふ。それでこんな時には專ら星アテを賴らざるを得ぬわけであつて、此夜商賣に注意されてゐる星は筑前の糸島では北斗星、七夕、昴（甑島ではスバイ）夜明の明星らで、又ヨコスギといふ桝に柄をつけたやうな形の星座も標準にされてゐる。そしてこのヨコスギと云ふ星はスマルよりも一時遲れて上つて來てスマルの通る筋よりも少し下の條をスマルを追ふて西に沒する星だと云ふ事を書いてをられる。

處でこのヨコスギといふ星である。櫻田氏は其星が幾個からなつてゐるのか云つて居らぬが、其形が桝に柄を附けた樣だと云ひ、昴星の一時後に續くと云ふ其位置からみても之は確にオリオン座の參星を桝の一邊とし其他の星と共に結んで廣く酒桝星と呼ばれてゐる星の事だらうと思ふ。

此星はサカマスボシ、サカヤノマス、サケヤノマス等とも云はれて居るさうで、其形は北斗七星の柄杓形の桝とは違ひ次の圖の樣になるものである。

即ち三つ星を其傍の星と共に結んで、酒屋等にあつて酒や醬油等を量るに用ゐる角に柄の付いた桝の形に見立てたのである。

酒桝星（內田）

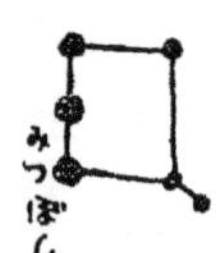

此酒桝星の名は中國、四國、九州地方で云はれてゐるさうであつて、四國の松山地方では此星の出る頃、新酒が出來る等と云ふさうである。（野尻抱影氏放送講演）

最近出版された「大言海」のさかます（酒桝）、の條を見ると次の樣に出てゐる。「酒ヲ量ル＝用キル桝。底ノ外部ニ對角線ニ沿ヒテ長キ柄ヲツク、故ニ柄附桝トモ云フ、流動體ヲハカル＝因リテ柄ヲツクルナリ」とある。そして參考として成形圖說が引かれてゐる。「成形圖說（文化）酒量、一名、柄附量（エツケマス）、參伐星ノ形是ニ似タリ、故ニ酒量星（サカマスボシ）ノ名アリ、此器、酒。醋、油等ヲ料ル」

方言集などで星の名に注意されてゐるのは餘り無い樣であるが――尤も自分は數多くの方言集は見てゐないが、今手近にある福里榮三氏の南方薩摩方言集（方言誌、第五輯）の天文の部を見ると、サカマイドン、サカマシとあつて北斗星と譯されてゐる。そしてサカマシは「逆桝」の事だと注記されてある。其處から程近い種子島でも、鮫島松下氏の種子島方言集（方言、第三卷第三號）を見るとサカマス、北斗七星とある。

又、能田太郎氏の肥後南ノ關方言類集（方言と土俗、第三卷第三號）にはサカヤンマッスサン、北斗七星とあつて、此星の有明に現れる頃が麥のシヲ（蒔き時）なりと云ふとある。

處が星の研究家野尻抱影氏が南ノ關から遠くない肥後の隈府地方の星に詳しい人に聞かれた處によると、其地方ではサカヤノマスと云へば前記の三つ星其他を酒桝に看做してさう云ふのだとの事である。そして又別に「大きなサカヤノマヌ」があつて、それは夏の夜空に正方形を描くペガスス其他の事らしいとあつて、此報は越後の人からもさう云つて來て居るとの事である。（野尻抱影氏書簡）

然しこれら酒桝星を北斗七星とする地方の報告は誤りなのかどうか、北斗星もその柄杓の如き形からして柄杓星、杓子星と呼ぶ地方も多いし、マス星と云ふ處もあるから或はそれと同じ見方をしたのかも知れない。尙各地の御報告を得たいものである。それにしても櫻田氏の擧げられた糸島のヨコスギとはどんな意味なのであらうか。是非伺ひ度いものである。（八・七・九）

シデとシデバチ　東京府西多摩郡小河内村では松の根を小さく割つて（昭和六年に標本用に作つて貰つたものは長サ約三寸位）シデを作りお盆の迎火にたく。しかし以前は照明具としても用ゐられ、シデバチと呼ぶ絎や石の燈台にて燃した。昭和五年のことであるが、もと使用したシデバチが石の方なら家によつて間々とつてあるといふのを聞いた。（村上）

豐前今井祇園祭の八撥

宮武省三

民俗學五卷五號に所載された雜賀貞次郎さんの「紀州堅田八幡のヤツハダウチ」は洵に面白い記事で、私が大正十四年見た豐前今井祇園祭のヤツパチにも多少似通ふところあるから貴誌を藉りて之をお知らせしたいと思ふ。

先以てこの今井の祇園といふは豐前のどの邊にあるかと言ふと小倉から別府方面行省線行橋驛の東一里二合、即ち京都郡今元村大字元永といふ所に鎭座する大祖大神社内に同居せらる神さんで在て、聞けばもと今井に在らせられたのが後に元永の大祖大神社内に引移られたのじやといふから大祖大神社から言はせると母屋貸して廂とられた姿となつて、今でも大祖大神社と言ては知らぬ人多いが、今井の祇園といへば豐前では知らぬ人もない程有名なお宮となつてゐるのである。

夏祭は毎年舊六月十三、十四、十五の三日間（私が出かけた大正十四年は新八月二、三、四日にあたつてゐた）で、此本祭となる迄にも村では「鉦おろし」といふて神事の序幕に入つた日から色々準備にかかり、「輪上げ」とか「綱納め」とか風變りの行事がとりおこなはれてゐる。輪上げと言ふのはなにかといふと、毎年祭がすむと山車の輪は秡郷川といふ附近の川中にいけて置くのであるが、それを又祭がくると引上げることを言ふので在て、此とき車輪の通る道筋には藁火をたき、其煙風にあたると病氣しないなどいふ俗信があり、綱納めといふのは稲童といふ所から山車を曳きまはす爲に新調の途轍もない太い綱を納めることで、祭日に此大綱で山車を曳きまはすこと、神輿の渡御がないので一寸目には物足らぬ感じはするが、最終日にヤツパチといふて神籤で選ばれた子供が參拜するのが昔から呼物となつてゐるのである。

藩政時代には此祭は藩主小笠原公の代拜使筋奉行が郡内の大庄屋小庄屋小供役等を指揮して行つたさうだが、山車の曳廻はしに随分力瘤いれたと見え、此宮に暫く仕へてゐられた吉門外起夫氏が態々私の爲に抄錄してくれた正德元年の山車行列次第には左の通り見えてゐる。

仲津村今井津祇園會行列之次第

六月十五日市場幷河原祇園社注連之内山車揃之事

豐前今井祇園祭の八撥（宮武）

一番市場
一番今井西丁之事
但此事西丁曳立候時元永村へ今井村の庄屋方頭より其の旨注進可申事
二番同東丁之事
三番中洲村之事
四番眞菰村之山
右之次第可相揃事
二番從市場河原へ揃候次第
一番元永村之山
但今井村西丁の事唯今曳立候段注進有之次第定式の場所へ早速舁出殘る事を可相待事
二番眞菰之山
三番今井村東丁の事
四番同村西丁の事
五番中洲村の事
六番金屋村の書
右之可爲次第事
三番祇園社注連の內へ揃候次第
一番元永村の山
二番眞菰村の山
三番今井村東丁の事

四番同村西丁の事
五番中洲村の事
六番金屋村の事
右之趣堅可相守之若違亂之族有之者、可覃沙汰者也
正德元辛卯歲五月二十六日
宿久善右衞門

ところが現今では此行列次第も崩れて山車は一番元永村、二番今井東町、三番今井西町の三本よりしかなく、又祇園社注連の內への出揃はやつてゐるが、市場への出揃は亡くなり初日は今井の二番三番が其區域內を曳き廻はすだけであるが此元永の分は舁き山で大勢の若衆が肩に擔ぐこととなつてゐる。二日目は元永の一番が其區內を曳き廻はし、そして山車で今一つ目立つことは山棒と稱して長さ數間の棒が立ち是に「天下泰平」としるされたはりぼてがつけられてあるが、泰平どころか此祭には昔から喧嘩が附物であつたさうで、今尙其名殘として今井の者はサンヤリと稱して青竹の先端を尖がらして持つ風がある。是は喧嘩のとき此サンヤリで相手を突き刺しても咎めなきことゝなつてゐたものじやと言ふが、今では、そんな蠻風も許されないから、サンヤリは專らヤツパチの警固の意味に使用されてゐると所の者はいふ。それから納幣式といふが今尙現存して、眞菰元永の兩村から奉幣する慣例となつてゐるが、是に就

て明治四年の左の文書がある。

納幣式御定書付寫

一、今井村福島新五郎の儀　今井津須佐神社祭之節納幣は從來之通神殿にて可致事

但御酒御供共神殿にて頂戴可致事

一、元永村主願之者右同斷之節　向後神殿之椽にて納幣可致事、

但御酒御供共同所にて頂戴可致事

一、右納幣之節先後從前之通　今井村納幣相濟ける及混雜不致樣　元永村納幣可致尤爲見糺附屬出張爲致候事

一、今井村元永村眞菰村金屋村之山車神鏡幷簾相用候義差免候

但自今以後相用度品候節は伺出可受差圖事

一、當日七ツ時限り個所々々江引取候事

右之通式則相立候共餘從前之通相心得堅可相守者也

明治四年未六月　民事課縣印

元永正內殿

平嶋精一殿

右舊式之通執行仕申度奉伺候以上

金屋村庄屋　西頭堅藏　判

眞菰村庄屋　刀禰九八郎　判

元永村庄屋　吉永甚平　判

右之通伺出申候間宜敷仰付可被下度候以上

平島精一　判

元永正內　判

小倉縣御役所

書面聞屆候事

壬申五月十日

小倉縣　判

今でも矢張納幣使が裃着用、大麻を肩にして列するが、扨いよ〱最終日の十五日、卽ちヤツパチの出る日は、どういふ行列次第でお宮に行くかと申すに先づ第一番に、舁山である元永の山車だけが先頭となつて社前の空地へと運ばれる……ところで之は綱で曳廻す分でなく肩に擔ぐのであるから力はいるし、暑さはこたえるし、やりきれないのに同情すとあつてか、通る道筋の家々は戶口に水を用意して之をほでる若衆にかけてやる。其役目は年頃の娘か、少年達に任かされてゐるものの如く、わけて赤湯卷に浴衣、赤襷の生娘が、バケツ又はドンゴロス製の水袋を手にして水を汲みてはかけ、かけては汲み、若衆のぐるりを縫ふて活躍するいぢらしさ、全くエロ、グロこき交ぜて、田舍ならでは見る能はざる風情である。この次には又多數の若衆が入り亂れて阪妻の劍劇よろしく互に手にするサンヤリを打ち合はしパチ〱音さすのである。之はヤツパチに烏の聲

を聞かすは不吉であるとせられてゐる爲であると言ふが、之だけ、けたゝましい音すれば、鳥でなくとも恐れをなして、いかなる惡鬼も退散するであらう、實に他國に類例のない型で、豫てヤツパチの前衛としても、ふさはしい氣分のする見ものである。

豐前今井祇園祭の八撥　（宮武）

其次に傘鉾二本、國旗二流、それから前述の納幣使、裃にて列し、すぐうしろに所謂ヤツパチと呼はる稚兒が大人に抱かれて、つづくのである。之は肩馬に乘ると曾て聞てゐたけれど、……或は道中が長いから時にさうする場合があるのかも知れないが、私が社前で見たときは肩馬でなく稚兒を立姿のまゝにして抱いてゐたのである。其後に大傘持つもの、東區とかいた大團扇もつもの、碁盤を肩に擔ぐ者つゞくが、祭に碁盤を擔ぎ出すは異風につき謂れを聞て見ると之はヤツパチを若し下におろす場合あるとき此碁盤の上に立たす用意の爲に持ち運ぶのであるといふ。そして此胴勢は今川東區出の者であるが、其次に西區、最後に中區の順序で繰出る連中も矢張東區と同じやうサンヤリをカチ〳〵叩き合はす若衆を先頭にヤツパチ、花傘、唐傘もつ者につゞいて例の碁盤を肩にかつぐ者、大團扇もちから成立てゐて、要するにヤツパチと呼る稚兒は總計で三人である。其ヤツパチの服裝と言へば、いづれも烏帽子、水干で子供ながらも今日の晴れの社參まで神籤で選ばれた日から別火でとほし、身まはり一切母親の手から離れて父親がするほど潔齋せられてゐるから、よく世間有勝の衣裝自慢見せびらかし的の親馬鹿氣分は浮いたほどもなく有難に田舍は純眞なものぢやと賴母しくも感ぜらるのである。又話が、ちぐはぐになるが、ヤツパチの新調衣裝は十三日座敷の天井まんなかから花笠を垂らして其中に吊り、十四日の晩には翌日サンヤリを持て列する若衆を此下に招きて祝酒を振舞ふ例となつてゐる。ところで此ヤツパチの事である。玆處では奇態にも神籤で選ばれた稚兒そのものをヤツパチと呼んでゐるけれどヤツパチが八撥であることは瞭かである。嬉遊笑覽に「八撥は〔撮壤集〕に八撥毬打玉樂とみえまた〔尺素往來〕八撥曲舞などみゆ八は數の八あるにはあらず彌ツの義にて必しも定りたる數にあらずすべて物のかさなることをいふ八撥は羯鼓をうつに兩頭を擊ゆえに名づくるなり〔杜氏通典〕に羯鼓、正如二漆桶一兩頭俱擊、以出二羯中一、故號二羯鼓一、亦謂二之兩杖鼓一、とあり兩杖は即八撥なり〔唐書禮樂志〕に帝又好二羯鼓一云々、帝常稱、羯鼓八音之領袖、諸樂不レ可レ方也、とみゆ帝は玄宗なり開元二十四年に胡部を堂上に升せてこの戎羯の音をいみじくもてはやせり故に天寶の樂曲に涼州甘州伊州の名あるはみな邊地になすらへたるものにてそれらの胡舞ともに羯鼓を用ひし也八撥を打たびの數と心得るものは非なり〔安齋隨筆〕に小笠原刑部信綱の〔乘馬方事〕といふ書に手綱を長く取候て肘の後へまはるをば八ばちたつなと云てわろき事に申す云々八鉢を八からかねともいふものもらひの童のすることなりと有り八鉢と文字にて書たるより安齋の說なるべし八からかねを八鉢といふこと見及はず羯鼓を頸にかけ胸につけて撃ときは肘後へ廻るべきなりされば是も八撥手綱と心得べし八撥は右の如く羯鼓の兩杖なるを後は大鼓うつにもいへるは曲打することなり（本義にあらず）〔鷹筑波集〕八ばちをうちて踊れや十六夜また十六になる袖のやさしさ八撥を二度まてうてる子供達云々」とあり、紀州堅田八幡のヤツハタウチも雜賀さんの記事によると胸に大鼓を吊てゐるといふから形式は多少備へてゐると思ふが、此今井祇園のヤツパチと呼る稚兒は兩杖鼓なども持ちもせず、右手に日の丸扇を開てもつだけであるから、なんだか其名にそはない感がするのである。しかし、私の想像するところでは之も昔は必ず兩杖鼓つかつたのが、いつとなく廢たれ忘れられて今は其名のみが遺てゐるのでないかと思ふ。京の祇園祭七月十一日に馬上悠々として長刀鉾、及放下鉾の稚兒が所謂「稚兒の御位」を貰ひに社參するが、室町時代には此稚兒も左程重要な地位に置かれたものでなく神人の侍童くらゐに過ぎなかつたといふ說もあるやう、又其稚兒は胸に羯鼓（之をイツチヤウと呼んでゐる）を吊り七月十七日午前には辻々で俗に稚兒舞と呼はる曲舞（クセマヒ）を演てゐるが、三年前からは何故か放下鉾の稚兒は廢止せられて人形が据えられ、其人形はゼンマイ仕掛けで手が動くやうにしたものと代つたので、もう稚兒の出るは長刀鉾だけになつて仕舞つた如く、特殊神事のあるものが色々の事情に由て廢たれ、或は變遷して行くのは已むを得ないことであらう。聞けば、稚兒も炎天に、あれだけの厚裝束つけて出るのであるから、あつけすることもあるし、眩暈（めまひ）などして巡行中墜つる危險もあり、經費其ものも稚兒を出す家の自腹で、莫大なものじやと言ふから、長刀鉾の稚兒の如きも、いつかは又放下鉾と同じやうな運命をたどるのであるまいか。此他に函谷鉾、月鉾、鷄鉾の三つにも矢張稚兒姿の人形が飾られ是等はいつ頃出來たものか知らぬが、あの名高い放下鉾、俗に洲濱（すはま）と呼る鉾の稚兒が、遂に影を見せなくなつたといふことは實に名殘惜しいものである。上州沼田町の祇園祭の如きも其歌詞に「祇園祭りのナアみこしの出端に神をいさめの本かぐら本舞臺には狂言葛鼓そろふ手おとり提灯の數も萬燈にきやかにおくりむかひ底ぬけの天井ぬけた馬鹿はやし云々」（今昔四卷六號大河源祇園置手土產より）とある如く、なか〳〵賑つたらしいが、今はさびれて火の消えたやうになつたと言ふから、いづれの國も似たり寄たりと言ふべく従て豐前今井祇園祭に今ヤツパチと呼ばれてゐる稚兒が兩杖鼓も持たず、ヤツパチと言ふは此稚兒の別名の如く思はれてゐるのも別に不思議とするに足らぬであらう。

話が、それからそれへと道草したが、最後に、もう一つ今井祇園祭の風變りなことは、前述の行列が社前につくと、一同は勢よく幾級もある石段をかけ上り、別に立とまるやうなことはせず、只其儘エイ〳〵と叫びつゝ神殿のぐるりを廻はりて直さま引返すことである。あれだけ道中ワイ〳〵、叫めいて來たからには神殿にも上りて、ゆつくり神さんでも拜むのかと思へば、さ樣なことは更になく、サツサと又大勢は八撥稚兒を擁護して急ぎ歸つたのである。なんといふ氣忙しひ社參であらう、實に呆氣ないものであつたが、それだけ又私には九年前の見物ながら、未だ其當時の光景が、あり〳〵と目にちらつく印象深きものであつたのである。

（昭和八年七月廿六日稿）

ヘラノキ・正月どんの唄

それから僕も東北もので仙臺生れですおまけに町を點々とうつり住んでの故鄉無しですから、村は誠に不案内で咄になりません、それで來年邊りから何處か邊土に數年住んでみたいと思つてゐますだから御手紙をみて大變浦山しく存じました。當地方の農家は雪國とちがつて簡單です物を殆ど貯藏する必要がない、薪木を屋内に圍ふ事もなければ漬物も至つてつけませぬ、味噌も麥味噌が多く、二年みそ三年味噌をくふなどいふ事がなく、古みそはまづいとて造つたものは直ぐたべてしまふやうです。漬物がないのでつけもの好きの私は、此夏蕪菁ばかりくはされて閉口しました。

それから「衣服の事」にかきましたヘラノキは、東國のマダノキ、シナノキです、「甑島の年の神」の中の唄（第五卷第七號三〇頁）も一寸をかしいと思つてゐましたが、やはり一句ぬけてゐましたあれは

正月どんハ何時か
正月どんはいつか
あさつてでござる――（之がぬけてゐました）
弓矢もつて矢持つて
モクジュウに杖ついて
カッツル〳〵いふてござる

でした、九州資料は九州の人にかかせたかつたですれ、僕なんかは唯通り一遍の旅人にすぎぬのでまだ此地の言葉にさへ馴れてゐませぬ。

草々

九月二十九日　櫻田勝德

――編輯者あての書簡部分――

安南旅行記（第三信）

高平にて

松本信廣

河内極東學院に於ける文庫作業が稍一段落ついた時ガスパードン氏が親切に北部東京地方自動車旅行に行を共にせんことを勸誘して吳れた。願ふてもない好機會なので早速之に參加することにする。選定された目的地は廣西國境に近いカオバン（高平）で河內から三一四キロメートルの北方に位してをる。九月二日七時半河內を出、フルーヴ・ルージを渡り、坦々たる並木道を疾驅してキャナル・ド・ラピッドを渡り、バクニン（北寧）道を分れて左折し、北上、漸く丘陵地帶に入り、タイグエン（一原）バカン（一浒）を經、コル・ド・ヴンの峻路を突破して夜の帳りの下りた頃、高平の町に入り、オテル・フェリエールと云ふに投宿した。初めて見た高地の風光は美しい。リアスの一杯茂った森林の掩ふ山塊は、日光を受けて輝いて居る。その間を眞一文字に自動車は疾驅して行く。が氏は案內記を讀みながら此邊虎多しなどと敎へて吳れたが丸で別世界の事實の樣にしか受けとれぬ。高平盆地の門戶であるコル・ド・ヴン（風の峠）の北側は、樹木のない花崗岩の山脈で、一望開曠、波浪の如く起伏する峯巒を眼下に見下す風景は雄大であつた。

此日の行程は、デルタ地帶を過ぎ、丘陵地帶を橫切り、山岳地帶に入る極めて地貌の變化の多い道程で、しかも此地形の變化は住民の變化と相應じて居る。一望果てしなきデルタの水田地帶には頬のこけ蔦色の衣服を纏ふた安南人が住し、丘陵起伏する中間地域に至ると藍色の衣を纏ふた柔和な相貌のタイ族の一種トー（土）が勢力を占めて居る。彼等はタイ族中にあつても安南文化の影響色濃い種族であるが、日本の神社の樣に千木のある杭上家屋に住み、峽間の段丘水田を水車で灌漑してゐる。タイ族の住地より上方山岳地帶にはマン（蠻）が占據し、火田耕作をなし、更にその上部八、九百米

第一圖・デルタ地帶の風景（東京河內附近・安南農夫の農耕）

——此處に揭載せし寫眞は全部印度總督府寫眞局の撮影せしものにかゝる——

第二圖・中間地帶の風景（バカン附近）

第三圖・高地帶に於ける苗族の部落及び耕地

第四圖・花苗女子 (LaoLay, Pakha附近)

第五圖・ヌン族（タイ）女子（同）

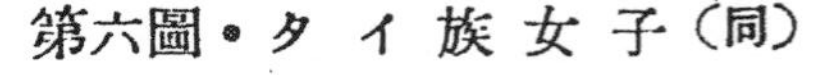

第六圖・タイ族女子（同）

より一千五百米に及ぶまでの間を苗人が占領して居る。彼等の住居地域の相違は、要するにその移住時期の遲速によるので、タイ族に遲れて蠻が到來し、更に遲れて苗が逃げこんで來たわけである。蠻の南遷は明代らしいが、タイ族が最初よりの住民であるか否かは未だ問題である。考古學は、先史時代の住民が矢張り南方同様インドネジアンであつたことを立證して居る。して見ると現在のモンゴル系種族の到來が比較的新しいことが推測され得る。此山間に來て痛切に感ずることは少しも想像した様な瘴癘の地とか野蠻人の住地に來たと云ふ感じの起らぬことである。勿論キニーネを呑んでマラリアに備へはしてをるものゝ自然は思ひの外に美しく、住民も相當な文化を有し、安南人よりも溫和な子供々々した感じを與へる。支那國境內の彼等の一族は今でも支那內地の無政府狀態に恐れをなして漸次印度支那內地に逃竄しつゝあるとのことである。高平はなだらかな山間に圍まれた靜かな邑落で、此處に第二軍政地域の中心が置かれ司令官が駐剳して居る。白人黑人安南人からなつた殖民兵が駐屯し、此單調な町に一脈の活氣を與へて居る。到着の夜、ガ氏夫妻と月明の街を散歩して、ホテルの近くにある市場の廣場に出る。此處に官許の支那人經營の小賭博場あり、雜多な人種が集つて茶碗の中に入れた錢の裏表で丁半を爭つて居る。天井に穴があつて其處からも見物人が勝負を覗き、賭金を籠に入れて垂下して居るのは面白かつた。また町はづれに出て遠山に火田の民の山を燒く炎を火事と間違へたのも一興であつた。

第七圖・苗族の耕作

翌日河內極東學院院長代理から紹介狀が司令官宛に出て居ると云ふのでガ氏と共にその官舍を訪れる。どんないかめしい軍人に遇ふのかと內心恐れをなしてをると、あにはからんやパリー時代土俗學研究所のモース氏の講莚で始終顏をあはしてもたユール少佐で、話は舊師達のことに及び、思はぬ所で巴里の憶ひ出に耽ることが出來たのは愉快であった。氏は部下にくじの各營(ポスト)の人文地理的モノグラフを作成させてをる。ボニファシイ歿後北部東京の人種誌がこういふ人々によって纖受されることが出來れば幸ひである。

第八圖・バンジォクの瀧

少佐の紹介で人種を見る爲にグエンビン（原平）の營(ポスト)にティセイル大尉を尋ねた。生憎此日は市場のない日で、かつ舊七月十四日の屋內行事の行はれる日なので戶外土人觀察の便宜なく再來を約して高平に引返した。グエンビンとカオバンとの間の距離は四十三キロ、その間は石灰岩の山塊屹立した溪谷道で風景極めて美しい。殊にグエンビンの盆地を見下すポストの展望は忘れ難いものがあった。

その翌四日、廣西國境にバンジォクの瀧を見に行く。八時四十分高平を出て八十二キロの峻路を西方にドライブする。石灰岩の峯巒がつらなりそびゆる風光は昨日にも增した美しさである。沿道は高原性で、草原の上に水牛、山羊、牛、家禽などが放たれてゐる。住民は何れもタイであって、車上の我等を敬禮して送るのも人懷しい。バンジォクの瀧は高さ三十四米、河身全部がリアスの漂ふ岩壁の間を飛沫をあげ落下してをる狀は小ナイアガラの觀がある。この河の對岸が廣西省であると聞くとなんとなく懷しい。河床に踞して晝食をとると多數のトーがあつまつて來て見物し乍らそばを離れぬ。そして食後吾々の殘した瓶とか紐や紙片を物珍らしさうに拾って行くのであった。

書評

村山智順氏の朝鮮民間信仰四部作を讀みて

村山智順氏は朝鮮總督府の依囑によつて朝鮮における民間信仰を調査し、その成果を發表せるもの既に四部に達してゐる。昭和四年七月「朝鮮の鬼神」を公にし、同六年二月には續いて「朝鮮の風水」を、同七年三月には「朝鮮の巫覡」を、而してこの度は「朝鮮の占トと豫言」と著はされた。四部いづれも堂々たる大册を成し、紙數實に併せて二千六百餘頁、朝鮮民俗學界における一大收穫と謂はざるを得ない。のみならず、氏はその資料の蒐集において、若干の援助を警察方面に負うてゐるとはいふものゝ、殆んど大部分のそれは氏個人の努力によつて得たものであるらしい。あらゆる文献を渉獵し、民俗上の資料をも可なり豐富に蒐集せられてゐる。いかに永い間倦まず勞心されたかを依つて知ることができると思ふ。草創の際とはいへ、つひ二三年前まで殆んどその存在さへ漠として疑はれる位であつた朝鮮の民俗學界が、近來俄然として生氣を帶び來たり、ちよつと賑々しき感をまで與へるやうになつたその功績の大半は、恐く村山氏のこの四部の大著にあるのではあるまいかとさへ思はれる位である。

村山氏は恐くこれら四部を資料として學界に送られたのであらう。隨處に氏の學者としての見解が見受けられるけれども、それは資料を分類し系統立てる上の必要以上には出でず、大體においては資料といふ點に重きを置いてあるやうに思はれる。よつて私はこの四部作の民俗資料としての價値について以下讀後の寸感を、本誌編輯子の請ひによつて、述べて見たいと思ふのであるが、なにしろ氏の蒐集資料は可なり廣汎な範圍に亘つてゐるので、私の如き淺學を以ては到底容喙し能はざる部分も少からず存することを先づこゝにことわつておかなければならない。

朝鮮の鬼神　二編より成り、第一編においては鬼神說話、鬼神の學說、民間の鬼神觀、鬼神の種類等についてそれ〴〵文献上並に民俗上の資料を配列し、第二編には禳鬼に關する種々の民俗上の呪術が收載されてあるが、我々の興味を惹起せしむるところは第二編及び第一編三章四節以下であつて、これは民俗學的資料としても大體信憑していゝと思はれ、またその量も可なり豐富である。が、それより以上に收められてある文献上の資料については、その中に民間信仰としての資料的價値が果してどの程度にあるかを、その一々について一應檢討した後でなければ迂濶に之を用ゐることはできない。それらの中には、支那の小說より傳はれる思想そのまゝのものもあり、儒學・道敎及び佛敎思想の影響を濃厚に受けたるものなどもあり、又或は單なる文學思想としてのみ見做すべくして民間信仰としては取ること能はざるもの、知識階級の間に限られたる外來の思想にして一般の民族思想とは無關係のものなどもあり、殊に又支那の史籍に現はれる古代朝鮮人の信仰については、それは大體において皮相的なる觀察である場合多くして、文字通りそれらに信憑することはよほど危險であるからである。しかしながら、かゝる事柄は或は此書においては問題外のことに屬するかも知れない。この書の主觀はたゞ文献上の資料を網羅し、それを分類排列するにあつたのかも知れない。

朝鮮の風水　三編より成り、第一編には風水の意義、風水術、風水書等について、第二編には墓地についての風水説とそれによる墓制、並にそれより生ずる信仰・社會問題等について、第三編には風水信仰による住居・都邑の問題について、それ〴〵豐富な資料が擧げられ、これを讀んでいくにつれて高麗以降の朝鮮社會が上下を通じていかに地理風水説に心醉してゐたか、又それがいかに半島社會史上並に宗敎史上重要な役割を演じてゐたかが痛感せられ、私は風水について何等知るところはないが、恐く良著と稱せられるべく、又資料としても大體において信憑すべきであらうと思はれるのであるが、たゞ高麗以前のことに關する文献に就いての扱ひ方と著者の議論とに就いては間々首肯し難きところあるを發見し、又誤解らしきところも數ケ所見出される。けれどもそれは少しも此書の價値を傷けることはあるまい。

朝鮮の巫覡　凡そ八章より成り、第一章には巫覡の分布、第二章には巫覡の稱呼、第三章には成巫の動機と過程、第四章には巫行神事、第五章には巫禱の儀式、第六章には巫覡の需要、第七章には巫覡の影響、第八章には巫具と巫經、についての資料が集められてゐる。朝鮮巫覡の大概を知るには便利な書であらう。しかし、これは編者がその凡例においてことわつてあるやうに、その資料の大部分が各地の警察署の報告によつたものである。從つていづれも簡に過ぎ、正確さを缺き、且つ又粗雜にして、學術上の資料としては遺憾ながら多くその價値を認めることはできない。この責は毋論報告者が負ふべきであらうけれども、編者の咎として見逃し難いところも決して少くはない。極めて平易な數例を擧げるならば、八章二節の巫經において、玉追經・獄黜經・玉祝經・屋出經・玉取經・玉抽經・玉草經等と列記したる巫經はこれ皆玉樞經の誤報であるに拘はらず、編者はこれらを皆別々な經として一々列擧してゐる。天壽經・千數經・千壽經・天手經・天數經等はいづれも千手經の誤報であつた。都尼・達安等は陀羅尼にすべきであり、禱惡經は禱厄經に、解願經は解寃經に、八人經・八日經等は八陽經に、不正經は不淨經に（まだいくらも例はある）すべきであつた。又二章二節の巫稱において編者は各地の巫稱を羅列してあるが、徒らに煩にして要領を缺き、且つ甚だしき不當なあて字などを報告通りそのまゝ採用してゐるが、これは全く意味のないことである。例へば巫卽ちムタンについて、巫堂・巫黨・巫長等はいゝとしても、巫唐・巫斷・巫當・舞堂・舞黨・巫擅（壇の誤植か）等まで之を採る必要が果してあらうかどうか。これらはいづれも報告者のその場に於いて思付きたる勝手な當字に過ぎず、識者は勿論、民間においても斯る當字は決して用ゐられてゐないからである。かゝる例は枚擧に遑がない程であるが、この數例を通して見ても、各地警察署の報告書そのものがいかに粗雜なものであつたかを知ることができよう。而して又いかに巫覡の調査が困難であるかといふことをも之によつて判り得よう。警察署の報告は上述の如くなんともしようのないものばかりであるが、濟州島において村山氏自身調べられた部分だけは流石に光つてゐることをこゝに注意してをかなければならない。

朝鮮の占卜と讖言　凡そ十一章より成り、第一章には占卜習俗の趨勢を歴史的に排列し、第二章には占卜者のこと、第三章には自然觀象占、第四章には動植物その他の事物に依る相卜、第五章には夢占、第六章には神祕占、第七章には人爲占（運勢占・豐凶占の如き）第八章には作卦占、第九章には觀相占、第十章には相地法、第十一章には圖讖と豫言、について文獻と民俗上の豐富な資料がそれ〲按配されてゐる。此書は「朝鮮の風水」とゝもに四部作の中の最も優なるものであらうが、その資料の正確なる點と、民俗學的興味の豐富なる點等において、私はこれを風水以上の良著として推したいのである。三四五六七章及び十一章は殊に面白く、我々はこれによつて益するところ必ず大ならんことを信ずるものである。

（**孫晋泰**）

追記・田下駄のこと　それから三日許り置いて千葉縣香取郡津宮村の田下駄について、同地久保木認氏より同房子氏への私信の中に於て左の報告を得た。

「輪じきといふのは、只今（昭和八年十月廿二日付書簡）の時期に水が出て普通で稻が刈れない時にはいて稻を刈る。かんじきは草（註）を刈る時に使用する。輪じきは高下駄の代りにはく。輪じき大サ、長サ一尺位、幅が七八寸、高サ五寸、めつたに使用しないものです。八分板、幅六寸五分、長サ七寸位にて四方へ、八分厚サ位、高サ五寸位のものを四方に少し斜に打つけ、其下の四方へ一寸位の幅のものを打付けて、これを台の代りにはくものです。かんじきは平板厚きもの長サ八寸位、幅五寸位のものへ只穴をつけて、鼻緒を打付て足の怪我をしない樣にはくものです。今は草履が多いのです。」

右記の文中に添へた圖は輪じきの方は底の部分が不分明なので、はつきりとした形態を握むことが出來ないが、今年の五月揖斐氏に御依賴して鄕里の新潟縣からアチック・ミユウゼアムへ送つて戴いた沼田にはくかんじき（右上圖）と比較して、大體同型のもので、底部が異なるもののやうに見うけらる。かんじき（津宮村のもの）はこの十月の旅行の途次、仙岩峠から岩手縣岩手郡橋場に至る間の路上で見たオホアシと同型のものと思ふ。カンジキ、ナンバ系の言葉が關東地方にも使用されて居たし又居ることを知つてよろこんで居る。

（十月廿五日）（**村上清文**）

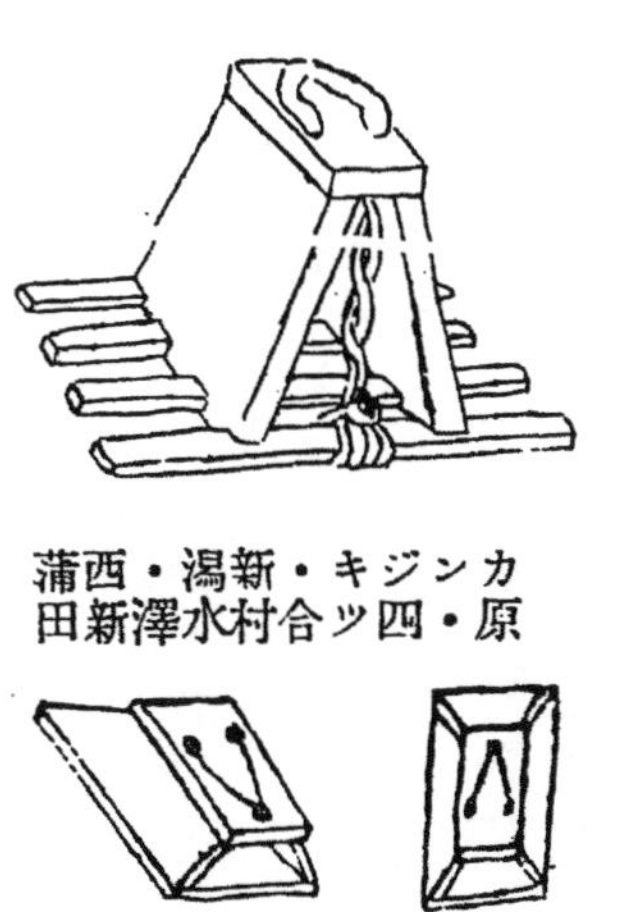

カンジキ・新潟・西蒲原・四ツ合村水澤新田

ワジキ・千葉・香取・津宮村津宮（側面）

カンジキ（同）

註　草とは津宮から對岸の向津に向つて利根の流れをこえたヤーラと呼ぶ河原に生えた茅、蘆の類のことを指す。（久保木房子氏談）

學界消息

○久保寺逸彦氏　日本學術振興會に民俗學會よりの推薦者として氏は補助金申請をなしたが、この程、採用されることに決定した。三ケ年計畫にてアイヌ民俗のフイルム撮影・寫眞撮影・神謠その他の音錄及原文對譯出版である。之によつてアイヌに關する斯學の益するところ勿論であるのみならず、民俗學の優秀なる認識技術は氏のアイヌ文化への理解によつて操作せられ必ずや他の現今の狀態に於ける人文關係の諸學と同等に眞理に近き認識をなしうる事を豫想される。主に感覺的表現につとめ、觀念的理論推論ははぶかれるであらう。而て學會の推薦代表者は金田一京助氏であつた。且つ日本學術振興會が斯る研究の價値を正しく注意せられたことに對して深甚の感謝を表せねばならぬ。（**明石**）

○田中喜多美氏　新里寶三氏と連立つて、八月廿六日上京、アチック・ミユウゼアムに滯在して大山史前學研究所等見學。廿八日郷里に歸つた。

○折口信夫氏　ＪＯＡＫ講座にて萬葉講座を擔當されて居る。

○柳田國男氏　十月中に名古屋に於て開催される民間傳承に關する講習會に出講される筈。

○郷土研究社より　山口麻太郎氏の『壹岐の昔話集』、佐々木喜善氏の『炭燒長者譚』長野縣北安曇敎育部會編の『北安曇郡郷土誌稿』の民謠、童言葉編等が近刊されるといふ。佐々木喜善氏のものは仙臺放送局より放送せる講演の集錄にてその中の一つの表題をとつてタイトルとなしたものである。

○東京人類學會　九月例會は卅日午後一時半より東大理學部人類學敎室に於て開會され森本六爾氏の『低地性遺跡と農業』といふ講題によつて日本の原始農業に關し考古學的發掘より生れる論結と見解を陳べられた。氏は曩に『ドルメン』九月號紙上に於て日本に於ける農業の原初形態について一文を寄せられて居たが、本講演はそれの更に詳しき說述である。農耕文化と關係深きフークローアに於て特に我が國の上代のそれが明らかにされて行くことは色々な意味で重要である。

○早大哲學會東洋哲學例會　は三十日午後一時より同大哲學科敎室に於て開會され、郭明昆氏の『儀禮喪服經傳に於ける逆降の問題』と題せる講演がある筈。

○日本民俗學辭典　中山太郎氏の編纂にかゝる上記の辭典が昭和書房より出版される。本文八百余頁、索引附き四六版、背革のものにて、先生が多年拮据經營して蒐錄された多數のカードより適當なる語を抽出して、年來の蘊蓄をかたむけて編述されたもので、內容見本によりてその一、二頁をみたるのみなるも簡明な概說と適當な參考書目の擧出によつて讀者に自らそのとくところのものを知らしむる樣にいたつて手のとゞいた客觀的な敍述が試みられて居る。とにかく讀者諸氏が速にこの一本を備へてフォークロークの將來への進展と建設の要石とせられんことをこひねがふ。定價五圓五十錢、特價一千部限り四圓八拾錢。九月下旬發行。

○佐々木喜善氏　フォーク・ローリストとして昔噺の採集に令名のあつた佐々木喜善氏は突然この九月二十九日午前十時三十分に急逝された。宿痾の腎臟病と心臟病のために大部健康を弱められて居たといふことは前々から傳へられて居つたが、春に肺炎の大患をわづらはれ、それも追ひ〳〵恢復期に向つて、この夏には一時少康を得られた樣だつた。丁度其頃八月十三日附明石君へあてた私信には大變御元氣な言動さへ見える。沒然十日前にも再度の私信があり、最近眼をわづらつて讀書に不自由を感じてゐるが、なほり次第早速原稿を送ると言つて來られた。そんな理で最近の新たなる心境から生れてくる玉稿が戴ける日を一日も早くと、心待に待つてゐたのであつたが、却つて突然、全く思ひがけないその悲報に接して愕いてゐる。折かへし會からは弔電を發して哀悼の意を表した。左に明石君への私信二つを掲げる。

謹啓、お暑いことでございます。此度は御手紙を誠にありがたく拜見いたしました。「民俗學」の御計畫まことにおよろしきことゝ存じます、何卒東北地方の號をもお出し下され度、御申越の原稿をも何か考へて必ず差上度いと思つて居ります。（中略）

私のお願ひしたい原稿はまだ考へて居りませんが、東北地方にふさはしいものを書きたいと存じます、失禮ながら、民俗學の方法がなんとなく行きつまつたやうな感じがして（これは私だけのことですが）何れかへ轉向しなければならぬやうな氣持が致して居ります場合、お刺戟に會つて何か書ければ幸福だと考へて居ります。

東北地方の優秀なる蒐集家を知らせろとの事、私の知つて居る方は何れも御誌への寄稿家でありますが、八戸市山伏小路、小井川潤次郎氏へ氏のグループの方々をお問ひ合せて奥南新報の連中に書かして見たら如何です。岩手縣では、田中喜多美氏の外に、縣廳の内の森嘉兵衞氏、鈴木重男氏、同縣稗貫郡大迫町の村田幸之助氏（花卷人形の研究者）仙臺は例の三原良吉氏、佐々木精一氏、秋田では武藤鐵城氏にきかれて下さい。山形福島には相當あるでせうが親しい友人はありません、この方はあなたの方でせんたくして下さい、とにかく私の原稿は最限の期日は何日頃までに書けばよろしいのですかお傳手の節に一寸お知らせ頂けたらと思ひます。

皆樣におよろしく、右お返事申上げます。

八月十三日　仙臺では今は盆の入日です。

佐々木喜善

謹啓秋らしく相成候御健康の御事と奉存候再度御芳翰拜受致しありがたく御禮申上候私事復眼を病め寫字讀書等に不自由を感じ御指命の原稿をも遲延いたし置き誠に御申譯無之候十月號には當然間に合ひ申間敷眞に面目無之候御許し被下度御願申上候必ず御願申上度き事なれば出來次第に御送り申上御閲覽乞ひ可申候先は右御申譯迄申上候御許し被下度幾重にも御わび申上候　草々敬具

九月二十日　佐々木喜善

グリム兄弟の『獨逸民話集』にも比すべき同氏の不朽な業蹟は次の著作の中に收められて居る。

奧州のザシキワラシの話
老媼夜譚
柴波郡昔話
江刺郡昔話
東奧異聞
聽耳草紙

ニコライ神學校に學ばれて最近仙臺に出て來られる迄は鄉里岩手縣上閉伊郡土淵村山口にあつて專ら採訪の業に務められてゐた。折口先生がいはれたごとく日本のフオークロアの一つの發足點となつて居る柳田先生の『遠野物語』は佐々木氏の話を先生が筆錄されたものである。晩年は『民間傳承』誌を出して毎號其一部の頁を割いて日本の民間説話の型を設定する民話辭典の編纂と發表を志ざされてゐたやうである。又『遠野物語』が佐々木氏の手によつて增補されこれも出來上つてゐるさうであるが生前に刊行を見なかつたのは心惜しいことだ。その講演集が近く鄕土研究社から出版されることは既に述べておいた通りである。

○國學院大學鄕土研究會　は故佐々木喜善氏追悼の意をこめて秋季講演大會を此の十月廿八日同大學講堂に於て催した。同日折口氏は特に佐々木喜善氏が生前抱懷されてゐた問題について講演された。

○金田一京助氏　從來諸雜誌に發表されてゐた諸論考を纒めて、アイヌ文學に關するものを一括して『アイヌ文學』、アイヌ言語に關するものを集めて『言語研究』と題し近く精美堂より出版される。

○『山の人生』　民俗研究叢書の一部として刊行されて好評のあつた田中喜多見氏の『山の人生』が增補改訂を施されて近々一誠社書房より出刊されると云ふ。同著は農村の生活を體得せる著者の經驗に基く記述であるから、色々と敎へられる所の多いものである。特に我々が採訪にあたつて注意しなければならない村の生活への理解と云ふことを敎へる點で此の人の著は我々を裨益する所が多い。

○國學院大學上代文化研究會　は十月二十一日午後一時より國學院大學裏神職會館大講堂に於て公開講演會を催し、當日は左の講演があつた。

上代文化と民俗　　中山　太郎
土器より見たる石器時代文化渡來考　　杉山壽榮男
原始神道に於ける靈魂觀　　加藤　玄智

なほ當日は杉山壽榮男氏の珍藏品が展覽された。

○小山榮三氏　改造文庫の一册として譯出されたハッドンの『民族移動史』がこの程出刊された。

○大正大學民俗同好會　の發會式のことは前々號の本欄あつた通りであるが、その第一回發表會は九月卅日午後一時より小石川傳通會館に於て開かれ金孝敬氏の巫敎を中心として見たる大陸文化の東漸』の講演があつた。

（以上**村上**）

○松本信廣氏　は十月七日歸朝された。

○孫晉泰氏の長生考　（市村博士古稀記念東洋史論叢所收）寫眞三葉本文三十頁、「天下大將軍」の名でわれわれに知られてゐる朝鮮の民俗に就いて述べたもの。一　現存民俗上の長生、二　新羅及高麗時代の長生、三　起源の問題と結言、より成り孫氏が本誌第四卷四號・第五卷四號に發表し來つた蘇塗の民俗と關係するものである。

○アチック・ミューゼアム旅行團　本誌七號學界消息に澁澤邸内のアチック・ミューゼアムの增設新築の報に述べた如く、ミューゼアムの意圖が農山漁村の生活體系を造型物中心に考究されてゐたのであるが、やゝもすれば民俗學一般の考究が、その資料がうるはしくも王侯に貢献せられたる民俗の「花技」に過ぎざる如き恨みなしとしないとなし、一方「村人」の來訪に設けるとともにこゝの研究は時折に旅行團を組織して實地的修得を行つてゐる。その方法は造型物の求得、フイルム撮影等である。未だ組織的メトードあるとは云ひ得ない傾向を示してゐるが、所謂實證科學の民俗學の建設には多大の關心を示して居る。是迄に得られたるフイルムは凡そ北設樂郡花祭・南安曇郡穗高町の農村・下伊那郡波合村に於ける中馬及び中馬海道・羽後飛嶋・津輕半嶋龍飛崎まで・北設樂郡富山村大谷・北設樂郡田口町在の火小屋・北設樂郡柿のソレの一つ家・新潟縣岩舟郡三面村・粟嶋・田口町の馬市及び長江の盆踊・山形縣溫海溫泉の朝市・秋田縣由利郡上川大内村・仙北郡角館町・田澤湖・岩手縣岩手郡橋場・和賀郡澤內村などがある。九月二十八日より、澁澤敬三氏早川孝太郎氏高橋文太郎氏村上清文氏は山形溫海溫泉の朝市を手始めに仙岩峠を越えて雫石より和賀郡澤內村川舟を採訪した。途中に之をきゝつけた、仙北郡雲澤村の武藤鉄城氏を加へ、雫石・川舟方面は田中喜多美氏の先達にて吉田茂八氏も加はつた。

○人類學雜誌 十號には水野清一氏の「有肩石斧」が發表された。圖版一頁十個の圖形と二頁半の記事ではあるが、之の南滿洲の考古學的遺物の負擔する文化史的價値について注目されねばならない。且つ雜報の「雪靴の資料に就て」は學會へあてゝスウェーデンのスキー研究所から我國のスキー及び雪靴に關する資料を求める書信があつたことを述べたものであり、問題の要項6條は實に必要にして充分なる注意事項である。之に答ひうる者は、而して實に雜誌「民俗學」の會員に多かる可きを思ひ此處に注意を喚起しておく。

1. 雪靴（カンジキ）は何と呼ぶか
2. 如何なる形狀をなしてゐるか
3. 材料は何か
4. 足に何で固定させるかそれの材料
5. 馬用の雪靴もあるか、それについての記載
6. 其他の記載 （人類學十號より轉載）

之の報告は人類學會の好意に依るものであるが、更に人類學會はその原文を民俗學會へ貸與されたので、次號にその全文を發表したいと志してゐる。

○社會經濟史學會第三回大會 は十一月四日・五日慶應義塾大學にて開催される。

第一日（十一月四日）

一、公開講演會 午後一時半ヨリ 會場・大ホール

開會の辭 慶大教授 野村兼太郎氏
歡迎祝辭 慶大總長 林 毅陸氏
一、大岡政談の源流とその特色 中央大學教授 瀧川政次郎氏
一、題未定 京都帝大教授 黑正 巖氏
一、食物の變遷 柳田國男氏
閉會の辭 早大教授 平沼淑郎氏

二、特別會員總會 午後五時半ヨリ 會場・研究室

三、會員懇親晩餐會 午後六時ヨリ 同 上

第二日（十一月五日）

一、會員研究報告會 午前九時ヨリ 會場・研究室

一、所務沙汰に於ける和與 平山行三氏
一、中世末期に於ける特殊市場の成立 豐田 武氏
一、戰國時代の森林經濟と林政 島羽正雄氏
一、近世都市の身分別人口構成に就いて 下村富士男氏
一、筑豐石炭業に於けるフェアラーグシステム 遠藤正男氏
一、天保度を中心として見たる增上寺財政 早川 昇氏
一、壹岐に於ける講中制度の研究 山口麻太郎氏
一、滋賀縣下に於ける鄕藏制度 小林平左衛門氏
一、（未 定） 相田二郎氏
一、回敎徒メッカ巡禮(hadidj)の社會史的意義 飯田忠純氏
一、佛蘭西資本主義起原考 下田 博氏

二、見學（アチック・ミユウゼアム） 午後四時ヨリ 芝區三田綱町澁澤邸內（以上**明石**）

○寄稿のお願ひ

○**種目略記** 民俗學に關係のある題目を取扱つたものなら何んでもよいのです。長さも御自由です。

(1)論文。民俗學に關する比較研究的なもの、理論的なもの、方法論的なもの。

(2)民間傳承に關聯した、又は未開民族の傳說、呪文、歌曲、方言、謎諺、年中行事、生活樣式、習慣法、民間藝術、造形物等の記錄。

(3)民間採集旅行記、挿話。

(4)民俗に關する質問。

(5)各地方の民俗研究に關係ある集會及び出版物の記事又は豫告。

○**規略**

(1)原稿には必ず住所氏名を明記して下さい。

(2)原稿掲載に關することは一切編輯者にお任かせ下さい

(3)締切は毎月二十日です。

編輯後記

久保寺氏は日本學術振興會よりその申請を採用されました。われわれ一同のお喜びを申し上げます。而て學會を代表してお骨折り下さつた金田一京助先生に深謝いたします。

此の月は念入りに雜誌を考へてをりましたので全く驚く程遲れてしまひました。資料は三浦半嶋を中心に編輯しました。

論文の石田先生、宮本氏について申し上げるまでもありませんが金田一先生の「關東のオシラ樣」は次號に遲らせていたゞくことになりました。

早川氏の寄合咄は、常に資料採集について愚問を連發するわたくしを敎授される意味もあつて與へられたもので、テーマの推論式からのみ資料に觸れてゐなれたわたくしに鼠の孔のうらの世界が趣味深く感ぜられてきました。

長く九州地方の資料のみ多かつたのですが、雪國の會員諸氏の御寄稿をもお待ちいたします。

十二月號はアイヌ民俗の號にするはずです。

(明石)

△原稿、寄贈及交換雜誌類の御送附、入會退會の御申込會費の御拂込、等は總て左記學會宛に御願ひしたし。

△會費の御拂込には振替口座を御利用ありたし。

△會員御轉居の節は新舊御住所を御通知相成たし。

△御照會は通信料御添付ありたし。

△領收證の御請求に對しても同樣の事。

昭和八年十月一日印刷
昭和八年十一月五日發行

定價金六拾錢

編輯兼發行者 小山榮三
東京市神田區表猿樂町二番地

印刷者 中村修二
東京市神田區表猿樂町二番地

印刷者 株式會社 開明堂支店

發行所 民俗學會
東京市神田區駿河臺町一丁目八ノ四
振替東京七二九九〇番
電話神田二七七五番

取扱所 岡書院
東京市神田區駿河臺町一丁目八
振替東京六七六一九番

MINZOKUGAKU

OR

THE JAPANESE JOURNAL

OF

FOLKLORE & ETHNOLOGY

Vol. V October, 1933 No. 10

CONTENTS

PUBLISHED MONTHLY BY

MINZOKU-GAKKAI

8, 1-chome, Surugadai, Kanda, Tokyo, Japan.

民俗學

第五卷 第十一號

昭和八年十一月

民俗學會

民俗學會會則

第一條　本會を民俗學會と名づく

第二條　本會は民俗學に關する知識の普及並に研究者の交詢を目的とす

第三條　本會の目的を達成する爲めに左の事業を行ふ

イ　毎月一回雜誌「民俗學」を發行す

ロ　毎月一回例會として民俗學談話會を開催す

但春秋二回を大會とす

ハ　隨時講演會を開催することあるべし

第四條　本會の會員は本會の趣旨目的を贊成し（會費半年分參圓壹年分六圓）を前納するものとす

第五條　本會會員は例會並に大會に出席することを得るものとす講演會に就いても亦同じ

第六條　本會の會務を遂行する爲めに會員中より委員若干名を互選す

第七條　委員中より幹事一名、常務委員三名を互選し、幹事は事務を執行し、常務委員は編輯庶務會計の事を分擔す

第八條　本會の事務所を東京市神田區駿河臺町一ノ八に置く

附則

第九條　大會の決議によりて本會則を變更することを得

委員

石田幹之助　宇野圓空　折口信夫

金田一京助　小泉鐵　小山榮三

松村武雄　松本信廣（以上在京委員）

秋葉隆　移川子之助　西田直二郎

（以上地方委員）

前號目次

昭和八年十一月三十日發行

民俗學

第五卷　第十一號

民俗學

目次

關東のオシラ樣

——馬鳴像から馬頭娘及び御ひらさまへ——

金田一京助

關東にもオシラサマといふ言葉があること、そして養蠶のお守りは關東では馬鳴菩薩だといふことになつてゐること、馬鳴は佛教史上に八人もあつて、その中の一人が、成程蠶の神になつたといふことがあることまで確めて、吾々に先蹤となつた人は、學友村上清文君で、可なりにその後、八王子在を踏破して、色々な養蠶神を見てもあるき、寫眞にも撮つてゐた。勸めても中々大事を取つて發表してくれないので、ぢれつたく思つてゐる內に、私の方が發表することになつて、後の雁が先になつてしまつた。この調査の緖口は、村上君に負ふ所があり、又材料は、同君の許に仲々よいのが澤山あることをおことわりして置く。

關東の蠶神の圖像を、目に觸れる限り集めて、三四十幅になつて見ると、中には武藏の金鑽山、多摩郡の西光寺、中野村の久昌寺、などいふ所から出てゐる圖像もあるけれども、何と云つても、常陸が本場である。(1)蠶神樣が印度から渡つて來て、日本へ着いたのが常陸の豐浦（或は豐良とも）港だといふことになつて居り、新編常陸國誌などにも、その豐良は、今の多賀郡の海岸に昔養蠶濱と云ふ名があつたから、多分そこの濱のことであらうと說いて居て、相當に舊く根を張つてゐる傳說である。

さて常陸の中にも、方々から出てゐるが——第一は、筑波山麓、神郡村、蠶山桑林寺から出てゐる「蠶影山大權現」である。その法衣を著けて蓮華の上に坐し、左右に脇立が居て、前へ桑の葉を供へられてゐる菩薩像は、どう見ても全く印度系の種で、俗間に馬鳴菩薩だといはれるのも無理はない。馬鳴とあからさまには書いて無いけれども、「大日本著舟常陸豐浦湊、蠶影山大權現、緣日廿三日」とあつて、上の方の題號の中には、コカゲ山のコの字が蠶字の代りに「神蟲」を一字に連ねて書いて、さう讀ましてある、護符の字の樣な、梵字めいた異樣な書き樣が一寸この桑林寺出の圖像の特徴である。

關東で、馬鳴菩薩を蠶神にしてゐるといふことは、多摩郡雨間村、雨間院西光寺から出てゐる圖像（馬に乘つた六臂の菩薩、蠶卵紙や、絲枠や、衡や桑の葉を持つて、兩脇立に手綱を取らして中央に立つ）に、明瞭に蠶養神本地馬鳴大士と題號がついてゐるばかりでなく、遂この間、八王子の鄉士會の木下氏から送られた南多摩郡恩方村字宮の下藥師堂側の碑の石刷は、法衣を著けて蓮華の上に立つ僧形に、左へは「奉造立馬鳴菩薩」右へは、明和四亥六月吉日と刻んでゐるのが在ることからも明瞭である。

のみならず、我が國で一般に蠶の守護として馬鳴菩薩の信仰されたことは可なりに舊く、阿沙縛抄百十四卷に詳しくその由來から、修法から儀軌から、形象のことまで出てゐて、極彩色の圖像まである。圖像には古來二樣あることを云つて、「色相白肉色、而合掌坐二白蓮華一、乘二白馬一着二白衣一、以二瓔珞一莊二嚴身一、首戴二華冠一垂二右足一」とあるのと「其形六臂又二臂也、紅蓮華白馬坐圍二繞六大使者菩薩一」とあるのとを並び擧げてあるが、阿沙縛抄の圖像は、馬人國の馬頭の人間を背景に、白馬に乘つて脇立を從へた六臂の像である。尙大藏經の圖像抄に就て、養蠶の守護としての馬鳴の像を見ると、『曼陀羅集』にあるのは、やはり六臂の像で、此はまた彩色も線も古雅で、今迄見た圖像の最もすぐれたものであるが、次に『諸文珠圖像』の中に收まつてるものは二つあつて、一つは、片手に絲を、片手にかせを持つた兩臂像、一つは、六人衆に圍繞されて、桑の葉などを持ち馬に乘つた六臂の姿である。(2)

これらの古い所のものでは、もとより菩薩のことで、男とも女とも見え、又男でも女でもない樣に見えるが、今手元に集つたものゝ內には、明かに髮が肩へ垂れかゝつて、どうやら女になりかゝつてゐる馬鳴像がある。何處から出たのか知れないが、右に桑を、左にかせを持ち、支那風のおもがひを著けた馬の上に坐乘してゐるが、黑髮がさん／＼と肩を流れてゐる。丹後加悦町の西光寺から出てゐる「馬鳴菩薩分形大千化爲蠶虫口吐絲綿云々」と題した六臂の姿、馬上の像も、蓮華の鞍に坐して、馬が白雲を踏んで立ち、全然佛畫の描法で明かに菩薩の尊像に見えるが、豐艷な胸が見えて肩に流れる黑髮がある。武藏の多摩郡雨間村の西光寺のものは、同じく六臂で、馬上に蓮華へ坐して脇立を從へてゐるが、容貌が全く辨財天風の女性になつてしまつてゐるのである。

此の、脇立が無くなり、六臂が二臂になつて和裝した、馬上の姫神の像、群馬から越後の方面、引いて裏日本の兩羽へかけて、養蠶祖神と題されるものがまた澤山に手にはひるのみならず、今でも現に出つゝある蠶卵紙の包裝や、蠶室の紙帳の上のレッテルの部分などにも、かうした繪が描いてあつて、甲信地方にまで延びて行つてゐる。而も裏日本の方面では、この圖像がオシラサマと云はれ、中には養蠶に取りかゝる前の祭りを、オシラ待ちと云つてこの圖像を掲げて祭る地方もあるのである。

だから、馬鳴の圖像と、馬頭娘と、オシラサマが結びついて來るのである。

奥州のオシラサマは、圖像ではなしに、桑の木の馬頭と娘の首との一對の木偶神である（それの變化して、一方が馬頭そのまゝの形で烏帽子になつて、男神となつてるのもあるが）。そして、巫女がこの木偶神を祭る「オシラあそび」の詞は、曾て中道氏に由つて紹介された樣に、捜神記や古今註の馬頭娘の傳説を、「まゝの長者」の家のことにした華麗な、中世的な謠ひ物であるが、「遠野物語」の中の老嫗の所傳などでは、貧しい家の娘とその家の馬とのことであり、甲州の昔話に聞く傳説でも同樣であるから、オシラ遊びの淨瑠璃は、多分、平安朝以來の、物語りめいた長者傳説の「まゝの長者」のことに修飾したもので、骨子は支那傳説の神怪な馬頭娘の物語に過ぎまい。

蠶と馬との結合は、支那で中々舊いことであるらしいから、その方のことは明石さんにでも願ふとするが、蠶の頭が馬の頭に似てゐる所から、或は此の蟲の起原と馬が化したものといふやうな想像からも馬と結びつかう。そこで、佛菩薩へ持つて行つては、さしづめ馬のつく馬鳴の化身のやうな説話になり、その馬鳴菩薩の馬上の姿が女性化して來ると、生じさうなのが馬頭娘の圖像である。馬頭娘說話の內には、支那式婬蕩な、誇大化された性の象徵があり、生產的な、農事や蠶業や、さういふものが性崇拜と結合し易いことは、繭玉に陰陽を眞似た形を取りつけたり、蠶室に性行爲がまじなひとして行はれたりする習慣からも知ることが出來る。

しかし、馬頭娘の圖像なり木偶なりが、どうしてまたオシラサマと呼ばれるのであらうか。それは、まだ此だけでは少しも解けないから、尚進んで、蠶神の圖像の色々な分化を點檢して行かなければならぬ。

そこで、次に、常陸から出て居る蠶神の圖像の第二は、やはり、同じ筑波山麓の神郡村の蠶影山神社（多分この神社は、上記の桑林寺內のものであらうかと思はれる）[3]から出てゐる「蠶影山大神」といふ圖像である。此は、前の菩薩像とは形が全く變つて、刳船に乘つて漂着した姬神と中央に、年老いたる漁人の夫婦が驚いてゐる繪である。繪の上の題字は、桑林寺から出る菩薩像の題字同樣、神虫影山云々の護符めいた特徵のある書き樣で、同じ樣に寶珠の印が三つ押してある。たゞ已に神社から出てゐるだけに、國風の裝ひの姬神になつてゐて、その由來に就ては、立派に一つの神話が出來てゐる。尤も、百年若しくはも少し立つかと思はれる舊い版には、たゞ右側に「大日本着船豐浦港、天竺舊仲國、金色姬」とあり、左側に、「權之大夫夫婦、緣日廿三日」とあるだけであるが、明治の初年、或はも少し前の頃のものかと思はれる版には、上方に、日本一社と朱印が押して、蠶影山大神と題し、下に、大日本常陸國筑波郡神郡村鎭座とあつて、蠶影神社社務所の朱印がある。明治二十年代・三十年代頃の石版畫風のものには、下に長々と「蠶祖神の由來」の文言がある。未熟な文であるが珍らしいから、少し中を端折つて全文を出すと、斯うである。

『養蠶の由來を尋ぬるに古昔北天竺國の中に舊仲國あり、國王を霖夷大王、皇后を光契夫人と云ひ、一人の娘ありて金色姬と云ふ。』云々（それからこの皇后早世して後妃を迎へたとて、それから後は繼母傳說になり）姬をば亡きものにせんと後妃が之を獅子吼山へ棄てる。獅子これを害せず、次に鷹群山に棄てる、やつぱり鷹が之を助けて連れかへる。三度海眼山に流せど又助かる。後、庭中へ埋めさせたが、地中より光を放つ故、父王これを怪み、占はしめて土中から姬を發見するに及び、終に免れがたきを知り、繼母の難を避けしめむために、『桑のうつぼ舟を作り、之に姫を作り籠め、大王曰く「汝は生來唯人にあらず、神佛の化身と覺ゆ、何處へなりとも行きて世人の救護をなすべし」と涙と共に冲へ流しける、去る程に、彼のうつぼ舟は蒼海萬里を渡りて此秋津洲の東の果、常陸の國豐浦の港に漂着しぬ、浦人權太夫（中略）中より金玉を研きたる如き姫宮の出でたるに驚き、取敢へず我宿に伴ひ、子なきを幸に愛撫せしに、姫宮俄に病に罹り、看護の甲斐なく遂に空しくなりぬ。權太夫夫婦は悲しみに堪へず姫の亡軀を淸き唐櫃に納め置きたるに、其夜の夢に我に食を與へよ、さらば自らが國にて流されたる苦を爰に學ぶべし、後に汝が爲に恩を報ずべしと、翌朝唐櫃を拔き見れば姫の骨肉一片もなく小虫となりてありけり、夫婦は桑にて作れる舟を思ひ出し、桑の葉を與へたるに喜て食し、小虫は愈生長せり、或時此虫達桑を食せず身動きせず、頭を擡げて苦躰を示せり、權太夫夫婦は案したるに其夜の夢に告げて曰く、構ふことなかれ、已が國にて獅子吼山に流されて昔受けし苦の堪へ難きを今休むなり、斯くすること四度あるべし、其後うつぼ舟に乘りたる迄我が業にすべしと夢醒めぬ、さてこそ蠶を養ふに初めの休みを獅子休み、次を鷹休み、三度目を舟休み、後を庭休みと云ひ、うつぼ舟に因みて繭に籠るなり。之れ蠶神の由來にして崇敬すべきなり。』

第三に常陸國、鹿島郡、日向川村、蠶炙山（千手院）星福寺に立たせ給ふ「衣襲明神」の繪像といふものがある。衣襲明神は、馬に跨つたのもあるが、馬が腹部へ模樣になつてる美しき衣を着けた若い姫神の、桑の葉と蠶卵紙を手にもつ像は、恐らく、馬から降りて、その代りに、馬が腹部の模樣に退いて、木像になつてるのが、鹿島郡の星福寺にあつて、それの臨摹が、この寺から出てる衣襲明神の圖像であるらしい。如何にこの圖像が流行したかは、二三の錦繪にもなつてゐるばかりでなく、養蠶の錦繪の中に掛けられてゐる軸物の蠶神の繪も大抵この繪であるし、世間に軸物用の極彩色の衣襲明神圖像といふものが、隨分古雅な、繪としても立派なものまで澤山に存する所からも想像出來る。關西にも此は流行したと見え、「衣襲明神之像」と題した極彩色で馬上娘の形をした桑と蠶卵紙をもつものが富山市袋町高見淸平版で出來て居り、又、嬋娟たる美姫の瓔珞の冠へ卷物樣のものを重ねたものを頭上にし、左へ桑の枝、右へ蠶卵紙をもち、腹部に白馬の臥してゐる模樣の唐衣を着けて台上へ立つ極彩色のが、同じ富山（中町小泉藏版）から出てゐる。圖像の上に「此尊像は桑蠶の祖神に而、常陸國鹿島郡日向川村蠶炙山星福寺に立せ給ふ衣襲明神是なり此神を祭る者は桑よく榮て如意萬倍の利得有事うたかひなしと云爾」と題して、永守齋美悳寫併誌とある。錦繪のも大體同じ姿で、房種畫とあり、題は今少し詳しく敷衍したばかりで、曲亭陳人敬識とある。ぐつと變つたのは、同じ樣に卷物（布帛を卷いたもの）を載せた冠を頂いて、左に絲を卷いたカセ。右に桑の枝（桑に蠶が這つてゐる）をもち、少しエロチツクに胸乳と腹部をのぞかせ、此は又馬の代りに獅于に乘つてゐる圖像で、何處の版だか、「薗田山社堂弘寶」藏版のものがある。外に私の所持の三つの軸物は、下地は版で、彩色は筆でやつたもの、時代と畫家がちがふ故に、繪ぶりが各〻少し違ふが、大體、同樣の特徵をもつ衣襲明神である。やゝ違つたものには絹笠明神となつてることがあるが、布帛の卷いたのが頭に載つてる所からの民衆語源がこんな字面に替へさしたのであらう。

第四に、常陸國、多賀郡川尻村、蠶養嶺、鎭座、蠶養神社から出る養蠶神像、オホゲツ姬、此は別に何の特徵も無い、たゞ桑などを手にする神代の女人の姿である。この系統に屬するもの、卽ち衣襲明神が馬を忘れて全然日本風になつたものらしいのは、倉魂媛だの、わくむすびだの、うがのみたまだの、色々な名になつて、そして關東の富士を仰ぐ範圍に於て自然にさうなつたらうとおぼしいものに、木花開耶姬がある。必ず背景に富嶽があつて十二ひとへの女神が立つてゐるが、これにも美しい軸物がよくあつて、これまた大分人望を得て繁昌してゐることがわかる。

或は性を反對にして男神サルダヒコのやうな相貌をしたものにもなり、富士淺間宮で出した「靈感必崇、養蠶滿足」と題したお札などは、人間をふり落して、たゞの馬だけ、それだけで蠶神となつてゐるのもある。

から色々になつて來ると、何れが原形で、何れが變形であるが、容易に判斷がつきがたいけれど、關東では、例へば「武藏國多摩郡雨間村、圓滿山雨間院、西光寺」から出した「蠶養神本地馬鳴大士」と題する圖像のやうなもの、關西では、例へば、丹後の加悅町、九鬼山西光寺が出してゐた「馬鳴菩薩分形大千化爲蠶虫口吐絲綿廻千世界普音有光供養感應福祚無邊」と題する六臂の馬鳴像のやうなもの、何れも、これらは馬に乘つた菩薩の像で、丁度平安末期の阿沙縛抄所載の馬に乘つて脇士を從へ、六臂に絲わくや衡をもつた像から出て來たものであることは明かである。

馬鳴菩薩の圖像を民間で、どこから、何時の頃から、蠶神として尊信したかは、私は十分にまだ手がついて居ないけれど、阿沙縛抄は、一卷を費して、この馬鳴のことを詳しく說き、「第一、可レ修二此法一事」に、「諸國蠶養科尤大要也云々、」また「國土萬物枯盡。五穀不豐、又蠶子不レ生、錦繡財綿乏少時、年中三箇月修二行是法一」といひ、またその經文に「若一國有二一人一修行、我本誓故、普天率土民家、悉皆如二前所說一財利莊嚴具成就、一人莫レ有二乏患一我本願皆悉爲二莊嚴財寶一」と說き、そして民間の圖像に、その同じことを說いてゐることを合せ考へると、どうしても眞言宗の息がかゝつてゐるやうに思へてしかたが無いのである。

殊に又杉山壽榮男氏所藏の、ごく古い眞黑になつてる大きなお札に、高野山淸淨心院の印があつて、どうもこゝから出たものらしいが大略その圖像は、六臂の、脇立を從へて、馬に乘つて雲の上に立つ實に堂々たる古めかしい圖像である。尙同氏所藏の護摩を焚いた灰で作つたものと云はれる高さ四五寸の馬鳴菩薩の像もあるが、右と同樣の、馬に乘つた像である。これらのことから考へると、養蠶のおまもりに馬鳴像を出した本家は、どうも現世利益を說く眞言の本山の高野山あたりだつたのではないかと思はれるのである。

それが、流傳久しく、馬に乘つた馬鳴菩薩が、もとの意味が忘られて來ると、大要まづ二つの樣子に變化して來てゐることを見る。

その一つは、馬が無くなつて、たゞ左右の脇立を從へ、桑の葉などを供へられて中央に立つ菩薩像になる。常陸の桑林寺が出してゐた蠶影山大權現の圖像の類がそれである。更に僧形になり、地藏尊のやうになり、又日本的に、一進化して、猿田彥のやうな形の蠶神をも生じるに至つた。

7

今ひとつは、本來、非男非女で、何れにもつかない菩薩の像が、觀音などのやうに、段々やさしい女性的な容貌になつて來て、遂に肩へ髮を垂らした姫神の馬に跨つて左右に脇立を從へた馬鳴になる。武藏の西光寺の「蠶養神本地馬鳴大士などがそれである。

この馬に跨つた姫神の馬鳴が、到頭、馬鳴の本義を忘れて、全く娘子と馬との妖麗怪奇な馬頭娘の傳說と結びついて（支那の馬頭娘の傳說も、さういふ過程に生じたか）東北及北國の蠶神オシラ樣となつたが、一方に高野山から出る馬鳴菩薩のお札が關西から關東に、尙やつて來る故に、關東はこの二つの系統が交叉して、一般には、蠶神は馬鳴菩薩だといひつゝ、オシラ樣と蠶を呼んだり、馬頭娘の神像をも信仰してゐたり、半々になつてゐるのである。

衣襲明神そのものが、馬頭娘の變化である證據には、無意味に、馬の形がその腹部へ、模樣化してついてゐるのは恐らく、乘つてゐた馬の退化したものでなければ意味を爲さぬばかりでなく、前揭、富士の「衣襲明神之像」は、窈窕たる妙齡の姫神がやはり馬上に桑の枝を採つて跨つてゐて、さながら、女性化した馬上の馬鳴と變らないこと、この二つを比べて見たら蓋し思ひ半ばに過ぎるものがある。

東北地方には、馬鳴菩薩も馬鳴大師もすつかり忘られてしまつて、馬頭娘傳說のその馬頭と娘子の首とが一對に、桑の木でこしらはれて神御衣（かむみぞ）を着せられて拜まれ、養蠶神から農業神へ、更に吉凶禍福の神樣にまでなつて、託宣のあらたかさが畏怖される所謂オシラ樣とまでなつて行つたのである。

上州から越後へかけて、オシラ樣と呼ぶ馬頭娘の繪像があつて、養蠶の始めに、オシラ待ちと云つて、祭ることは已に述べた。それに由つて、關東の蠶神と東奧のオシラ樣と聯絡がつく。

八王子附近から奧の方、甲州へかけて、馬頭娘はさう呼ばないがその代りに、カヒコをオシラ樣と呼ぶ地方が多い。畢竟、カヒコそのものを、神樣として「カヒコの神」の名を以て、蠶を呼んで習慣となつたのにほかならない。だから、オシラ樣といふ時には尙多分の丁寧さがこもつてるのである。

オシラ樣は卽ち、もとカヒコの神としての呼びかただつた——カヒコ神だつた。それが一般にカヒコの尊稱となりさがつたのである。

　では蠶神を何故にオシラサマと呼んだものであらうか。

　蟲を「神」だなどとは可笑しいと笑ふ人もあるか知れないが、そこが大事だ。人間の出來得ないことをやつて、それが見事な人間の衣服の材料となり、それを養ふことによつて、富をも得るのであるから、何か神樣の、さういふ蟲の形に姿を取つて吾々民生を惠んでくださるのであるんではないか、といふ樣な氣持、即ち『形を替へ、身を替へて、衆生の爲になつてくれる』といふ考が、抑々本地垂跡などいふ立派な組織立つた敎理が、由つて以て建つた所以の、生な信仰で、いつとも知らない古い以前に先づ土臺にあつたものではなかつたらうか。それに基いて、本地垂跡の說法が容易く受け入れられたので、はつきりさうした熟語を以て呼ばれる以前、おぼろげな、さういふ考が、昆蟲の卵からウジへ、ウジから蛹となつて籠つて、そこから羽化して飛んで空に舞ひ上る過程の中から、自然に形造られてゐたものではなかつたらうか。柳田先生の曾つて論考せられた蛹にも蛾にもいふ所のヒル・ヒ、ルが、オヒラ樣の名に關係をもつことは、折口博士の近く發表（昭和八年夏の國學院に於ける鄕土會講演）されたやうな、「生き替り生れ替はつて人間の爲めになる」神樣の『ヒル神』信仰の成長に由つて、蠶の神をヒル神・ヒラ神、即ちおヒラ樣と呼ぶやうなことにもなつて來はしないかと考へることがはつきり結びつくやうに思ふのである。

　折口博士は、ヒル神信仰の片影として、神典の『蛭子』に言及され、三年になれども足立たず、由つて海に流したといふのは後世の考で、蛭などのぐにや〳〵した體の連想から來てる感情だ、もとの意味ではなからうと一喝されたのは例の力づよい洞察である。ヒルコの神が後にえびず樣に現じて商賣繁昌の神達になつて居られるから、やはり本當は、形を替へ身を替へて衆生の爲になられる神の云ひ傳へであつたので漂流されるのであらう。

　赫姫が竹の節の中から出たり、瓜子姫が瓜の中から生れたり（桃太郎が桃の中からなども）、丁度蛾が繭の中から羽ばたいて出て來たり、鳥が卵の中から羽が生へて出て空へ飛び上つたり、皆それがヒヒルであり、その鳥が又乙女になつて正直は人間の爺の家に養はれて、身の羽翼を一本一本拔いて、立派な機を織つて貧しい爺を富まして、後に神樣になつて飛んで行つたりすることは、昔の人に考へられることだつたから、さういふ昔話が成立つのである。

原始的な「權化」の考は、アイヌにもあつて、魚でも鳥でも獸でも、神國では人間の形をして生活してゐるが、人間界へ遊びに下りて、人間の目に觸れるのには、例へば鮭の神は魚に、梟の神は鳥に、熊の神はあの眞黑な裝束になつて來て、自分の選んだ人間に、その身を委ね、その肉を土產としてその人間へ與へて、禮に供物をあの國への土產にもらつて、再びもとの神國へ還るのだといはれ、從つて、捕獲されることを「客になる」と云ひ、獲物があつたことを「客があつた」といひ、捕獲されて殺されて死ぬことを死ぬといはずに「神になる」といふ云ひ方をするものである。但し、漁獵の種族で、草花や昆蟲などには吾々程の丹念な觀察がなかつたやうである。農業生活だつた吾々の方には、昆蟲が巢に籠つて蛹（蠶の蛹も我々の國ではヒロコといふ）になつたり、再び翅が生へてその密閉された中から生々發剌として飛び出す新しい生命を見出して生き返り立ち返る生命の神秘にも早く目ざめたせいでもあらう。それがヒル（その反復形ヒヒル）といふ語の古義であつたのでヒル子（コ）の名もあつたのであらう。

但し、現在、關東もさうであるが遠野や八戶地方の御シラ樣と發音するのは、本當の假名遣は御ヒラ樣に當る。それは、東北ではあらゆるシは皆スと發音され、たゞヒのみがシと發音される原則だから、御シラ樣と發音する以上、そのシは正しくヒな筈である。この傾向は關東にもあるが、たゞ、關東では全部ではないのみならず、ヒとシと相當に區別はある筈である。然るに皆オシラ樣と呼んでゐるのは疑問であるが、併し此には白い色のシラに連想が働いてゐるせいである。蠶の中に、病氣で眞白になるものがあるのを、俗に蠶の神樣であると云つて、必ず此は大事にして川へ流す。つまり送るのである。そして、この白蠶が數の中に現はれる歲は、繭が大當りに當るものだと信じてゐるのである。[4] それで、此を東北でも白子といふが、[5] 方々でオシラサマと云ふのである。蠶の神をオヒラサマと云つたのがオシラサマといふ發音になりかけて來ると共に、この御白（シラ）樣とかち合つて、白（シラ）の意識が到頭完全にオシラサマと呼ばせてしまつてるものらしい。蠶神の名としては、假名遣はオヒラサマであるべく、實は御雛様のヒナ（反復形ヒヒナ）も、語原に於てはこのヒラと關係あるべく、四國では、伊豫の溫泉郡川上村で、オヒラサマをオヒナ様と呼ぶと、同地の渡邊氏が敎へてくれられた。どうも雛祭の要素の內には、人間の子の厄を負はして送る意味ばかりでもなく、あの美しい姫人形をいつく氣持の中には、瓜から生れた姫子、或は竹の節の中から見出でゝ歸つた小さな姫を大事に養つたやうな氣持で、大事に可愛がつて預かりいつく氣持のものなどもありはしないかと思はれてならない。（八・十・廿二）

註

(1) 關東では常陸が養蠶で古く鳴つてゐたのであらうこと、萬葉の東歌（十四卷）の常陸國歌の中に「筑波嶺のにひ桑まよのきぬはあれど君がみけしゝあやに着ほしも」

(2) 村島氏著「蠶神考」を中山太郎翁に頂いた。讀んで行くと、七九ページに實に代表的な良い馬鳴像が二つ見えてゐる。一は京都府何鹿郡小畑村總持院藏の二臂の菩薩像であり、一は同郡志賀鄉村興隆寺藏の六臂の像である。共に白馬に乘つた極彩色の美しい佛像らしい。尙太秦寺にあると云ふのを、會津八一氏が見せて下さる筈で樂しみに待つてゐる。

(3) 前揭「蠶神考」一六ページに、常陸の蠶影神社の寫眞が出てゐる。今は縣社であるさうで（新編常陸國誌には終見出しかれたが）、その別當の寺が、蠶影山桑林寺といふと。前揭の蠶山桑林寺のことであらう。

(4) これに似たことを思ひ出す。私の鄉里で初蕈狩をするのに、秋が深くなつてからだと、よく見るもので、多分黴菌のせいであらうと思ふが、眞白な初蕈を見つけることがある。すると、今日は蕈の大漁だぞと云つて喜ぶ。勿論、かんむちで、食べられるものではないのだが。

(5) 山形縣南置賜郡木場に白子神社があり、養蠶の神樣である。但し、白子とは白蠶のことであり、白蠶は蠶神であると信じられると。

第一圖　　第二圖　　第三圖　　第四圖

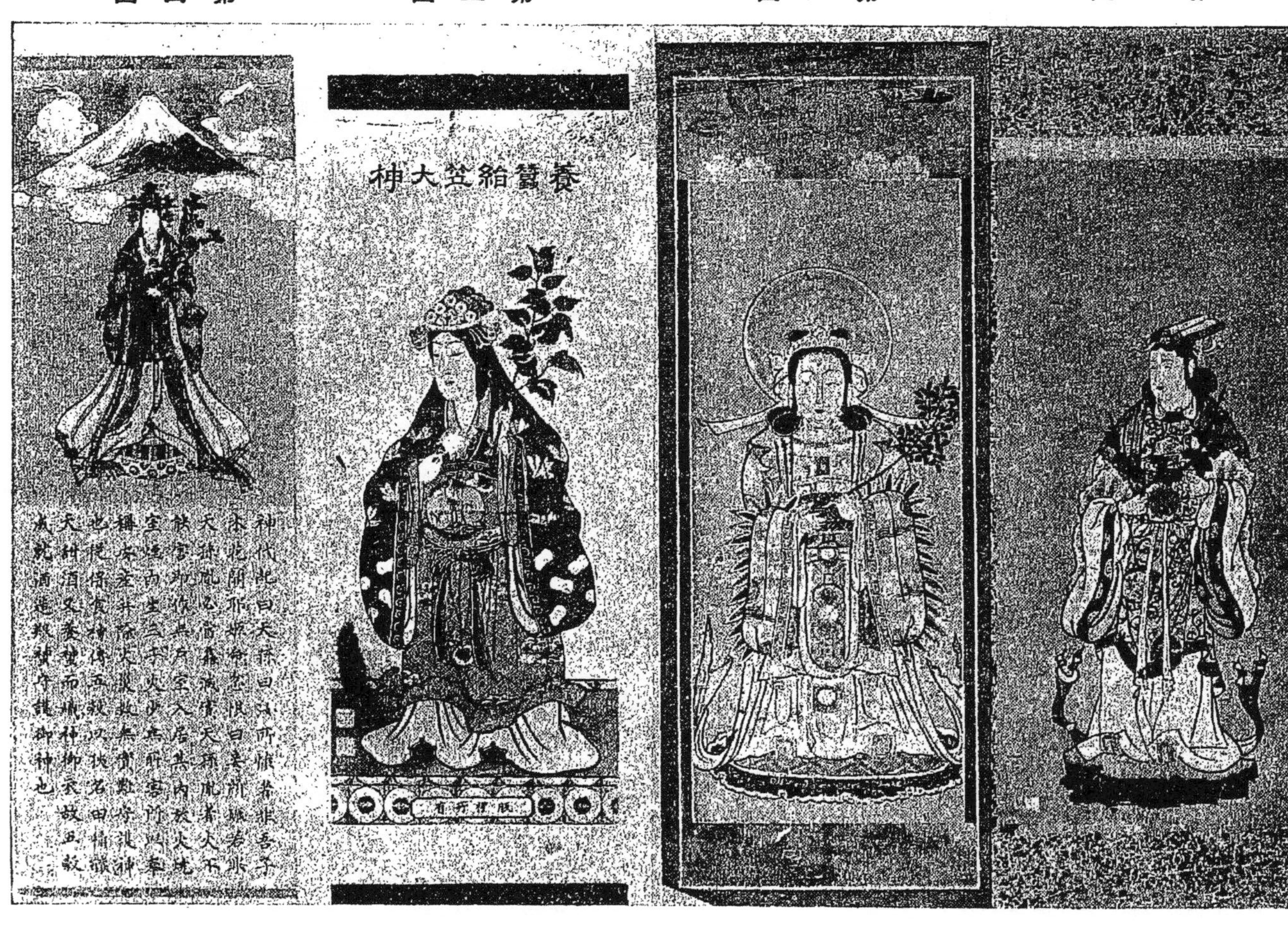

第一圖　絹笠明神
第二圖　極彩色に金泥や丹朱で絢爛な養蠶の守護神（黑線は版で、繪の具は肉筆である）
第三圖　錦繪風な木版畫になつた絹笠明神
第四圖　木花開耶姫（馬頭娘が馬を下り、日本化したあとを辿るべき資料）

第五圖　右に蠶卵紙左に桑の枝を執る嬋娟たる養蠶神・衣襲明神の變化したもの

第六圖　高野山清淨心院より出た養蠶守護の馬鳴像・極めて古いもので二尺に三尺もある大幅

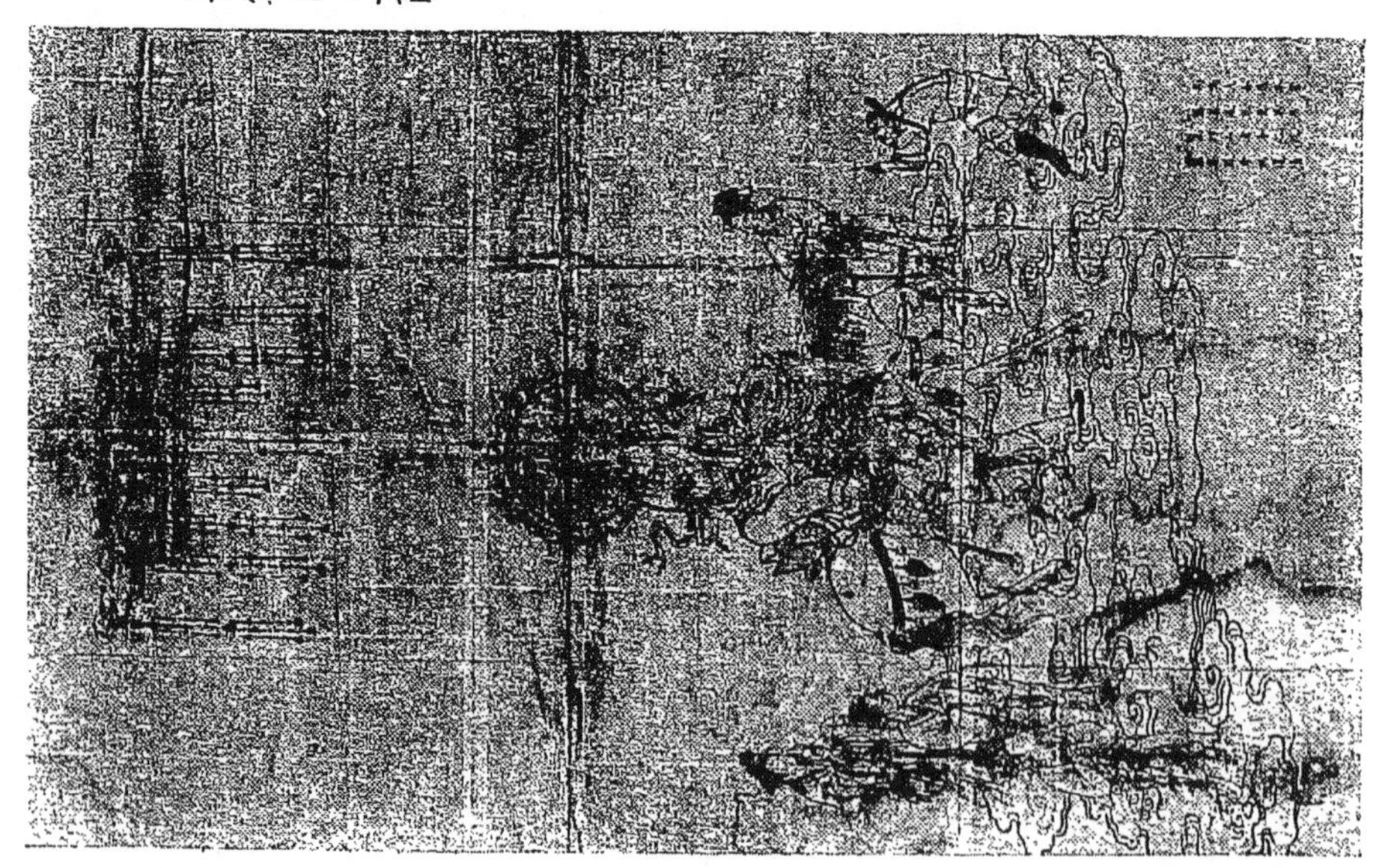

（杉山壽榮男氏藏）

第七圖　高野山の護摩の灰で造つた馬鳴像（原寸よりやゝ小）（杉山壽榮男氏藏）

第八圖　變化した馬鳴像（眞鍮製）
背に蠶養神とあり
（原寸）（杉山壽榮男氏藏）

關東のオシラ樣（金田一）

中國民譚の型式

鍾敬文

一　小敍

中華民國十六年の後の半年は、中國の民間文學運動―否、民俗學運動の歷史の上に於ては、一つの頗る追憶に値する時期であらう。

その當時、南中國に位する廣東に於て、丁度一種の新政治運動が起つたので、當局は、それに相應する樣な文化方面に對する關心によつて、あの唯一の國立大學たる中山大學の刷新と充實に大變盡力して居た。そこで若干の新銳な少壯學者達が文化運動の指導者としての任に當ることに成つた。此等の學者達の中の一部分は、以前の北京大學の歌謠研究會、風俗調査會、方言調査會の努力分子であつたもので、他の者は、大抵他の方面から來た所の、民間の事物に對して同樣の興味を持つて居た同志であつた。こんな人間の條件の外に、學校方面からの經濟上の助力も得たので、驚人の民俗學運動の旗幟は、あの所謂「革命の策源地」たる最高學府の中に高く揭げられた。

この運動が正に始まらんとした時に當つて、一つの極めて大きな政治的嵐が突然としてこの繁華な南國の都市に降りかゝつた。その嵐も遂に過ぎ去つたが、跡に遺つたものは、只物質の缺乏と精神の不安であつた。併し幸にも、こんな艱難な境遇も何んら吾々諸同志の學術的志を冷めさせなかつた。吾々の仕事は、依然として困難の中にも進められて居た。

ベリング・ゴウルド（Baring Gould）氏が作つて、ヨセフ・ヤコブス（Joseph Jacobs）氏の修正を經た所の「印度歐羅巴民譚の型式」の飜譯と刊行は、吾々がその當時遣つた些細な仕事の中の一つである。私は、それを友人楊志成君と譯した後に、不圖次の事に思ひ付いた、卽ち「我が國の民譚もそれと同樣に整理されるべきではないか」と。

そんな志を懷いて、或時は筆を取つて書いて見たことさへ何回かあつた。と雖ども、事實上この「中國民譚の型式」の草案の完成は、それより二年の後の事であつた。

私の病氣に感謝すべきか、あの新しき學校の新しき科目の設立に感謝すべきか、或はあの每週間原稿を所望する「民俗週刊」に感謝すべきか、兎に角くその爲めに、私は短い時間に於て此等の幾十の中國の比較的に重要な民譚の型式を續けて書き出すことが出來たのである。それは、民國十九年の夏から秋にかけて、私が或國立大學に於ける、自分にとつて興味を感ぜざる敎職を辭退してしまつて、或新しく設立された特殊な性質を有する專門學校へ行つて「民間文藝」を敎授することになつた時の事であつた。

その翌年（民國二十年）、私が中國民俗學會の「會刊」を主編した時に、それをざつと整理して再び發表した――それは卽ち今のこの草案の最初の定本である。

中國歷史の悠久たることゝ地理の廣博たることとによつて、民譚に於ける性質の複雜と數量の繁富は、恐らく他の何の國も容易に及ばざることであらう。中國一國の民譚は、或は歐羅巴の多くの國のそれよりも豐富にして色彩が多樣であると云つても過言ではあるまい。さらば、私のこの型式草案の中に取扱はれて居る幾十の物語は、我が國中の「民譚の海」の中の大きな波ではあるが、併しそれらは此の海の中の大きな波の總てでないことは、云はずとも明である。手短に云へば、この中國民譚の型式の草案は完備の境に達する迄には未だ遠いもので、吾々に尙增補乃至修正を待つ多くのものを殘して居るものである。

その增補乃至修正は勿論極めて必要な事であるが、自分は一時これに從事する暇が無いし、他の同志も好んでこれを引き受く人が少ない樣である。だから、私はそれを暫らくその儘不完備の形態を保持させて置くより仕方がない。

二

今こゝで私が何の爲にこの草案を日本語に飜譯して我が隣國の民俗學と民族學の諸同志に捧げようとするかを話さう。

第一に、自分が數年來多くの日本の、及び中國の傳說や民譚を涉獵した經驗によると、この隣接する二つの國の「民間口碑」は極めて親密な關係を持つて居ると思はれる。其故に東亞文化史（もつと廣く云へば世界文化史）の正確な究明に資せんが爲に、その正確な究明の事業の部分的完成の爲に、吾々はこの兩國の最も有力な史料の一つなる「民間口碑」資料の蒐集・比較及び研究に努力せねばならない。私が自分の不完全ではあるが、參考の資料として役立つ處があるだらうこの草案を提供するのは、之によつて隣國の民俗學諸同志のこの偉大な事業に對する更に高い注意と邁進を俟さんと希望する區々たる微意に外ならないのである。尤も隣國の此の學問の多くの先進者方、例へば南方熊楠、高木敏雄、松村武雄諸先生が、その方面に於て早くも幾多の貴重な稽考と比較の仕事を爲し遂げられて居ることは、私もよく知つて居る――それらは大抵文献上に限るものであると雖ども。

次に、自分は數年來東京民俗學界の諸君子、殊に松村博士から論文の撰述を囑せられてあるので、將に書かうと思つて居る「中國の太陽神話研究」、「中日共同の民間物語」、「中鮮民譚の比較」などの論文が一時未だ完成し得ない前に、この草案を送つて、聊か遠く東海の彼岸に在る日本の多くの同志の銘感すべき熱望に酬ゐることとして、自分もそれで少し負債を輕くした樣に思はれるのである。

この草案の送呈が、若し僥倖にも日本の諸學者の注意を引き、兩國の此の學問の諸同志の提挈と勇進を促進することが出來れば、望外の喜びと云はねばならない。

日本文の譯稿の作成は多く畏友周學普君の協力に賴つて出來たもので、それは私の心から感謝する所である。

――一九三三・九・二二・於西湖之畔――

蜈蚣招恩型

一　或書生が一匹の蜈蚣を飼ふ。
二　考試の爲に上京する時、それを携へて行く。
三　途中で人面蛇が自分の名を呼ぶのに出遇つて、自分が必ず死するを知り、わざとその蜈蚣を逃がす（又は此の事を缺く）。
四　夜に蜈蚣が蛇と鬪かつて共に斃れる。それで主人が救はれる。

水鬼と漁夫型

一　或漁夫が水鬼に手傳はれて裕福に暮す。
二　水鬼が彼に別れを告げて云ふのに、「自分は人間に生れ變らうから」と。
三　漁夫が彼の計劃を破り（又は水鬼が自分の計劃を實行せず）、行かれない。
四　水鬼が土地の神或は城隍となつて再び彼に別れを告げる。
五　彼等が其の時から一度再會し、又は又と再會しない。

雲の中から刺繡の鞋を落す型

一　或樵夫が山の中に薪を刈る時に、その斧を以て姬様や皇姑を拐走する化物を傷く。
二　樵夫が彼の弟と姬様又は皇姑を捜す、弟が彼の女を連れ歸り、兄を化物の洞の中に遺棄する。

三　兄が異類に助けられて、化物の洞より逃げ出す。
四　幾多の難儀に勝つて遂に姬様又は皇姑と結婚する。

「如願」（願が叶ふと云ふ意味の女の名）型

一　或人が龍王の皇太子又は內親王を救ふ。
二　龍王がその德に報ゐんが爲に、下部を遣はして、彼を龍宮に迎へる。
三　彼が或者（皇太子又は內親王）の密囑によつて、王に或物を索める。
四　彼が遂に美しい妻又は莫大の財富を得る。

立ち聽きする型

一　二人の兄弟（又は二人の友達）。兄が惡意を以て弟を追出す。
二　弟が或お寺の中に、又は木の上に、禽獸（又は化物）の話を立ち聽きする。
三　彼がその話の通りに遣つて見ると、多くの報酬を得る。
四　兄がそれを美んで眞似る。遂に禽獸に（又は化物に）喰はれ、又は大きな苦痛を招く。

貓又は犬の報恩する型

一　或人が一匹の貓、又は一匹の犬を飼ふ。
二　彼は或原因によつて、一つの寶物を得たが、間もなく竊まれる。
三　貓又は犬が、自發的に又は罵られて、主人の爲にその寳物を竊み歸る。

蛇郎型

一 或父が幾人かの娘を持つ。
二 彼は、外出する時に、蛇精に苦められて、一人の娘を彼に遣ることを約束する。
三 父が自分の娘達に一人づつ聞いて見るに、只一番幼い娘が蛇精の嫁になることを肯んずる。
四 一番幼い娘が蛇に嫁いで幸福を得たのを嫉んで、姉が彼の女を殺して、自ら代つて蛇の嫁になる。
五 妹の魂が鳥となり、その姉を呪つて殺される。
六 彼の女が叉木又は竹に變り、その姉又それを切り倒す。
七 姉が遂に妹の成り變る物に傷き、又はその爲に死す。

彭祖型

第一式

一 彭祖が高齢になつても死なないので、彼の妻の魂は、彼を閻羅王に告發する。
二 閻羅王が、色々の鬼に命じて捕はしめるに、皆失敗（しくじ）つて歸る。
三 閻羅王が憤つて、自ら彼を捕へに行く、結局やはり失敗する。

第二式

一 閻羅王が小鬼共に命じて彭祖を捕はしめる。
二 彼等は洗炭人に變裝して彼を賺す。
三 彭祖遂に捕へられて裁かる。

十人の化物小供型

一 或夫妻が年取つて未だ子供を持たなかつたが、後に一度に十人の小供を産む。
二 此の十人の小供は、或ひは變な形相を持ち、或ひは獨特な能力を持つ。
三 一番目の兄が罪を犯し、弟達次ぎ〱に彼に代つて、彼が死を免れる。
四 後に肉を分つこと不平均の爲に、兄弟等皆一番幼い弟の涙の中に溺死する。

燕が報恩する型

一 或人が傷いた小鳥に恩を施す。
二 小鳥が或物を彼に報ゐ與へた爲に、彼は大きな資産を得る。
三 或他の人それを眞似る。
四 結局失敗する。

熊妻型

一 或人が暴風に或遠い島に送られる。
二 島の中の一匹の母熊が彼を虜にして夫とする。
三 幾年の後、其の人が機會を窺つて逃げたので熊が海に身を投げる。

夫の福を享受する娘型

一 或金持が三人の娘を持ち、平生一番目と二番目との二人を愛する。

二 彼は、彼女等に各々誰の福を享受したいかを聞くと、一番幼い娘の云ふ事が父の心に逆ふ。

三 父が一番幼い娘を一人の貧乏者に嫁す。

四 或機緣によつて、一番幼い娘の云つた事が實現される。

龍 卵 型

一 或孝子が山の中で一つの卵を拾ふ。

二 卵を穀叉は米の中に置くと、穀又は米が食べ切れなくなる。

三 母が穀を賣り、又は米を人に與へる時に、卵がそれと共に持つて行かれる。

四 息子が氣付いて追駈る。誤まつて卵を腹の中に呑み込む。

五 息子が龍に變る。

鞋屋が駙馬に成る型

一 或姫樣、又は或金持の令孃が奇字を懸げて配偶者を選ぶ。

二 或鞋屋が誤解によつて選ばれる。

三 色々の試驗の場合に、鞋屋が皆誤解によつて勝利を贏ち得る。

四 彼が遂にその幸運を享ける。

魚賣が仙人に遇ふ型

一 或魚賣が或機緣によつて、仙人が通ることを聞き知る。

二 その時刻になつて、彼は路で仙人を待つ。仙人から珠を貰ふ。

三 彼は珠を水の中に入れて腐つた魚を洗ふと、魚が悉く生き返へる。

四 同業のもの共がそれを嫉んで、その珠を奪はんとするに、彼は慌ててそれを腹の中に呑み込んで仕舞ふ。遂に有名な畫家に成る（此の第四の事異態甚だ多し）。

犬が田を耕す型

一 二人の兄弟が家產を分ける際に、弟が一匹の犬を得る（又は初めは只一匹の小動物を得たが、後に色々の事を經て一匹の犬を換へ受ける）。

二 弟は、犬をして田を耕さしめて、意外の財利を得る。

三 兄がそれを羨んで、その犬を借用する。失敗してその犬を殺す。

四 犬の墓の上に木や竹が生長し、弟が又それによつて財利を得る。

五 兄がそれを眞似る、又はその物を借用し、結局失敗する。

牛 郎 型

一　二人の兄弟が家産を分ける際に、弟は、一匹の牛を得る。

二　弟は、牛の知らせによつて河の中に沐浴して居た仙女を連れ歸つて妻とする。

三　幾年の後、仙女は、彼に匿されて居た衣を見付けて逃げ去る（又は王母の處へ壽ぎに行くと斥けられるとも云ふ）。

四　牛郎が追駈けて行くと、或超自然者に河を以て阻げられる。

老虎妖精型

一　或老媼（又は女）が、或獸又は化物に食はれようとして哭く。

二　色々の通つて行く人や妖精が、その持つて居るもの、或ひは自身を捧げて、彼の女を助く。

三　或獸又は妖精來る。待伏に遇つて傷き、又は死す。

螺女型

一　或人が水の畔に一つの螺（又は他の小動物）を得る。

二　その人が留守の時に、螺が化けて少女と成り、代つて色々の仕事を爲る。彼が歸つて訝む。

三　その人丁度螺女が部屋の中に働いて居るのを見て、不意に彼の女を抱いて、彼の求めによつて夫婦になる。

四　後に螺女は、彼に匿されて居た螺殼を見付けて逃げ去る。

虎母親型

一　或婦人が二人の娘（又は一人の娘と一人の息子）を持つ。

二　或日、母が外出する時に、一匹の虎（又は狼、又は野人、又は他の猛獸）が彼等の母（又は外祖母、又は叔母）に化けて家に入る。

三　夜に姉は、虎が妹を食つて居る音を聞いて恐れて逃げる。

四　虎がその姉を捜す（又は追駈ける）。遂に失敗する。（此で終る物語もあり、或ひは物賣りが七人の娘を得る話で續ける物語もあり）。

羅隱型

一　羅隱と云ふ人は、生れて王者の骨を備はる。

二　母（又は祖母）の云ひ損ひによつて賤しい骨に換へられる。

三　羅隱は、それで王者には成れないが、その云ふ事が大變好く利く（又は他の超人の能力を持つ）。

活佛を求める型

一　或人が或難しい問題を解決しようとして、西天へ活佛を求めに行く。

二　途中で人や他の色々の物に遇つて、彼等が各々自分の分らない問題に就いて彼に解決を求める。
三　彼は、西天で（又は道の半で）活佛を見る。彼等から彼に頼まれて聞いた事が皆圓滿の解決を得る。
四　彼の自分の問題も、彼等の問題の解決によつて解決される。

蝦蟆息子型

第一式

一　或夫婦が、年取つて未だ子供を持たないので、蝦蟆の様なものでも好いから、一人の小供を賜ふ様にと神に祈る。
二　間もなく、果して祈つた通りに、一人の子供を得る。
三　その子供が大きくなつて、一人の美人を妻にしたくて、女の家庭からわざと難しい事を持ちかけられる。
四　息子が、その要求されるものを完成して、その女を娶る。
五　結婚の晩に、息子は、その皮を脱いで美少年に變る。
六　彼の妻が、姑又は母の話に從つて其の皮を匿したので、息子は、それから又と蝦蟆に成らない（又は皮破られて形骸が忽ち消え、又は後に皮を見附けて逃げ去るとも云ふ）。

第二式

一　或夫婦が、年取つて未だ子供を持たないので、蝦蟆の

様なものでも好いから、一人の子供を賜ふ様にと神に祈る。
二　間もなく、果して祈つた通りに一人の子供を得る。
三　息子が大きくなつてから、恰度その國に戰爭が起つて、彼が自ら進んで手柄を見せようと申出る。
四　敵を破つて約束通りに內親王を娶る、結婚の晩に皮を脱いで美少年に變り、內親王と夫婦に成る。
五　國王は、その皮が自由に着脱ぎの出來るのを聞いて、それを羨んで着ると、蝦蟆と成る。
六　息子が代つて國王と成る。

雨漏を恐れる型

一　或人が「雨漏が怖い」と呟く。
二　一匹の虎がそれを聞いて、世の中に自分より尙凄い動物が有ると思ひ違ひする。
三　泥棒來る。虎が勘違ひして敢て動かうともしない。
四　泥棒がそれを猪か牛と思つて持つて歸る。
五　虎逃げる、又は殺される。

或人が財物の爲に死ぬ型

一　或人が烏に助力する。
二　烏に太陽の國へ連れて行かれて、多くの金や寶を得る。
三　他の一人その事を眞似る。
四　貪慾によつて烏と共に死す（又は烏逃げるとも云ふ）。

吝嗇な父型

一 或吝嗇な父が、臨終の時に三人の息子に葬式を問ふ。
二 一番目と二番目の息子の答へが皆老人の氣に入らぬ。
三 三番目の云ふ事だけが氣に入つて、目を瞑つて死ぬ。

猿の妻型

一 或老媼の娘が猿に取られて妻にされる。
二 その老媼が、鵲の案内によつて（又は此の事なし）、猿の洞に辿り付く。
三 母と娘が工夫して逃げ還る。
四 猿がその妻を戀慕つて、頻りに村の中に來て哭く。
五 彼等は、或遣方で猿を傷けて、猿又と來ない。

法螺吹き型

一 或人が、その岳父又は債權者に向つて、或物の不思議な性質を大袈裟にしやべつて、巨額の金を得る。
二 岳父又は債權者が、それを試して見るに、利目がないので、彼を責めに行くと、又惑はされて、別の物を貰つて歸る。
三 それを試して見るに、やはり失敗したので、憤つて人をして彼を捉へて河の中に投げ落とさせる。
四 彼は詭計を以て逃げ去る。
五 岳父又は債權者が、遂に彼のたくらみの爲に死す（又は此の事なし）。

虎と鹿型

一 虎が鹿を識らず、見て怪しむ。
二 鹿が虎の愚なるを知り、法螺を吹いて嚇すと、虎恐れて逃げる。
三 虎が猿を見て、その出遇つた事を彼に述べると、猿が彼と共にそれを見に行く。
四 鹿が再び法螺を吹いて虎を嚇すと、虎が狂奔する。

徒息子型

一 或父（又は母）が、四人の息子（又は嫁）を持ち、彼（又は彼の女）等が彼（又は彼の女）を困らせる。
二 彼（又は彼の女）は、彼（又は彼の女）を官廳に送つて懲さす。
三 官吏は、彼（又は彼の女）等の巧い辯舌に惑はされて、却つて彼（又は彼の女）を咎める。

愚かな妻型

一 或人が、その妻に向つて、自分の或友達の妻の悧巧さを云ひ聞かす。
二 彼の妻は、それを眞似て失敗する。

三句の遺言型

一 或金持が臨終の時に、その息子に三句の遺言を與へる。
二 息子がそれを誤解して、その遺る事が皆失敗する。
三 最後に長官が彼に遺言の本意を解明して遣る。

中國民譚の型式（鍾）

百鳥衣型

一 或人が一人の美人を妻に持つ。
二 彼は、家を戀しがつて仕事を怠るので、妻が自分の像を與へて仕事に行かしめる。
三 像が風に飛ばされる。或貴人が之を得て、大に圖中の人を搜す。
四 妻が夫と別れる時に、彼に後に百鳥衣を以て呼び賣りする樣に云ひ付ける。
五 貴人がその計に陷る。夫妻再會して而も貴富を得る。

簫を吹く型

第一式

一 或人が平生簫（又は笛）を吹くことが好きで、別に仕事を爲ない。
二 その簫（又は笛）聲が龍王を感動させて、その寵を受けることになる。
三 彼が龍宮を出る時に、龍王は彼に一つの寶物を贈る。
四 彼はその寶物で富を得る。
五 隣人又は兄や兄嫁が、それを借用して、その用ゐ方が分らないので失敗する。

第二式

一 或禿頭が、平生簫を吹くことを好む。
二 或貴人の令孃がこれを聞いて戀に惱む。

三 彼の女は、後に彼の顏を見て戀が直ぐ冷めたが、禿頭がその爲に病氣になる。
四 彼が死んでから、一つの怪石又は怪玉になる。
五 その石又は玉が、後に令孃に會見するや否や、直ぐに消えてしまふ。

蛇が象を呑む型

一 或人が一匹の小さい蛇を飼ふ。
二 蛇が大きく成つて龍と成る（又は此の事なし）。
三 その人が母（又は或貴人）の病氣を癒さうとして、龍に助けを求めて、その肝を切り取る（又はその目玉を剜る）。
四 彼が尙慾張つてこれで滿足せず、遂に喰はれてしまふ。

三人の婿型

一 或金持が、三人の婿を持つ。三番目の者輕蔑される。
二 その金持が、問題を以て一番目と二番目の婿に聞く。
三 彼等の答案が皆三番目のものに駁倒される。
三 そこでその金持が、又と彼を輕視しない樣になる。

婿選び型

一 或娘が三人の職業の異る人に與へられようとする。
二 彼等が爭ひの爲に試驗（詩を作る）を受ける。
三 最卑しいものが勝つ。

馬鹿書生が文章を銜ふ型

一 或馬鹿書生が文章を衒ふことが好きで、或夜災難に遇つて、文語を以て隣の人々に訴へる。
二 人々がその云ふことが分らないので、彼の家が大きな損失を蒙る。

嘘吐きが成功する型

一 或人が責任を避けんが爲に嘘を吐く（又は彼が幽秘を占ひ知るの術を習つたとも云ふ）。
二 幾度試驗を受ける時にも、皆都合よく成功する。
三 彼は遂に極めて高い幸福を享受する。

或孝子が妻を得る型

一 或人が孝行によつて、一人の超自然の法力を持つ妻を得る。
二 縣官は、彼が急に金持に成るのを見て、わざと難しい事で彼を困らせる。
三 彼は、その要求されることを皆見事にやり遂げたので、縣官は如何ともする能はず（又は損するとも云ふ）。

阿呆婿型

第一式

一 或妻は、その夫がその里に行つて阿呆な所を見せてはと氣遣つて、先づ彼を話し方を習ひに出掛けさせる。
二 その夫（阿呆）が外で三人の話を習ふ。
三 彼は、岳家に行つて、習つて來た話を鹽梅よく（又は出鱈目に）應對する。

第二式

一 或阿呆が岳家の祝宴に行かうとする時に、家の人（妻又は父）が彼にどんな話でもお目出度い言葉で初める様に云ひ付ける。
二 彼は、岳家に行つて、一つの事情が起る毎にお目出度い言葉を一句づつ唱へる。

第三式

一 或阿呆がその岳家へ壽ぎに行かうとする時に、妻（又は他の人）が彼に某の行動を眞似る様に云ひ付る。
二 宴會の中でその某が變な行動を爲るのに、彼は之を辨へずに眞似る。

第四式

一 或夫妻が一緒に岳家へ壽ぎに行かうとする時に、妻は、夫が失禮なことをしてはと氣遣つて、夫に「私が線を引けば、お前が箸を擧げて食べる」ことを約束して置く。
二 その線が或物に引かれて無暗に動くので、彼もそれに付いて行動する。

三句の金言型

一 或人が大變正直者であるが爲に、仙人から三句の金言を教はつた。

二　彼は一一その金言によつて行ふ。
三　彼は遂に身に迫る災難を逃れる。

只で飯食ふ人型

一　或人がよく只で飯食ふことで名高い。
二　或日、仙人がその技倆を試さうとして、宴を設けて彼を俟つ（又は酒を飲んで居る最中偶然に出喰はす）。
三　仙人が嚴刻な酒令を遣て見るに、彼は極めて悧巧な動作で應對する。

禿頭が謎を解く型

一　或禿頭が、或事で或金持の令孃が彼を愛して居ると思ひ違ひする。
二　彼は、人に賴んで求婚せしめると、謎を解くことを課せられる。
三　彼は遂に彼女を娶る（又は成功せずとも云ふ）。

法螺吹きの婿型

一　或金持が四人の婿を持つ。一番目、二番目、三番目のものは法螺を吹くが、四番目のものは、それが出來ない。
二　彼等が彼（四番目のもの）の家に行くと、彼の妻が更に大きい法螺吹きの話を彼等に聞かして退かしむる。

山ぞめに行つて　山ぞめに（註、二日の仕事始のことと思ふ）山へ行つて怪我をしないやうに、お米とお供へとお酒とを一升枡に入れて年神樣が居ろといふ自分の家からあきの方の山へ行き、口の中で今年も無事に山仕事が出來ますようにと稱へて、鉈を持つてつて木を削り、おみきをあげ、お米も木の葉に分けてあげ其お殘りを戴く。子供を連れて行き、木を例へ三本でもきつてもつて來て、小正月のお繭玉のお湯を沸かすときに燃す。（昭和五年十一月東京・西多摩・小河内村川野・青木　古屋榮助氏談。）

烏帽子親への歳暮・年始　十七の時杉田東一さん（故人、元戸長、最後の庄屋も務めた人。杉田家は川野の大屋で知られた名家。）を烏帽子親にとつて名を改めた。十二月の廿五日から大晦日までにお歳暮といつて鹽一升を杉田さまの屋敷へ持つてゆく。御年始は正月の朔日で半紙だつた。『鹽を持つてくべー』と云つて暮の廿七日か廿八、九日に『おしつまりましておいそがしうござんせう』といつて持つて行くと、『やあいそがしくなつたなあ、どうだ手仕事があるかな』と杉田さんがいつた。（歳暮の返しについてはノートにない。）年始の代りには廿四文くれて酒が出た。（昭和五年十一月、東京・西多摩・小河内村川野・青木　原島良助氏談。）

（村上清文）

伯耆高杉神社嫐（ウハナリ）打合神事に就て

天野重安
川上宏

著者の一人は先年「岡成物語」といふ表題で伯耆岡成村の民俗に就て、病床日記の拔書を試みたことがある。今夏偶ゝ同地に赴き、山（皇靈山）一つ北の宮内村高杉神社（大字大山村）に珍しい神事あるを知つて採訪を企てた。岡成物語餘聞といふ程度で同行者と連名報告する次第である。

八月十九日、連日の欝々たる山氣晴れて、朝の日を背負つた大山が黑々と、然しくつきりと突立つてゐる。大山口驛で汽車を下り、直ちに大山寺行のバスに乘込む。丁度こゝで昨晩本日の豫定を建てゝ吳れた當地の金田氏が偶ゝ所用の序に宮内村まで案内して下されようといふ。同行三名、これで通辯が二人もゐることになるので心强い。

バスはまなかひに大山を見、山麓の延びやかな田圃とその中に點々として屹立する古墳の木むらとを左右になびけて走ること約一里、皇靈山が右手に近づいたと思ふ頃坊領村に着いた。バス道を離れ、東して數丁、山の側にピツタリと喰付いた宮内村に達する。傾斜する村を東南に突拔けて一番上手に出るとこれが高杉神社である。小字の村社としては先づ立派な社殿である。境内は眞直に突切れば二十間、これが二段になつてゐて前の低い方が目立つて廣い庭である。殊に植木の少ない點が神事を想到させる。正面石鳥居には「汗入郡大社高杉神社」と二行に書いてある（汗入郡は其後會見郡と合して今の西伯郡となる）。その額は明治時代のものであらう。社殿は新造である。これに接續して前にしつらへた巾の廣い拜殿はピタリと立切つてゐて何となくわびしい氣分を與へる。拜殿の前左側では小さい社務所があつて、こゝは明放れた戸の間から僅かに賽錢箱、太鼓幣など數種の神具が見える。あとの話では御神體はこちらに在して、遷宮は遠からずといふことであつた。社殿を左から一めぐりすると後は杉林で右手は籔に隣つてゐる。籔との間には一間巾の廣い路があつて本殿の直ぐ右手から三段許りの淺い石段でこの道へ出られることになつてゐる。同じくこの路へは、前庭の右手からも立派な出口が作つてゐる。これ等はいづれも神事に際して定つた廻路たるべきものである。

こんな風に若い時分の思ひ出を辿り乍ら說く金田氏の地形說明を伺つて置いて、扨て神社下手の神官、押村氏宅を訪ふた。これも豫め金田氏の話で失望したことであるが、高杉神社の昇格運動で熱心だつた老神主は昨年長逝され、その第二世は既に轉向して新聞記者をして居られるとか、現在は代理神主である。その神主も他出で、折から現はれたのは四十前後の留守婦人（新聞記者となつた神主の夫人）であつた。丁度こゝ數日で夏蠶のあがるといふ忙しさの中で、その母に當る先代の婆さんと二人補合ひ乍らボツ〳〵話されたところを綜合して見ると次の樣になる。只吳々も惜しいと思つたのは、古い祭禮圖など虫に荒されて僅かの書類も神主の手にあるといふことであつた。

扨て、神事に移るに先立つて、御神體に關する簡單なる紹介を試みねばならぬ。こゝでは先代神主の認めたと推される由緒文を其儘借用しよう。（これは拜殿の前に額面となつてゐるが、其後著者等の一人が現神主所持のものを拜見して得たところの方が僅か乍らも詳しいので、こゝでは後者の全文を示す）。

祭神

祭神｛大足彥忍代別命（オホタルヒコシノヒロワケ）
　　　大日本根子彥太瓊命（ヤマトネコヒコフトニノミコト）
　　　忍別命（シノビワケ）

合祀

祭神

細姫命
千代姫命
松姫命(チヨヒメノミコト)
速素盞嗚命
天照大御神
大葉枝皇子(オホバエ)
小葉枝皇子
根鳥皇子(ネドリ)

○備考　主なる祭神

男神（大足彥忍代別命……松姫命（官女）
　　　　　　　　　　　　千代姫命（官女）

女神（細姫命

高杉神社由緖

當神社ノ創立勸請年月日ハ不詳ナレトモ文明拾八年以前ノ創立ニ係ル國史現在社タルハ明ニシテ往古ヨリ藩主ノ祈願所トシテ社領若干アリ武門ノ崇敬モ厚ク社藏ノ棟札古書類ニモ元汗入(アセリ)郡大社或ハ高杉之鄕大社トアリ和銘抄ニハ高杉ヲ訓讀シテ「たかすみ」トアリ地方稀ニ見ル屈指ノ古社ナリ郡大社タルノ故ヲ以テ造營幷ニ修理ノ費用等郡中ヨリ徵收スルノ例アリ伯耆六社ノ内（大神山神社伯伎神社宗形(シトリ)神社倭文神社國坂神社高杉神社）ノ一社トシテ慶安貳年丑拾壹月現社地ニ移轉再興スト記シタル棟札幷ニ寶永七年寅參月ノ由來書上ケニ宮境內ニ杉生長スル事他ニ異リショリ大山金門鳥居ノ笠木ニ衆徒ヨリ望マレ截レ之夫レヨリ災妖止ム事ナク云々トアリ

又雄略天皇丙辰ノ歲近鄕ノ衆徒ニ崇アリ恠事年ヲ累ネ人民之ヲ歎ク共ノ時神ノ託宣ニ貳人ノ官女タル松姫命千代姫命ノ

伯耆高杉神社嫐打合神事に就て　（天野・川上）

靈魂カ細姫命ニ對シ嫉妬ノ崇リアリトシ之ヲ神廟ニ祭祀シ御告ノ隨レ意ニ宮殿ヲ建造シ壹御前社（本殿ヲ祭ル）貳御前社（中殿ヲ祭ル）參御前社（末殿ヲ祭ル）ト奉祀シ祭日ニハ嫐神事トシテ參人ノ仕人物忌ミ神懸リアリ幣帛ヲ以テ打合式アル事絶エス當社古書類ハ毛利尼子ノ兵亂ノ爲メ燒失シタル事會見郡美濃村秦某カ奪取シテ美作國玉森明神ニ隱シ納メタリト皇靈山（又ハ孝靈山トモ書ク一名瓦山）城陷リ尾高城ニ變遷ノ際社領寶物貴重品等尾高ニ奪取セラレタル等ノ爲メ傳ハラスタヾ當時幸ニシテ兵燹ヲ免レタル古神像貳體ヲ現存スルノミナルカ何レモ古代ノ彫刻ニシテ一見當社ノ古社ナル事ヲ證スルニ足レリ

元祿貳年迄ハ高杉之鄕（坊領、佐磨、今在家、宮内長田、平、中高、神原）八ケ村ノ總鎭守氏神ナリシモ皇靈山ノ牧草採取ニ關シテ山論アリ、坊領、佐磨、今在家ハ大山寺領ナリシヲ以テ大山奉行丹山源兵衞ノ裁斷ニテ坊領ニ一神社ヲ創立シテ氏子ヲ離シ續イテ平、中高、神原、長田モ分離セシモ祭日等今日同日ニ行ヒ總代神ト尊信セリ當神社社傳ニハ皇靈山ハ景行天皇御草創ノ地ニシテ皇子忍別命ノ本居別稻置ノ首ニシテ當社ハ皇孫代々ノ宗廟アリ三代實錄ニ見ル伯耆國大足彦神ニ神階ヲ授クトアルハ卽チ此ノ神社ニシテ神社近傍ニアル古墳又ハ土地ノ字等ニヨリ考察スルヲ得ベシ明治五年神社改革ノ際村社ニ列セラレ明治四拾壹年拾壹月拾九日神饌幣帛料供進指定セラレ大正元年拾月卅壹日無格社壹ノ神社貳ノ神社參ノ神社ヲ合祀ス素盞嗚尊ハ荒神宮ト尊信シ宮内村ニ別宮トシテ奉祀セシヲ大正貳年九月貳拾參日合祀シタリ。

祭禮は年に一度、舊九月十五日である。晝間は型の如く村相撲だの一般の參拜があつて前記の嫐打合神事なるものは夜中に取行はれる。村人の言葉を借りて簡單に云へばかうである。

「高杉さんには三人の女がある。本殿中殿末殿の三方である。祭の日この三人が潮を汲みに出る。出る際は仲よく連立つてゐるが歸途から仲が惡くなる。高杉さんは原の白瀧（これは麓野地帯が阿彌陀川に移る灰色の斷崖のことである）の杉の木のまたからこれを見てござる。三人はバラ〳〵になつて歸つて來るが、夜中、神前の儀が始る頃には次第に氣が荒々しくなつて摑み合をして喧嘩する。昔には殺合まで之が進んだ。神事が濟むとけろりとしてゐる。憑ものが落ちたやうで互に何も知らない。」

神事の中心問題はこの描畫の中に秘められてゐる。これを箇條書に示せば、

1. 三人の女性が定ること
2. 三人の女性を神憑狀態に置くこと
3. この神憑狀態を脫せしめること（これ神事の終了である）

これを順次に述べればこんな規約がある。

1. 三人の女性を作ること。

この三人の女性の役を演ずるのは村の成年男子で、各戶の順宛といふことに定つてゐる。年齡の別はない。但しガンビラキと稱して何等かの祈願をこめた御禮に進んでこれを擔當する場合がある。

村人はこの女性のことをウチガミさんと稱してゐる。

祭禮は前述の如く九月十五日であるが、「ウチガミさん」になる人達は既に九月一日、夫々自分の家にしめ繩を張り、身を清淨に持して祭禮の日の來るのを待つのである。

何人が本殿になり末殿（ウラ）になるかは未だ定まつてゐない。これが定まるのは祭禮の前日、卽九月十四日午前九時、互に寄り合つて神前の籤を抽いての事であるから片うらみは無い。神前の神飾は續いてこの日の正午頃から始められる。

2. 三人の「ウチガミさん」を神憑狀態におくこと。

これは大體二期に分たれる。

第一期は「コリトリ」（灘の潮を汲むこと）に三人が赴くことで往道は頗る仲よく出掛けるがそろ〳〵歸途には御機嫌の惡くなると稱せられる時期のことである。舊曆の九月十五日朝七時、三人は別にお伴を連れるでなし、白衣の上に膝まで

の簡單なカタビラ羽織（様）をつけ、潮筒を携へて裸足のまゝ發足する譯である。その道順は大山道路の拓けない舊時は田圃路をつたつて眞直に日本海に出るのである。灘（ナダ・海岸のことをさういふ）までは約一里半、その間、平（ヒラ）、神原、平木、所子、上野、福尾の六ケ村がある。コリはこの福尾灘（後醍醐帝を名和長年の迎へ奉つた御厨の濱へは一里弱）でとられるのである。扨コリを汲取つた三人の「ウチガミさん」は歸途につかれる段となるが、これは誰が監視するといふ譯でもなく次の樣に云はれてゐる。

三人が上野を過ぎる頃にそれぐ御機嫌が惡くなつて、平木の村まで來る頃にはもう氣色ばんで宮内村に歸りつく時にはバラくになつて單獨行動をとるところまで行つてゐられる。喧嘩早い年（これには各村人によつて著しい相違のある事を首肯出來よう。村人はよくのり移られる場合と、さうでない場合とあると云ふ風に云ひ習はしてゐる。）は途中で爆發したことがある由。丁度宮内へ歸りつくのは午前十一時すぎといふのであるから「コリトリ」は午前中で終了する。三人は夫々家へ引とつて夕方の神事まで夫々休息する。（この御晝食は御供として七合の米飯を、夜の神事に際しては一升二合の米飯を炊ぐことになつてゐる。勿論神樣とウチガミさんとが召上るのであるが臺所役をする余の話手は特にこのことを判然と述べてゐた。）以上は第一期の序曲であつて、余が第二期と稱するのは夜に入つて行ふ神事に於ける眞の神憑狀態のことである。

第二期、本神事は深夜のことになる。前記の三人は夜七時過に再び神社に出頭する。夜の神事の爲に御酒や其他御供を神前に準備するのは八時すぎになる。

十時、「かし」が鳴ると村人はそろそろ集つて來る。

三ウチガミの座は本殿と拜殿との續きになつた廊下であつて、こゝに順番に、本、中、末（ウラ）殿の座が定まる。神主は神前の御供物と「ウチガミさん」達との間に座を占めて徐ろに祈禱を始めやがて食事にうつる。

本神事中の主なる秘儀はこの食事以後にあるのであつて、この點許りは代理神主には委さない。既に轉向して新聞記者になつた第二世がいづくに居る場合と雖も歸鄕して自らこの神事を司るといふことに成つてゐる。（只今美保關神官養成所にゐる當年十六才の第三世に讓るまではこの內約は嚴守されるさうである。）

扨て、十一時、神前の一升二合の御供と「たいなます」の菜は神主のとりもちでウチガミ達に勸められる。殊にカヤの二尺許もある長い箸で「たいなます」が本殿中殿末殿の順で分渡される頃になると、旣に三方の顏色は蒼白となり菜を受くる手先が震へてゐる。三方の內的動搖は愈々急を告げて來るのである。

これと同時に三方は大變渴を覺えられる。直徑七寸にも近い大水碗で繰返しカブ〳〵と水を飮まれる。そして夫々長幣を御持たせしてあるのだがこれがブル〳〵と震へて如何にも支へ難い樣に見える。

神主の祈禱は益々熱を加へる。神憑狀態は酣となる。この頃になるとウチガミさん達の氣が荒々しくなつて、最早やその儘でおくことは危險になる。そこで一人のウチガミさんに五人乃至は八人の若い力の逞しい連中がサバル（寄つてたかつて制止する）ことになる。

續いて十二時頃になるとウチガミさんは前の川にコリをトリに（このコリは水垢離のこと）下りられる。丁度神社の前の桑畑の中に半間巾の道があつて一丁も行かない中に川へ出ることになつてゐる。川巾は三尺そこそこである。ウチガミさん達は例の唯一の裝束たるカタビラを前なる石に掛けて洣浴せられる。

これが又難事なのであつて、僅かな道中ながらもこの間で摑み合ひが始まらうとする。其の上ウチガミさん達は步行極めて困難で、万一其の前を見物達が橫切りでもしようものなら其儘一步も進まれない。サバつてゐる連中はこれをかつぐ樣にして川に運び川よりつれ歸るのである。

その昔、さばる連中を定めてゐない頃には互に全く半殺しのところまで進んださうで怖しいことであつたさうだ。

扨て何分深夜の神事であるから十五夜の月光が唯一のたよりである。村人の誰もが言ふことに從ふと不思議とこの夜は明朗な月夜となるもので岩さへ鳴るやうに覺える。それで岩鳴る月夜といふ言葉が高杉さんのこの夜の爲に出來てゐるのである。（これはウハナリ月夜の轉化か）。

かうした難事コリトリは三度繰返される。いづれも道順は拜殿の右手の石段から外へ出られるのである。

扨て愈々クライマツクスに達するのであるが、三度目のコリトリが濟むと各自幣を持たせ太鼓を打つて練り出るのである。これも拜殿右手の石段から下つて、境内の外を廻つて正面の鳥居のある石段から乘込まれる。前庭の左側は潔められ、四方竹にしめを張つて、この中に三枚のコモを敷き三方の座がしつらへてある。これ又三方の雌雄を決せられる席であつて、サバルものがなければとても正視出來ないことになつてしまふ。着席が濟めば手早くしめを引いて（張つて）三方を制し乍ら御酒をすゝめる段になる。神主の手から御酒が本殿から始めて順次中殿末殿のカワラケに注がれる。御酒が濟むと亂暴な投げ渡しで返される。

高杉神社

ウチヅル

サへの神

高杉神社
向つて左の廣場で嫐打が行はれる。

ウチヅル
蹲つた人と同大、上に榊を挿して飾つてゐる。

中高村のサヘの神
大部分掠奪によるもの。自己の村の神は深く埋めてドルメン型の石で圍つてゐる。（民俗學第四卷第五號三七八頁參照）岡成物語に報じたサへの神盜難を如實に示してゐる。

こゝで又新しい名前を紹介せねばならない。ウチヅル Uzidzul である。寫眞に示す如く青ガヤを束ねたものに過ぎないがこれの中心には藁が入れてある。長さは本殿のものが三尺、それから中殿末殿と三寸宛短く作つてある。青ガヤの直徑八寸もある束であるから相當に重い。

このウチヅルを各ウチガミさんの前に据えて各さばり役が地を打つのである。恰も土俵で四股を踏む時のやうに打たれた大地は烈しく鳴つて、下手の村中に響き渡る。これが戰鬪開始であつて三方は立上る。摑み合ひをさせてはいけないのでサバリ手は夫々ウチヅルの中を通した藁をウチガミさん達の小指に掛ける。小指の掛つたウチヅルのみが乾杯の杯の様にカツチリ摩り合される。一番むつかしいせり合ひである。ウチガミさん達はたゞあせる許りである。最後に神主は折を見て「本殿勝ち」といふ。これは其の時の形勢如何に拘らず本殿勝ちといふのであると定められてゐる。

素早く小指からウチヅルの藁を外して(これが頗る技巧を要する。この藁は齒痛止めによく効くといはれてゐる)一同はその勢で阿修羅の如く神殿に驅け集るのである。この時の道順は、庭の右手の道から出て、本殿右手の道から驅け込む事になつてゐる。神殿に着くと三人のウチガミさんは全く正氣に復して、憑かれた女神さんは戻つてしまはれるのである。

最後にこゝで神主は御祓を擧げて神事は終る。その頃には夜はもう二時を廻つてしまつてゐる。

三女神が爭はれるといふこの立派な一夫多妻主義的遺訓は、何に出發したのか殘念乍らこゝに詳かにすることは出來ない。强ひて附記すれば次のやうな事實がある。元來この神社は三つの神殿から出來てゐる。現在の位置はその中の一つのものを示してゐるのであつて、これの後やゝ右寄り卽現在の籔の中に本殿があり、更に前、卽ち三女神のコリトリ場附近に末殿の神殿が建つてゐた。

話手の押村夫人は神殿に案内してこれ等の位置を示し乍ら、妾の子供時分にはその礎石もその前に一間餘りの道路のあつたことも覺えてゐるとのことであつた。

若し果して三女神の神殿が別々に準備されてゐたものとすれば、一體男神は孰れに合祀してあつたと見倣すべきであら

伯耆高杉神社打𢭏合神事に就て　（天野・川上）

うか。或は別にそれの神殿も存在したのであらうか。果して然りとすれば男神の神殿が早く失はれて、女神三殿が殘つたといふことになつて不可解である。

現在は過等身大の男神像一個と、木彫の二尺餘の麗しい一女身像とのみが殘つて祀られてゐるのみである。

追記　其後の機會に現今の神主に面會した川上氏からの書信によれば男神の神殿がいづれであつたか記錄を操る由も無いが、或は細姫命を祀つた壹ノ御前社であらうかといふことを聞いたとのことであるが、參考までに書いておく。

お船玉さま　（留置場にて採集せる話）

大阪築港の船大工が入つて來たので「お船玉様」に就いて聞いて見た。お船玉樣は女の神樣で難破する樣になるとシヤン〳〵泣かれるのだそうで、これを「勇(イサ)む」といふ。そこで私が「それで難破から逃れることが出來るのか」と云ふと「なあに、そんなことがなかつても天候の變化が解らん位なら船頭は出來まへん。まあ、そない云ふのだす」と答へた。その神樣は稻の穗と賽二個と錢十二文（閏なら十三文）を入れて紙に包むで作るのである。賽二個のならべ方は

天一地六にゴカイで五と五と二を積んで表三合せとも四合せといふ樣にする。船内へ鎭座の際にはヘサキからハシゴをかけて入つてトモへ降りて祭り、祭る場所は帆柱の船内部の中央をくりぬいてはめ込み木で塞いで置くのだそうだ。若し解體した時には稻の穗や賽は流し錢はゲンが良いといふので持ち歸る。現在は金毘羅樣の御札を入れてお船玉樣にする者もあるそうだ。

（栗山一夫）

東京府に於けるオシラさま

村上清文

この大部分は昭和三年の十二月から同五年の末迄に蒐めたものであるが、採集に不慣れな當時の採錄である上に、採集法にも不備な點があつて、事實を握む力が足りないものである。今回端なくも金田一先生から強い御誘引をうけ、又友人にも勸められ、とりいそいでノートを綴り、報告の形に纏めた。併しそんな點では發表に疚しさをも感じる。

此採集は元來金田一先生からお聽きした東北地方のオシラ樣の話に始まつて、それ以來終始先生から御指導と御鞭撻とをうけて採集の歩を續けたものである。耳に徹した「コンクリートな事實と、學問はプロセスだ。」といふ先生の御言葉と一方ならぬ先生の學恩とをしみじみと有難く感じて居る。標題の地域は東京府西多摩・南多摩・北多摩の三郡の各一部を主とする。

三年の十二月廿五日から廿九日まで東京府西多摩郡東秋留（アキル）村二ノ宮の友人靜原快夫氏のお宅に御厄介になつて、その附近の村々へ採集した時、確に廿六日の晩のことであつたと思ふが、炬燵にあたつて、快夫さんのお祖母さんと四方八方の話に耽けるうちに、ふと蠶の神さんのことを思出して、東北地方のオシラ祭文の話をしてみたら、お祖母さん口からの其返へしに、「オーシラさま――オーと長目にひつぱつてゆつてゐた――ならこゝにもありますよ」と言はれたのに愕いて、すぐに問ひ直してみたが、やはりオシラさんと謂れる蠶神（カヒコガミ）さんが祀られてゐたのであつたのである。併しオシラ祭文にある馬頭娘系（怪談全書による。）の説話はいくら訊ねてもききえなかつた。翌朝はお日侍の當番に當つて其年オシラさまのお宿をつとめた組うちの製絲工場からオシラさまのお表具をお借り申して、見せていたゞいたが、馬頭娘系説話に特別な關係を持ちさうにもない紙地半折に極彩色に描いた辨天樣の畫像で、澤山の手に桑の葉や繭や鍵や其外種々の財寶を持ち、良泉と落款の入つたものだつた。圖様に馬が關係してゐないので一寸以外な感じがしたから、丁度其日年貢米を納めに靜原氏に集つて居た村の衆をつかまへて、問ひ糺したら「中には女の人が馬にのつた姿もありますよ」といふことをきいた。併し何分にも暮のことゝて遂に見せて貰ふ機會はなかつた。

東京府に於けるオシラさま（村上）

（これからあとは採訪の年次を追つて大體順ぐりにノートの拔抄を載せて行く。）

二ノ宮では、正月の十三日の晩に同村森山の白瀧の水を汲んで來て、それで十四日の朝早く繭玉を作り、オシラさまに供へて、女の人が遊ぶ。尙古谷兵庫さんの話を書留めた頁の端にオシラウラナイといふ今ではもう憶出せぬ言葉が片假名で記してあるが、其次に其兵庫さんと賴みに來た人々との對話の片端しと卜書がのつて居るから、それを其內容として繫ぎ合せてみると『おこさまへ鼠がかゝるから口留めして下さい』……『一里でも半道でも口を聞くぢゃありませんよ』とお札が行く。其札を柱に掛けて置くと鼠がかゝらない。）となる。蠶の鼠除けに受ける呪符のことらしい。（因みに兵庫さんは古谷といふいちこの家に生れた人で、家は代々二宮神社の神樂師をつとめ、土御門家から免許狀をうけ、占ひ事もやつて居た。今は故人であるが、藝事に秀いでて有名だつた。）（昭和三年十二月靜原快夫氏のお祖母さんから。）

三年十二月廿八日に隣村多西村草花門前組のオシラ様のお表具を、同村小宮明神社々掌小宮尙文氏の御好意によつて、年番にあたつてゐた茶店でみせて戴いた。畫像はやはり二ノ宮のものと同じく、辨天さんで、紙地に肉筆の、半折のお掛地で、箱に入つて居た。同月廿九日には西秋留村牛沼邊でも、蠶神さんをオシラさんといふことを牛沼の中村正君からきいた。こえて四年の正月三日に西秋留村引田（ヒダ）の眞照寺で同所の獅子舞の面をみせていたゞいた折に集つた村の衆から同地にもオシラさまがあると聞いた。

同正月三十一日西多摩郡霞村今井の吉田兼吉氏を訪ねた折に、昔は同所の浮島神社にあつて、あることから、兼吉氏の家に御預かり申してゐるといふオシラさまを見せていたゞいた。（第二圖參照。この日にとつたものは古代研究・民俗學篇2・一〇八八頁にある。）妻女のお話によれば、同所のおかひこのお日待は十一月時分にやる。一口米五合、小豆一合の割合で出しあひ、女の人が當番の宿に集つて、お團子をつくつてオシラさまをまつる。オシラさまには十六繭玉といつて十六の大きな團子を作つて枡に入れてあげる。夜はけんちんを作つて、御飯を喰べる。若い男がくると酒も出して、他の組の人や他處の人がくればお團子を出す。出來たお團子は出した口數で分ける。今の娘達は歌をうたはないが、私達が娘の時分には歌もうたつて大變に騷いだ。といふことである。

四年四月、南多摩郡川口村下犬目秋山菊太郎氏より、蠶日待は正月、二月、三月、四月、九月と年に五度やつて、オシラ様をまつる。又オシラ様には正月の十四日にも繭玉を作つて供へる。オシラさまのお表具には、女と馬のものと、女が桑の葉を持つてゐるものと二いろある。なほ同村佐貫ではお正月と春の三月頃おかひこの日待をして、オシラさまをまつる。（下犬目からの歸途に佐貫を通つてそこできいた話。）

同年四月、八王子市旭町に住む乙幡秀江氏がオシラ様の畫像をかいたといふことを聞いて、同氏を訪ねて、同氏からは次の様な話をきいた。オシラ様がほしいのなら、佛像でよければ高さ七寸位のものを塗師屋で作つて賣つてゐる。綺姿には岩の上に女の人が立つて右手に種紙を提げ左手に桑の枝をもつてゐるものや（二）、六四の馬に女の人が圍まれてゐるものや蠶影山等がある。自分が畫いた時には着物を神代風にして（一）をかいた。尙其時南多摩郡柚木村下柚木生れの奥さんから、下柚木ではおかひこのお日待のほかに正月の十四、十五にオシラさまをまつる。此蠶の神様になつたお姫様には謂れがあつて、蠶が眠るごとに、ししのならびとか、たかのならびとか、ふなのならびとか、にはどのならびとかいつたのを母からきいた。又三日桑といつて、正月のはじめの午の日が早いと桑がよけいにとれ、二月の午の日が早いと蠶がよけいに上り、三月の午の日が早いと絲が多いなどと、正、二、三の初の午の日の早さによつて、桑や、繭玉や生絲の出來具合をみて、今年は桑が高いとか、繭が高いとかいつた。それからオシラ花といつて、境にさく垂れ花（卯の花らしい）を蠶のところへもつて行く。といふことも聞いた。（秀江さんは町の畫家である。）

東京府に於けるオシラさま（村上）

・同年四月廿八日埼玉縣入間郡南高麗村岩淵に岩崎瀧次郎氏を訪れて、次の話をきいた。こゝの蠶日待は裏の山の下にある土藏作りの家がもと機屋をしてゐて、其處の主人が、お日待があると、女衆が一遍に二十人も休む事になるとて、贊成してくれなかつた爲に、段々にすたれてしまつた。其當時其家の人は、組合でも、羽振りをきかせて居た時だつたから、その人の言ふ通りになつたのだ。やめてから二十年近くになる。併し其間に一、二回はやつた。かひこ日待は年に二度で正月の十九日と十一月の廿二日にやつた。第一圖は話の日待に使つてゐたものである。肉筆の大幅である。夫から尚此處では蠶の豊產の年に建てたといふ蠶影山大權現の石像を寫した。（第四圖）。圖の石像の臺石には「蠶影山大權現」「願主嶌田平吉立之」「安政五戊午年正月吉日」とあつた。この寫眞をとつてからの歸り道で出會つた築地式三郎氏に蠶神（ケーコガミ）さんの由來を尋ねたら、「常陸國眞壁郡豊浦港松龍寺にまつらせ給ふ蠶影山衣笠（キヌ）明神白神大明神」とすらすら陳べられて、後はよく覺えて居ないのだがといはれて、「つまり蟲が桑について繭を作り、それで織物を作つたのだ」と話してくれた。この旅行の歸りがけに西多摩郡霞村今井の吉田粂吉氏の家に寄つてこの春の始めに一度寫したオシラさまの木像を寫しかへた。（第二圖）この時この近處の組でお日待に使つて居るオシラ樣のお表具を二、三みせてもらつた（第十二圖）。其中にあつた堀之內組のものは、大きなお札を表裝したもので、札は中央の上方に蠶養守護 馬鳴大士とあり、その下に三面六臂馬上趺伽の佛像の正面圖があり、更に其兩脇には　武州入間郡　中野村長久寺　とある。寫眞は圖の地が黒くなつてた爲現れなかつた。尚こに其時、第二圖の佛像について、次の話をきいたから、つけ加へておく。この粂さん（吉田粂吉氏）の家にある木像はもと今井の鎭守浮嶋神社の境內にある天神樣のお社にあつたもので、粂さんの家では四月の廿一日にお祝をする。

歸つてから右の長久寺を調べてみると、新篇武藏風土記稿五十四（入間郡卷四）九十に、

長久寺　淨悅山涼光院ト號ス新義眞言宗ニテ多摩郡中藤村眞福寺末ナリ中興ノ僧チ賴喜ト云正德六年二月十四日寂ス本尊不動

馬鳴堂　蠶ノ守護神ナリ神體ハ馬上ノ像ナリ例祭ハ三月十九日ナリ　とあつて、

昔の宮寺鄕の中にあるといふことが分つたので、地圖の上で大體の見當をつけて、日は忘れたが五月初旬の土曜日に、

學校からすぐに所澤に出て、途中道を尋ね尋ねして長久寺へいつた。

境内には「二本木村　摠女中　奉納　寛政六寅季三月十九日」と彫つた石の手洗鉢があり、「奉納　馬鳴大士御手院（ノートのマヽ）　信者中」と書いた手拭がかかつて居た。今井所見のお札はないのかと寺の大黒さんに尋ねたが、現在賣つてゐるものは、あのお札の馬上像のところだけを半紙二枚折り大の紙に刷つたものであつて、あれと同じ大きさと字組のお札は見當らなかつた。風土記稿の記載をみて大士のお姿を知りたく思ひ、お姿を拜まして戴けないかとお願したが、寺の人でさへも帷子位しか見たことがないのであるから、俗人の人ではといつて、とりあつてくれなかつた。しかし訪客の飯能在に在る寺の住職だといふ方が傍らから、馬鳴菩薩のことなら儀軌に詳しく出てゐると敎へて下さつた。馬鳴菩薩が儀軌の中で蠶に關係してゐることが分つたのは、此人のお言葉から知れたもので、其後佛敎辭典を當つて、大日本佛敎全書收載の阿婆縛抄第百十四〔私目錄第五十九之四〕馬鳴の項を見て、夫がはつきりとしたからである。長久寺の手前の畑の道端に立つて居たお堂の脇の家の主人から、四月十九日にまち（緣日）がたつて、みんみよう様—馬鳴のことをかう呼んで居た——のお札が一枚五錢で出る。當日みんみよう様には遠くの衆が講をたててお參りにくる。又此邊の村々ではオシラ講のお日待を三月のお節句にやり、其お表具には、女の人が桑の葉を持つたのや、蠶影山があると聞いた。

同年五月一日、横山村舟田出身の高橋花子氏から、次のことを聞いた。舟田には毎年オシラさまのお札が廻つてくる。家々ではこのお札を飾つて繭玉を上げる。しかし現在舟田ではお日待を一切やらないから、女の人が集つて蠶日待をやることはない。

同年五月十九日、前記の乙幡秀江氏から、下柚木の家（ウチ）（連合のお里）から其家のオシラさんのお表具を屆けてくれたから、見に來て下さいといふ知らせをうけたので、行つて見ると、蠶影山から出た半折に近い大きさのお札で、紙表装にしたものだつた（第十一圖）。圖は眞中に三體のお姿を置いて右脇に「大日本着船豐浦港蠶影山大權現」、下に「常陸國筑波山之麓蠶神郷蠶山桑林寺」、左脇に「緣日廿三日」とあつた。此日秀江氏の奥さんから、柚木村に十七、八年前來和讃が流行して、村の永林寺さんにお婆さん達が日を極めて集つて和讃をやつて居るが、その和讃に蠶の和讃といふのがあつて、蠶の神様の由來が詳しく出てゐると、この間年寄り（お母さんのこと）が言つて居たといふことを聞いた。是非それをきゝたいと思つて、翌廿日、府中の六所樣の祭りの歸掛けに、七生（ナナヲ）村平山から山越しに柚木村に入つてお里を訪ね、お母さんの内田りと氏におあひし、掛物のお禮をいつて、右の和讃をきかして戴きたいとお願したら、半紙を横二つに截つて、又二つ折にしてとぢた小冊の本を出してきてくれた。（行數からの推算では九枚位。）表紙には「昭和三年　こかげさん　ゑびすてん　八月寫す」と書いてある。こゝには「こかげさん」の部だけを寫し出す。

（二、一、〇は歌ふ時の符牒。二、一は活字にする便宜よりなせるもので、本來は〓、一である。）

二
〽きみようてうらい一
あかげさん○
二
かひこのゆらいを一
たづぬれば○
二
むかしかみよの　一
あとなるが○
二
てんぢくみかどの一
ひとりひめ○
二
ちぶさのじつぼに一
すてられて○
二
志やけんなけゑぼの一
てにかゝり○
二
せゑりうざんの一
をくやまに○
二
志ゝのゑじきに一
すてられて○
二
あのとき志ゝごと一
もうすなり○
二
そまやまびと一
あハれみて○
二
みかどのやかたに一
つれまいり○
二
それをけいぼこ一
みるよりも○
二
せんりやぶにと一
すてられて○
二
このときたかごと一

もうすなり〇
じんづうゐたる一
二 ひめぎめハ〇
またもわがやへ一
二 かへられる〇
くまのうつろの一
二 ふねにのせ〇
このときふなごと一
二 もうすなり〇
くまのはいれて一
二 ながされて〇
あハれなるかや一
二 ひめぎみハ〇
をきふくかぜに一
二 たゞようて〇

東京府に於けるオシラさま（村上）

なるとのいそに一
二 つきたまふ〇
はまのひと〴〵一
二 ひきあげて〇
みれバゐツとき一
二 ひめぎみの二
くわのおづゑを一
二 てにもちて〇
ふようのかんばせ一
二 けだかきに〇
たゞびとならぬ一
二 おんひとゝ〇
なよゆゑながれ一
二 たもうぞや（ノートのマヽ）
くにハいづくと一

たづぬれば〇
はづかしながら一
二 みづからハ〇
さいしやうごくの一
二 あるじにて〇
ちゝハせんまん一
二 じやうをうと〇
けいぼのねたみの一
二 をそろしや〇
かゝるなんぎの一
二 かなしさよ〇
かたりたまへバ一
二 むまびとの〇
われ〳〵おんとも一
二 もうさんと〇

東京府に於けるオシラさま（村上）

二
さい志やうおくへと一
をくりける〇
二
それをけいぼが 一
みしよりも〇
二
いぬいのごてんの一
ひろにまに〇
二
ひち志やくふかく一
うづめしぞ（ノトのマ、）

二
そのときにまごと一
もうすなり〇
二
いん七にちの 一
そのうちに〇
二
かいこのむしと一
あらはれて〇
二
ひのもとさして 一
あまくだり〇

九八九
二
とようらみなとに一
つきたまふ〇
二
これこそかいこの一
ほんちなり〇
二
なむあみだぶつ 一
あみだぶつ一

其歸へりに同じく下柚木の川和はる（七四才）さんから、「蠶影山の御詠歌」を、七つまであるが書いてないから忘れたといつて、三つを敎へていたゞいた。

桑の芽は錦の花の
咲きはじめ
蠶は國の寶物なり

程しだいししたか舟に
養はれ
庭の桑にて繭作るなり

この繭をたゞ一すぢに
ひきのべて
男綱女綱皆つなぎのべ

この外に「家ぼめ」や「笑わさん」等色々の和讃があつて、筆記に忙しかつた爲、オシラさまや、お日待のことは聞きもらしてしまつたが、隣村由木（ユギ）村、小比企（コビキ）から番太の息子が蠶のことをうたつて、春駒を舞いに來たと、はるさんは言つてゐた。

時間の前後はあるが、其年の十二月、八王子の圖書館で柚木村在住の角田和一氏から、同地の蠶神さんについてききとつたノートを左に書き加へて置く。春になると乞食が蠶の神樣の繪をうりに來る。蠶の神さんは常陸の蠶影山で桑の葉を手に持つて立つた女のお姿で、俗にオシラさんといふ。又昔は春駒の女がよい聲で蠶の歌を謡つて廻つて來た。

同年五月廿六日、小田內通敏先生に連れられて、大西伍一氏や當時の史學科二年生の友人の方々と今貯水地の底になつてゐる埼玉縣入間郡山口村稱樂寺の部落を歩いた。この時に同村北入の農家で、五十近くの女の人(この家から下の部落に嫁に行き、この日里へ遊びに來てた人。)からオシラ講といつておかひこのお日待を正月と二月の十四日と、三月の、お節句の前の晩にあたる、二日の夜と三度にやり、シラ神樣にお燈りをあげて、お米を集めて御飯を炊いてたべる。お蠶のこともシラ神樣といふ。蠶影山へは小さい時に親父さんに連れられて行つたことがある。オシラさんは桑の葉を持つたお姫樣で、お表具は箱に入つてお日待の宿から宿へ廻る。この外にお蠶が起きさへすれば、思ひ思ひシラ神樣をまつるし、又氏神樣や稲荷樣にもお參りする。信州から蠶室に使ふ紙帳をうりにくる商人がもつてくる紙帳には馬に乘つたシラ神樣のお姿がついて居る。尙當日御案內の役に當つて下さつた同村の郷土研究家で氷川神社の社掌をして居られる山口文治氏から、この邊のオシラ講ではオシラ樣をまつり、女の人が集つてお日待をする。お日待にはお團子をつくつて、一晩中語りあかす。このお日待に鎭守の氷川神社の末社にある蠶影神社のお掛地をかける所もある。其掛地は私の先代が書いたものである。

(第十二圖、今井村のものを參照。)

同年七月十四日、西多摩郡五日市町入野北寒寺に於て、岸野萬吉氏(當時六六歲)より、蠶が出ると大神宮樣の棚にあるオシラ神樣にお茶を上げたり、御神酒を上げたりする。ごく昔は『オシラ神が參りました。おぼしめしを』とシラ神樣のお姿をうりに來たことがあつた。お姿はお女房さんが種紙と羽箒を持つた形をしてゐる。お蠶は午の日が好きで、種紙を買ふにも、掃き立てをするにも其外大抵のことは午の日にやる。

同日隣村戶倉村星竹で木住野家所有のオシラ樣を撮り、(第九圖)黑山某氏の御老母から、次の話をきいた。

オシラさまは蠶の神樣で蠶影山のお姿が一番多いが、牛沼の山王樣や、打越の辨天樣から出るのもあり、繪賣りが持つてくるのもある。又馬の鞍に幣束を立てたのも見たし、種紙に馬、狐をかいたもの、春日様になつて馬にのつたりしてゐるものもみた。お姿は女の蠶日待に飾る。

尚星竹組のお日待に使ふお表具は、同月十八日隣村小宮村からの歸へりに撮つた。（第十圖）

その七月の十六日に小宮村養澤怒田畑の北げーと（屋敷名）に在つたオシラさまのお表具を撮つた（第八圖）。組持ちのものである。同村に十七日まで居た間に蠶神さまの話を二つ聞いた。一つは木和田平の其時八十三歳だつた内山とくさんから聞いた。（法印の娘に生れ婿養子をむかへた全く地育ちの人で、ゆひごとでは谷に一人か二人しかないといはれた人だつたので、言葉の運び方は上手だつたが、齢で處々話の筋を忘れてしまつて居たのと、書留める方でも筋よりは言ひ現し方をかへずに寫しとらうとしたために、却つて話のつなぎ目が所々かけてゐるが。）テーマは柚木村で採集した、こかげさんの和讃と同じである。

「（蠶の神さんが）常陸の國へ落着いた話」

「母親がまーまで、それで親父さまが出さへすれば責められた。ししご、たかご、にはごといひますね。ししごといふのは、父がゐないから、ししに喰はせようとする（と）、夜さりししがつれて縁側へおいてつた。鷹ごといふのは鷹に喰はせべえと思つて、手代にでも背負せて、山へもつて行つてうつちやたら、鷹がさらつてきて縁側へおいてつた。それでおこ様が小さい時ししご、鷹ごといふ。（にはごの謂れが入る。）親父さまが、日本の國へ、いゝところがあるから、渡してやるから詮らめろと言ひきかせて、桑の木の舟をつくつて流してやる。舟が流れてゆくと漁師があげて見ると立派な姫様が居る。これはどうも百姓風情でない（といつて養ふ。それから漁に出るが何時も獲つてこないので漁師の妻が娘を叱める。）とんだことだ。だからお姫さまだといつて、その爺さんが介抱してかい育てた。（この間を「大變あるが忘れた。じきに死なない。」といつて居た。）さうすると其お墓から蛆がして、墓印しに植ゑた桑を喰つて、繭が出て、蝶が出た。又喰つて繭が出て、蝶が出て、さうして日本へひろめはじまつて、世上の人を助けるためおかひこが弘まつた。」（翌年の七月訪ねた時は故人になつて居て再び聽くことが出來なかつたのでノートの通りにした。）正月時分だが、ここらでも日をきめて、かひこ日待をして、オシラ様へお繭玉あげる。(同女談) もう一つは、怒田畑の森田貞造氏のお母さんがお袋からこんなことを聞いたことがあるといつて、次の話しをしてくれた。

「織子で憎まれて捨てられて、人に拾はれ、えゝ娘だと大事にしておいたら死んだ。死んで蒲團をはいだら、白い蟲と黑い蟲になつて居た、ああに作つても食はぬ、桑の葉をやつたらよろこんでたべた。見てゐた人が『あれこれくうわい。』と叫んだので、その木を桑といふ。」

其翌年の七月、同地で谷合てい氏から聞いた話もつけ加へて置く。

蠶日待にはオシラ様を祀つて繭玉を作つてお表具を飾る。五日市で蠶神(カイコガミ)の繪をうる。馬にのつて六本の手がある女神(オンナガミ)で、緣起物に買つてくるのである。オシラさまにはお正月の十五日にも團子を作つてあげる。

小宮村の歸りに西秋留村引田の眞照寺に立寄つて、もと別當だつた關係から同寺にある、牛沼の山王社の天正十五年の銘のある駒索き猿の繪馬の古版木を見せて貰つた時に、同寺所藏の馬鳴菩薩の掛地を見た。(絹地で大きさも書像も第一圖と同種のもの。) その時住職の談によれば、隣村平井村の西光寺には毎年春に日を極めて養蠶講が立ち、講中の人が來て護摩を焚いて、お札を貰つて歸る。養蠶の祈禱には必ず馬鳴菩薩の掛地をかける。(昭和四年七月十八日)

同年十月、東京府南多摩郡恩方村關場で次の話をきいた。

蠶神様はオシラ様といつて、よく祀る。オシラ神様のお姿は賣りに來る。ずつと昔にはコガイ待といふのをやつた。やり方には色々あつたが、おみきをあげてお茶か菓子位御馳走し、オマヘ玉を慥らへて、若衆には、けんちん汁を食べさせたりした。(馬場中次郎氏談)

同年十一月三日、北多摩郡谷保村天滿宮の社務所で同村千丑の遠藤良平氏より次の話をきいた。

蠶神(ケーコガミ)さまは富士の淺間さまで、木花咲耶姫の尊である。俗にオシラ様といふ。けーこ神様のお日待は舊は年に二回、正月の十日と三月の十日にやつたが、今は三月の十日に一回しかやらぬ。蠶日待といつて、晩に女の人が宿に集つて、白米五合とか御神酒十錢とか出合つて、オシラ様の掛地を出して、飲み食ひして祝ふ。

千丑で蠶日待に使ふ組持ちのオシラ様のお表具は金田一先生の挿圖寫眞第四圖と同じものであるので、圖版として出すことはさし控へた。

同村佐藤重藏氏より、

オシラ様のお日待はかひこ日待といつて、女衆が、昔は正月の十日の晩に集つたが、今は寒いといつてやめ、三月にした。お姿はお表具になつてゐて、一軒づつ毎年順に廻る。

同じ村なので、五年一月の二日に採集したものもつけ加へておく。同村坂下組の佐藤廣吉氏の曾母より、

正月十日晩がコガヒ待といつてオシラ様のお日待である。米五合か、金十錢位出しあつて、當番の宿に女衆が集つて、おめー玉を作り、御神酒と一緒にシラ神様に上げる。そのとき御眞言といつて次の歌をうたふ。

「南無念佛歸命頂來　天竺の　朝日御前の一人姫　蠶の蟲と生れ來て　桑を餌食に當てられて　しじをたてよとよばれて　しじとならんでたけの役　舟の厄とならんで庭の役　起き臥し四度の苦勞して　何時か巣籠り巣をかけて」（以下は忘れた。）

夜食に御酒が出たときに。

「おめでたや　今晩のしら様のおもりもの　白繭に黃繭　さても　めでたや」

「鈴なる繭の日待かな　玉川の石の數程」

（今一つ繼母にかゝつて難澁したのを歌つたものがあるが忘れた。）

この家のオシラさまのお表具は、「和久産巣日神、天之御中主神、大宣都比賣神、神宮大宮司正二位和光謹書印」とあつて、女神二人が糸わくを手にして居る石版刷りの掛物で、床の間にかゝつて居た。なほ正月十四日の朝、若餅を搗いて、お繭玉を作つて、つげの木にさし、おすはりと一緒にオシラ様にあげた。この時種紙もつるす。十六日は繭をかくといつ

て朝早く繭玉をとる。おこい様が惡い時は馬屋にうつちやつて馬にふませると丈夫になるといふ。蠶の背中には馬の足型がある。又午の日に掃き立てると蠶の出來がよくて、子種(蠶卵紙)の入つた袋の上書に馬がついてゐる。

佐藤廣吉氏の尊母より、北嶋さんの婆さんは念佛がうまいから私の知らない所をきいたらよいでせうといはれたので、直ぐに訪ねて、次の様なことを聞いた。下谷保中下組のおけーこ日待は、三月の十日が御命日だから、その日にやる。多い時は一月十日にもやつた。オシラ様はお富士さんがついてゐる女形の神様で、家々のものと組のものとある。組のお日待用のものは宿から宿へと順に廻る。家々のものは正月の十四日、十五日に掛けて祝ひ、十六日にはづす。お日待には米五合と五錢をだし、オシラさまの掛地をかけ、繭玉を作つて、それと御神酒とをあげる。晝間は繭玉を廻して食べ、晩には御飯をたべる。

當夜は始めに蠶の御眞言といつて、次の念佛を稱へる。

「歸命頂來　天竺の蠶の由來を尋ぬれば　天竺御門のおん娘　はまやお姫と申せしが　幼けなきとき母親に　別れ給ひし　其後に　繼母きさいの手にかゝり　長の月日を送りしが　餘り悲しき折からに　川の流れへ身を沈め　蠶の蟲と生れきて　世上の人を救はんと　蠶繁昌なすものは　衣川明神願かけて　富貴萬福となさせたい　本地は大日觀世音　各々信心なさるべし」

それから夜食にお酒を飲む時は次の歌をとなへる。

「今晩のしら神さまのおもりもの　しらまいにきまい　さてもめでたや　蠶室よく」

「歸命頂來　こなたでは　誰れのきうしやか知らねども　みごとな蠶室お立てやる　四方廊下に總欄間　十二疊半の間取りにて　間取りの中へ爐きりて　屋根には吹拔きつけられて　それへ飼ひ置く養蠶は　まめ息災で巣を作り　蠶の親をよろこばせ　さてもめでたいこのお家　金繁昌は限りなし」

それから今年の宿はすぐ向ふの家だといふので其家へ行つてオシラさまのお表具をみせてもらつた。オシラ様のお表具は箱に入つて、虚にしまつてあつた。二本あり、箱の中には連名簿と書いてある蠶日待の收入帳の様なものも入つてゐた。二つのお表具の中、一つは寫眞にとれた（第五圖）。もう一つは蠶影山の姫神の由來を一代記風の繪解きにしたもので、「日本一社常陸國豐浦之港　日向川　黑塚權之太夫高虎　判書」とあつた。連名簿は三冊あつて、表紙に「大正十五年　蠶日待連名簿　第一月十日改」とあるものは、合計二十二名の人が御神料として一戸五錢づつ出してゐる。明治四三年一月十日の日附のものは御酒代二錢づつで、大正八年一月十日のものは、合計廿一名、酒代四錢、大正十一年のものは酒代五錢づつである。

四年十一月廿日に西多摩郡檜原村柏木野吉村與佐次郎氏方に泊り、同家のお婆さんから次の話をきいた。

「下川乘（柏木野より上手の部落）には蠶影山がある。こゝでは（柏木野）四月廿八日に團子日待をやり初午にはおかいこ神様のおひまちをし、蠶が上ると、又上り日待といふものをする。お蠶神様はよく馬にのつてゐる。昔お姫様が他人の繼母にかかつたとか、馬屋に入れて踏みつぶされたとかいふ話がある。蠶には馬に踏まれた跡がある。蠶神様のお姿は越中富山の藥屋が持つてくる。（因みに第七圖はその藥屋が持つて來たもの。）柏木野ではオシラ様の名前をきかなかつた。

同年十二月、西多摩郡小河内村川野の杉田正一宅へ三、四の人が集つて色々の話をかきかし下さつた時に、次の話をきいた。

シラ神さまは女神さまで、蠶影山とかいふ。女で馬にのつた形のものもある。正月十四日二間位に廣がつたしばをとつてきて、米四斗位ついて、まゆ玉を作つて、かざる。其日近處の人などが入つてくると『お宅の繭は大きい。』とか『結構に上簇した。』とかいふ。御伊勢参りに行つて貰つて來たものに女の人が種紙と桑の葉を持つたのもある。

四年十二月廿八日、元八王子村瀧原の加藤正五郎氏から次の様な話をきいた。

暮の中の餅搗きの時にオシラ様のおすはりといつてお供へを作つておき、正月の十三日の夜なり、十四日の朝なりにオシラさまに上げるといつて、繭玉と一緒に床の間の前に机をおいて其の上に供へる。近年は信州から種屋が蠶神様だといつて、お姿を持つてくるので、土地ではそれをオシラ様のかはりにまつるが、もとは梅の木へ種紙をひつかけてオシラ様をまつつた。繭玉は十三日の晩か、十四日の朝早く作つて、木にさす時には、お蠶雇ひだといつてさして、五月に蠶を雇ふ時の様に、わざと騒ぎたてて、忙しさうにする。人がくると『こちらでは立派にや〻いましたね。』などといふ。十五日には蠶が糸をひくのだといつて、糸引粥といつて、小豆粥に、繭玉の餡の入つたものを『蛹のある繭玉だ。』といつて入れ、茶碗にもつて、お供への傍にお膳を据えてあげる。又蠶が繭と作り出す時、糸の様なものを吐き、それをあじといふので、この十五日には蠶が愈〻糸を引いて、『あじをひつかけ始める。』のだからといつて、死んだ年寄りなどは子供がどん〳〵駈るのをよくとめた。十六日には繭をかく日だといつて繭玉をとるが、この時には恰も上簇した繭をとる時の様な眞似をする。尚種紙の袋には馬二匹ついてゐるから、蠶と馬とは關係があるらしい。午の日の占ひといふのは昔者はよくやつた。死んだ婆さんも知つてゐたが、別におそはつて置かなかつた。よく『桑の葉つぱが幾つ、今年はあたり年だとか、おこ幾つで惡くつて、まゆ、いくつで普通だ。』などといつて居た。又繭玉が飾り終ると隣の人達が來て、若い人なら『立派に飾りました。』昔風の人なら『立派に雇ひました。』といふ。それから昔者はよくふなの食ひざかりだの、にはごだから小さいだのと、蠶が眠つて起るたんびに、何か言つて居た。

第三圖は昭和五年一月十五日に西多摩郡小河内村川野青木古屋榮助さんの家でとつた。右に下つてゐるのがオシラさんの御掛地で、榮助さんの妻女のお里（山梨縣北都留郡丹波村）で買つてもらつたものださうで、石版刷りである。本當は繭玉を飾つた上に、麻をかけて蠶があじをかけたといふのださうだが、此時はかけてない。繭玉の木の根元にあるものは太刀や杵と臼やで、太刀は男の子のおもちやに、杵と臼は女の子のおもちやにする。やはり繭玉と同じ時期につくる。

なほ榮助さんから聞いた話は

お正月を桑に、二月をオシラに、（蠶のことをオシラともオコともいつた。）三月を繭にたとへ、其年の蠶の吉凶は、一月の午の日が幾日で、二月の午の日が幾日で、三月の午の日が幾日だから、今年は桑が不足でオコが多いとか、繭はいくらだとかいつて占ふ。（午の日とノートにあるが初午の日のことと思ふ。）オシラさんは、蠶神さんで、蠶影さんで、初午がお日待である。自彊蠶のことはオシヤリになつたといふ。蠶をすてるときは厩屋へ持つて行つて捨てろといふ。

五年九月、山梨縣北都留郡小菅村川久保で聞いた話。

二月の初の午の日をお蠶日待として祝ふ。蠶をオシラ様といひ、蠶神はカイコー神さまといひ、自彊蠶のことをコブシといふ。コブシが一つか二つあると、當り年だといふ。蠶には馬の身體から出來たといふ謂れがある。種屋の話にどういふ理か知らないが、馬を空中へ捲上げて、それが落ちて、蠶が生まれ、桑をくれて蠶が出來たといふ話がある。

又小菅村の小菅某といふ收入役さんの家（法印の筋らしく小菅堂といつて賣藥を出してゐる。）の山の上には繭玉の形とした白い石をまつりこんだ祠が、家の神さんと一緒にある。一度大きな白い繭が出來て非常によく光つたので、珍らしく思つて祀つたといつて居た。そのお札も作つてあつたが、貰つて來たまま見失つて今はない。寫眞は不出來なのでやめる。（この時にはコダマ石と信州でいふコダマ樣を思ひ出した。）

同年十一月三日、北多摩谷保村の津戸廣守氏の家に泊めて戴いた時、津戸氏の妻女のお里から、折よく尊母が客に見えて居られ、（家は南多摩郡日野町在にある。次の文に出てくる石田の家といふのはそれである。）次の話を伺つた。蠶影山の話であるから書いておく。

「蠶影山と聞いて思ひ出した。常陸國蠶影山と幕に書いてあつた。お姿は長持ちに入つてゐて、これに坊さんがついてゐて蠶神樣の由來を話した。その神樣は石田の家に泊まりました。お蠶神樣だといつて方々へお泊りになつた。泊つた家にはお札をおいた。次の家へは若い者に長持を背負せて宿送りにして送つた。大抵一里ゆくか半みちゆくかして宿をとつてゐたやうだ。長持に入つてゐるお姿は蛇と思つた。坊さんの話はお談義風に『昔はこれをしらずに言ふ……しし、たけ、ふねにくはくつてまゆつくるなり』といふ樣な調子でいはれ、話（ヘナシー）するときにはお表具を二三本さげた。こんりき姫樣が繼母にかかつてひどい目にあひ、初めししの山、それからたけ（鷹）の山、それから舟に流されて島流しになる。庭へいける。

それがお蠶様になる。『しし、たけ、ふね、にはの上りにまゆあり』といふ話だつた。」

同年十二月八王子市日吉町に住む小杉茂盛氏をお訪ねした。（同家は京都の聖護院派に屬した修驗の家で、同町の日吉神社は同氏の祖俊盛氏が勧請したものであるといふ。（八王子十五組地誌）現在も神職として附近の神社を澤山持たれてゐる。）a、bは同家にあつた版木から刷つてもらつたもので、これが蠶神さまのお札になるのだといふ。茂盛氏のお父さんから、次の様な説明をきいた。

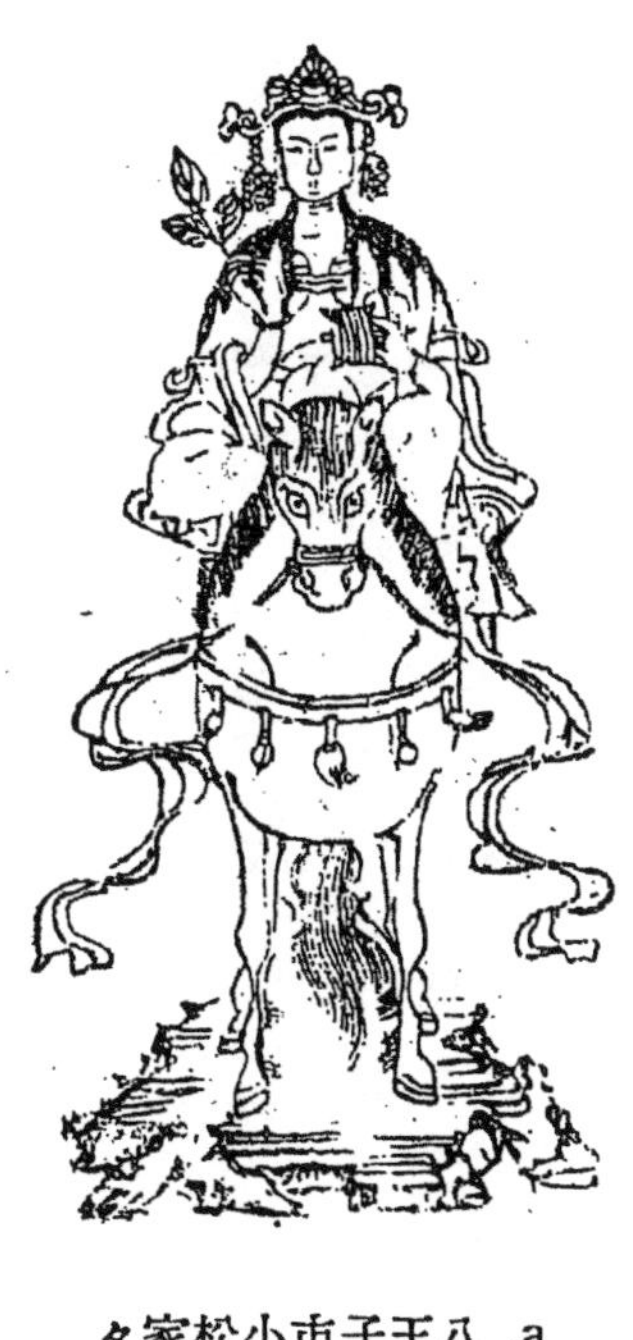

a. 八王子市小松家々藏の版木より

民間ではこのお姿をオシラさまといつてゐる。蠶影さんの本地佛は馬鳴大士である。豐受姫と同じ神樣で、豐受姫の方が日本固有の神樣である。蒼御魂といつて蠶の神樣にも馬の神樣にもなり、衣食住の神樣として屋敷へ祀ると稻荷樣ともなる。豐受姫が馬に乘つてゐる姿もある。尙茂盛氏談に木花咲耶姫は加住村梅坪にあり子安神社といふとあつた。

以上の外に其時耳に覺えてノートをしないで置いた爲、正確な年月を忘れてゐるが、四年の二月か三月に元八王子村八幡宿の下庭場の蠶日待のオシラさまのお表具を二つ撮つてゐる。其一つは第六圖である。しかし之は、折口先生にさしあげて先生が既に古代研究民俗學篇2の一〇九一頁に收錄して下さつた故、今は重複となるが、畫像の比較の上からと、一つには此頃の寫眞も一枚入れたかつたから、載たものである。他の一つは矢張り其一〇九〇頁に御收載下さつたものである故今は省く。之は川口村の今熊さんから出たお札である。夫から、川口村山入のオシラさんのこともきいてゐたし、五年の一月七日には八王子市外の小宮村西中野の小池忠雄君の家で蠶神さんの繪姿だといつて、第十一圖と同じ蠶影山のお札の表具になつた物をみせてもらひ、この邊でもオシラさまをまつつてゐたことを聞いた。其時の寫眞も重複をさけてやめた。

その外この採訪記と關係がありさうな資料を終りにつけて置く。

東京府に於けるオシラさま（村上）

牛沼の山王様はおかひこの神様で、以前は五月の猿の日であつたのが、今は、五月五日のお節句の日にきまつたが、この日大勢の人がお詣りをする。お參りの人は境内の熊笹をとつてお金をつけて神社に上げ、いちこ（今は男だがもとは女、前記東秋留村二宮の古谷家のものがつとめる。）にその笹を持つてもらつて一さし舞はつてもらつてから、それを申受け、家に歸つて蠶室などにさす。（三年十二月靜原氏祖母談）因みに四九頁に述べた牛沼の山王社といふのはこれで、その繪馬の古版木で刷つた紙のゑまは蠶にききめがあつたらしい。そんな記事が西多摩郡の郡誌か何かに出て居たが、今は取調べる暇がない。

又西多摩郡霞村今井の荒神様の五月一日の緣日にはお札とお賽錢で七、八百圓上るといふが、このマチ（緣日と緣日に立つ露店も入れた言葉）で笊を買ひ、團子を入れて、おがんでもらひ、これで蠶の桑をとると、よくあたる。昔は神樂師が口の中で何かとなへてから、その笊を片手にもち、鈴を片手にもつて舞を舞つた。荒神様は御柱神社で、今は今井のものだが、もとは一軒もちだつた。（四年四月廿一日西多摩郡霞村今井澤田某女談）

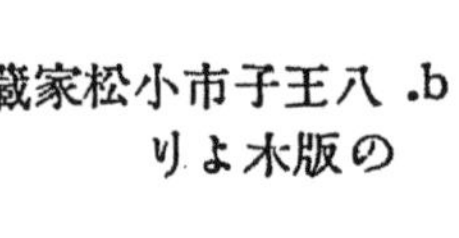

b. 八王子市小松家藏の版木より

四年七月、北多摩郡保谷村上保谷長者園附近では、種紙屋さんをよんで、お神酒をあげる位のもので、お日待がないといつて居た。それから青梅街道へ出た邊で、石神井の三寶寺に蠶影山があるが村の人以外ゆかない。舊は廿三夜様の日に女の人が蠶日待をやつたが今はやらない。（蠶影山の緣日は廿三日と書いてある）と聞いた。又、廿三夜様は月讀命といつて子供が無いので、桶に水を入れて、頭に載せて、屋根のすてつぺんに上つて居たら、廿三夜の月がうつつて懷妊した。廿三夜によりごとをするとはらみがえらいといふ。蠶の御法樂のげもんに廿三夜や月讀命といつて、今でも八王子邊からくる渡り法印がすてつぺんからやらかす。（昭和五年十一月西多摩・小河内村川野青木故原島良助氏談）

前記小河内村坂本に、山本勝藏氏の持ちで、馬頭觀音樣があり、正月の十七日に婦人はお產の神樣、馬を持つてゐる人は馬の神樣としてお詣りする。此日川野部落でも家々で繪馬の版木を刷つて紙の繪馬を作る。c圖は其一つ。之は家々によつて多少畫が異ひ駒索き猿もあつた。又坂本の山本氏でも同じ樣な紙の繪馬を出す。お詣りの人は之を蠶をかふ人にやつたと聞いた。(昭和五年一月同地にて。)

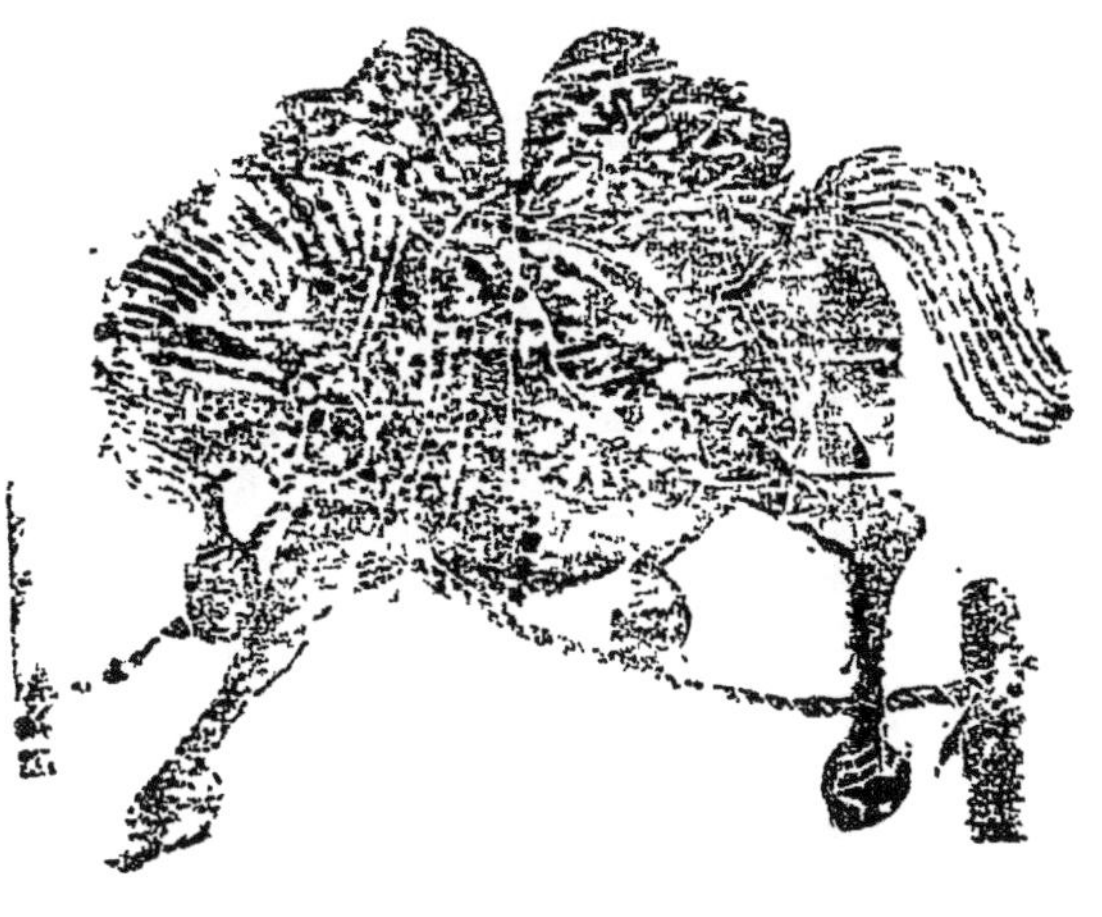

c ゑ馬(紙)東京・西多摩・小河内村川野

山梨縣北巨摩郡安都那村藏原の馬頭觀世音の三月の午の日のお祭りには團磨と一緒にお掛地を賣り出す。その掛地は、女神樣が白い馬にのり右の手に繭玉、左の手に桑の葉を持つた像である。(山梨縣北巨摩郡小泉村九番地の平井さんといふ人に、四年の春學校の歸へりに、車中で聞いた。)

長野縣東筑摩郡本城村西條にある富藏山觀音寺の馬頭觀世音の緣日には近鄕はいふに及ばず、その講中は上州の藤岡神社に劣らぬ廣い範圍に渡つて居るので、馬を見いてくる馬方や其外の參詣人も多い。寺は西條の町の眞中に在るが、富藏山の奧院ともいはれるものは、近くの山の上にあり、そこに蠶杉といふのが二本あり、其樹枝には小豆大の粒がつくので、夫を折つて、舊は當日子供達が一本五錢位で賣つた。あんまり折つて、二十年前に二本とも枯れてしまつたが、近頃は又々傍らの小松につきはじめた。(同寺住職角壽仙氏談)以前はこの日西條の街の子供達は家々にある版木で繪馬を刷つて賣りに出た。(洞富雄氏談)參詣の馬方衆はこれを貰つて村へ持つてかへり子供達にくれたり、養蠶をするものにやつた。(花村清氏談)

四年の十二月廿四日、長野縣から出京されて、友人の竹花榮照君の所に泊られた、矢島隣太郞氏から次の話をきいた。

桑子姫が馬にのつて通りかかつたら、一匹の虫が居て、其馬の踵からよじのぼらうとしたが、はづれて滑落ちて馬の爪

東京府に於けるオシラさま（村上）

に踏まれた。桑子姫は可哀想に思つて拾ひ上げて育てた。これが蠶である。だから蠶の背中には爪のあとがある。（上伊那郡伊那富の旅人宿の亭主から聞いた話。）

尚前記北多摩・谷保村の天神樣の境內で九月の例祭に行はれる三匹の獅子の舞で、舞が雌獅子隱しの手に移り、雄獅子の一人と雌獅子とが隱れたのを他の雄獅子がみつけて笛のかはつた途端に、獅子舞行列の先きの方に立つた大萬燈の馬簾めがけて、大勢の人がたかつて之を折る。尚この萬燈には五穀豐饒とかいてある。（昭和四年九月二十五日所見）それを持ち歸つて蠶をはさむとおこ樣がよく出來るといふ。

實見しないで、談話者の話を通じた探訪だけでは、探訪の目的物を復原する爲にどうしても不十分である。これを捨石として、金田一先生の論文や、中山先生の「日本民俗學辭典」の「オシラガミ」の項を參照し、次の探訪へ多少の手係りが出來れば、甚だ敍述に不統一で不體裁な本記の目的も終る。文中お姿といふ言葉は紙の繪姿のことで、お表具お掛地の言葉と同義語である。

追記

金田一先生の論文の中に出てくる雨間村雨間院の雨間は、東京府西多摩郡東秋留村二宮の隣部落になつて居る雨間であらうと思ふ。

次頁の挿圖中に「オシラ樣のお掛地と繭玉」と題せる、第三圖の右に見える掛物は、其上方に養蠶祖神の四字が縱一行に並んでゐて像は馬上の姫神であるから、略々先生が三頁に次の樣に述べられた文章に相應するものと思ふ。「六臂が二臂になつて和裝した、馬上の姫神の像、群馬から越後の方面、引いて裏日本の兩羽へかけて、養蠶祖神と題さるものがまだ澤山手にはいるのみならず、云々」

尚右の寫眞は、撮る時に當り、掛けて祝ふ場合になぞらへて、家人に掛けて戴いて、撮つたものである。

第一圖

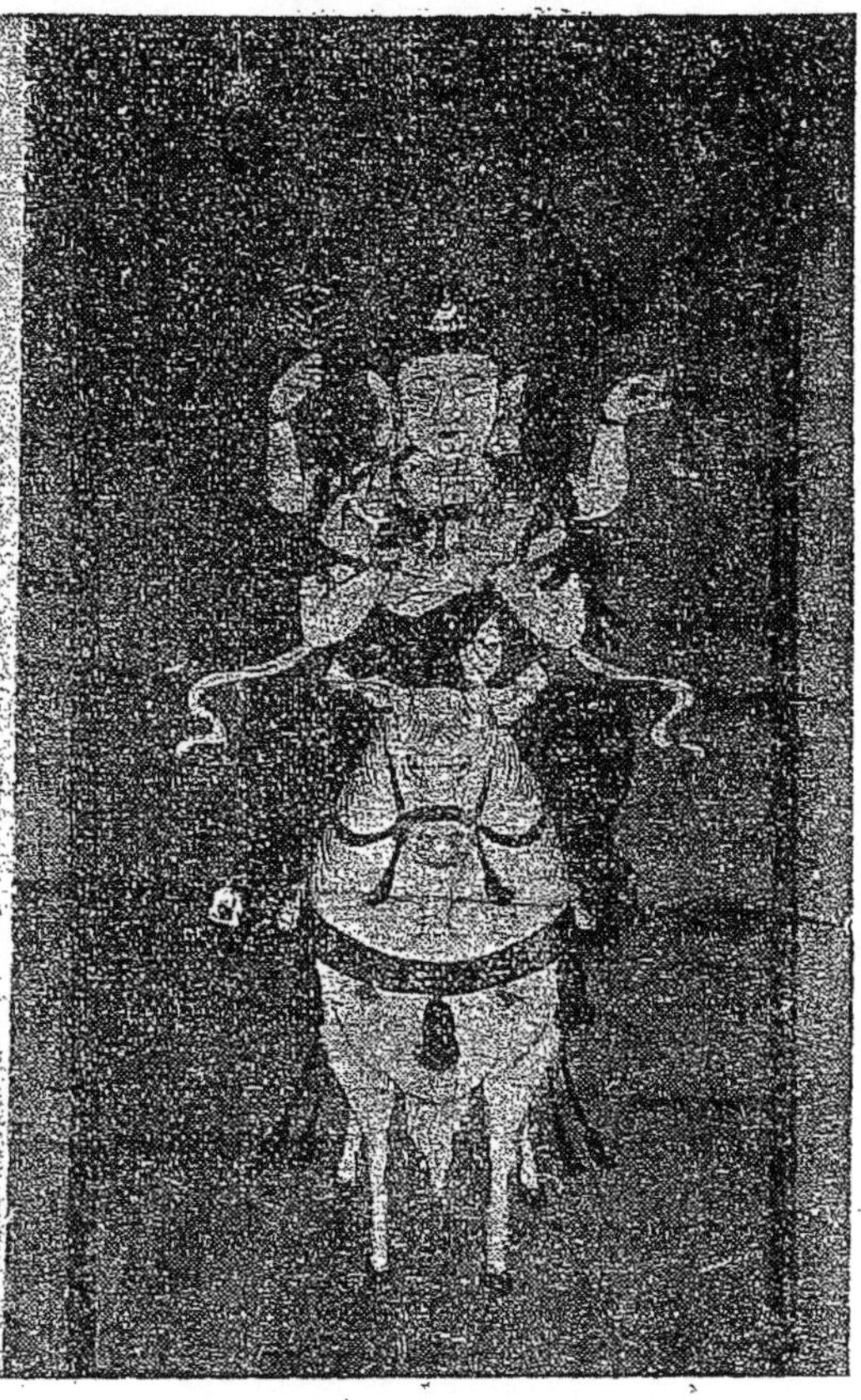

埼玉・入間・南高麗村岩淵
（組持）

第二圖

東京・西多摩・霞村今井
（吉田兼吉家藏）

東京府に於けるオシラさま（村上）

第三圖

オシラ様のお掛地と繭玉
東京 西多摩・小河内村川野青木
古屋榮助氏方にて

第四圖

埼玉・入間・南高麗村岩淵
にある鷺影山の石佛

第五圖

東京・北多摩・谷保村下谷保中下（組持）

第六圖

東京・南多摩・元八王子村八幡宿下庭場（組持）

第七圖

東京・西多摩・檜原村柏木野吉村與佐次郎家所有の蠶神の繪姿。馬が帶に入り模樣化して居る。

第八圖

東京・西多摩・小宮村養澤怒田畑（組持）

一〇〇三

第九圖　東京・西多摩・戸倉村 星竹（木住野家藏）

第十圖　同星竹（組持）

第十一圖　東京・南多摩・柚木村 下柚木（內田家藏）

第十二圖　東京・西多摩・霞村 今井原（組持）

八王子市附近にある馬鳴樣

第一圖　東京南多摩　恩方村字宮ノ下藥師堂の側の路傍に在る俚稱オンザウ樣

第二圖　同　同　元八王子村字元八王子御靈谷戸明觀寺に祀る馬鳴菩薩　丈　台付八寸

第三四圖　同・同　元八工子村諏訪宿長圓寺藏馬鳴樣

第一圖

第二圖

第四圖

之の四圖は木下止氏に據る

第三圖

八王子市附近にある馬鳴樣

木　下　止

第一圖拓本は、南多摩郡恩方村字宮ノ下の藥師堂側の道端に建てられたものである。今は全く當初の信仰を失つて唯だ赤地藏樣とのみ言はれて居る、丈け四尺ほどの自然石に陰刻されたもので、拓本で見るに馬鳴の馬の縱の一劃をかいて居る。何等かの理由に基く事であらう。建立の年月が明和四丁亥六月吉日とあるから、今から凡そ百六十餘年前の事で、六月吉日も新曆に換算すると凡そ七月半頃に成り、此の地方の春蠶は多く五月十日頃の掃立で六月半ば頃の上簇であるから、これらの日に於ける、豐饒報賽の爲めに建てたものであるまいか。發願の趣旨が書いてないから詳かにはわからない。

第三、第四の兩圖は同一のもので、三圖は人體と比較して、その大きさを示したものである。古老の言によると「左の手には大きな葉の付いた樹の枝を持つて居つた」……との事である。桑の枝であつたらうと思ふ。今は落ちてない。右手には絲か布かはつきり分らないが兎に角恰もそれらしき物を持つて居る二臂の像である。南多摩郡元八王子村字諏訪宿の長圓寺と云ふ寺の所藏で、此の馬鳴樣は明治卅年頃まで毎年一二三四月頃に成ると御厨子のまゝ簡單な輿に乘つて近郷近邑を一晩づゝ泊り步き、その宿をした邑では其の晩を、カヒコ日待と言つて、附近の女房、娘が寄りあつて赤メシをタキ（米三合づゝの持合）味噌汁で腹を滿たし、雜談に夜を明したさうである。そしてやがて三月半から四月初め頃に成つて寺へ戾つて來る時には若干の金子（賽錢）を貯めて歸つて來たさうである。この行事も今は殆んど失はれて來た。宮ノ下附近の老婆達が少しお參りする位で、今の若い人達は見向もしない佛樣になつて居る。

第二圖は同郡元八王子村字御靈谷戶の明觀寺と云ふ寺の所藏で、寫眞の如く六臂である。今年八十六才の老人が七八才の頃、今から約八十年前には、この寺で「メメウ樣のお日待」と云ふのがあつて、連れられてお籠りをした事があるさうである。現今では殆んど忘れられ、當時の記憶が檀越の老婆が額の皺の間に殘るのみである。

學界消息

○社會經濟史學會　第三回大會公開講演會は慶應義塾大學大ホールに、十一月四日午後一時半すぎより催された。

柳田國男先生の食物の變遷はまづその研究の未完なるをのべ、將來の食物の改良にも過去の歴史の研究が要するを言つて、從來の食料史研究が文獻によると雖も、それは、常の食事（ケの食物）を記録したるものではなく、寶にハレの食物の調理法を殘したものであるとなし、その目的に適切ならざるを云つて氏は民俗學的方法に依つて、その推論式を進められたが、セックといふ名に殘る節の食物・祭の日の食物と現代の食料の問題たる可き一年の三百日以上に之を攝るケの食物との概念を明かにし、宗教的意義を重くもつハレの食物が、まことに食物の變遷に多くの影響をもつたことを概説された。

東北で一パイ、九州で、ゴヒトツが二合五勺であること、之を量るケビツ・ケシネビツで一人分づゝ一人二人と量つたことから、一人ぶち五合の飯米は朝夕二食の生活をした名殘だと考へ、ヒルマといふ食事は勞働場へ家庭から田植ゑ唄の例のヒルマモチ・山陰中國でいふオナリドによつて搬ばれた餉であつたこと、之の餉は、農村では當り前のことゝなつたが其の起りを思ふと、全くヒルマモチは特別の原動力をもつものであり、雨の日は之が無かつた。

更に郊野河海の仕事には餉の外にコビル・コビリマンマ・コボレ及びナカマ・ナカンマ・ハシマ・ハザマ・コバシマ・コバサマといはれる中間の食事といふ意味の食事があり之は、かつて、晝食もハサマであつたことを示す。又、それの間に食ふヒナガ・ハザグロといふもの、夜食はヨナガ・ヨナガリがあり、之を食ふ原因は又別にあり、朝食前のアサガリ等あり、そのアガルといふ意味は勞働を中止して田畑から、アガル事であるとなし、又アサガリの前に起きぬけに食ふアサナガシといふものが殘食でつくつたものや、實にまづい食物で東では之をヤキモチと云つたものであることを擧げた。之が茶ノコであつた。朝メシマへ、オ茶ノコが之の朝の仕事のことであつた。茶の飲用が鎌倉時代から盛んに行はれ朝夕の食事以外をオ茶といふ。然し之には若干の固形體を用ひ、ツケモノの外にウケチャ・オケヂャなど味ツケメシさつまいも・お茶を入れたメシ等を用ひた。之が進んだのがハレとケの中程に用ひるもの、卽ち輕い宴席に出され、よめ入りのお茶、葬式のお茶等正式ならざるうちはの招ぎに用ひた。

一ときにふつかのものを喰つて置

二食以外のこの食事が食ひだめといふ勞働者の榮譽にもとづいてくりかへされ複雜化された。

ヒルマといふマの食事は運搬されたものであり、吾々に一つのカマドを圍んでしなければならない時代があつた時このケの食物であるマが分割され、珍らしい境遇でたべられて食物が、より高く評價印象せられて、今知られる田植・狩等のハレに於ける食物と混同されてきた理由が考へられる。

ここに推論を更へて、ツツボモチ（ツツボは落穂で之を拾つて搗いたもの）・ミヨセダンゴ・ボロツモチ等を例に之が材料の區別に非ず調製の勞力の大によることをいひ、ケの食物は一時に作つておいてそれを取り出して口に入れてゐたが、ハレの食物は念入りにつくられ、之が女の重んぜられた一つの理由であつた。ここから氏は天若日子の條に春女いでて葬式が、ハレの儀式の先がけとして米搗くことを理由づけ、話はウスの事に及び粉でつくる食物を述べられた。

凡そ、ハタキモノには三種の調理法があり

生粉をハタク・イリたるものをハタク・水につけてひやかしてハタクのである。いりてハタイた青森のシラ米・麥をこがしてはたいたコヅキ・イリヤキ及びコガシがある。

日本のもののくちの廣さよ、だいとう（ダイトウは赤米、又大唐）をこがしてやのみぬらん。

などをのべ、更に、ハツタイは、ハタキの事から出る稱呼で、以前はハレの食物の一つであつた。かくして氏はカキコ・カツコ・カツケ・ネリゲ等粉のものを說明し、カイモチ・カイノコ汁（麥粉製）等から、ハレのものがケに用えられることをのべ、ハレの食事であるウスのもの・粉を考へるに、更にウスからスリウスに移つた時を機會にしてハレの食事がケの食事に變移した事は爭ひない事實だといふ。ハレ、ケそれは質の相違でなく手間のかゝるものがハレの食物と考へられた。ハタクといふ事から出てゐる東北の食物ハツトが休みの日の食物と考へられてゐることから、ホートウ・ドヂヨウ汁・ソバボートウ・ボーチヨウ等をハレの食物であるハツタイ・ハタキモノから說明した。これより話題が本論に入らうとしたが時間がなく、古式の食物の變遷についてモチ米の移入と横ウスが考へられる可きことを注意された。

又其以前からハレの食物にはその形を欲する如き形狀となすことが考へられてゐた。シトギ、マキ（ササマキ）が之を考へしめる。となし、之が吾人の心臟の形と關係があるかどうかゞ一つの問題でなければならぬ。

次に今日の食物の變遷には一軒の家の火のまわりに集まり統一されてゐた食事からナベ料理となる前に、吾人の古くよりもつてゐた大切な形式を破碎せねばならなかつた。その今日の食事の雜多さはその原因を足利鎌倉末期に在りしことを論ずるつもりであつた。とのべられたが、惜しむらくはたゞその豫定のみで本講演は終つた。　（文責明石）

○黑川能　明治節の前日宮城縣石卷で黑川能の催しをした、晝は石卷中學校學藝部主催で、中學商業女學三校の生徒の參觀あり、夜は山形縣人會が主催して一般公開にし、この方には約五百の入場を見た、番組は晝が敦盛、紅葉狩、狂言の靫猿に瓜盜人、夜は高砂、鐘卷道成寺、石橋、狂言末廣にこんくわい、「鐘卷」が出たのが之が爲めに交渉その他に奔走された本田安次氏などの自慢でもあり衣裝が豪華で舞が傑れてゐたので豫想外にいゝ演出であつた、殊に「鐘卷」は最もいゝ出來であつた。

○中山世鑑　那覇市久米町一ノ一五番地國吉弘文堂發賣（價一圓）尙王朝の第一資料といふ可き中山世鑑については既に伊波氏の紹介あれば此處に云々しない。たゞ、之が手に入り安くなつたといふことを特記する。プリント一一二頁。

○山村民俗誌　一誠社刊（價一圓五十錢）岩手縣雫石村の田中喜多美氏つくるところの本書は凸版十四頁本文二三一頁。その興味は先の「山の生活」と共に『細かに分析して見ないと今でも其原因を知り難いが、一つには著者が實驗といふ以上に、自身此事實の中に生れ且つ活きた人であること、それが民間傳承學の黎明に目覺めて始めて、自ら識らうとした內容の記錄だといふこと』（柳田國男氏序）にあるとすれば、われ〳〵はまた、聽耳草紙に著者が提供してゐる數々の昔話とともに、東北民俗學に於ける一つの要石としての氏の資料保持者たる價値を注目せねばならぬと思はれる。　（以上三項明石）

○故佐々木喜善氏追悼講演會並ニ晩餐會

追悼講演會は十二月廿八日（土）午後一時半より、國學院大學鄕土研究會の方々によつて、同校第一講堂に於て開かれしことは既報の如くであるが、當日の講演は何れも佐々木さんの在りし日を偲ぶのに誠にふさはしかつたもので、折口信夫氏は佐々木さんの書『ザシキワラシの話』に、中山太郎氏は病める佐々木さんへ進ぜられた楸の實に、金田一京助氏は遠野の町でイタコの家へ行を共にされた日の佐々木さんに、それ〴〵『座敷小僧の話』『楸の實』『いたこの話』なる諸講演を試された。同夜の晩餐會は新宿のオリンピックにて催されて、中山、岡村、折口、早川の諸氏から故人との交友關係や色々な追想談が出で金田一氏からもお話があり亡き人の人と爲りに懷しさを覺えしめた。

○早川孝太郎氏　九州帝國大學農學部研究室に於て、主として農業技術誌を、御研鑽される爲去十一月十二日東京驛發にて西下された。今後少くとも一、二年間同敎室にあつて御研究を續けられる筈である。之からは農業技術史からみた農村のフォークローアといふ樣な問題もフォークローアの領域に於て新に提供される理であり、又同氏の麗筆によつて南島の風物を眼のあたりにみることが出來る理である。

尙有志の人によつて十一月二日同氏の送別會が丸ノ内大阪ビルレインボー・グリルで催された。

○『臺灣土俗誌』　小泉鐵氏はこれまでに諸所へ發表された蕃族に關する研究や隨筆や風物の印象記や蕃地旅行記等を二冊の書に收めて出版された。一つは既刊の『蕃界風物記』で、一つは『臺灣土俗誌』と名づけられて近刊されたもので共に建設社の發行である。後者はアミ族、タイヤール族の概觀、社會組織等に關する研究的なものを收錄し、隨筆風な前書に對する。霧社蕃事件の當時から次から次へと發表された述作がかうして單行本の形になつたのは研究者はいふまでもなく、臺灣の風物や蕃族の生活に興味を抱く人をも愉しましてくれる。（菊版三二七頁定價貳圓五拾錢）

○北安曇郡鄕土誌稿　の第五輯民謠童謠童言葉篇が鄕土研究社から出た。この地の調査がはじまつてから既に五年、第四輯の『俗信俚諺篇』が出てからもう一年たつ。本篇には民謠・手毬唄・童言葉が一千五百十五種が入つてゐる。このために鄕土調査委員會が郡下の各村からこの一年半の間に採集された謠や言葉の數は五千六百を越えたさうであるが、それを約十分の三に整理したものが之である。

凡例にあらはれた編輯法等も、一旦採集がゆきつまりになつたといはれてゐる、民謠のこれからの採訪に意見を與へてくれるものである。（定價壹圓、菊判二四四頁）（以上村上）

○『日本原始農業』（東京考古學會「考古學」増刊）

彌生式文化と原始農業問題　森本　六爾
低地性遺跡と農業　同
日本新石器時代家畜としての馬牛犬に就いて　直良　信夫
銅鐸面繪畫の原始農業的要素　藤森　榮一
原始農業に就て　丸茂　武重
伯耆の打製石斧　倉光　清六
再び上代の鎌に就いて　兩角　守一
農夫埴輪土偶考　相川　龍雄
筑後岩崎竪穴檢出の燒米　中山平次郎
筑前發見の磨製石鎌　森本　六爾
尾張發見の籾痕ある土器　藤澤　一夫
三河國發見の籾痕ある彌生式土器　森本　六爾
信濃普門寺の籾痕を有する土器片　藤森　榮一
甲斐國發見の籾痕ある彌生式土器　仁科　義男
籾あてある二三の彌生式土器について　鈴木　尙
磐城發見の籾吸殼附着の土製品と共遺跡　八代　義定
陸前桝形圍貝塚の籾痕を有する土器　森本　六爾
穀類を出した竪穴　深澤　多市
新資料の追加　森本　六爾

○前號九四二頁『山の人生』の人生は生活の誤記につき、改めて『山の生活』に訂正します。

○寄稿のお願ひ

○種目略記　民俗學に關係のある題目を取扱つたものなら何んでもよいのです。長さも御自由です。

(1)論文。民俗學に關する比較研究的なもの、理論的なもの、方法論的なもの。

(2)民間傳承に關聯した、又は未開民族の傳說、呪文、歌曲、方言、謎諺、年中行事、生活樣式、習慣法、民間藝術、造形物等の記錄。

(3)民間採集旅行記、挿話。

(4)民俗に關する質問。

(5)各地方の民俗研究に關係ある集會及び出版物の記事又は豫告。

○規略

(1)原稿には必ず住所氏名を明記して下さい。

(2)原稿掲載に關することは一切編輯者にお任かせ下さい。

(3)締切は毎月二十日です。

編輯後記

金山一京助先生の「關東のオシラ樣」は十號にいたゞきましたのを、この月にいたゞきました。村上淸文氏のオシラ樣の採訪記は先生の御發表におどろいて、三年前の採訪をおまとめになつたもので、共に圖版の製作に腐心いたしました。

鍾敬文氏の「民譚の型式」はまことに有意義の試みであつたと思はれます。松村武雄先生の御好意に依つていたゞきました。

天野氏の御名前は昨年中「岡成物語」にて皆さまに記憶せられてをります。

○

なほ、前號學界消息に於てのべた如く、スキー、雪靴に就ての質問狀を小川徹氏の御好意によつて飜譯公開のはこびとなりましたが、之と共にその回答は次號に於て高橋文太郎氏に依つて發表されることゝなつてをります。

なほ十二號のアイヌ民俗に獻ぜらろ可き號は皆樣の御好意によつて準備がほゞ出來上つてをりますが、ためを押して少し遲らせることになりました。

（明石）

△原稿、寄贈及交換雜誌類の御送附、入會退會の御申込會費の御拂込、等は總て左記學會宛に御願ひしたし。

△會費の御拂込には振替口座を御利用ありたし。

△會員御轉居の節は新舊御住所を御通知相成たし。

△御照會は通信料御添付ありたし。

△領收證の御請求に對しても同樣の事。

昭和八年十一月一日印刷
昭和八年十一月三十日發行

定價金六拾錢

編輯者兼發行者　小山榮三　東京市神田區表猿樂町二番地

印刷者　中村修二　東京市神田區表猿樂町二番地

印刷所　株式會社開明堂支店

發行所　民俗學會　東京市神田區駿河臺町一丁月八ノ四　振替東京七二九九〇番　電話神田二七七五番

取扱所　岡書院　東京市神田區駿河臺町一丁目八　振替東京六七六一九番

東亞民俗學稀見文獻彙編・第二輯

MINZOKUGAKU

OR

THE JAPANESE JOURNAL
OF
FOLKLORE & ETHNOLOGY

Vol. V November, 1933 No. 11

CONTENTS

PUBLISHED MONTHLY BY

MINZOKU-GAKKAI

8, 1-chome, Surugadai, Kanda, Tokyo, Japan.

第五卷 第十二號

昭和八年十二月

民俗學會

民俗學會會則

第一條　本會を民俗學會と名づく
第二條　本會は民俗學に關する知識の普及並に研究者の交詢を目的とす
第三條　本會の目的を達成する爲めに左の事業を行ふ
イ　毎月一回雜誌「民俗學」を發行す
ロ　毎月一回例會として民俗學談話會を開催す
　但春秋二回を大會とす
ハ　隨時講演會を開催することあるべし
第四條　本會の會員は本會の趣旨目的を賛成し（會費半年分參圓壹年分六圓）を前納するものとす
第五條　本會會員は例會並に大會に出席することを得るものとす講演會に就いても亦同じ
第六條　本會の會務を遂行する爲めに會員中より委員若干名を互選す
第七條　委員中より幹事一名、常務委員三名を互選し、幹事は事務を執行し、常務委員は編輯庶務會計の事を分擔す
第八條　本會の事務所を東京市神田區駿河臺町一ノ八に置く
附　則
第九條　大會の決議によりて本會則を變更することを得

委　員

石田幹之助　宇野圓空　折口信夫
金田一京助　小泉鐵　小山榮三
松村武雄　松本信廣（以上在京委員）
秋葉隆　移川子之助　西田直二郎
（以上地方委員）

前號目次

昭和八年十二月二十三日發行

民俗學

第五卷

第十二號

目次

老獺稚傳説の安南異傳

松本信廣

故今西龍博士は、曾つて朝鮮咸鏡北道地方を旅行せられ、朝鮮人の間から清朝始祖に關する說話を採訪され、之を「朱蒙傳說及老獺稚傳說」として「內藤博士頌壽記念史學論叢」（昭和五年發行）中に發表された。博士は、此說話が古來より口傳せられしことを認め、之を最初に筆錄したものとして間島領事館の崔基南氏の「聽實記事」なるものを紹介されてをる。今之によりその要領を述べて見ると會寧郡の西十五里地西村に土豪李座首と云ふ者あり、その一女子が深閨に養はれたに拘らず夫無くして懷妊した。その父之を責め問ふと、曰く每夜睡れる間に四足獸が來て懷抱し、之を拒むに由なく遂に今日に至つたのだと云ふ。そこで父之に敎へて糸玉を枕邊に備へ、糸を密かにその獸の足に繫ぐことをもつてする。女父の命の如くなし、翌朝糸の跡を尋ねて、その附近の小澤中に入れるを發見した、そこで父李座首は、多くの里民を率ひ、澤の水をほし、一獺を發見して、之を捕獲打ち殺してしまひ、澤畔に之を埋めた。女子は月滿ちて黃頭の小子を生む。之を殺すに忍びず、母に養育せしめ、名を老獺稚と呼んだ。長じて氣質强く、性敏異、獺の如くよく水を泳ぐことが出來る。每日澤畔に往つて獺塚を守つてゐると、一日客が來て、彼に云ふには、深淵の中に臥龍石があり、その左の角に天子の氣があり、右の角に王侯の氣がある。もし尸骨をその角に掛ければその子孫必ず成功するに至らう。卽ち吾先人の骨を左の角に葬り、汝の父の遺骨を右の角に葬れば各其願を遂げるだらうと。そこで老獺稚左手にその客の父の屍骨を持ち、右手に老獺の骨を持ち、淵中に投じた。然し密かに譎計を生じ、手を換へ、己の父の骨を左角に掛けた。客之を察つしたが奈何ともなし難い。

鐘城郡南四十里地水門洞に一女子あり、男優りの女丈夫でなか〱父母のすゝめる結婚を承諾しない。老獺稚其家に往つて婚を請ふと、その女子門外に出て、之に云つて曰く、君の性質尋常ならざれば、之を試みて後承諾しやうと。共に小便をなしたる所各ゝ地を穿つこと三寸であつた。卽ち婚を成して歸り、三子を生んだ。その三番目が清の太祖である（下略）。

今西博士は、更に以上の話と大同小異のもので現に咸鏡北道慶興郡守盧鎰氏が大正元年秋に調査記錄したものを追錄してをられる。更に氏は、昭和四年會寧滯在中會寧普通學校々長大阪金太郎氏の採訪せし老獺稚傳說の各種を氏のノートより寫し之を發表されてをる。それは三說話よりなり、第一は青蛙と一女子との物語、第二は、數十年を經たる蛙と處女との婚姻談にて、共に糸を結びつけて跡を追ふ挿話を含んでをるが、第一話には骨を角に掛ける條が缺けて居る。又第二話に於ては、娘の父が怒つて母子を池中に投じたので、母は死去し、子が蛙の收容を受けて溺死を免れ、後奉天地方に移つたと述べて居る。第三話は、糸を附して其後を追ふ黠猾氏の記事と大差ないが、その池畔に冶爐の風器を掛け、多數の石礫を燒いて池に入れしため、水が沸騰して黑き獸が一匹死して浮び上つた。これが水獺で、右脚邊に綿糸を穿ちたる針が刺してある。後その女が頭髮及び全身黃なる童子を生み、之をヌラヂ（老爾冶赤）と呼んだとあり、骨を角に掛ける挿話は缺けて居る。更に咸鏡南道北道の他地方では、老獺稚出生談は、兀良哈種說發生の說話となり、犬が獺のかはりを演じてをる。今西氏の北道吉州郡才盈洞の旅舍で警部鄭禹鉉より聽いた話では、その兒が父の遺骨を山池中の一小島に葬る筋を含んでをる。

此處に此說話群と比較して見たいのは、安南の公餘捷記と云ふ本に採錄された丁部領に關する傳說で[註一]ある。丁部領は、安南が十二使君に治められ、分裂して居た時に、之を統一して建國した豪傑であり、大越史記全書卷一、欽定越史通鑑綱目正編卷一によると次の樣な來歷の人物である。父は、公著と呼び、初め楊延藝、後に吳王に仕へ驩州刺史たりし人であり、その死後母譚氏その兒を携へて山洞に歸り住した。兒長ずるに及び群童と牛を野に牧したが、自ら品位あり、衆之を推して常に帝王となし、天子の儀衞を眞似て遊んでゐた。また隣村の兒童を擊ち、常に之を服從せしめるので、稍長ずると父老もその子弟を率ひて、之に從ひ、遂に之を立てゝ長となした。丁部領は陶澳柵に居り、毎日他柵を攻めて未だ從はざるものを服してゐたが、時に叔父預なる者沆柵に據り、丁部領之と戰つて敗れ、奔つて譚家娘灣橋を過りし時、橋が折れて泥中に陷つた。叔父之を刺さんとしたるに二黄龍の之を擁するを見たので懼れて退くと、部領餘兵を收めて復戰ひ、叔父乃ち降り、人々愈々之に畏服した。凡そ過る所破竹の如く、萬勝王と呼ばれ、遂に當時の十二使君を統一し、九六八年花閭に都して大瞿越と云ふ國家を建てたのである。

此丁部領に就て公餘捷記卷五は次の如き傳說を錄してをる。

葬神馬丁氏以克勝一興圖　丁朝祖墓記

丁先皇華閭洞人也、世傳洞中舊有深潭、其母爲驩州刺史丁公著勝妾、常于潭邊洗濯、適見一巨獺脇與之交、歸而有娠、居期生一男子、丁公甚鍾愛之、母獨心知其爲獺所生、未幾丁公卒、而獺尋爲衆人所獲、洞人烹而食之、棄其骨、母聞之、候衆人散去、拾骨以歸、封裹置之灶上、嘗囑兒曰、爾父骨在此、及稍長、輕捷善氽(音闘)號爲丁部領、辰有北客就我國看地、因從龍脈至此、適覚天文、見有紅光之氣自潭中起、望之如一疋練直射于天馬星、明日到其傍、覓看良久、曰水中必有神物、因求善水者探之、原潭内有一處最靈、人莫敢近、客人以厚賞邀求、部領聞而願往、即氽入深處、以手摩之、果見一物似馬形、立于水底、登辰回報、客人曰、爾可復下、以草納這馬口、試看如何、部領即將草一把向馬前、馬果開口噉之、再歸以告、客相與語曰、果然有穴、即索銀與部領曰、今少酬勞、他辰更有厚贈、仍約以暫且歸國、不久復來、辰部領年雖少、是個聰敏的人、聞北客語、曰穴在馬口無疑、待他去後、即取灶上骨以草包之、下水推入馬口、馬便吃了、既而人多懾服、推爲衆長、居陶澳柵、常與叔父戰、奔過譚家灣橋、橋折陷于淖(泥也)叔父欲刄之、忽見二黄龍、擁之、叔惧而退、由是歸附益衆、居數年、客人即火燒先人骨、自北而來、尋至伊處欲葬之、聞部領英才蓋世、手下已千餘人、知此穴他已葬了、自以枉費工夫、因此含怨、即就與之語曰、聞君已得地、此穴雖佳、第馬無劍也不好、今許劍一把、置諸馬頸、必能縱横宸宇、到處清夷、部領信之、遂入水、就神馬處、以手摩其頸、置劍而回、其後每戰必克、號萬勝王、卒平十二使

老獺稚傳説の安南異傳（松本）

君興圖混一、是爲先皇、在位十二年、尋爲内人杜爽所弑及其子璉、蓋墜於客人之計、馬頭有劔帶殺故也

以上の記事によると丁部領の母は剌史丁公の妾であり、常に潭邊にて洗濯してゐた所、一匹の巨大な獺を見、之と交つて一男子を生んだ。その後まもなく丁公は歿し、獺は、衆人の獲る所となつて殺し食はれ、その骨は棄てられたのを、母之を拾ふてつゝみ竈の上に置き、子に之が爾の父骨であると敎へてゐた。稍長じて丁部領と號したが、或時支那人來り、天文と地脈を案じ、潭中に神物の有ることを推し、水に善き者をして潭内を探らしめた所、その中一箇所人の近づくことを得ない靈所がある。そこで丁部領が支那人の求めに應じてその深處に至り、馬の如きものの水底に立てるを見、岸に登つて之を報じた。支那人は、丁に命じて草を馬口にいれしめた所馬は口を開いて之を噬ふ。再び歸つてその旨を告げると、支那人達相共に語り、果して穴があつたと云ひ、部領に銀を與へ、今日は僅か禮をなすだけであるが他日もつと厚く報ゆるから、暫く待つてくれと約束して歸國してしまつた。然るに部領は、性聰敏な男で支那人達の語から馬口に穴あることが重要なるを知り、竈上の骨を取り、草で之を包み水中に下つて馬口に入れた。すると忽ち人部領に慴服して之を衆長となし勢四邊に振ふに至つた。（叔父と戰ひ、橋から陷ちる條は正史と同じなので省く）數年を經て支那人がその先人の骨を持いて歸つてきた所、既に部領の英才世を蓋ひ、手下千餘人なることを聞いて、馬の穴に他人が葬られしことを知り、怨みを含み、遂に部領に面會して劍を馬頸に置けば、天下を征服するに至らんと欺いた。部領之を信じその通りにした所、以後每戰必ず克ち、天下を一統して帝位に登るに至つた。然るに馬頸に劍あることがたゝり、内人杜爽のためにその子と共に弑せられてしまつた云々。以上の物語が老獺稚傳説と異なるのは糸を附する條のなき點、女が有夫であり、水邊で獸と交つた點、獺の骨を竈の上に置く點、水中の神物が臥龍に非ずして神馬なる點、失敗した北客が、欺いて遂に主人公を非命に終らした條等である。然しながら共に獺を父とする兒がよく水を潛り、外人の賴みで水中に靈物を發見し、それに先人の遺骨を安置するとき、己れの父の骨を換へて之に置きよつてもつて天下の主となる條は兩者共に歸を同うし、之が本

源を一にせる傳說であることを示してをる。糸を附して後をたどる條は、所謂三輪山式說話として世界に流布し、本傳說の固有の筋と見る必要はない。此說話は、それだけ孤立して存在するものであり、支那では唐の宣室志にも出で、安南東京地方でもその異體が採錄されてをる。卽ち大南一統志によると高平地方に次の如き說話がある。

瀌山

在石林縣南十五里、黎大綱北城地志伊縣扶萬村有村人名李尾者、家有處女色殊絕、一日尾他往、其女在閨業織、忽見梁上一男自稱金龜下來、女驚走、男化作蛟形、蟠握女身、拽從瀌江水津去、李尾回追尋、止見絲一條從織所牽連至江津而沒、李尾因入見水邊有一石竇、入數十步勢漸寬大有重樓架屋、儼若官府、聞絲竹聲喧如賀新婚者、尾卽出永作一竹筩、盛以硇硝火器、周用黃蠟包密、永入放于屋後、急上水津、見水從地起、瀌山爲之崩墜、下略。

この話は、父の留守に處女が淵の主にさらはれ、父が歸來、糸をたどつてその洞に至り、火藥で復讎すると云ふ筋である。夜通つてくる男に糸を結ぶ筋とは少し違ふが、糸をたどつてゆく點は同一である。女が織物をしてをる時さらはれてその糸が淵まで續いてゐると云ふ筋は、話が三輪山式傳說より自然的であり、機織淵の傳說の分布を見るにつけ、此話の方がひよつとすると古い形式であるかも知れない。

丁部領の母が有夫であるのは、その出生が歷史であまりに有名であり、その父の名を沒却することが出來なかつた爲であらう。またその淵中の神物が龍でなくて馬になつてをるのは、龍と馬の相關係せる思想上別に不思議はない。東京河內の白馬祠の傳說の如き龍肚の精が白馬(註一)として示現してをるのである。

丁部領が客に欺かれ、非命で終るのは、正史による彼の事蹟から生れた筋とも見られ、老獺稚傳說と符合しないのは一方が事蹟のことなる淸の太祖に傅會されてゐるためであらう。要するに此二種の傳說の相異點はさまで重大でなく、共に同一の本源から出た異體であることは疑ひない。水中の靈物に先人の骨を置くことによつて子孫が天子になると云ふ話は、風水の徒の案出した傳說であることは察っせられ、同じ傳說を持った風水師が一方は北朝鮮に至って滿洲朝の祖にこの說話を結びつけ、他方安南にはいって丁部領の出世談に之を託したものであることは推測せられる。そうすると此傳說なり信仰なりの起源は、兩國の中間支那にあることは推せられるが、予の不敏なる、その中間の資料を未だ發見しないのは殘念である。

たゞし此傳說が兩國に輸入せられたと云ふことは、此種の說話が全く兩地方にとり外國種であることを意味しない。先人の骨を地相の良き所に葬ることにより子孫の榮えると云ふ信仰は他所からはいったものであらうが、女が水物と婚すると云ふ條は、それより古い傳承であらう。現に今西氏の擧げた諸傳の中には、此吉葬の條を缺くもの多く、同種の說話群に於て此風水師の話が必ずしも古來からの傳承であったことを證明しない。又南方地方に於ても獺は、よく女に近づくと信ぜられ、山獺出廣之宣州嵠峒及南丹州、土人號爲插翹、其性淫毒、山中有此物凡牝獸皆避去、獺無偶則抱木而枯、猺女春時成群入山采物、獺聞婦人氣、必躍來抱之、次骨而入、牢不可脫、因扼殺之、負歸取其陰、一枚直金一兩、若得抱木死者尤奇貴、峒獠甚珍重之、私貨出界者罪至死云々（淵鑑類函獸部四による）とある。

獺の様な水邊の動物が女と婚し、其子が長じて立身したと云ふ様な說話は、朝鮮滿洲方面にもまた南支、安南地方にも古來より行はれてゐたものであり、之にたま〳〵風水の徒の傅會した傳說が南北に擴って、偶然同一形式の始祖傳說を生むに至ったのであらう。傳說の流布が割合に廣く、來歷を知らず無闇に議論をたてることの困難が了解される。今西博士が、老獺稚傳說の様な會寧附近の說話を、夫余國などの始祖に就て物語られた朱蒙傳說の原始の姿と認められるのは少くとも誤りであって、老獺稚傳說の方が後代のより發達せる形式であり、外部の影響の多いことを認めなければならない。

註一、河口坊白馬祠事跡

按白馬祠始於唐、安南都護燕郡王高千里立壇造金銀錢三符、以𢷬濃山旺氣、是夜雷電大作、三符出地上、碎爲虀粉、一日高王乘舟從珥河入蘇瀝江口、見一神人高三丈衣黄衣乘金簡乘赤虬、隨雲氣上下、日高三丈氣尚未散、夜夢神語王曰吾龍肚之精也王覺嘆曰驛其北歸乎、因卽江口建祠奉之、李太祖建都、築城不就禱于神、見白馬從祠中出、繞城一周倏然不見因其跡築之城成封爲昇龍左城隍、至陳英宗興隆二十二年、褒封王號、時祠旁市肆連居、三度火災、而祠不毀、故汝公瑱撰聯有云、瑞氣罩仙宮、惱殺祝融三度火、神威幇彩仗、搗殘都護萬斤金、蓋據越甸幽靈錄而言也幽靈錄稱龍肚神君、摭恠錄稱龍肚旺氣其寔則龍肚之神也淸康熙間嘉禾鄭峻𦶜南遊作神祠攷正指爲南海廣利王、據此則廣利王姓敖名廣差以爲龍肚之神則神無名姓可考數十年來河人、口多諱馬字亦如柳杏公主姓黎改姓陳諱玉瓊世人不諱瓊而諱杏、亦流俗之舛也（群書參考）

註二、公餘捷記と云ふ書に就て歷朝憲章類誌卷四十二、文籍誌に次の記事がある。

公余捷記一卷慕澤進士武芳提撰裁古後見聞雜錄、分爲十二類、曰世家、曰名臣、曰名伎、曰節義、曰悪報、曰節婦、曰歌女、曰神恠、曰陰墳、曰陽宅、曰名勝、曰獸類、共四十三傳

予の持てる公餘捷記には二本あり、甲は、三冊本で十卷になり、揭載說話次の如き數にのぼる。

卷一、五話　卷二、五話　卷三、九話　卷四、四十三話　卷五、八話　卷六、十二話　卷七、十二話　卷八、十二話　卷九、十四話　卷十、十八話

卽ち全部で百三十八話であり、憲章類誌のものと數が合はない。また乙の方は二冊本百卅九話よりなつてをる。同じ題名の本にも種々な異本があることは想像せられるが今外に校合の道のないのを遺憾とする。手許の二冊を比べると甲の一卷より四卷に至る話が、乙の第一冊中に其儘出て來る。甲の五卷より九卷までの說話は、乙の第二冊に出てゐるが、乙は甲の二話を缺き、その代り慕澤武族記、阮氏路答書の二話を增し、最後の狀元甲海記を一冊と二冊に重復

させてをる。また一卷から四卷までと、五卷から十卷までとは、題のつけ方がちがつてをる。

前者は、金顏山記、天子到家傳、黎景詢記の如き簡單な書き方であり、後者は、狼野心思養難酬とか黎尙書苛酷可畏の如き說明的な題のつけ方である。たゞ十卷の最後の四話だけが初めの方と同じ様な題名を附してをる。この第一冊には、篇數記されず、說話も順序不同に並べられてあるが、第二冊の方は、大體甲と同じく篇目も合致してをる。本書と嶺南摭怪傳との異同も考へて見なければならぬが後者が手許にないので殘念ながら後にゆづる。安南の物語集の研究は未だこれから開拓せられねばならぬ。

公餘捷記の內容を甲本により左に揭げる。◎印を附したものは乙本に收錄されてないものである。

卷一、傘圓山靈祠傳記
金顏山記
鎭武覲神夢顯應記
◎湖口靈祠記
清華靈祠記

卷二、厚俸光明寺記
見溪寺記
螺大王傳記
强暴大王傳記
杜林潭記

卷三、下邳異人記
前劫輪廻傳
四子登科傳
天子到家傳
南華木匠記
鬼母報復傳
客人埋金傳
白犬三足傳
惜難埋母傳

卷四、眞福阮國公傳
演州大守記
吳俊龍傳
天祿潘廷佐傳
山圍節義記
阮堯咨傳
仙人范員記
進士陳名標記
古潦狀記
陳伯敞記
榜眼阮金安記
阮左沟傳記
閼中黎敞記
長僕阮公欣傳
進士阮秩傳
至靈阮邁傳
馮尚書傳

阮尚書傳
雲耕節義記
裴仕暹武公宰傳
阮憲副假子
縣官阮名舉傳
阮氏點記
幕澤宰相記
尚書武公道記
尚書武惟斷記
尚書武瓊記
參議武登顯記
棋狀元記
狀元黎蕭記
廉節臣記
少保陳瑋記
尚書鄭鐵長記
范鎮杜汪記
尚書黎如虎記
探花郭佳記

黎景詢記
尚書張孚說記
羅山阮監生記
扶擁節婦記
慕澤大興侯記
保伍珊郡公記
詠梂祖墓記

卷五、葬神馬丁氏以克勝一輿圖
枕伏象陳家以顏色得天下
吉局神留武族世承爵祿
舊穴安葬寒妻孕出宮妃
宅在蟾蜍影薄藝人得入王宮
宿借蛟龍形良心母獲開覺路
狼野心思養難酬
鼠覆面機知獲免

卷六、莫狀元殊絕人物
阮榜眼不負科名
吳榜眼得魁背江神
丁探花打球祝圣壽

阮御史曲薇服士豪
陳東閣才名冠當世
傑特御史食鯉交跣爭標
壢湯神童宰一牛造卷赴學
突嶺磚士鄉却有大白鱔
確溪入學禮自宰一耕牛
泉郡公年四歲讀書
錦郡公邁八旬致仕

卷七、楊先賢淑人宜享報
阮少年應對試成名
詞賦蒜名仗鬼神感格
文章黎英俊天下推稱
懷抱探花事業先形妖女
天姥國老夢寐獲接聖人
黎尚書苛刻可畏
何榜眼才俊堪誇
簡清應對知終必做大魁
阮敲作詩決後必登進士
丹輪探寄詩作讖

褒中尙矢口成章

卷八、中興後谿卑文體

萬刼庙能制謠神

安朗公兆應傍人

濟文侯事形大誥

◎陶狀元應口卧前程

劉名公見而取乃第

詩夢決科勝神夢

阮公入相應劉公

所存放榜甚玄機

卽假成眞都妙計

誤犯供詞成好合

折字應對見心機

卷九、昭侯詩戲有典褻

經義文叙見氣象

隱語句巧嘲舛字

◎閩俗聯切戲無鬚

平灘詩媒得好妻

成材對合成佳偶

牛欄對足知前定

蜻蜓贊不可較犨

踵姦禮唱和豪傑

誦偈詩題見女仙

帝王氣象見於詩

國家安危關一表

伶人善排優片言回天力

禮妃生聰慧一鏡照三王

卷十、香海寺餘靈夙著

仁惠祠經亂猶存

陳國父世稱異術

高山王號神醫

漱玉橋後作名藍

磋砞井古稱上品

麓奇嶺鼓鐘靈異

獨尊山雲雨鑿腰

玄雲洞淸光佳致

平灘水甘美異常

扶桑庵長老往逕

大悲寺北人所建

爐江文遠鼠鱷魚

拋山穴案朝白鳩

狀元程國公白雲庵居士記

濟文侯阮薦譜記

太宰梅郡公馮村公事跡

狀元甲海記

朝鮮の累石壇と蒙古の鄂博に就て

外國人の記述――民俗上の累石壇――その傳說――その諸名稱――寺院の石磧長生――蒙古の鄂博――起源の問題並にその變展

孫　晋　泰

嶺上又は山麓の路傍に於いて朝鮮の到る處普遍的に見出される小石を亂積して造れる大小の石壇を私はこゝに累石壇と稱して置きたい。嶺上山麓に止まらず此の累石壇は又屡々大路の傍、村落の入口、部落の一隅、寺刹の入口等に於いて見出すことができる。これは原始的祠であると同時にその祭壇であり又神の棲所であるのである。之に就いて記述的なる朝鮮側の文獻を私は不幸にして未だ嘗つて發見することができない。闕名氏の「高麗風俗記」(小方壺齋輿地叢鈔第十秩所收)の中に「村邊巷口、毎見小樹枝上、挂五色布、下以碎石堆積如壇式者、遠視之、因風飄曳、宛如護花旛、問之土人、謂係病愈還願云」と見出されるのが、その最初のものに非ざるかと思はれるのである。此の書の中には「聞高王安目本公使之時云々」の句が見えてゐる。これに由つて見ると凡そ三四十年程前の淸人の記錄かと思はれる。Emile Bourdaret, En "Corée, Paris, 1904, pp. 74-6. には外國人の觀察としては珍らしい位ひ頗る詳細な記述が見える。その大要は下の如くである。Son-hang-Sine(先王神又は城隍神の音譯であらう)とは城・村落・地方又は都市の神である。傳へに依ると、此は行旅を安全にし途中惡魔等に出會さないやうにする。正月十五日彼等は息災招福のため之に祈願を爲す。そのやうな時祭物(sacrifice)を供へる壇(autel)を彼等は先王堂(Son-hang-dang)と稱する。道路の傍、村落の附近、野原の一隅、路頭等に於いて到る處之を見ることができる。此の祭壇は小石の堆積より成り、その小石は通行人が投じたる一つ〳〵の集積である。而して此の累石壇は樹木又は叢林の下に築かれ、時には長栍（Tchang-seung）の傍に築かれてゐることもあり、又屢々之を山神堂の側に見出すこともできる。山神堂といふのは土石又は土木にて構へ瓦又は藁にて葺ける小舍にして、その中には山神の fétiche なる動物の畫像の不手際なるものゝあることを見出すことができる。又先王堂の樹木の枝に於いて人の目を惹くものは、それに布片・紙片・五色帛片・衣片・毛髮・道具・錢などが無數に懸けられてゐることである。錢は財利を得るために、布片は兒童の長壽を祈るために、そこを通る人々が懸けたものである。商人は財利を得るために草鞋の雛形又は商品を懸けることもある。五色の帛片を懸けるのは、新夫婦が父母の家を離れて新居に移るとき、父母の家の家神が彼等に隨いて行くことを止めるためのものである。若しこれを止めないと父母の家は滅びるからである。これは普遍的な信仰である。新婦が自分の衣服の一片を引裂いて先王堂の樹枝に懸けることは父母の家神がそれ以上隨行せずして元の家に歸ることを示すものである。此の他に彼等は此の累石壇及び灌木に對して之を邑落・村落の守護神、山の神、行旅の神等とも信じてゐる。尙ほ民婦は屢々之に向つて子供の病氣平癒を祈るため、一椀の飯を石壇の上に献じ跪坐して兩手を額の前にて擦りながら祈禱をし、それが畢れば再び飯を携へて歸りそれを病兒に與へる。巫女も亦時に此處に於いて病兒のために杖鼓や銅鑼を鳴らしつゝ祭儀を行ふことがある。通行人は旅の安全のために獻納を爲すのであるが、それは極めて簡單な事柄であつて、一片の小石を石壇の上に投ずるか、又はそれに向つて唾を吐けばよいのである。この唾を吐くことは浮遊する惡靈卽ち浮鬼を恐れる奇怪なる朝鮮人の信仰と關係あるものである。死者の靈より成りて道路に徘徊する惡靈より避けるために彼等は斯る事を爲すのである。以上 Bourdaret 氏の所述を以て朝鮮累石壇に就いての大要は殆んど盡きてゐると謂ふ可く、又悉く信ずべきであらうと思ふが、唯だ五色布帛を懸けることが兩親の家神の隨行を止めさせるための行爲であるといふ一事だけは、果して之が全國普遍的の信仰であるか否か、姑く疑問として置きたい。此の他の西洋人の種々の著書の中にも、累石壇に關する記事を見出すことができるけれども、何れも簡單にして且つ誤りもあり、到底 Bourdaret 氏に及ばない。一例を擧げれば Mrs. Bishop (Isabella L. Bird), Korea and Her Neighbours, London, 1898, p. 244. には "The Söng Whoang Dan (altar of the Holy Prince), the great Korean altar, rudely built of loose stones under the shade of a tree, from the branches of which are suspended such worthless *ex votos* as strips of paper, rags, small bags of rice, old clouts, and worn-out shoes, looks less like an altar than a decaying carin of large size" と記してゐる。城隍壇（ソンホワンタン）を同音の聖皇壇（ソンホワンタン）とでも敎へられたものか、彼女は之を altar of the Holy Prince と譯してゐる。此は勿論誤りである。のみならず民間に於いて累石壇のことを城隍壇などゝ明白に謂ふ人は識者以外極めて稀であつて、普通は京畿・黄海地方に於いて先王堂（ソスワングタン）と稱せられてゐる。民俗の記述としては Bourdaret 氏の方が正しく、彼女のそれは餘程知識的である。けれども Mrs. Bishop の記述中に新味のあるのは "Korean travellers make their special plea to a travellers' daemon who is supposed to be found there, and hang up strips of their goods in the overhanging branches, and the sailor likewise regards the altar as the shrine of his guardian daemon, and bestows a bit of old rope upon it." (p. 245.) と船員が一片の古綱を献ずる事を紹介した點であらう。

次に私は Bourdaret 氏所述以外の事柄に就いて私の見聞せる各地の習俗を記るして見よう。慶尚南道東萊郡沙下面下端里と嚴弓里との境を成せる山麓路傍に稍々大なる（高六七尺）累石壇があり、その背後には橡樹の高さ丈餘のものが立つてゐて、その樹には布片だの種々の色の絹片等が懸けられてゐる。私は未だ少年の時季叔に連られてこゝを通つたのであるが、叔は自から路傍の石を拾つて壇上に投げ累ね、私にもさうせよと命じた。私の投げた石は壇に達しなかつた。すると叔は更にその石を拾つて壇の上に載せよと言つた。そして言ふには「これは昔の人の石葬（トルケチャン）である。」であるから骸骨が露はれないやうにと此處を通る人々は石を投げ累ねて石墳を高くするものである。これを守らない者は神罰を蒙らなければならぬと言つた。叔は當時二十歳位の青年で、此の談は民俗資料としてどの程に信を置くべきかは疑問であるが、東萊に於いて斯く累石壇を昔代の墓と考へてゐる者もあつたであらうことは、次の麗水民俗に照應して推察できようかと思はれる。全羅南道麗水邑の金應洙老の談に據れば、洞境・平原の中及び路傍等に存する累石壇は俗にハルミ堂（ハルミは祖母・老姑等の意）と稱せられ、昔未婚の處女が死ぬと斯く路傍に石塚を築きて埋め以てそこを通行する多くの男性に接して氣を晴すやうにしたものであると傳へられてゐる。壇後の木は普通香松（圓柏の朝鮮名）又は杜松であるが必ずしもそれらに限られてはゐない(1)。旅人はその側を通るとき必ず小石を拾つて之に投げ累ね、又金屬性の物を投ずることもある。さうすれば路毒（足痛）を生じないと云はれてゐる。石鐵物等を投げる時或は心の中に或は聲を出して之に祈願を爲す人もある。又之に向つてマラリヤ（初瘧・長疾）の平癒を祈ることもあり、子供の病氣平癒を祈る母もあり、石婦は之に子を祈ることもある。それらの際は壇木の枝に五色（諸種の色の）布帛の片を懸納し飮食を供へるものである。慶尚北道大邱の金而郁老の談に據れば、大邱附近では斯る累石壇を俗に天王堂街又は「クィ天王」と稱し、堂の建てられてある所は單に天王堂と云ひて、それら神堂に於ては盲覡・巫女等に出つて種々の賽神行事が行はれ、個人も亦自由にそこにて祈禱を爲すことができる。壇木は普通香松であるが他の灌木の場合もある。通行人は石壇に石を投じ又唾を吐く。石を投ずることは路毒（足痛）を生ぜしめないためであり、唾を吐くのは邪鬼・浮鬼等を辟忌するためである。民婦巫女等が子供の病氣その他の爲めに祈願（俗に致誠と云ふ）を爲す時は布片及五色の絹片を樹枝上に懸け、餅果酒飯等をも供へる。此の布絹類は之を命布と稱して病兒の壽命を祈る爲めに献ずるものであり、飮食物は祈願の式を畢へたる後、即ち一但天王堂神に献じたる後、その一部を以て路上の雜鬼浮鬼（一定の住居なく浮浪する雜鬼）等に施食し（諸鬼を招集して民婦又は巫覡が飮食を撒き與へる）餘りは會衆と共に食し又は巫に與ふること普通巫祭の場合と異らない。會衆も巫もなく民婦が獨りで行つた場合は餘り物を家に持歸つて病兒と家族にて之を食するものである。又私は慶北達城郡月背面上仁洞の村外れに於いて八九年前高さ丈餘の稍々立派な累石圓壇を發見したが、里民は之をやはり先王堂と稱し往年は春秋二回村民中より執事を選んで祭りを行つたものである。壇木は香松であつたかに記憶される。京畿道及び黃海道に於ては累石壇を先王堂又は石先王等と稱し、平安道に於ては國師堂、咸興（咸鏡南道）に於てはクㇰシ堂等と稱せられてゐる。之に對する信仰及び習俗は大體前に述べた所と同一であるが、平安南道に於ける言傳へに據ると、人世の善惡その他の出來事を直接玉皇上帝の許に往つて報告し得る者は國師堂婆さん（即ち累石壇の女神）と竈王とだけである。これは支那に於ける道敎的竈神説話の中の竈神が臘日天に上つて一家一年中の善惡を告げるといふことに倣つて造つた話であらうけれども亦以て累石壇の女神が如何に彼等の生活と直接な關係を有してゐるかを察することができようかと思ふ。又平南成川郡ソー波市の石觀七老の話に依ると、國師堂を通る人は「國師堂のおばあさん」と呼かけて唾を之に向つて吐き、又路死せる靈神即ち浮浪鬼に憑かれて病氣になつた者の爲めに巫又は家人が國師堂に往つてその壇木の枝に布帛や紙片等を懸納して致誠（祈禱）を爲すことがある。

次に私は累石壇に就きての傳説に就いて略述しなければならない。平南陽德邑外樹德里の巫女朴長孫は頗る長い傳説を私に語つた。けれどもそれを詳細盡してこゝに記るす必要はない。一言にして言へば、黃金山の黃主持といふ神僧が、或る大家の娘で Söchang-eki といふ處女に神祕的なる方法にて三胎子を產ませた。そしてその後神僧によつて彼女は直星聖人といふ神にせられ、彼女の祖父は都先王即ち都城隍神に、彼女の生父は先王即城隍神に、彼女の生母は高山聖人（即ち山神）に、彼女の三子即三胎子は三帝釋にそれ〴〵せられ、而して彼女の義姉即ち彼の神僧の妹が國師堂神になつたといふのである。又前記石觀七老の談によれば、昔姜太公（周の呂尙）は窮八十達八十せる占聖であつた。彼は家計の貧窮をも顧ず修道にのみ專心したのでその妻は遂に堪へかねて家を去つた。その後周の武王は夢によつて姜太公を求め、而して彼を守令にした。守令が通行するといふので村民達は道路を修めた。その治道民衆の中に姜太公の妻も混つてゐたのである。姜太公は恰度嶺上に於いて彼女を衆の中より見出し轎より下りて彼女を呼んだ。彼女は且つ喜び且つ恥ぢつゝ太公に復緣を乞うた。すると太公は一盆の水を請うて之を地上に覆へし、その覆水が再び一盆の水となれば復緣を聽許すると言つた。それで彼女は水はなし氣は燥つて衆人の唾を求め廻つたのである。復緣は成らず彼女は嶺上に於いて身を恨み悲嘆の極そこにて死し、而して國師堂神となつたのである。この事に由つて國師堂を通る人々はそれに向つて唾を吐きかけるのである。又黄海道海州邑金基彧氏の談によれば、姜太公は赤貧洗ふが如くせめて生計の一助にと魚釣りを始めたが年八十に至るまで一匹も釣れない。そこでその妻が試みにその鉤を調べて見ると先の伸びたのを用ゐてゐる。到底末の見込がないと諦めた彼女は夫を棄てゝ家を去つた。が太公は後ち庚申年庚申月庚申日庚申時に出世して三國宰相の印綬を帶るに至つた。彼の通過する路々は村民達によつて治道が行はれ、嶺上に於いて二人が再會したが復縁が許されず、彼女はそこに恨死して人々の唾を受けるやうになつたといふ後半は前の話と同一である。更に又他の一説は前述黄金山神僧と Söch-ang 娘との間に七兄弟が生れ、母は死して先王堂（即ち累石壇）の神となり、七兄弟は死して北斗七星になつたといふ話も海州に行はれてゐる。これら傳說に於いて我々が注意すべき點は累石壇の神及び山神を女神とし、城隍神・七星神等を男神としてゐることであつて、前二者は固有の神であり、後二者は支那傳來の信仰であることを此等傳說は判然と示してゐるのである。

さて私は今こゝに先づ累石壇に對する諸名稱に就いて考へ、而して後その起源及び變展に就いて愚見を述べて見ようと思ふ。累石壇の名稱は前述の通り、全南に於いて老姑堂、慶北に於いて天王堂街又はクィ天王、京畿・黃海に於いて先王堂又は石先王、平安に於いて國師堂、咸南に於いて國シ堂等と稱せられてゐる。ハルミは既述の如く祖母又は老姑の義であつて、老女神堂の意味に外ならない。クィ天王のクィは何意味なるか知らざるも天王堂街とは堂を有する累石壇即ち天王堂と單なる累石壇とを區別するため特に街を加へたるに過ぎず、その汎稱は天王堂であつたに相違ない。先王堂は城隍堂の訛音なること略ぼ疑ひなく、漢學に素養のある者以外一般民衆は孰れも城隍堂を先王堂と稱してゐる。例へば京城東小門外小山麓の小神祠は明かに城隍堂であつて堂內壁上には中央に「南無城隍大神之位」、その左右に「南無三神之位」「南無后ロ阿氏之位」（三神は產の神。后ロ阿氏は后ロ夫人の義にして痘神である）と墨書した紙位が立てられてある。けれども民衆は之を先王堂と稱してゐる。黃海道海州には東南二城隍祠が現存し私は昨夏巫祭を東城隍祠に於いて一日中民婦の間に混つて見物した。その入口には「東城隍神祠」と墨書した懸板がある、けれども巫女も民婦達も皆之を先王堂と言つた。

平南成川郡ソー波の村端れには古柳一株があつて里民は之を先王祭場と呼び、石觀七老は城隍祭場と言つた。平北熙川邑には稍々大規模の立派な城隍祠がある。識者は明瞭に之を城隍堂と言つてゐるが巫女や民婦達は先王堂と稱した。これらは私の直接見聞であり、斯る例は枚擧に遑がない。石先王とは堂を有する先王堂との區別のために石を冠したるに過ぎないから原稱は先王堂なること明白である。最後の國師堂・國シ堂等は「東國輿地勝覽」などに夥しく見られる國師堂の轉訛に相違なかるべく、而してこの國師といふのは高德の僧を國師とせる（羅麗の朝に於いて）その國師に出でたるものであらうと思はれるのであるが、如何にして累石壇が斯く稱せられるやうになつたか、その理由又は民俗的心理に就いては尙ほ不明である。(2) よつて姑く之は後日の宿題とし、老姑堂・天王堂・先王堂の三者に就いて卑說を述べることにしよう。

累石壇を先王堂卽ち城隍堂と稱するのは、そこに何か理由がなければならない。城隍は周知の如く支那民俗上の城池の神であつて古代より、そのやうな信仰はあつたに相違ないが、六朝頃より城隍と稱せられるやうになり、唐に於いて盛んに、宋に至つては天下に之が徧するやうになつた。つまり城邑を護る神なのである。朝鮮に於いても高麗朝既に城隍信仰が輸入されてゐる。累石壇を城隍（先王）と稱するやうになつたのは何時頃からであつたか、これは明かでないけれども兩者が同一の名で稱せられるに至つたのは、想ふに兩者がその宗教的性質に於いて、相類似した所があつたゝめであらう。嶺上・路傍・洞口（村落入口）等に存する累石壇は、何れも境界の意味を有してゐる。嶺上のそれは多くの場合、郡界又は里界と見做され、路傍のそれは邑落の遠界、洞口のそれは邑落の近界と見做されて、邑落の遠近兩界に設けられる累石壇の傍には、屢々長柱及び蘇塗を見出すことができるのであるが、これら三者は何れも境界守護の神性を有するものである。それ故に三者は同一場所に存在して、少しも不合理はないのである。然らば、固有民俗上境界を護り而して邑落を守護するこの累石壇は、支那より類似性質の城隍が傳來するに及んで（且又屢々累石壇に依つて祠堂を建立し(3)、外形內容共に兩者殆んど同樣の宗教的對象となるに及んで）兩者の名稱が斯く中部朝鮮に於いて合一されてしまつたのではあるまいか。但し支那傳來の城隍祠は多く官又は公のものにして規模も稍々大きく、民俗上のそれは村民共同の力によつて成るものとは云へ、その建物は常に貧弱な小舍であり、又その傍に元來の累石壇を遺存してゐるものも決して稀れではない。次に累石壇を天王堂と稱することであるが、今の私の考へでは、これは文字通り天の王と解すべきではなく、佛敎の天王より轉用されたるものゝやうである。といふわけは、周知の如く佛敎の天王は東方持國天王・南方增長天王・西方廣目天王・北方多聞天王等四天王があつて彼等は帝釋の外臣にして武將の如く四方を守護するものである。この性質が累石壇のそれと類似するところあるに由り、始めは專ら佛敎徒によつて稱せられたのが漸次民間に及んだものではあるまいかと思はれるのである。斯く累石壇を天王堂と稱してゐるのは文獻上にも二三それらしき例があり、「東國輿地勝覽」卷四四、三陟都護府祠廟の條に「太白山祠、在山頂、俗稱天王堂、本道及慶尙道傍邑人、春秋祀之、繫牛於神座前、狼狽不顧而走、曰如顧之、神知不恭而罪之、過三日、府收其牛而用之、名之曰退牛」とあつて、太白山頂の山神祠を天王堂と謂つてゐる。この祠は頂上の累石壇に依つて建てられたるものではあるまいか。又同所新增の部分に「近山祠、在府南十里、俗稱大天王祠、邑人春秋致祭」と見える大天王祠も近山神祠の俗稱であると云ふ。朝鮮に於いて祠の俗稱は常に堂であるから恐くは大天王堂と俗に稱せられたのであらう。更に又同書卷三十、陜川郡祠廟の條には「正見天王祠、在海印寺中、俗傳大伽倻國王后正見、死爲山神」と見えて、これは朝鮮古代の山神が女性であつたことの一證でもあるが、亦その山神祠が天王堂と稱せられた一例とも見るべきであらう。尙ほ同書卷三一、咸陽郡祠廟の條には「聖母祠、祠宇二、一在智異山天王峰上、一在郡南嚴川里、高麗李承休帝王韻記云、太祖之母威肅王后」と見え、同じ此の聖母祠のことが同書卷三十、晉州牧祠廟の條に於いては「聖母祠、在智異山天王峰頂、有聖母像、其頂有劍痕、諺云、倭爲我太祖所破、窮蹙以爲天王不助、不勝其憤、斫之而去」と見えて、文意だけでは聖母祠が智異山の天王峰頂にあるものと解くより外ないが、これも恐くは智異山の女神を祀る祠が天王堂と稱せられ、その祠のある峰が天王峯と謂はれるやうになつたゝめ、斯る記錄となつたのではあるまいかとも考へられるのである。これらに由つて見ると、累石壇又はその累石壇によつて、建立された山神祠を天王堂（祠）と俗に稱したのは晩くとも李朝初期よりのことであり、而してそれは慶尙道及びそれに近接せる江原道 江陵 に於けることであつたらしい。最後に老姑堂(ハルミダン)といふ名稱の分布は今これを明かにすること困難なるも「東國輿地勝覽」卷五、開城府祠廟の條に「松岳山祠、上有五宇、一曰城隍、二曰大王、三曰國師、四曰姑女、五曰府女、俱未知何神」と云へる中の姑女祠は恐く俗稱ハルミ堂(ダン)であつて累石壇に依つて建てたるものであつたのではないかと思はれる。姑の朝鮮譯はハルミであるからである。果して然らば、朝鮮古代の山神が女性であり、(4)累石壇神も亦女性である點、並に天王・城隍（先王）・國師等が朝鮮固有の稱ではないことなどより察して、老姑堂(ハルミダン)といふのが最も原稱に近いものではあるまいかとも考へられるのである。山神祭場は累石壇に限らず、洞穴・岩崖の下又はその他幽嚴な處に在る樹木等がそれに選ばれた。而して又後世に至つては、特に山神祠の如きが建てられるやうになつたので、累石壇に對する山神觀念は漸次薄いで來たかに思はれるけれども、後述の如く累石壇は元來山神祭場であつたらうと考へられるのである。

次に私は此の累石壇が、決して新しいものでないことを示すために「通度寺舍利袈裟事蹟略錄」寺之四方山川裨補の條に見える、裨補長生標十二の名を引いて置かう。それに據ると門前洞口（入口）に里木榜長生標が二、東に石磧長生標が二、中に石碑長生標が四、南に石磧長生標が二、西に石碑長生標が一、南に石碑長生標が一ある。これら長生標に就いては「市村博士古稀記念東洋史論叢」中の拙文「長生考」の中に詳述して置いた。要するに、これらは寺院並に、その財產（田土山林の如き）を擁護する宗敎的並に經濟的標識であつて、里木榜長生標とは木偶の標識であり、石碑長生標とは石碑形の標識であり、石磧長生標とは累石壇のことである。この書の原本は泰定五年、西紀一三二八年、高麗末のものである。由つて六百餘年前、既に民間信仰上の累石壇が寺院に入込んでゐたことが判るのである。今日尙ほ寺院の入口には多く此の累石壇並に木偶長栍が存してゐる。近世の記錄ながら「朝鮮寺刹史料」燃燈寺事蹟（黃海道安岳郡）の中にも石蹟長生標云々のことが見えてゐる。石蹟は石磧の誤植であらう。

さて如上の累石壇に就いて、その起源及び變展を如何に說明すべきであらうか。嶺上のそれと村落の近界及び、遠界のそれ及び村落外平原中のそれ等はその何れが始源であり、如何なるわけで斯く處々に存するものであらうか。これらの問題の解釋上の必要により、累石壇と頗る類似せる蒙古民俗上の鄂博に就いて一言しなければならない。

蒙古民俗上の鄂博（オボ）に就いて私は古い時代の記錄を見出し得ない。こゝに用ゐようとする資料は何れも淸朝以來のものである。阮葵生の「蒙古吉林風土記」には「蒙古不建祠廟、山川神示著靈驗者、壘石象山冢、懸帛以致禱、報賽則植木表、謂之鄂博、過者無敢犯」とあるが、簡に過ぎて眞相を知ることは困難である。方觀承の「從軍雜記」には「峯嶺高處、積亂石成冢、名鄂博、謂神所棲、經過必投以物、物無擇、馬鬣亦可、將誠云、按周官有犯軷之祭、封土爲山象、以菩芻棘栢爲神主、鄂博意亦近之」と、嶺上の累石壇に就いて稍々詳しく、之はよく朝鮮のそれに類似してゐる。又この鄂博崇拜は、新疆省にもあるらしく、滿洲七十一の「回疆風土記」には「額魯特・土爾扈特人等、遇大山則祭之、或挿箭一枝於地、或擲財物少許、謂之祭鄂博」とあり、もつと詳しくは紀昀の「烏魯木齊雜記」に「根忒克西北、凡峻坂七層、最爲險阨、番人過此、必肅然下馬、如見所尊、未喩其故、或曰畏博克達山之神也」又曰く「博克達山、列在祀典、歲頒香帛致祭、山距城二百餘里、每年於城西虎頭峯戹魯特舊立鄂博處、修望祀之禮、鄂博者、累碎石爲蕞以祀神、番人見之、多下馬」とある。以上四つの記錄を綜合して考へるに、蒙古民俗上の鄂博（新疆のそれは蒙古より流入せるものであらうか）とは、碎石又は亂石を累積せるものにして、多くは峯嶺の上にあるらしく、それは神の棲處であり、祠廟の役をも爲すものである。而して又彼等はその前を通過するに際して馬より下り、布帛その他の財物を懸納して祈禱を爲し、報賽の時はそれに木表を植ゑ、博克達（ボクドー）山神を祀る際の如きは、厄魯特（額魯特）の鄂博を望祀の祭壇としたやうである。更にこれが山神と深い關係を有するらしいこと以上諸記錄の文章及び、その所在地が嶺上であるところ等よりして略ぼ明かである。けれども鄂博は必ずしも嶺上にばかり存するものではなく、關東都督府陸軍部編纂に係る「東蒙古」（百七頁・百八頁）には「廟の附近には大抵二三の鄂博あり、元來鄂博は單に土を高く盛り、或は小石を重ねて旗界の標識となすものなれども、其旗內及寺院の周圍にあるものは、皆佛を安置せる所にして之が爲め祭禮を行ふ、其祭典は蒙古唯一の大典にして、王公以下集合し競馬・角力・假面踊り等頗る盛大を極む。玆に挿入せる寫眞は外蒙古に於ける鄂博祭典の景なり」と云つて七種の圖を入れ、その中の一つなる鄂博の下には「上圖に示せるは旗界の標識となし居れる鄂博の景にして、小石を集堆し其上に樹枝を束ね立てたるものなり。其他鄂博の形狀は地方により多少の差違あるも、多く見るものは大抵上圖の如く、云々」とある。これは編者の實地見聞に據れるものであるらしい。果して然らば鄂博は旗界及び寺院の周圍にもあり、旗内に存することも亦あるやうである。而して又胡韞玉氏の「中華全國風俗志」（下篇卷九、三八頁至三九頁）に據ると、蒙古人の鄂博祭日は五月五日及び七月十三日にして此の日は角力の正式擧行日であり、盛大な宴會が行はれるやうである。

さて上述の資料だけを以てしては蒙古の此の民俗が果して古來のものであるかどうか、又その起源は奈邊にあり、果して山神崇拜より起つて、漸次寺院の周圍・旗界・旗内等に進展せるものであるかどうか一切推察に由がない。そこで我々は之を朝鮮の累石壇と比較考究を爲す必要を感ずるものである。

先づ兩者は、それが亂石を累積して、造られたる點に於いて一致し、嶺上にあつて通行者がそれに向つて種々の物品を懸納する點に於いても亦酷似してゐる。のみならず、それが邑落又は旗の境界に設けられる現象亦頗る相類してゐると謂はざるを得ない。斯の如き類似は決して偶然とは謂はれず、兩者は必ずや古い時代より存在し、而かも相互に深密な文化的關聯を有してゐたものであると謂はなければなるまいと思ふ。而して又兩者共に、それが嶺上に在り、又境界に設けられる現象に由つて、此の起源問題に就いて今のところ私は、これは一種の原始的境界標識として生じたるものに非ずやと考へるものである。殊にこれを朝鮮に就いて考へて見るに、往古彼等が主として山に依つて、狩獵や原始的農耕を營んでゐた時代、彼等は嶺上（又は山麓の一點）を以て兩部落間の境界とし、此の境界は互に犯すべからざる處であつた。そこに境標として、小石を累積すると同時に（又はその後になつて）それは境界神の棲所と考へられ、又之に於いて宗敎的儀式を行ふやうになればそれは亦自から祠として、又祭壇としての用をも爲すに至つたのであらう。未開時代の境界觀念の嚴肅であつたことは、私がこゝに贅言を要しないであらうが、數例を擧げるならば「史記」匈奴傳に「逐水草遷徙、毋城郭常處耕田之業、然亦各有分地」と云へること並に「三國志」濊傳に「其俗重山川、山川各有部分、不得妄相渉入、……

共邑落相侵犯、輒相罰責生口牛馬、名之爲責禍」と見えることを併せ考へるならば、それを理解するに充分であらう。而して又嶺上（又は山麓）を以て兩部落の境界として、各々山の一面を領有することは極めて自然的な區分でもあり、亦最近世に於いても一つの山を、その兩側の二部落で有してゐる場合又は兩部落間に山の介在してゐる場合など、その境界は常に嶺上、又は山麓であつたのである。然らばこゝに少しく疑問となつて來ることは果して石を積んで、境界とする習俗が、朝鮮の古代にあつたかどうかといふのである。偏石や木標を境界に立てることは極めて有り得べきことであり、又それに就いては多くの例を擧げることも出來る。けれども小石を積重ねることに就いては、その明確なる證蹟を求むるに甚だ困難である。しかしながら私の見解を以てすれば「三國史記」卷二四・百濟近仇首王記中に「先是、高句麗國岡王斯由親來侵、近肖古王遣太子拒之、…進撃大破之、追奔逐北、至於谷城之西北、將軍莫古離諫曰、……太子善之止焉、乃積石爲表、登其上、顧左右曰、今日之後、疇克再至於此乎」と見える積石の表は、それを造りたる百濟人の思想に國境といふ觀念が存してゐたのではあるまいかと思はれ、又李太湖は「耽羅志」（六丁）風俗・聚石築垣條に高麗忠肅王朝の人金台鉉所撰「東國文鑑」を引いて「東文鑑、地多亂石、素無水田、唯麰麥豆粟生之、厥田古無疆畔、强暴之家、日以蠶食、百姓苦之、金坵爲判官、問民疾苦、聚石築垣爲界、民多便之」と云つてゐるが、これ亦石を積んで境界と爲す思想の一つの表はれであらうかに思はるのである。なほ蛇足ながらこゝに一言附加へて置きたいことは、石を累ねたる祭壇必ずしも皆境界標ではないといふことである。朝鮮の民族信仰に於いても單なる祭壇として之を設けること極めて普通であるからである。兩者その形は相類してゐるも、その起源並に宗教學的心理に就いては、兩者は決して同一範疇によつて説明されるべきではないかと思ふ。果して斯く境界標として累石壇が生じたるものであるならば、主として山に依つて生活した彼等に取つて、最も偉大なる神は山神であつたから、その嶺上の境界を護る神も亦山神と考へられ、その累石壇は山神棲所の一つとしても考へられたであらう。斯く累石壇に境界觀念があつたればこそ、彼等が平原に於いて農耕的部落生活を營爲するに至つては、前代の累石壇を村落の遠近兩界に設け、以て村落守護神としたのではあるまいか。又中世以來の寺院も之をその入口又は周圍に設けて寺院及びその田土山林の守護神として之のではあるまいか。村落がその一方に之を設けるやうになつたのは、その累石壇を唯だ偉大なる神（農業及び村落を守護する）又はその祭壇とする思想のみに由つたもので、これには最早や境界神としての思想は忘れられてゐるものか、又はその型式だけを累石壇に倣ひ、それに祀られる神そのものは支那傳來の城隍神にしてゐるものであらうかと考へられる。更に又これが行旅の神とされてゐるのは、それが旅の途中の嶺上、又は路傍にあつて常に行旅者の祭拜される所となつてゐる關係に由つて、後世生じた思想であらうかと考へられ、それに向つて唾を吐くことは、浮浪鬼を怖れる朝鮮民俗と神壇は直ちに鬼類を聯想せしめる二つの心理が合して、之を生ぜしめたものであらう。唾及びそれを吐く時の音は咒術的力を有し、それによつて累石壇附近に巣喰ふ鬼類を退散せしむるものと考へられたものであらうと考へられる。蒙古の鄂博に就いても、最初それは嶺上又は兩部落間に在つて、境界標とされてゐたゝめ、後世旗界に之が設けられるやうになり、又寺院の周圍にも見られるやうになつたものと解すべきかに思はれる。

附圖第一圖

附圖第二圖

第一圖　京城東大門外開運寺の入口左側路傍にある。中央が累石壇、壇後の灌木に五色の布片が懸られてゐる。俗に石先王（トルソヌワン）と稱せられ、嶺上・路傍のものと同じ形である。この左側の瓦葺の小屋は城隍堂であり、これら相列んで長栍（大將軍木偶）も近傍に立られてゐる。これらは皆本來佛敎とは全く無關係である。

第二圖　平南陽德郡雙龍面龍興里の龍興嶺上の累石壇。道路改修の際毀されて今は殘石を存すのみ。壇樹は杏樹。

(1)　壇木として極めて、普通に見られるのは香松である。これは焚香の林として重用されるため、神聖な樹木と見られ、而して壇木として、累石壇の後側に植ゑられるやうになつたものかも知れない。果してさうだと、これは佛敎思想の感化に由つて生じた事であ

朝鮮の累石壇と蒙古の鄂博に就て（孫）

らう。しかし壇木は必ずしも香松・杜松に限られてはゐない。私が昨夏平南諸地を徒歩旅行中見出した累石壇十一個所の中、陽德邑西約十町卓嶺及び邑入口に當るウェキチエンイと謂はれる廻麓に存するものは無名の小灌木であり、色布の片が懸けられてあつた。陽德郡雙龍面冠峯里の大花嶺上に在るものは秦皮樹であり、同龍興里と化村面との境を成せる龍興嶺のそれは（附圖第二）高二丈餘の杏樹であり、同化村面白石里と平谷里との境を成せる俗稱イルチャンコケといふ嶺上のそれも杏樹。孟山郡元南面香坪里と上界里との境なる路傍のそれは梨樹。香坪里北入口なる小嶺上のそれは俗にメヂ樹と稱せられるものであり、同元南面朱浦里と孟山面上倉里との境なる小嶺上のそれは白檀木であり、同內坪里路傍のそれは小灌木。同智德面龍山里境のそれは桔梗。同頭岩里外のそれは刺松の古木であつた。斯く壇木はその種類必ずしも一定せずと雖ども、壇木そのものは、累石壇に缺く可からざるものであり、餘他の祠（例へば城隍堂・山神堂・龍神堂・府君堂その他）に於いても、亦神樹は必ず祠の後側又は側近に存するものである。

(2) 唐の元應の「一切經音義」卷六・妙法蓮華經第三卷・長表の條に「長表、梵言舍磨奢那、此云冢也、案西域僧徒死者、或遺諸禽獸、收骨燒之、埋於下、於上立表、累甎石等、頗似窣覩波、但形卑小耳」とある。甎石を以て窣堵波形に造り上げる僧徒の墓が果して朝鮮の昔にもあつたかどうかは疑問であるが、朝鮮の寺刹附近に屢々見出される小石を高く累積せる窣堵波は西域の風に倣へる僧の實際の墓又は假に墓として造られたるものではあるまいか。（窣堵波には元來墓の意味があり、そして又石を累れて之を造ることもあることは「一切經音義」卷六・妙法蓮華經第一卷・寶塔の條に「寶塔…正言窣覩波、此譯云廟、或云方墳、此義翻也、或云大聚、或云聚相、謂累石等高以爲相也」とあり、北宋道誠の「釋氏要覽」卷下送終立塔の條に「梵語塔婆、此云高顯、…又梵云窣堵波、此云墳、…或云浮圖、此云聚相」と見えることなどによつて知ることができる）。果して然らば當時之が國師（死せる僧への尊稱として）の墓などと或は稱せられ、又これは老姑堂卽ち累石壇と頗る類した形を成してゐることによつて、兩者の名稱が混合してこゝに國師堂といふ名を生ずるに至つたのではあるまいかといふ疑ひをこゝに提出しておきたい。

(3) 固有累石壇に依つて祠を建てゐることは、屢々見受けられる現象であるが、こゝに一證を擧ぐれば、咸南咸興の萬歲橋畔にある俗稱國師堂の懸板記文は石壇祠重建記と題して「…壇在城西層巖叢樹之間、壇之神亦靈、而有禱輒應、…故一州之人、輻湊之、…然而有壇無祠、是爲祈者之慨嘆久矣、…崔公齊岳惜之、因壇建祠、禱以嗣孫、…」とある。

(4) 山神を表はすに、今日では騎虎男神を以てするのであるが、古代のそれは神話・傳說・巫俗及び、記錄上に遺されてゐる無數の母岳・母山・婦山・母后山・慈母山等名稱その他に據つて知ることが出來る。これに就いては、他の機會に詳述しようと思ふ。

(5) 蒙古の鄂博に就いての此一條は昭和七年七月、鄉土社發行雜誌「鄉土」石特輯號に嘗つてこのまゝ載せたことがある。

○此文は昭和七八兩年度帝國學士院の學術研究費補助に依る「朝鮮民俗資料の蒐集並に其の研究」の一部である。

Das Betreiben der Schiforschungen

雪中交通具調査要項

Föreningen för Skidlöpningens Främjande i Sverige

小川徹譯

○スキー及び雪靴の年代と發生に就て

一、スキー又は雪靴の使用は御地ではどの位ゐ古くまで遡れるものでせうか。

二、若しもそれらの使用が非常に古い時代からのものでないとすれば、一體それらが近世に輸入されたのは何時のことか、又は何時その慣習が復活したかに就て委細が知りたいと思ひます。

三、スキーの使用が東方から或は又北方から傳はつたと暗示する様な事實がありますか。

四、スキーと雪靴は交通用具として、山林の經營や獵やスポーツに用ひられますか。

五、泥沼から發見されたスキーやその破片に就てどんなことが知られてゐますか。

○スキーに就て

一、スキーは何んと呼ばれましたか。その言葉はどんなに變化してゐますか。

二、スキー木部の表面と底面は平坦でしたか。表面は肋材を備へたり、又は眞中を高くされたりした爲に反つてゐましたか。後の場合には踏板(足臺)の側に趾紐のための穴が水平に木部に明けてありましたか。

三、踏板の表に刻みを附けて縁取したスキーがありましたか。踏板の側面又は臺の後に縁が釘づけにしてありましたか。

四、木部の裏面は平らでしたか、反つてゐましたか。或はそれ以上の溝が出來て來ましたか。若しその様な事實があるとしたら、それは近代の競技用スキーから將來された設備ではなかつたでせうか。

五、目的によつて異つた型式のスキーが用ひられますか。

六、長さはどの位ゐ。先端の曲り目の所と踏板と末尾の三ケ所の幅はそれ〴〵幾何ありますか。

七、先端と踏板及び末尾の高さを、スキーを地上に横へた時の地面からの高さで計つて下さい。

八、趾紐の所で持ち上げるとスキーは前に傾きますか、後に傾きますか。

九、スキーの先端を記述して下さい。先端は切つて造つてありますか。紐の爲の穴があるでせうか、そしてその穴は垂直に明いて居りますか、それとも水平ですか。

十、先端の紐はスキーを山の上に曳き上げるのに用ひられますか、又は下降する時舵をとるのに用ひますか、兩方共に用ひますか、その紐は平地を走る時には支へとされますか。

十一、木部の尾端は常時も斜めに切られますか。

十二、趾紐はどんなにしてスキーに固着されますか。例へば木部の兩側に釘づけにされますか、鐵の鎹（カスガヒ）で留められますか、或は表面の踏板の緣（フチ）の所につけてありますか。木部に趾紐を通すための穴が明いてゐますか。踵を結ぶ紐がありましたか、それは木部にどんなにつけられてゐますか。

十三、スキーは自家製でしたか。

十四、どんな木材が最もよく選ばれますか。他にどんな種類の木を使用することが出來ましたか。

十五、どんな方法で（例へば火力、蒸氣、屈（マ）げると云ふ様な）スキーの先端の反りが出來上つたのですか。楓の様に自然に屈曲が出來てゐた木が特に利用されたのでせうか。

十六、先端の反りを維持するのにどんな設備がありましたか。―例へば先端から出て表側に定着される紐の様なものがあつたでせうか。

〇杖について

一、杖はなんと呼ばれますか。その言葉はどんなに變化してゐますか。

二、一本或は二本の杖が使はれましたか。スキーの先端に紐があると杖無しで滑つた様なことがありましたか。

三、普通の杖の長さ。

四、昔は圓い輪か、木の圓板かが、杖についてゐましたか。その附け方を記述して下さい。

五、杖の下部は金具が打つてありましたか。鐵の尖りが備つておりましたか。

六、どんな木材が最も多く使はれましたか。

〇雪靴（輪カンジキ）に就て

一、雪靴をなんと呼びましたか。その言葉はどんなに變つてゐますか。

二、弧形の框をもつた雪靴がありましたか、又は横材をもつた弓なりの緣（フチ）が木で造られた雪靴がありましたか。

三、雪靴は柳製品から發生しましたか、又は他に型式があつたのですか。(Valuasor I. 五八三頁「極めて細い枝で編まれた小籠」を參照。)

四、どんな材料で雪靴はつくられましたか。

五、どんなにして足に着けましたか。結び紐は何を材料にしてゐましたか。

六、馬の雪靴が用ひられてゐますか。それに就て記述して下さい。

七、どう云ふ時に―例へば特別な仕事などに、スキーよりも雪靴が喜ばれましたか。

アイヌのバラシュート

太田雄治

○主として氷上に使用する一種の變形カンヂキである。

○河野先生のカンヂキ(北海道原始文化展覽會・北海道原始文化要覽・追加・第二部・アイヌ土俗品ノ部一五九・ガンジキ・河野廣道氏出品)はチンヌと云ひ内地方面(秋田縣角館)の形とや丶同じ形をしたカンヂキと思ひます。

○その外にテシマはフクベ形の變形カンヂキであります。

カンヂキ(チンヌ)は山でも野でも歩きますが、特にバラシュートは、沼や河を横斷する時に六尺位の棒を一本杖にして歩きます。このバラシュートをはいて、沼の氷、又は小川の氷(シガ)が、とけてブワ〱として居ても安全に渡ることが出來るさうです。

○使用時期は十二月の下旬頃から三月位まで。

○樺太アイヌのスキーみたいに裏に獸皮(トナカイの皮)を張りません。

○スキーみたいに滑走するには用ひません。

○近文アイヌが現在極少數はいてゐるさうです。(石狩アイヌ山下三五郎氏談)

アイヌのバラシュート（太田）

○上圖（渡邊順三氏藏）は札幌市今井呉服店スキー展覧會に出品されたバラシュートをスケッチしたのです。下圖は石狩アイヌ山下三五郎氏製作のもの。

（之のバラシュートは、アチック・ミューゼアムに贈られたこと、及びチンヌ・テシマも、山下三五郎氏によつてつくられ、送らる可きことが、著者より編輯者宛書信があつた。且、右文は編輯者の質問に對する再度の書信より拔抄したものである）

アイヌのバラシュートの圖

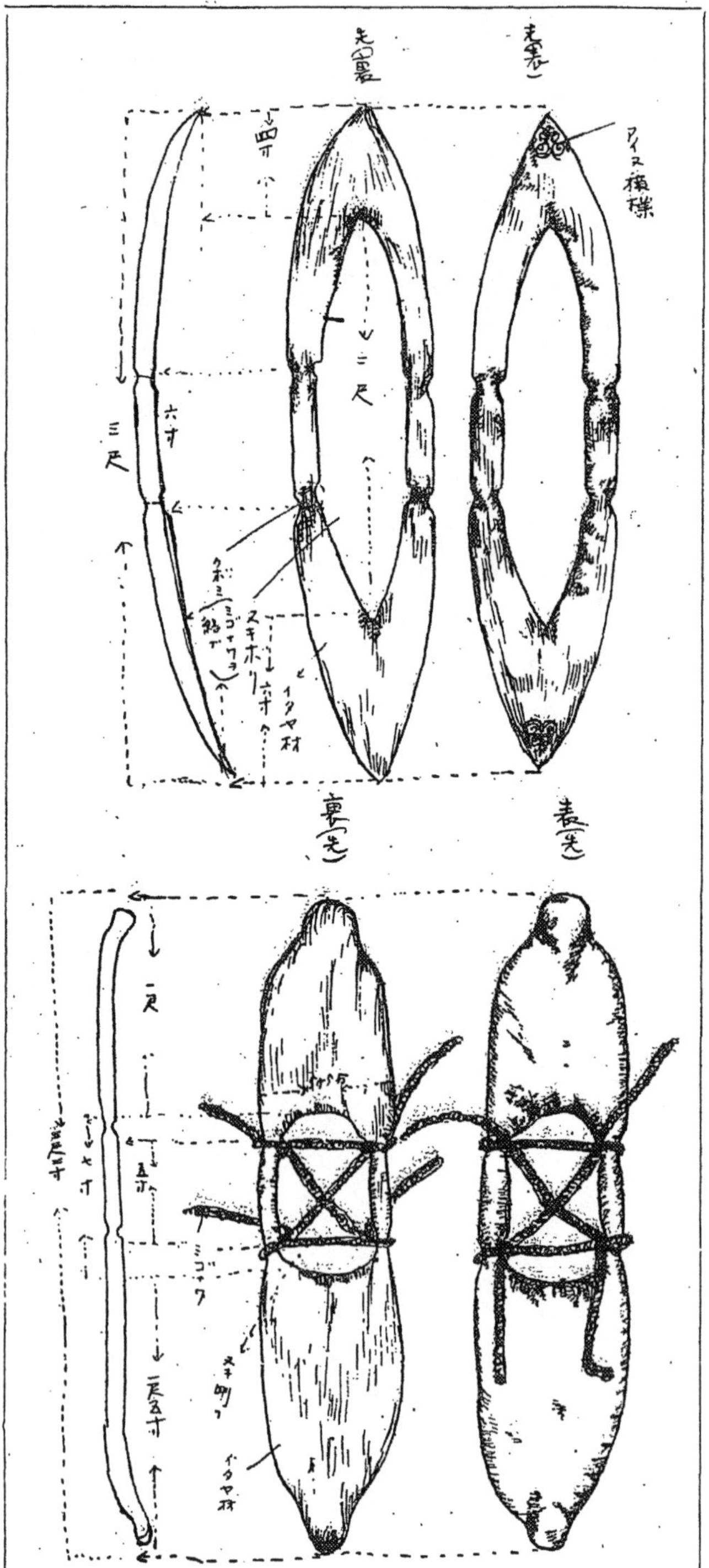

第一圖・ヤマゾリ（表面及び裏面）（秋田縣角館町）

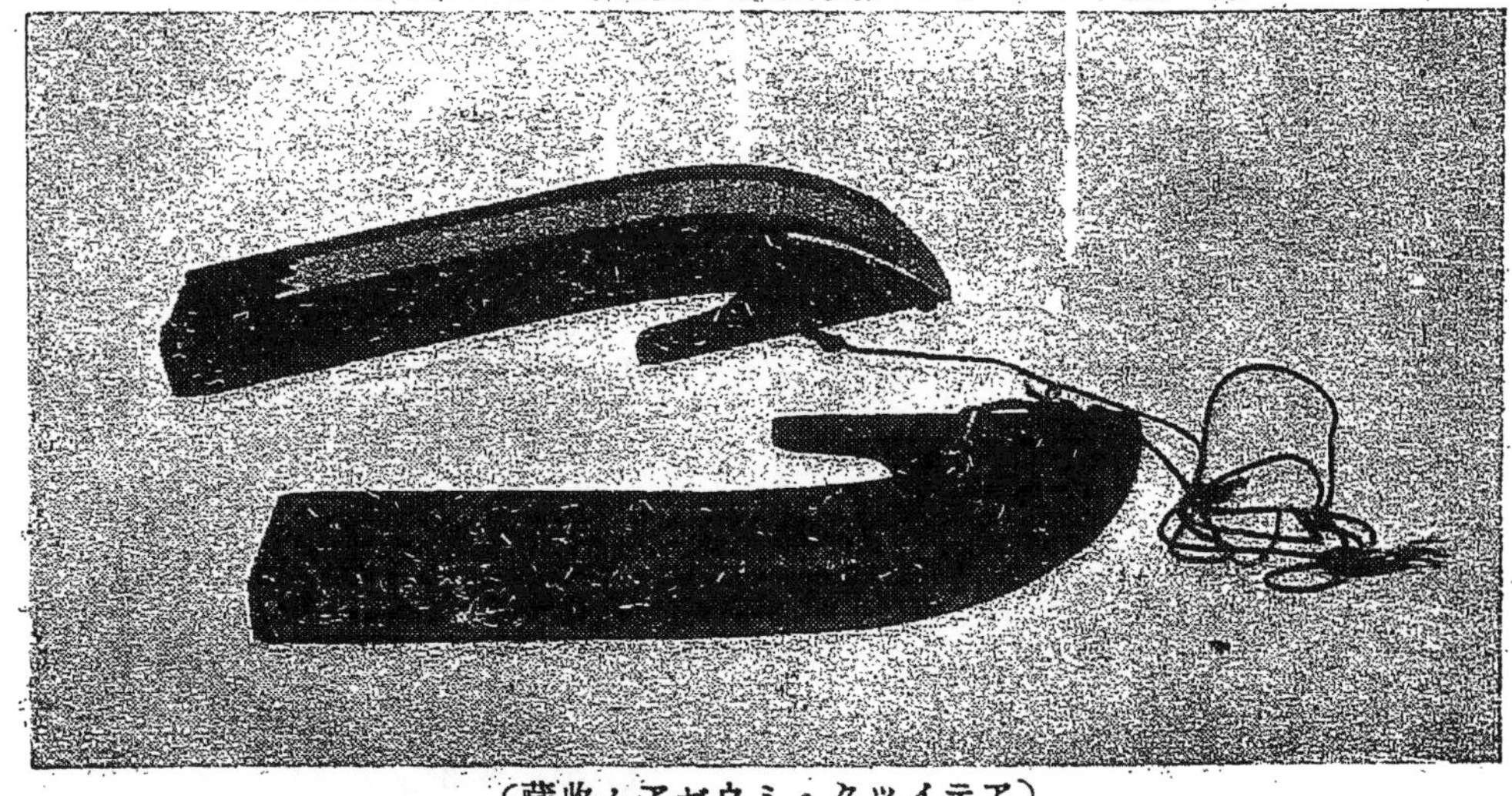

（アテイツク・ミウゼアム收藏）

第三圖 スキーに乘る子供達（長野縣菅平）

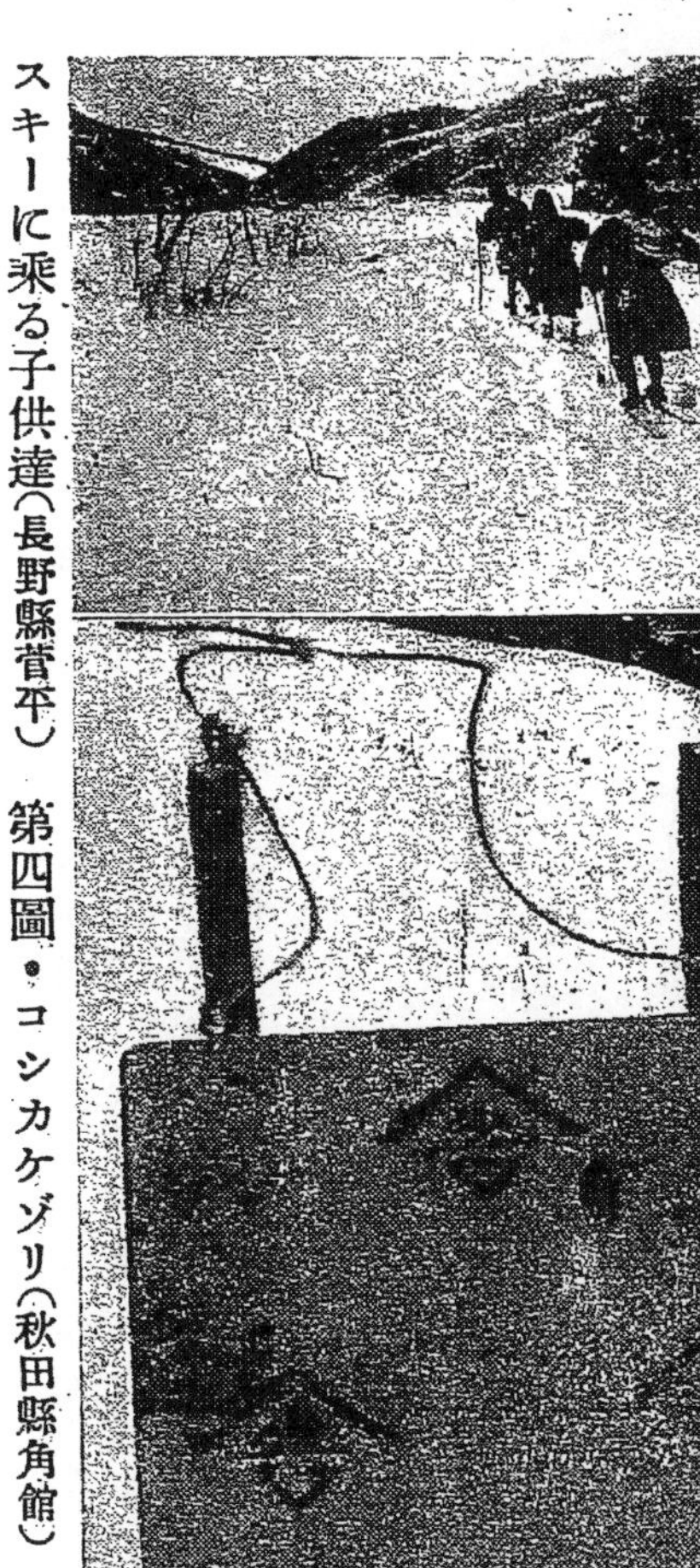

第四圖・コシカケゾリ（秋田縣角館）

第二圖・イタゾリ（長野縣神原村本山）

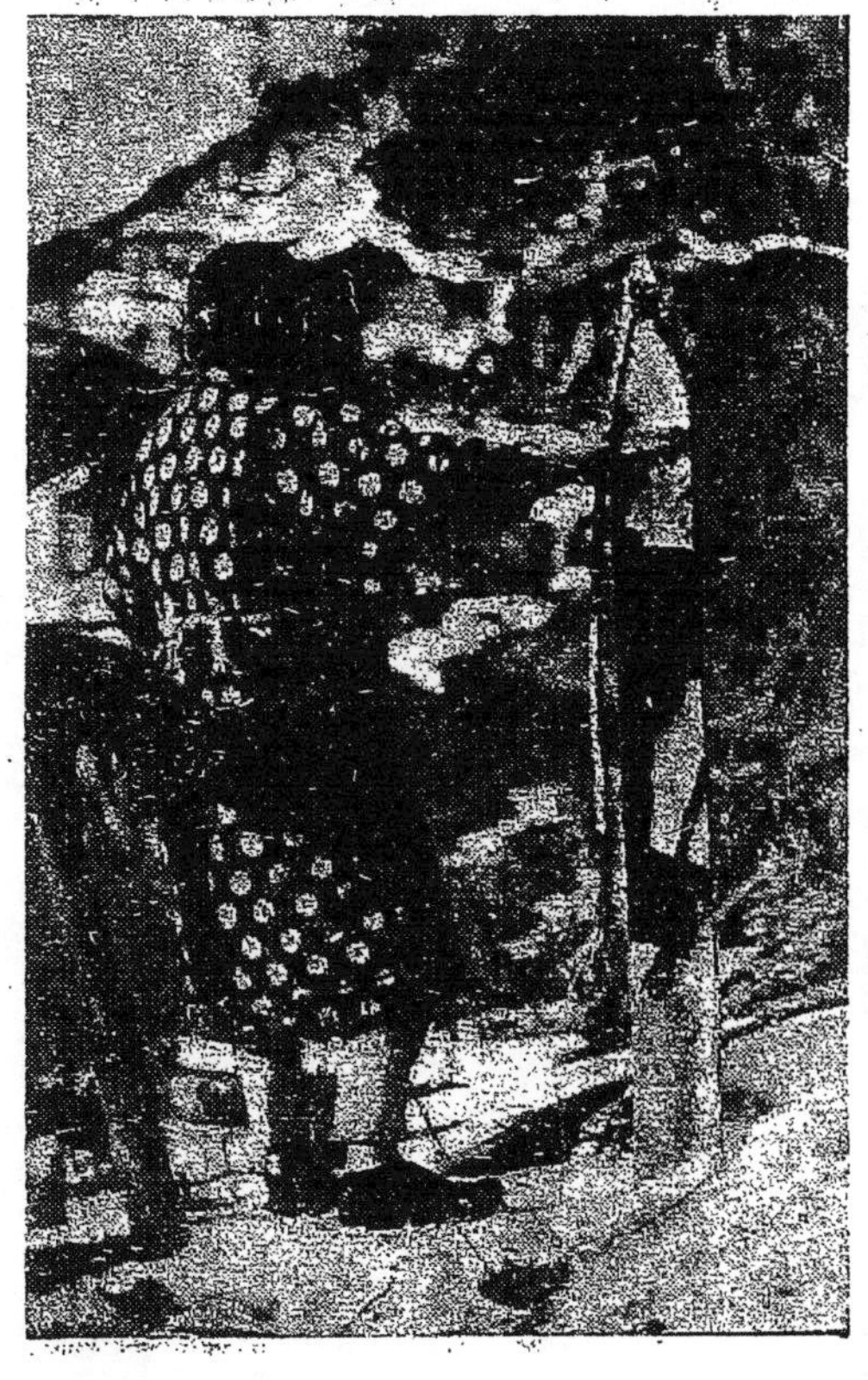

第六圖・スカリ
（新潟縣上田村清水）

第八圖・ワッカをつけたる登山者と人夫
（南アルプス聖平アザミ畑）

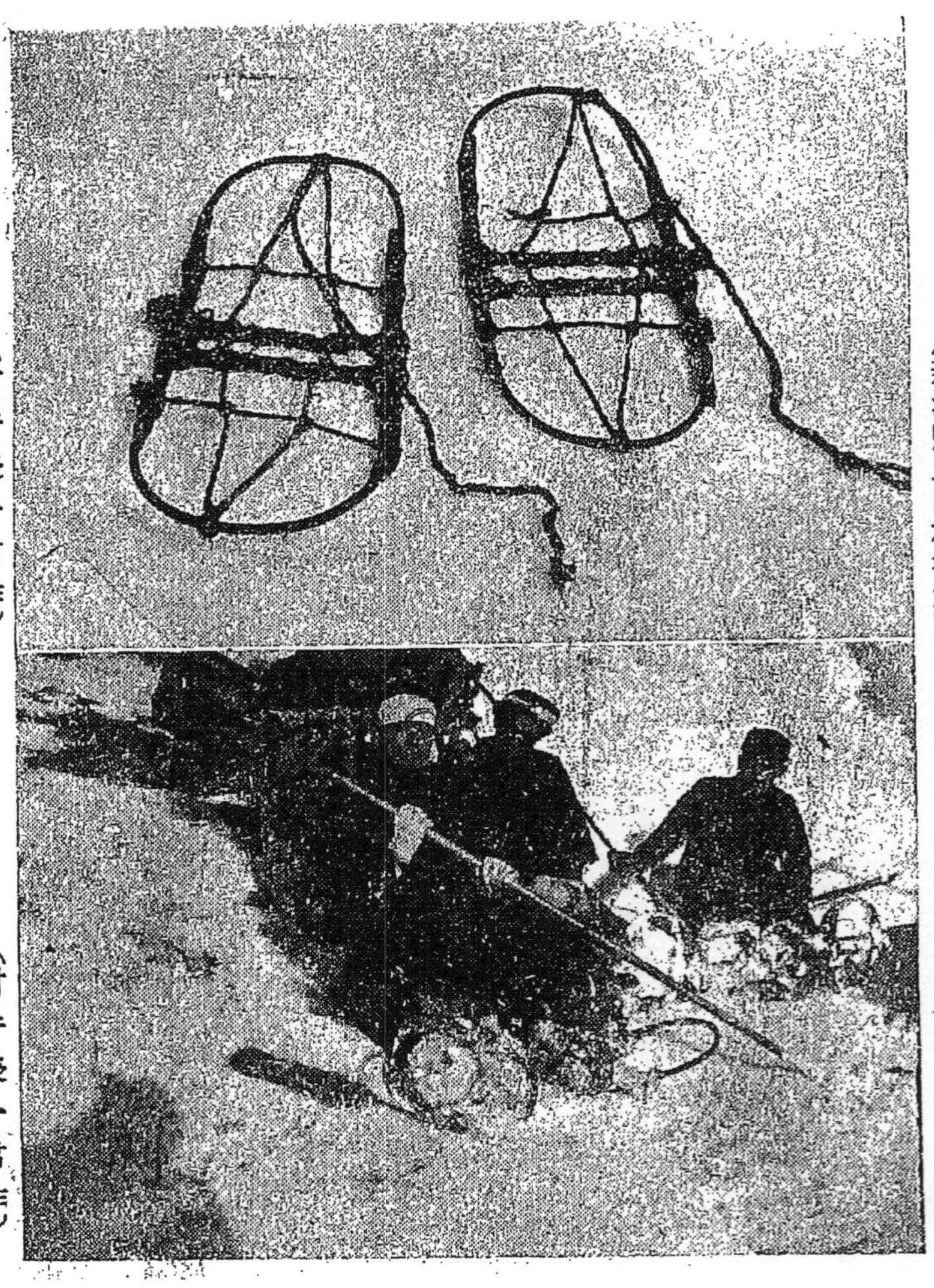

（村井榮一君作）

（村井榮一君作）

第五圖・鐵樏
（陸奥三春產）

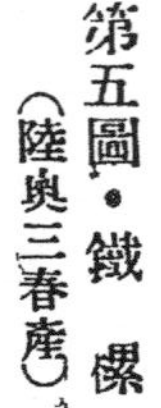

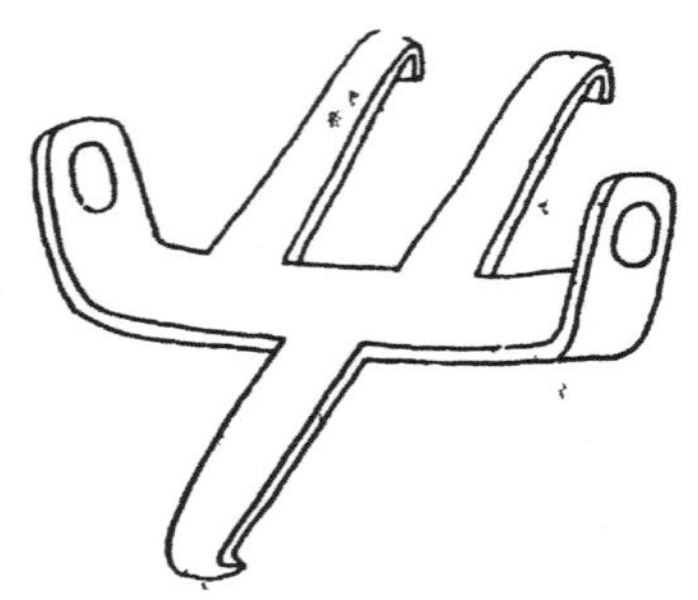

北奇慢錄所載

第七圖・サルカンジキをつけたる男兒

男兒の左側に立てかけたるは荷橇の反り棒である。

雪具について

主としてスキー・橇類及びカンジキ

高橋文太郎

一 まへがき

わが國の雪具について述べるにあたり、雪具といふ名稱も實は漠然としてゐるけれども、爰ではこの名稱を用ひることゝし、然もその含ませる範圍は雪上に用ひる主として運搬具、雪滑り具又は歩行具を指すことにして、他の服飾品などには觸れないことゝする。こゝで取扱ふものは、主としてスキー類、橇類、カンジキ類の三種といたし度い。

詳說に這入る前に、もう一つ述べて置き度いのは、生活用具と遊技具との關係である。現在わが國に用ひられてゐる之等の雪具は、大體からいふと同じ一つのものが生活と遊技との兩樣に使用されてゐる場合が多い。例へば、わが國に於てスポーツとしての登山がこの數年來特に著しい發展の過程を辿つてゐる今日、スキーと輪カンジキは積雪期の登山用具のうち缺く可からざる存在を保つに至つてゐる。卽ち物によると、その物具の使用範圍がまことにはつきりと生活手段と趣味とに分化されて來てゐるのである。私たちも積雪期の登山の際、この輪カンジキを靴に著けて、慣れぬ足どりで歩いたことがあつた。或は信州飛驒國境附近山岳地方の獵師達も輪カンジキを使用して狩獵のため冬期山間に這入り込んでゐるが、この場合は所謂趣味としての登行や狩獵ではないから、立派に生活具としての使命を果してゐることになる。

或は又、秋田縣仙北（センボク）郡雲澤（クモサワ）村の武藤鐵城氏のお話によると、積雪期に同郡角館（カクノダテ）町附近にはオマタケと呼んで根曲り竹に跨つて傾斜面を滑る遊技があり、同縣河邊郡にはマガと謂つて同じやうな滑り方があるが、後者は竹を用ひず雜木や杉の枝の先端の曲つたものを使用してゐる。確かにこのオマタケといふ呼名は武藤氏も言はれるやうに竹馬などの馬に跨るといふ氣持が見えるのである。これらの滑り木類の如く、斯ういふ單純な型式の物具を使用して傾斜面を滑るといふ技法や形式は色々の暗示を吾々に與へて吳れるのである。

二　雪滑り具と說明（一）

わが國の雪滑り具には、ソリ又はゾーリといふ呼び名の附いた物具が比較的多いやうである。爰ではこのうち二、三のものを擧げて、形態、測定、使用法などに就き述べて置きたいと思ふ。

一、ヤマゾリ　第一圖は秋田縣仙北郡角館町に於て現在も尙積雪期に使用されてゐるヤマゾリ又はヤマゾーリと土地の人々が呼んでゐるもので、硬雪の傾斜面を滑る遊技具である。此の地方を私達が昭和八年十月に訪れた際見出したものであつた。角館町の小林新太郎氏のお話によると次の樣である。

この土地に現在あるヤマゾリの型には大體二種あつて、木部の先端に於て內側に曲つた出張り（之をハナと呼んでゐる）の著いてゐるものと無いものとがある。鼻の無いものは幾分木部の橫巾が廣くなつてゐるのが常である。紐は鼻の處へ第一圖のやうに附けるのが最も好いとされ、鼻の無い場合には木部の先端近くに木片の突起（之は爪先押へとなる）があつて之に紐を附ける。このソリは一足揃ひのもので兩足を各一片にのせるが、之を操縱する時には鼻に附けた紐を手に持つのである。紐の引き工合で方向を變へ

又は極めて急傾斜面には紐を強く引いてブレーキの役目を成させる。之に乘る時には杖を使用しない。履物は主として藁沓を用ひるのが常で、木部の表面には履物が這入るに都合のよい凹みが刻み込んである。併しこの凹みは極めて淺い。土地では主として大人が之に乘つて滑つてゐる。

尙同氏の調査によると、土地にこのソリが見え出したのは今より約百年以前で、記錄に殘つて居るものでは七十余年前である。卽ち當地の佐竹家の日記には安政七年二月十三日堅雪渡の記があつて、須藤平五郎翁著「烏帽子於也」には堅雪渡る大威德山、雪車下駄すべる寺町阪」とあるといふ。後者も安政の頃の事で、雪車下駄は土地で街路の雪上を滑る物具であるといふ。

このヤマゾリに小林氏は山橇といふ漢字を當てられてゐる事も、土地の方々のこの物に對する氣持を窺ふ資料として特に記して置きたい。私たちが此處を訪れた時見たものは第一圖とは少し許り細部が異るもので、紐は鼻に附いておらず其の直ぐ下の木部から附けてあつた。且つ木部表面の末尾に彫刻してある記號圖（第一圖參照）がソリにより異つてゐる。之は各自所有者の見覺えともなり、又は恰度こゝに踵が著くから滑り止めにもなると言つてゐた。只現在はさう言つてゐるだけである。この記號圖の他に、家記しの燒判を押して見覺えとしてあるものがある（第一圖）。

して見ると、これは單に記號圖とのみ言はれない氣もする。私たちの見たものの木質はイタヤ楓で、大抵の場合は土地の大工が製作してゐる。木部の底面即ち滑走面には現今のスキーのやうに溝は無く、その兩側及び末尾部に巾の狭い竹材が嵌め込んである（第一圖裏面）。これは滑りをよくする爲めの裝置に外ならない。兩側の最も長いものは竹釘を幾つか用ひて留めてゐる。（同上圖）。形態の特徴の一つは底面の先端部が反つてゐることであるが、之は現今のスキーのやうに敢て反らしたのでなく、斯ういふ形になるやうに木板を細工したのである。又、木部の横巾が全長に比較して廣く且つ先端から末尾部を通じ殆ど同巾であることなどである。然もシンベといふ藁沓の他に護謨靴を使用するが、爪先は鼻の下へ當て込むのである。

一圖のヤマゾリの測定を爰に記すと、全長三六・二糎、横巾八・八糎、鼻の長さ（尖端迄を含む）一五・五糎、鼻の横巾二・七糎、同厚さ一糎、木部の厚さ三糎、木部表面の凹み卽ち深さ〇・六糎、同凹みの横巾七・六糎、鼻につけた紐の長さ八五糎、尖端の反り七・九糎（尖端より滑走面線へ垂直に下ろしたる線の高さ）、表面記號圖の長さ七糎、底面竹材の横巾一・一（兩側のもの）、一・七糎（末尾にある中央のもの）。

私達が角館町で見たヤマゾリの測定を記すと、全長四三糎、横巾（中央にて）一三・五糎、鼻の長さ（尖端迄を含む）一五糎、鼻の横巾二・五糎、木部の厚さ二・二糎、木部表面凹みの横巾七・四糎、表面記號圖の長さ九・五糎。

二、**イタゾリ**　長野縣下伊那郡神原村本山といふ三河信州國境尾根直下の山村で見た雪滑り具にイタゾリと呼ぶものがあつた（昭和八年一月採訪）。此處は越前から渡つて來た炭燒渡世の人々の多く住む部落であつた。第二圖に見えるソリで、恰度降つた直後の新雪を、護謨靴を履いた男の子供が之に乘つて滑つてゐた。圖のやうな極く簡單な形式ではあるが、前記秋田のヤマゾリに比較すると余程形式が變つてゐる。外國輸入のスキーの模倣ではないかと思はれる位ゐである。只面白いのはイタゾリといふ呼名と共に、先端部に打ち附けた足止めの突起と、只一片だけの木部に兩足を載せて滑る點である。且つ尖端に結んだ繩紐を手に持つのであつた。土地の者の自製品であることは確かで、何年前からこの型の滑り具を使用したか聽く事が出來なかつた。兎に角このソリの使用形式は見方にもよるが、色々の暗示に富んでゐる。

三、**赤城山の雪滑り具**　群馬縣勢多、利根兩郡に跨る赤城山のスキーを記するに當り、昭和八年一月某日時事新報群馬版の「炉邊物語6」のスキー今昔、赤城山中に造られた獨創的なスキーと題する記事の抜萃を次に掲げて置きたい。

雪具について（高橋）

同記事によると、赤城山上では大正二年頃に子供が雪滑り具を作つた。「白樺の板や竹を割つたもので幅四、五寸長さ三尺位下駄の鼻緒と同じやうなものをつけて足にむすひつけた。今のスキーの如く前をそらしたものではなく扁平なものだつたが子供はそれを履いて巧に雪をすべつてゐたが、それを實用化することに氣がつかなかつた」とある。その後大正六年の春季皇靈祭の日に東京の第一銀行の給仕が積雪三尺余の同山に登山を決行し、吹雪のために桑柄峠に迷ひ込んで窪地に落ち慘死したが、「その捜索隊が地元の人々で組織され何れもがんぢきをつけて出發したが、一行に加はつた猪谷六合雄君は子供の遊び道具だつたスキーを眞似たものをつくつて出た」と記され「これは長さ五尺位、なにかの木の板を利用し反りのない扁平なものだが、それでも爪先を三角にしたのと針金で靴を結びつける裝置をしたのが新工風で稍本格的のスキーに似たものだつた。無論がんぢきをつけた他の人々よりも雪の中での活動は敏速だつた。無名の山岳家であつた給仕さんの死體は猪谷君の發見する處となつたのである。これが赤城でスキーが實用化された最初である」と記されてゐる。

この記事によると、子供の遊戯具であつた滑り下駄の形式からスキー型物具への發明による進歩があつて、然も實用化されて行つたといふ事になつてゐる。此のころは既に

わか國の一部にスキーが輸入されて居つたので（記錄に見える公式の輸入は明治四十三年十二月で、之以前にも即ち一、二年前に同樣北海道の地には移入されたといふ）、後者の型の發明が全く土地の者だけの頭に浮んだ發明か否かは多少考へる余地があるやうに思ふ。且つ此の記事では土地の者の滑り具に對する在來の呼び名が全く記されてゐないのが惜しい氣がする。（この貴重な資料は宮本勢助氏より頂いたもので、私たち後輩に快よく貸與された同氏の御好意に對して心から御禮を申上げればならない。）

四、北海道の雪滑り具　冬期の北海道に永く滯在された事のある橋浦泰雄氏のお話によると、釧路（クシロ）の國の山間地方の子供達は熊笹の莖（稈）を並べて横編みにしたスキー型の滑り具を造り其れに乘つて滑つてゐたといふ。即ち大正十四年の所見で、その莖（稈）は根（地下莖）をつけた儘のもので、此の根を巧に反らせて先端部とした形である。滑る時は杖を使用したらしい。

五、栃倉の子供スキー　昭和三年三月の中旬に長野縣小（チイサ）縣（カタ）郡長（ヲサ）村を訪れた折に見たものを記して見る。此處は普通に上信國境の菅平（スガダヒラ）と呼ぶ高原で、スキーが當地へ這入つたのも此のころであつた。人々は既にタモンギといふ楡（にれ）の樹で、子供用スキーを作つてゐた。子供達は遊技用以外に、近くの部落土合（ドアヒ）などへ用足しに下る時このスキーを使用して

ゐた。形式は輸入スキーを極く簡單にした型で、スキーと呼び、只面白い點は單杖の使用（第三圖）であつた。

その後昭和八年五月の半ばに、山形縣西置賜郡北小國村栃倉で見た子供用スキーは土地での自製で木部は楢を使用し、締具に相當するものは當地でキドヌ又はキドと呼ぶ樹皮を用ひて作つてあり、この樹皮紐は木部に釘で附けてあつた。之は仁科春彌方にあつたもので、土地では今より十四、五年前から自製品を使用し始め、その當時は未だ杖を使用しなかつたと言つてゐる。呼び名はスキーといひ、形も全く模倣に過ぎない。現在も余りスキーを用ひて居らぬ。

三　雪滑り具と說明（二）

こゝには遊技並ひに運搬用に使はれてゐる橇類を述べたいと思ふ。

一、コシカケゾリ　秋田縣仙北郡角館町を昭和八年十月初めに訪れた際、前記ヤマゾリと共に見出した滑り具で、土地ではコシカケゾリと呼んでゐる（第四圖）。何年前から當地にあつたものか明瞭でないが、ヤマゾリと同じ位ゐに古いものと謂はれ、現在之を使用する者は極く稀である。主として子供が之を用ひて遊び、腰掛臺の下の反り棒に取附けた紐を手に持つか肩にかけて、操縱し乍ら傾斜面を滑る。腰掛板は杉で、その下に著いた反り棒卽ち橇はイタヤ楓で造つてある。土地の大工が多く製作し、時に素人でも自製した（小林新太郎氏談）。

このコシカケゾリ（第四圖）の測定を記すと、紐の長さ一米二三糎、腰掛臺の縱巾三一・七糎、同橫巾三七・六糎、反り棒の長さ四七・三糎、棒間の距離（內側）二二・五糎、棒の太さ縱四糎、橫三糎。臺の表面に家記しの燒判が三つ押してある。

尙ほんの參考迄に記すと、瀧澤馬琴の「耽奇漫錄」には童雪車と呼ぶこのコシカケゾリに大分よく似たものを載せ、その圖には子供が乘る時手に持つ纏紐が描いてある。

二、荷橇その他　外秩父の山村埼玉縣入間郡吾野村正丸ではり出す木材を運搬するためにソリ（橇）を用ひてゐる。併し積雪の尠い土地柄から、材木運搬に限られてゐる。長野縣下伊那郡神原村本山で見た夏曳用の橇も材木の運搬に使用し、前記正丸のものよりも余程大型であつた。呼び名はキウマとも謂ひ人が曳くもので、キウマミチといふ橫木を亙した橇道が出來てゐた。又、鹿兒島縣肝屬郡內之浦町字侍金で見た木材運搬用の橇（本誌五ノ六頁七八參照）は、大型で矢張りキウマと謂ひキウマミチを曳くやうに出來てゐた。

ところが、岩手縣岩手郡雫石村下久保の田中喜多美氏のお話によると、當地にはこの荷橇（主として木材、薪などの運搬用）が數種ある。卽ち（一）ハヤブサといふ橇は田中氏の祖父の時代に使用された小型のもので、極く急な斜面に使はれた。反り棒が巾廣く、この棒と棒とを連絡する横木は一本のやうであるから至極簡單な組立であつた。(二)バチ（バツ）といふのは堅雪用で反り棒の縦巾が部厚に出來てゐて最も頑丈なものとされ、急傾斜に用ひる。(三)カシといふのは斜面稍ゝ急な處の使用にも耐え、特に薪類木炭などを運ぶ。横木が三本互してある。之は大勢で曳くもので、ウデギの處にモッタといふ補助者の持つ短い握り手をつける。右につけたものをメモッタ、左側のをモッタと呼び、メモッタのメは右側を女が持つからだといふ。他の橇にもこのモッタを附ける場合がある。(四)ヨツヤマは主として平地用のもので、横木は大體二本互しである。橇が滑り過ぎない様に、その通過路へ杉葉や灰を蒔くことがある。之をソリミチ或はタナミチといふ。(五)モクバといふ夏曳用のものがある。反り棒の先端部ウデギに前記モッタを着ける。このウデギの部分からヒキツナ（之を肩に掛けて曳く）が出てその綱とウデギへ取り付く間を連絡する紐をハナカリといふ。カリといふ語は面白い。載せた荷物をからげるために橇に取りつける綱をカケツナと呼ぶ。(六)バソリといふ馬の曳く橇もあるが之は他の地方でも多く見受ける。

次に岩手縣八戸市の小井川潤次郎氏のお話によると、當地にはオートソリ（大型のもの）やソリ（普通型）と呼ぶ木材などの運搬用のものと、バソリ（馬橇）などがある。又はハコゾリといつて子供などが乗るものもある。秋田縣仙北郡角館町附近では、このハコゾリ（箱橇）に荷物運搬用のもの、乗客用、子供遊戲用のものがある（武藤鐵城氏談）。

四　カンジキ類

こゝでは雪上の歩行具のうち主として金カンジキ及輪カンジキ類を記して見たい。

一、**金カンジキ**　クランポン又はアイゼン（crampons, steigeisen）などいふ金カンジキの類が、積雪期の登行用具としてわが國に輸入されたのは、さう古い以前ではない。之等は登山靴用のものである。處が、わが國には之に相等する金具が既に作られてゐた。即ち硬雪上や積雪面以外の滑り易い傾斜面を登降するときに用ひられる金具である。馬琴の耽奇漫錄第二巻には陸奥三春産の三本足の金カンジキの圖（第五圖）が載せてある。之は文政八年（西暦一八二五年）四、五月の小集展覧の際の出品物の一つであつた。わが國の信飛國境の連山普通に北アルプスと謂はれる山々などには特に縁の深いウオルター・ウエストン氏の著書「日本アルプス」によると既に明治二十七年（西暦一八九四年）に笠ヶ嶽登山の歸途中尾の獵師頭の家で同氏が見た獵師の服裝のことについて述べてゐる處にこの金カンジキのことを記してゐる。下つて明治二十八年二月の富士山第二回登行の際野中至氏一行が携帯した登山具のうちに鐵靴(かなぐつ)があつた(同氏著富士案内)。これは十字型の金カンジキであつて、

山麓の獵師達が其まで使用してゐたものであつたが、この時に至りスポーツとしての登山用具に採り入れられた。

新潟縣岩船郡三面(ミオモテ)村三面の人々は、村を訪れる鍛冶屋の手によつて、三本足の金カンジキを打たせて置き、積雪期以外にも滑り易い山路の登降に使用してゐる。私達は米を運ぶこの村の男が、雪融けの山路の登降に之を護謨足袋へ直ちに著けて使用してゐるのを見た(昭和八年五月)。金具を足に結び付ける紐は藤の皮であつた。この金具の横巾(丁字型の横の一片)は、自分の手指四本(親指を除いて)を並べた巾が恰度それに合ふものであるといふ。村人はゼンマイ取りの際も、この金具を多く使用してゐる。

岩手縣雫石村でも金カンジキは鍛冶屋が作つて賣つてゐた。三本足の矢張り丁字型である。當地では之をカナケヤンジキといふ風に發音する。

二、輪カンジキ　外國でいふスノウ・シュー(snow-shoes, schneeschuhe)などいふものに大體當るのかと思ふ。

新潟縣南魚沼郡上田(ウヘダ)村清水(シミヅ)といふ山村では、輪カンジキのうち、齒のあるものをツメガンジキ、齒のないものを單にガンジキと呼び兩者を區別してゐる。この物具の木輪は多くンヤガラ又はカタショの木で造る。尚當地で積雪二尺位ゐの時使用するものに、スカリと呼ぶ輪カンジキの大型のものがある(第六圖)。この輪は竹で作る。積雪が三尺以上の場合にはゴカリと呼ぶ輪カンジキの一種を使用する。この輪は山竹(やまだけ)で作り竹輪の合せ目はウルシガラで卷いてある(昭和八年二月村井榮一君採集)。

山形縣西置賜郡北小國村栃倉で見た輪カンジキはザルカンジキ(第七圖。男兒の履いてゐるもの)といひ、之にはツメ(齒)か無い。輪の中央に横に亙した足の支へをノリヲといつてゐた。同圖で男兒の後方に掛けてあるのは單にカンジキと呼ぶ。當地ではこれらの木輪をつくる材は、トリキ杉、メクラフグなどである。

新潟縣岩船郡三面村三面で見た輪カンジキは、木輪卽ち箍(たが)の材料はクロモジ(トリキ)を多く用ひてゐる。材は始め大鍋で藁、乾草と共に煮て、軟めてから曲げる。カジキ又はカンジキと呼び、この一種類だけを多く見た。

この輪カンジキは雪面が軟かく足が沒する時に之を著けるのは言ふ迄もなく、少し硬い雪面でも爪のあるものならは爪か雪面に喰ひ込むから後滑りなどせず使用する事が出來る。前記栃倉及び三面では、スカリなどいふ大型のものを見なかつた。山村の人々は普通に藁沓の下に之を著ける者が多い。

か、登山者などの場合には靴の下に之をつける者が多い。

上り斜面の場合に、靴で之をつけてゐる時、その靴の爪先がカンジキの前輪に乘つてゐると、斜面を上るのに大變樂(らく)だと言ふ者もある。注意すべき使用法である。第八圖ではこの輪カンジキを學生の登山者は靴につけ、人夫達（長野縣下伊那郡大鹿(オーシカ)村大河原(オーガワラ)、森上金光他一名）はユキグツ（藁沓）に之をつけてゐる。大河原の人達は之を單にワッカ又は輪カンジキともいふ。これは積雪期の南アルプス聖(ひじり)岳登山の際聖平附近アザミ畑に於る撮影で時は昭和七年十二月十七日である。（昭八、十二、三）

追記

（一）本文前書(まへがき)の項に記して置いた秋田縣角館町附近にあるオマタケ又はマガといふ滑り木類は、事實スキー類橇類の何れに入れて考へてよいのか未だ私には判らない。只わが國では橇及びスキー型の滑り具（スキーではない）がその呼名の點では大分近くなつてゐる。滑り具の一部分にスキーといふ外國名が轉用される以前から、矢張りスキー型の滑り具、滑り下駄類にはソリ又はゾリといふ名の付くものが多かつた。且つ滑り木類には跨ぐ處からウマといふ呼名の付けられたものが多いやうである。

（二）本文輪カンジキの項で傾斜面を上る時履物の爪先がカンジキの前輪に乘つた方がよいとする人々の居る事を記したが、

又別の登山家に聽くと、上りでも前輪に爪先が懸らぬ方がよいとその體驗から唱へる人達も多い。前者の方法だと輪が餘計に雪中へ沒する上に肝心の爪先の部分を自由に動かし使へない缺點があるといふのである。處が最近飛驒の山案內が作つたといふ輪カンジキの一つは中央の乘緒(のりを)を界にして長徑を計ると前徑が十五糎後徑が十八糎で卽ち前輪への距離の方が三糎も詰つてゐる。だから土踏まずの部分がこの乘緒に載るとしたら當然靴の爪先は前輪に乘り易くなり踵の部分卽ち後輪の方が大部明くわけである。何れの使用法がよいのか又實際に山村の人達或は登山者は何れの使用法を多く採つてゐるのか或は地方による使用法、製作の差違などは、今後の見聞と山村の方々の御敎示に俟つより外はない。

それから最近千葉縣香取郡津宮(ツノミヤ)村津宮で使つてゐるワカンジキをアテイツク・ミウゼアムで見せて頂いて、この種の田下駄類にもこの呼名のある事を知つた。雪上の歩行具とのみ思はれ易い輪カンジキが、その呼名の點に於ては所謂オーアシの類に迄關係していくのである。津宮のワカンジキは駒下駄の臺に弧形の木輪を取り付けた形で、洲上の草取などに使用されてゐる。ワカンジキと呼ぶ物具だけでも斯の如き廣さのあるのは今後も注意していきたい點である。

（昭和八、十二、十六）

上代北亞細亞スキー史料

宮本勢助

一　白鳥博士著室韋考木馬突厥の條の抄錄

スキー或は其一類のものを上代支那史藉には木馬と呼んでゐる。最近木馬關係の史料を涉獵し始めてから、どうも曾て先賢によつて書かれたものを讀んだと云ふ記憶がかすかに蘇りかけたものゝ、どうしても思ひ出せなかつたが、軈て室韋考を手にするに及んで其木馬突厥の條に逢着再會したのであつた。かすかな記憶は實にそれに他ならなかつたのであつた。

室韋考は文學博士白鳥庫吉氏の高著で、大正八年中、史學雜誌第三十編に連載され、同編第七號の七四四—八頁に其木馬突厥の條が載つてゐる。其條には上代支那史藉に現はれた木馬、卽ちスキー關係の記事が網羅されて居るのみでなく、前漢の支那民族が既にスキーを傳聞して居た事を始めとして、上代北方亞細亞住民とスキーとの關係が遺憾なく考證されて居る。此北亞細亞のスキー史の闡明に極めて有益な記事の存在をスキーの民俗學的研究に關心を有つ學徒達に一人も多く知らせ度い考へから敢て此に抄錄を試みた次第である。確かに誤植だと認められるものは一二訂正して置いた。

室韋考木馬突厥の條の本文

唐の時代に木馬突厥と稱へられたのは彌列哥、都播、餓支の三部落であつて、其の中彌列哥部落が後世の Merkit であることは、前段に已に詳說した通りである。然らば何が故に此の三部落が木馬突厥と稱へられたかと云ふに、其は此等の人がスキーに乘つて、山野に野獸を捕へるのを職業としたからである。新唐書卷二一七下の回鶻薄䊐戞斯の條に木馬突厥の風俗を叙して「俗乘ニ木馬一、馳ニ氷上一、以レ板藉レ足、屈レ木支レ腋、蹴輒百步、勢迅激」とあるのは木馬突厥と稱へられた由來を語るものである。而して此の木馬の事を今一層精細に記述したのは、通典卷一九九拔悉密の條に「其人雄健、能射獵、多雪恒以レ木爲レ馬、雪上逐レ鹿、其狀似レ楯、而頭高、下以ニ馬皮順毛一衣レ之、令ニ毛著レ雪、而滑、如レ著ニ屧屐一、縛二之足下一、若下レ阪走、過二奔鹿一、若平地履レ雪、別以レ杖刺レ地而走如レ船焉、上レ阪卽手持レ之而登、毎獵得レ鹿、將二家室一就而食レ之」とある文である。木馬がスキーであるのは此の記載によつて益々明瞭である。此の器具は南方の暖國には見られないので、極北に旅行した漢人が木馬の事を見聞して國に歸り、之を鄕黨の人に語るときには、談話に花を咲かせやうといふ處から自然と奇怪になる。魏志（巻三〇）東夷傳の末尾に引用した魏略に「烏孫長老云、北丁令有二馬脛國一、其人音聲似二雁鶩一、從レ膝以上身頭人也、膝以下生レ毛、馬脛馬蹄、不レ騎レ馬而走疾レ馬、其爲レ人勇健敢戰也」とあるが如きは、その一例である。地球上に馬脛馬蹄の人がある筈は無いから、是は木馬を使用する風俗をかく怪げに語り傳へたものである。之と同様の譚が亦山海經（巻一八）に「有二釘靈之國一、其民從膝已下有レ毛、馬蹄善走、」と記されてあるから、スキーの事は前漢時代に已に漢人の間に聞えたと見える。山海經と魏略とには木馬を使用する國民を馬蹄の國と稱へてあるが、後には之を牛蹄とも呼んだことがある。例へば通典（巻一九三）大秦國の條に引用した杜環の經行記に苫國の事を叙して「其苫國有二五節度一、……北接二可薩突厥一、可薩北又有二突厥一、足似二牛蹄一、好噉二人肉一」とある一節の如きがそれである。此の牛蹄が山海經や魏略の馬蹄と同じく、木馬卽ちスキーを指したのは亦云ふまでもない。而して牛蹄突厥の事が亦胡嶠の陷虜記の中にも記されてあるのは、大に注意すべき事である。其の文を讀むに「北牛蹄突厥、人身牛足、其地尤寒、水曰二瓠𧆛河一、夏秋氷厚二尺、春冬氷徹レ底、常燒レ器銷レ氷、乃得レ飮」とあつて此の牛蹄突厥も亦通典のそれと同じく唐書の木馬突厥に當る名稱である。果して然らば玆に一の疑問が起るであらう。其は何であるかと云ふに、余輩が木馬突厥の一部落彌列哥を Merkit とし、又陷虜記の韈劫子を同名としたのを正しいとすれば、陷虜記の中に此の韈劫子の外に牛蹄突厥のことが記されてあるのは、如何に說くべきかと云ふ事である。なるほど陷虜記の牛蹄突厥の中に唐書の木馬突厥の如くに Merkit 部落が包含せられたとすれば、其は矛盾であつて、如何にも穩やかでない。然しながら唐書の木馬突厥といひ、陷虜記の牛蹄突厥といひ、何れも山谷の間に住居しスキーに乘つて狩獵を業とする風習から起つた名稱であるから、良しやその名稱は同一でも、その指す民族は常に必ずしも同一であるとは限らない。例へば新唐書の回鶻傳拔野古の條に、「俗嗜二獵射一、少耕獲、乘レ木逐二鹿氷上一」とあり、又通典結骨の條に「其國獵獸皆乘レ木、升二降山磴一、追赴若レ飛」とあるのは、共にスキーに乘つて狩をする風習を記したのであるから、拔野古（Bajirku）も結骨（Kirgir）も此の點から云へば一種の木馬突厥である。而して此の風習は突厥や蒙古の間にのみ限らず、廣く北方沍寒の地に住む民族に行はれたのである。それ故に唐書の流鬼國の條に「地氣沍寒、早霜雪、每堅氷之後、以二木廣六寸長七尺一、施二繫其上一、以踐二層氷一、逐二及奔獸一」とあるのは、樺太の Ainu が木馬に乘つて狩獵する風俗を記したのである。又隋書の室韋の條に「地多二積雪一、懼レ陷二坑穽一、騎レ木而行、俗皆捕レ貂爲レ業」とあるのは嫩江の流域に據つた北室韋に於ける同じ風俗を記したものである。此の如く木馬に乘つて野獸を捕へる風習は、亞細亞の北部に廣く行はれたのであるから、木馬突厥と牛蹄突厥とが同一の名稱であるとしても、其の民族或は部落が必ず同一であるとは云はれない。然し Baikal 湖の南 Sajon 山脈の谿谷はスキーの本源地であるから、陷虜記の牛蹄突厥は唐書の木馬突厥と同一と見た方が穩やかである。此の部落が木馬突厥或は牛蹄突厥として廣くその名が知られる間は、スキーに乘つて野獸を捕へるのが主要な職業であるから、此の時期に於いては强盛な國家或は部族となるのは困難であるが、彼等が一たび平野に降り游牧を業とし騎馬を走らせて鬪爭を事とするやうになると、玆に始めて世上に活動する民族となり得るのである。Merkit の名は前にも記した如く、遼史に梅里急或は密里紀と書かれてゐる處から之を察すると、唐書の木馬突厥彌列哥部落は遼代になると Baikal 湖の南に連亙する山地から Orxon, Selenga 二水の流域に移つて來て、可なり强盛な騎馬民族となつたのであらう。而して此の彌列哥部落は卽ち陷虜記の轄劫子であらう。此の紀行に、轄劫子は「不レ鞍而騎、大弓長箭、尤善レ射」とあるから、此の人民が、如何に騎射に巧であつたかが想像せられる。これは固より馬上を家とする游牧民であつて、深山險岳の間をスキーで跋涉する獵夫とは思はれない。若しも此の考察が誤らないとすれば、轄劫子部落は十世紀の中頃に已に Selenga, Orxon 二水の流域に據つてゐたのであるから、其の東方に隣接した室韋部落は唐の時代に於けるが如く、黑龍江の全流流域を殆ど領してゐたものと見て差支はあるまい。（以上・室韋考木馬突厥條記事抄錄）

二　上代支那史籍抄錄

以下は魏志所引魏略・隋書・通典・新唐書等諸書に現はれた木馬關係の記事である。室韋考の引用書と重複する樣にも考へられるが、敢えて抄錄して置く事とした。所謂北狄に屬する木馬突厥・拔野古・北室韋・拔悉彌・流鬼・結骨等及び西戎に屬する馬歷國等すべて略西紀八世紀以後に於ける七種の北方亞細亞住民のスキーに關するものである。引用諸書の撰者及び其の年代は次の如くである。

魏略　魏・魚豢

魏（西紀二二〇―二六四年）

上代北亞細亞スキー史料（宮本）

隋書　唐・魏徵

魏徵（西紀六四四年・唐・太宗・貞觀十七年卒・六十四歲）

通典　唐・杜佑

杜佑（西紀八一二年・唐・憲宗・元和七年卒・七十八歲）

新唐書　宋・宋祁

宋祁（列傳撰者・西紀一〇六二年・宋・仁宗・嘉祐六年卒・六十四歲）

（一）木馬突厥

〔新唐書二百一十七下、回鶻列傳第一百四十二下〕

黠戛斯。古堅昆國也。地當伊吾之西。焉耆北。白山之旁。或曰居勿。曰結骨。（中略）回鶻牙北六百里得仙娥河。河東北曰雪山。地多水草。青山之東有水。曰劍河。偶艇以度。水悉東北流經其國合而北入于海。東至木馬突厥。三部落。曰都播彌列哥餓支。其酋長爲頡斤。樺皮覆室。多善馬。俗乘木馬。馳冰上。以板藉足。屈木支腋。蹴輒百步勢迅激。夜鈔盗。晝伏匿。堅昆之人得以役屬之。堅昆本彊國也。地與突厥等。突厥以女妻其酋豪。（下略）

（二）拔野古

〔通典卷一百九十九、邊防十五、北狄六〕

拔野古者、亦鐵勒之別部、在僕骨東境、（中略）其地豐草盛、人皆殷富、其酋俟利發屈利失、貞觀二十一年、擧其部來降、其地東北千有餘里、曰康干河、（中略）、人皆著木腳、冰上逐鹿、以耕種爲業、國多好馬、又出鐵、風俗與鐵勒同言語稍別、

〔新唐書二百一十七下、回鶻列傳第一百四十二下〕

拔野古、一曰拔野固、或爲拔曳固、漫散磧北地千里、直僕骨東、鄰于靺鞨、（中略）俗嗜獵射、少耕穫、乘木逐鹿冰上、風俗大抵鐵勒也、言語少異、貞觀三年與僕骨、同羅、奚、霫同入朝、二十一年大俟利屈利失、擧部內屬（下略）

（三）北室韋

〔隋書卷八十四、契丹、室韋列傳第四十九〕

室韋、分爲五部、不相總一、所謂南室韋、北室韋、鉢室韋、深末怛室韋、大室韋、並無君長、人民貧弱、突厥常以三吐屯總領之。南室韋、在契丹北三千里、（中略）南室韋北行十二日至北室韋、分爲九部落、繞吐紇山而居、其部落渠帥號乞引莫賀咄、每部有莫何弗三人以貳之、氣候最寒、雪深沒馬、冬則入山居土穴中、牛畜多凍死、饒麞鹿、射獵爲務、食肉衣皮、鑿冰沒水中而網射魚鼈、地積雪懼陷坑穽騎木而行、俗皆捕貂爲業、冠以狐狢、衣以魚皮、又北行千里至鉢室韋、依胡布山而住、人衆多北室韋不知爲部落、用樺皮蓋屋、其餘同北室

韋一(中略) 北室韋時遣レ使貢獻、餘無ニ至者一

此記事は通典卷二百、邊防十六北狄七、室韋の條にも見え、騎木の條は全く異なるところがない。

(四) 拔悉彌

〔通典卷二百、邊防十六、北狄七〕

拔悉彌、一名弊利國、隋時聞焉、在ニ北庭北海南一、結骨東南一、依レ山散居、去ニ燉煌一九千餘里、有ニ渠帥一無レ王、號ニ戸二千餘一、其人雄健能ニ射獵一、國多雪恒以レ木爲レ馬、雪上逐レ鹿、其狀似レ楯而頭高、其下以ニ馬皮順毛一衣レ之。令ニ毛著レ雪、而滑一、如レ著ニ屧屐一縛ニ之足下一(屧先叶反、屐巨戟反) 若下レ阪走過ニ奔鹿一、若平地履レ雪、卽杖刺レ地而走如レ船焉、上レ阪卽手持之而登、每獵得レ鹿將ニ家室一就而食之、盡更移處、(下略)

(五) 結骨

〔通典卷二百、邊防十六、北狄七、〕

結骨、在ニ廻紇西北三千里一(中略)其國南阻ニ貪漫山一、多ニ林木一、夏沮洳(註略) 冬積雪往來險阻、有レ水從ニ廻紇北ニ流、踰ニ山逕一、其人竝依レ山而居、(中略)其國獵獸皆乘レ木升ニ降山隥一、追赴若レ飛、自レ古未レ通ニ中國一○大唐貞觀二十一年其君長遂身入朝、

(六) 流鬼

〔通典卷二百、邊防十六、北狄七〕

流鬼、在ニ北海之北一、北至ニ夜叉國一、餘三面皆抵ニ大海一。南去ニ莫設靺鞨一船行十五日、無ニ城郭一依ニ海島一散居、掘レ地深數尺、兩邊斜豎木構爲レ屋、(中略)多ニ沮澤一有ニ鹽魚之利一、地氣沍寒、早ニ霜雪一、每堅冰之後、以ニ木廣六寸長七尺一施ニ繫其上一、以踐ニ層冰一逐ニ及奔獸一(中略)靺鞨有ニ乘レ海至ニ其國一、貨易陳ニ國家之盛業一、於レ是其君長孟蜂、遣ニ其子可也余志一、以ニ貞觀十四年一三譯而來朝貢、初至ニ靺鞨一不レ解ニ乘馬一上卽顚墜、(下略)

〔新唐書二百二十、東夷列傳第一百四十五〕

流鬼、去ニ京師一萬五千里、直ニ黑水靺鞨東北一、少海之北一、三面皆阻レ海、其北莫レ知レ所レ窮、人依ニ嶼散居、多ニ沮澤一有ニ魚鹽之利一、地蚤寒多ニ霜雪一以ニ木六寸長七尺一系ニ其上一以踐レ冰逐ニ走獸一(中略) 南與ニ莫曳靺鞨一鄰、東南航海十五日行乃至、貞觀十四年、其王遣ニ子可也余莫一貂皮一更三譯來朝、授ニ騎都尉一遣之、

(七) 馬脛國

〔三國志三十・魏書三十、東夷傳第三十〕

魏略曰 (中略) 丁令國、在ニ康居北一(中略) 或以爲此丁令卽匈奴北丁令也。而北丁令、在ニ烏孫西一似ニ其種一別也、(中略) 烏孫長老言、北丁令有ニ馬脛國一其人音聲似ニ雁鶩一從レ膝以上身頭人也、膝以下生レ毛、馬脛馬蹄、不レ騎レ馬而走疾レ馬、其爲レ人勇健敢戰也、

〔通典卷二百九十三、邊防九、西戎五〕

丁令、魏時聞焉、在ニ康居一（中略）烏孫長老言、北丁令有ニ馬腦國一、其人聲音似ニ雁鶩一、從レ膝以上身至レ頭人也、膝以下生レ毛、馬腦馬蹄、不レ騎レ馬而走疾ニ於馬一、勇健敢戰。

三　鳥居博士の二論文

文學博士鳥居龍藏氏が、北亞細亞のスキーに關して注意せられたのは、今より四十年以前の明治二十七年の事であつた。恐らくスキーの民俗學的研究の最初の論文であつたと思はれる。同氏にはスキー關係の重要な二論文がある。

（一）カンジキ及び其名稱の分布

東京人類學會雜誌第十卷第百四號五六―六九頁所載、（明治二十七年十一月刊）

（二）スキー及びカンジキに就て

人類學雜誌第三十九卷第四百三十七號九九―一〇八頁所載、（大正十三年三月刊）

（昭和八年十二月五日夜記）

資料・報告

岩手縣雫石のさなぶり休み

田中喜多美

田植を終つた一團の各組々は、「定宿（じやうやど）」又は其年の「廻り番」に當つてゐた其の家に集り祝宴をする、是は即ち「サナブリ」である。御神酒を神棚に献げ餅を搗いて供へる。この時の餅は普通に神前に供へる鏡餅ではなく、小豆餅とか胡麻餅とか胡桃餅の類である。神棚へは當日祝宴の酒食類を供へる即ち神様を此の御祝ひに御招待申上げる意味なのである。其日の神様は「田の神様」である。生産神（うぶしなさま）も農神様も勿論祀られるではあらう。献饌の餅等は粗末にわたらぬ様撤して主人筋の者が食べるが、御神酒は各人に分配して冷酒で頂く。（御神酒は如何なる場合も冷酒で献じ、冷酒で飲む事になつてゐて、それを溫めて飲む事は絶對ない。亦如何なる場合でも御拜が濟んで御神酒を撤してそれを各人は頂戴してから一般の酒食に遷る。）サナブリも又共同に神を祀る行事である。各人お互の勞をねぎらうと共に、無事に田植を終つた神への感謝である。隨て『今年は是で了つた、來年は又御世話になります』こんな意味の言葉が互に交される。

サナブリ休み。 田植は濟んで苗代の後始末をし、カッツギを苗代に入れ、田の植直しを濟ませるとサナブリ休みが來る。是は春の植付即ち農繁期を通り越した慰勞休暇と見てよい。この農閑期を（實は農閑期ではないのだが）利用して次の行事が行はれる。

岩手縣雫石のさなぶり休み（田中）

蟲祭り。其村落の人々は定宿又は廻り番の其家に集つて御祭りをするのである。是は稲の害蟲又は農作物の害蟲を神かけて驅除し、其年の豊作を祈願する意味である。大抵午後から各戸から一人乃至二人位の子供を連れた大人が集まり酒宴を催す、先づ神酒を献じて酒宴に移り後、紙の旗に「何祭り祭るよ稲蟲祭りよ」」等と書いたものを各手に持ち大人子供一團となつて旗の様な文句を唱へ乍らドドンドドンの太鼓に合せ村境に祀つて行き、其所に納めて歸るのである。斯うした場所は大抵村外れの辻とか追分けとか入口とかになつてゐて一本杉とか一本松等があつて一の靈地を形成し、其村の消長を語つてゐる場所であり古碑などのある所である。部落に依つては川に流す所もある。因みにこの祭祀の組になつてゐる戸數は二三十戸から五六十戸位である。

疫病祭り。ヤクビョウ祭りは蟲祭りの翌日に多く行はれる。此の方の祭りは藁の人形を作つて前記の様な場所の一本木に縛り付けて歸る所が多い。其祭りの仕業は殆ど蟲祭りに等しい。紙の旗には「奉納鐘鬼大臣惡魔拂」又は「なに祭り祭るよ疫病祭りよ」等と書いたものを各自手に持つて「何祭り〳〵……」と大人も子供も唱へ乍ら行くことは前の蟲祭りと等しい。又薄板で劒の形を作りそれに「奉納鐘鬼大臣惡魔拂」と書いて人形と共に納めてゐる所もある。田植は大方濟んで、村には初夏に相應はしいのんびりした氣持が漂ふと、諸々の村落からドドンドドンと太鼓の音が日暮方に響いて來るのは大方この「祭りこど」である。某々の村では「祭りこど」が始つたと言ふ噂が流れると、新婚の婦人の姿がチラホラと里歸りに見える。

マツリコドとは「蟲祭」「疫病祭」等の凡稱である。農家に取つては大事な行事であり、且つ公休日となつてゐる。

私の生れた部落は今は二十六戸である。前日の蟲祭りも翌日の疫病祭りも、奉納物は單に紙の旗のみであるが、今は是を流してゐるが、以前は村境迄送つてゐたと傳へてゐる。所が隣村から抗議されて其時から雫石川に流すことゝしたと言はれてゐる。私の村は下久保と言つて明治初年迄は福崎十一面觀音を中心とし、生産様にしてゐた。抗議した隣村と言ふのは荒石、杉ケ崎、野中等で二十戸許りの部落である。其の祀つて納めたと言ふ場所は下久保村の出入口になつてゐて、村外れでもあり三叉路でもあつて庚申の供養碑等もあり、隣部落の出入口とは見られない場所なのである。然るにこの神送りの問題から兩村の間に境界論を惹起して、其後下久保部落では其所に祀り納めることを撤し、直ぐ側の雫石川に納め流すことゝなつたと傳へてゐるのである。

然らば下久保村のみ川に流す特殊例かと言へば、決して左樣では無く同じ川向ひに對立してゐる安庭村落（凡そ四十戸位）でも雫石川に祀り流してゐる例があるから不審である。

私の經驗から言ふと、御明神村の天瀨村落では、矢張り其村外れの一本松に人形を納め其所に祀つてあつた事を幼少時何度も見てゐたが、其松は枯死して無くなり、且つ其場所に家が出來る樣になると、更らに其東の三四丁離れた松に近年迄祀り納めてゐたが、私はこの稿を起す爲め見に行くと、今年は其邊開墾した爲でもあらうか其所にも見えなかつた。多分は更らに他の場所に祀り納めたものらしかつた。是などは明瞭に村の延長と共に境も又外に向つて伸びて行く好例であつて、其爲には隣村と接近し來り遂には兩村の境界騷論へも伸展する可能性を發揮してゐると認むべきものである。自分の村に對つて段々疫病神を祀り込まれる樣な脅威を感じて來ると、それは故意な行爲でなく、全く自然な事であつても抗議をするに至ることは又無理からぬ事である。

馬ツグリ。ウマツグリも「祭リコド」に續いて行はれる行事である。馬を農耕に使ふこの地の風習から察して、是もまた馬を祀る一の行事であらうと思はれる。今は獸醫の領分となり、其方の學術は進んで來てゐるので、昔の習俗は一變しやうとしてゐるが、馬神信仰の熾んなこの地の田植直後の行事として特記して置きたい。馬作りには薪と鹽と口割繩と作繩を各自が用意して、一定の「馬作り場」に馬を曳き連れ乍ら朝早く集るのである。馬作り場は大抵野原で部落最寄の地に定められてある。部落の人も馬も全部揃ひ始めると、先に賴んであつた伯樂（昔の獸醫）を中心に馬を作り始めるのである。馬の尻足に繩を廻し、四五人で馬を轉倒し前足と尻足を上下とも十字に結つて人々は馬を押へつけてゐるのである。この場合馬の頭と足には豫め作つて置いた枕をする。すると伯樂は蹄を削り足首と內唇の上下に針を立てゝ血を絞り流して口中には鹽を入れ、蹄の下と尾端とに赤く燒いた筋金棒を押すのである。馬を倒す時に口割繩を口中にかけ口を開かせるのである。又馬作り繩は脚を十文字に縛る時用うるのである。

馬は三才馬から作るが、始めて作られる馬には、倒した時にその馬から取つた血で以てその馬のトリ髮を切取つて筆の代用とし、腹の上に半紙を敷いて血で鳥井の形を描き、伯樂は呪文を口中で唱へ、斜に血痕を打ち付ける。この紙は大切にして家に持歸り廐に張つて置く。この始めて作られる三才馬を「アラ三才」と稱し、「アラ馬作り」と言つてゐる。アラ馬は更らに「ヤセ齒」と言ふ齒を鑿で缺き取られる。馬を倒して蹄を削ることを「寢せ作り」と稱し、立つてゐる儘で削ることを「立作り」と稱してゐる。馬を倒すには、相當熟練し勇敢でなければ出來ない所爲であつた。それだけまた危險である。

全部の馬を作り終ると各自が各自の繩を持つて馬を曳いて歸る。この繩は門口に懸けて野晒しにして置く、これも何かの禁厭（まじない）でもあらうか他の用途に使はない。

其後は其年の順番に當つてゐた家に集り、伯樂を上座に据ゑて酒宴に移る。神前（馬神）に御神酒を供してから酒食に移ること他の場合と變らない。

岩手縣雫石のさなぶり休み（田中）

一家内の家族家畜は言ふに及ばず、其村の幸福と繁榮を祈願する行事、言はゞ一村共榮の祭祀行事、その一つは蟲送り神送りである。この一村々々の祭祀團體は大方生產神を中心としてゐる團體であるが、勿論生產神の祭祀ではない。是は注意すべきことである。

御明神村では「祭りこど」の組は今日猶ほ十三組になつてゐると言ふ。私の知る範圍ではこの村は生產（うぶしな）祭りは十組かになつてゐる。雫石村は明治以前の生產（うぶしな）組は四組ばかりであつて「祭りこど」も略その位あつたと言ふが、今は町中には絕えて下久保と晴山に殘つてゐるだけである。御所村は生產祭りは十五六あるが「祭りこど」も略それ位あり、西山村は生產祭りは八組ばかりで「祭りこど」も略同じ位である。

是等小單位の村は、葬儀とか道普請家普請とかには常に一團として働き又は助合ふもので、是を村交際（むらづきあひ）とも言つてゐるのである。神を中心とした其村の共存共榮主義、それは其村の祭祀であり行事である。春の「野がけ」（山見又は花見とも稱す）も、「春生產祭（はるうぶしな）」も、更らに「祭りこど」「馬作り」「寄合酒」「盆踊り」其他秋の行事でも大方はこの一小單位の村は一派となり一束となつて、神の前に奉仕して來てゐる。村の中には佛教の如き又は其他の現代宗教の如き幾多の宗教はあるにしても、村に於て行ふ祭祀行事に反對するもの一人もなく皆唯々諾々として來て其行事に奉仕して來た。若し不心得のあるものがあれば、忽ち村離れ追放を受けねばならぬ。

苗じるしのこと

小井川潤次郎

初雪や雪神さまのお降りぢや

の方がよかりさうだつた。それとも

初雪や農神さまのお昇りやる

がい丶かなと歩きながら考へてゐた。この農神さまのお降りは三月の十六日で、この日にはよく境内から枯れた竹の枝を貰つてかへつた。それを苗代田の水口に挿しておくのである。雪神さまは交代にこの日お昇りになるのだが、それからでも雪も降り氷も張つた。苗代を拵へてから田面木の誰とかいつたうす眼の見えないのが種を播いてゐた。どうしても種が沈まない、變だなと思ひ思ひ播いてゐたのが氷の上だつたといふ話もある。いまの私はどうかするとその手で、眼が少しわるいのでノートもひき出さずに書いてしまはうとしてゐるので、この男の名前も出さない。

種籾を播く時見當をつけるためにとあつて苗代の中心に苗印を立てる。長い田だと二ヶ所に立て丶あるのもある。そ

明治節の朝ぼそぼそと雪が降つて來た。

明治節雪神さまもお降りぢや

と短冊に書きつけた。その日は九月の十六日にあたつた。「おしらさま」であつた。それで赤飯を炊いて供げた。いつもだと「うきうき」を拵へるのだが明治節でもあるのでお赤飯にしたのである。出がけからぞろぞろと女の人が歩いてゐるのに逢つた。白山さまへお詣りする人たちである。母は「今日はおしらさまだ」と言つてゐた。「しらやまさまだもな　今日は」と道の上で言つてゐる人もあつた。毎日通る道から五六丁はいつたところに白山神社がある。これが白山さまで赤い鳥居が立つてゐる。昔はこうせんさまが澤山あつたが今は無い。大きな槻の木の下に丸い石がどつさりあつてつやつや光つてゐる。女の人がこれで腰をさするのである。今日は農神さまがお昇りなされて、雪神さまがお降りになられる日なわけだつた。明治節上りは

れだと苗印の意味はよくわかるやうである。ところが種を播くのに板を渡して行つて、その上で播くのがある。この場合は多くは苗印は立てないが堰合には一間も離れないところに苗印が立つてゐた。かうなるとわからなくなつた。溝（びんだらいせげ）を掘つて行つて播くのもある。その時もすぐそばに立ててある。兎に角これだけでは無ささうである。

大抵だと、苗の伸び工合を見るといつてゐるが、これだとてんで標準にならない。大體水の上一尺五寸位だが、短かいのは五寸足らずのもあれば、長いのは三尺の上もあるのがあつた。これでも變である。それに一本立てるにしても斜にすると意味をなさない。

口碑傳説といつたものは一向に無い。たつた一つ島守の山の奥の方不習（ならあず）といふに神様が米の種を天竺から持つておだいた時藏つておいた印に竹を三本立てでおがれだつたので三本立てるといふ話がある。この三本も、一本のがあり二本のがあり三本四本のがあり五本のがありだとちよつと見當がつかない。沼館では曾我の五郎が田をこいで歩るぐので歩がせないやうにといふさうである。細い竹を二三本立てゝおいて曾我の五郎もないもんだが、どのみちお呪ひといふことにならうからいゝとして、水口の枯竹などとの關係もあるのかも知れなかつた。だんだん立てなくなるのは、この竹に雀などがとまり、これを足場にして苗をつつく、——といふよりは田の中の虫をつつく、糞をおとして苗代の邪魔になるといふわけだつた。

私の興味を持つのはそんな詮議よりも春さきの苗代の水である。荒涼たると文字をあてゝ結構あてはまる私たちの世界、まだ折々雪が來る氷が來るその中に光る水がある。その水の色である。その水の中に苗印が立てゝある。この苗印がそれだけと見てはいけない、その倒影があるのである。そして水の深さがそこから何かを見せてくれることである。私の春さきのたのしみはこれを見てあるくことであつた。苗が青々となる頃までそれがつづく。

苗印の材料は地竹の細いのである。決してそこらに有合せたからでは無く全く何もない田圃でもそれを用意してかゝつてゐる。たまには柳の枝がある。卯木の枝がある。それだけである。唐竹のを二三度見てゐる。これは割いて曲げてあつた。木の枝には一本立のと枝を二本にした、三本にしたなどがあつた。至つて稀に竹のそれに枯笹の葉を配したのがあつた。これらの組合せ方竹の數は出來心では無ささうである。いつもきまつた形をとつた。ゆつくり土地土地で調べ分けて見たいがこの眼がおそらく當分こんな事をさせなからうと思ふので、ざざらざつとかうまとめておく。農神さまがお昇りのあとだからお咎めもあるまい。

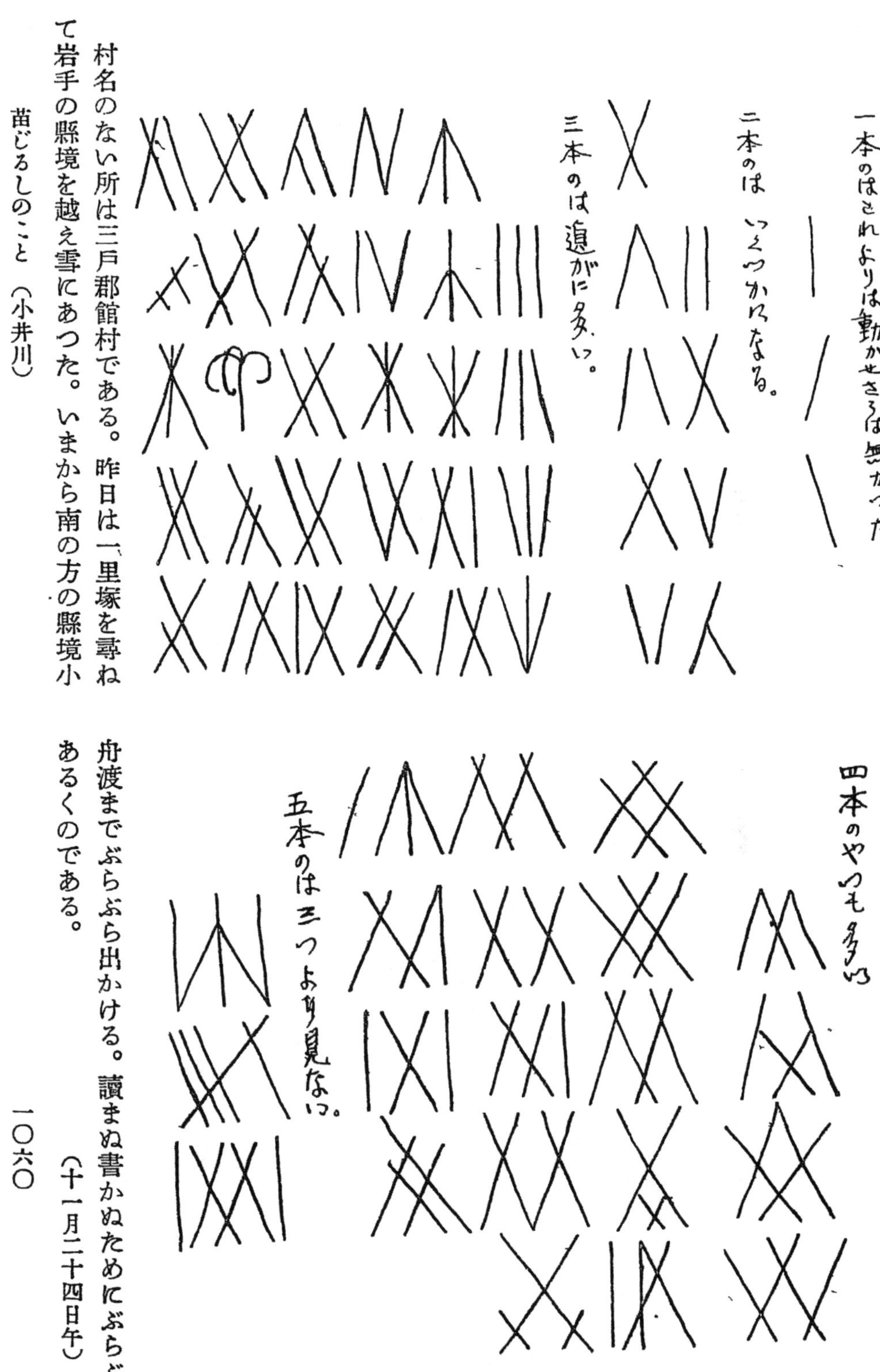

村名のない所は三戸郡館村である。昨日は一里塚を尋ねて岩手の縣境を越え雪にあつた。いまから南の方の縣境小舟渡までぶらぶら出かける。讀まぬ書かぬためにぶらぶらあるくのである。

（十一月二十四日午）

苗じるしのこと　（小井川）

中野の農事暦

夏堀謹二郎

この中野は三戸郡中澤村の中野です。八戸から西南に三里半程のところにある村です。こゝから町に嫁いで來てゐる人からきいたのだから中野としたまでゝす。この地方で特に違つた部落でもないのだから八戸地方のとするのがあたりまへなのかも知れません。

あったら彼岸　ただ七日
無くてもいゝ土用あ　十八日

昔、乞食がかういつてこぼしたさうだ。暑くて／＼せつない土用が十八日。樂をしてみ入りのある貴重な彼岸はたつた七日きり、ほんにこぼしたくもならう。

その彼岸はそれでも年に二度、春と秋とにある。彼岸には團子を拵へる。お寺參りをする。座頭暦、所謂の南部暦では鉢とお重に團子を山盛りにした圖でこの彼岸を示してゐる。土用の方は、裸の男が涼み臺で團扇を使つてゐる圖で表してある。そしてこれはまた年に四度もあることまで敎へてゐる。これを村の人達は地土用・土用・麥土用・寒土用とかう區別して稱んでゐる。

暑い寒いも彼岸まで

といふ俚諺がある。寒いのは春彼岸までゝある。雪はどん／＼消えて行く。『春彼岸に田の畔が現れると世中がよい』といはれてゐる。雪の坊様が歸られるのは舊三月十六日。それまでは彼岸過ぎてからも雪が降るといふ。が『春雪と他の殿は怖くない』のである。うまいことをいつたもんだ。

雪の坊様が歸られると入替つて農神様が來られる。地土用はその前後になる。そろ／＼蛙の聲もきかれる。『土用三日前に鳴くと豐年だ』等いふ。これから薪山にあがる。それまでは内に居て草履を作る。まつつらを綯ふ。筵やへなしを織る。その他つまごや蓑等を作つた。これからもうずつと外での仕事が續く。

この地土用から少し調子を變へて次に書いて見よう。

ちどよう　薪山にあがる。薪取りにである。

「田打ち」が初まる。主に男達で、晝前だけやつて午後は休む。

「畠ふみ」は八十八夜との中間にする。稗を蒔く畑である。

八十八夜　『八十八夜の別れ霜』とも『八十八夜の霜別れ』ともいふ。

八十八夜三四日前に麻と五升薯を蒔く。

「粟蒔き」は八十八夜。『粟は八十八夜の種おろし』といふ。それが濟むと

「麥しろ豆」といつて麥の傍に豆を蒔く。次に

「蕎麥畑のあらぶみ」をしておく。

「稗蒔き」は八十八夜から十五六日二十日位おくれる。『稗っ返しあ、身代返しにも劣る』といつて、去年稗をとつた畑にまた蒔くことを戒めてゐる。稗を蒔いたほとりに豆をつける。

「青引き」といふ。さうすることを「稗豆する」といふ。麥しろ豆は秋遲く、次に蒔く豆と一緒にもくる（根引く）が青引きは秋彼岸の頃、まだ青いうちにもくつてはせがけする。馬にやるのである。

牡丹の花　牡丹の花が咲いたら「豆蒔き」である。小豆もこの頃蒔く。

ゆすらの花　ゆすらは山櫻桃・ゆすらうめ。

「苗代ならし」はこの花が白くなると初まる。これが濟むと

「かっつぎ刈り」。若いのがやられる。山に入ればやぎーといふ蟬が鳴いてゐる。只さへ眠たいのにこれをきいてはなほ眠たい。からやき（骨をしみ）たくなる。鶯が卵を産むのもこの頃。その巣を探す。かっつぎこぶを見つける。さうして歸れば叱られると解つてゐながらどうにも稼ぎたくないのはこの頃である。

こぐん　これは座頭暦にはない。伊勢暦にも見えない。がこの日は種籾を漬ける日といふ。若し間に合はなかつたら半柄杓でもいゝから水をかけろといふ。二十四氣の中の穀雨の訛つたのかとも思ふがはつきりしない。

百五　百五は寒のあきから百五日目。この日は「種蒔き」である。種籾を蒔く。『かっこの口さ蒔込むやうに』といふ。かっこは郭公鳥。

種を蒔いた後、苗が立つまでは苗床をおこすこと、灰立をすることを禁ずる。

栗の花　『栗のてんにや下ったら蕎麥畑のふんがへし』『栗のでんにや　白くなったら蕎麥蒔き』といふ。てんにやとはあの紐になつた花のこと。てなである。

中野の農事暦　（夏堀）

蕎麥は蒔かれながら「吾尻隱すので　汝尻隱せ」といふと。蕎麥は土をあまり厚くかけられるのが嫌ひだ。それに蒔く時の姿がさういひたくなる恰好だ。

又、蕎麥は蒔いてから「七十五日經つたら見なくても鎌を持つて來い」ともいはれてゐる。

入梅　「田植」がこの頃から初まる。

土用　これが暑いせつない、無くてもよいといつた土用である。この土用の入に小豆とにんにくを服むと夏負けしないといふ。螢の尻が腐るといふのも、行々子が鳴かなくなるといふのもこの土用である。その土用を初手土用・中土用・終土用の三つに分けておいて

「大根蒔き」は初手土用。

昔は中土用には蕎麥蒔きといつた。

二百十日　この頃から刈り物で忙しくなる。先づ早出來の「稗刈り」である。

稲に花のかゝるのもこの頃といふ。

秋彼岸　この頃は「粟刈り」。

「稲刈り」はこれより少し前から初る。

麥土用　「麥蒔土用」ともいはれる。

「麥蒔き」をする。

麥は「屋敷はよくなくてもいゝから、屋根をよく葺いてくれろ」といふと

或る聟が『麥ど姑あ踏付げる程いゝ』といつたと。それをきいた姑は『聟ど催促あ　來う來ざれ』といつてやりこめたさうだ。

「たげのふしあ横になつた」これで止めておく。たげのふしはオリオンである。實際村人達はこれの傾きかげんで時を云々する。

まだ〳〵足りない所もあるが少々急ぐのでこの邊ではしよることにする。

（十一月二十一日夜）

岩手縣に於ける神主・山伏の居屋敷

岩手縣の東海岸にある神主山伏の居屋敷は今度の震災にも波浪の害を免がれる形勝の高地にのみ悉くあつたと私の尊敬する一人の民俗學者は敎へて吳れた。

陸地の方の彼等居屋敷は、多く淸水の湧く近くの高燥地を選定してあつて、泉屋敷・出雲屋敷などイヅミを稱する人の屋敷と傳へるものが多い。

（田中喜多美）

牛方と山姥

夏堀謹二郎

昔或る所に牛方があつた。或る時町から鹽引を買つて歸つて來たら途中で山姥に行遇つた。山姥は「その鹽引呉ろ、呉ねぇば捕っ て食あぇ」といふた。牛方は仕方なく一匹抜取つてぶうんと遠くへ投げてやつた。山姥がそれを食つてゐる間に逃げようと一さんに馳けた。が間もなく後へ來て「鹽引呉ろ、呉ねぇば捕っ て食あぇ」といふので仕方なくまた一匹投げてやつた。がまた直ぐ後から來てはだつた。また投げてやつて逃げた。かうして牛方は、買つて來た鹽引をみんな投げてやつたので今度はから牛をひいて逃げた。それでも山姥は後を追つて來た。そして「その牛呉ろ、呉ながら捕っ て食あぇ」といふ。とつて食はれるよりはと思つて、いたわしないその牛を呉れて一人逃げて來たら堤へ出た。傍にあつた樹に登つて隱れてゐた。牛を食ひあげた山姥はまた後を追つて同じ堤へ出た。水を見たら急に咽喉がかはいて來たので飲まうと下へ降りた。ふと見ると樹の上の牛方が水に寫つて見えた。そこで山姥は「どやって あがったっけ」ときいた。牛方は「枯枝さば どっつとあがつて、生枝さば そろっとあがつて來た」と嘘をついた。山姥は嘘だは知らないのでその通りして登つて、今少しで牛方を摑へるにいゝといふ時、いゝあんばいに山姥は堤に落ちてしまつた。

牛方は喜んで、今のうちだと思ひながら、急いで樹から降りて逃げた。萱刈達が萱を刈つてゐた。そこへ行つてわけを語つて萱しまの蔭に隱してもらつた。そこへ山姥が來て「こゝさ 人あ來ながっ たが」ときいた。が萱刈達は吾も知らない、汝も知らないといふて隱した。山姥は怒つて「隱せば とっ て食あぇ」といふた。皆は怖くなつて、「來たがも知れねぇ 萱しま數へで見ろ」といつた。一つ二つ三つと數へながら萱しまを倒したら十で牛方が飛び出した。そして今度は舟をうつてゐるところに行つて舟うづ達に隠してもらつた。また山姥が追つて來て人が來なかつたかときいた。舟うづ達も吾も知らない、汝も知らないと互に隠してゐたが「隠せばとつて食あぇ」といはれ怖くなつて「舟起しながら　數へで見んだ」といつた。山姥はまた舟をおこしながら一つ二つと數へた。そして十まで來たらまた牛方は飛び出して逃げた。逃げて〳〵今度は山の中の一軒家に行つてわけを語つて「隠して下さい」と頼んだら、「それあ俺ほの　婆様だごった、まげさ上つて隠れで居さい」といつて隠して呉れた。そこへ間もなく山姥が來て「今歸つて來たぇ　あゝあこわがった」といつて直ぐ寢てしまつた。そしたら牛方を隠して呉れた人がぐら〳〵と湯を煮立てゝ、まげの上の牛方にやつた。そしてまげの上から山姥にかけさせた。始めたら〳〵とこぼれた時山姥が目をさまして「あっぱえ　鼠あ　小便すあに」といつた。「したら　追ったらいがべあに」といはれ「しゆっ〳〵」と追つてゐたがまた直ぐ睡つてしまつた。そこで牛方は思切りだおとみんなかけた。山姥はとう〳〵焼け死んでしまつた。

（吉川とえさん語る）

とえさんは三戸郡中澤村中野から嫁てゐます。山姥などの出て來る昔話はこれよりしらない。（十一月二十四日）

階上の盆踊歌（青森縣三戸郡階上村大字赤保內）

和泉幸一郎

○惚れた振して　踏んだり蹴たり
　しんに惚れたら　踏みあしまい

○かたい定めは　要らないものよ
　岩もくづれて　じやくとなる

○鮫で飲む茶は　澁茶もあまい
　鮫は水柄　こゝろ柄

○こゝろ根性　直ほせばなほる
　かほの市松　なほされぬ

○酒と煙草は　止めればとまる
　いろの道なら　とめられぬ

○どんな流れ川も　止めればとまる
　いろの道なら　とめられぬ

○花の松前　江差は紅葉（もみぢ）
まして函館　桔梗の花

○女子（をなご）よいとて　けんたい振るな
小野の小町の　末を見ろ

○女子（をなご）よいとて　けんたい振るな
小野の小町と　わしばかり

○八百屋お七と　三戸（さのへ）の煙草
いろでわが身を　灰（あく）にする

（三戸煙草といつて官營前まで産した）

○わたしあ紀の國　みかんの性で
色で裸に　なるわいな

○いろは濃くなる　時節は廻る
廻る時節を　待づでをれ

○來たかと思ひば　また西の風
風さへ戀路の　邪魔をする

○揃ろた揃ろたと　踊り子の衣裳は揃ろた
何處の染屋で　そめ揃ろた

○揃ろた揃ろたと　踊り子ァ揃ろた
秋の出穗より　なほ揃ろた

○踊りをどらば　ぐるぐる廻れ
空の月樣　廻るよに

○踊りをどるも　二十四五五六

階上の盆踊歌（和泉）

三十こければ　子が踊る

○今夜の踊りは　しまらぬ踊り
五尺繩もて　締めて置け

○踊り見に來たか　踊りに來たか
此處は立見の　場所でない

○振れ振れ振れと　五尺の袖を
袖を振らねば　しなは出ぬ

○踊りをどるも　昨日（きのふ）今日ばかり
明日は山々　草取りに

○今夜のお月は　よぐ出たお月
同じところさ　ががとさす

○色は濃くなりや　家内（やうち）はもめる
二足（にそく）草鞋は　先に立つ

○二足草鞋は　はききの草鞋
何處で切れても　名は殘る

○船も新らし　船頭（せど）さも若い
川も新（しん）川　初のぼり

○あねこ見るより　空の星見なぃが
空にや七曜の　星もある

○うたのをりふし　ところで變る
變りがたなや　竹の節（ふし）（竹の節は星の名）

○あねこどこさゆく　柴樵（き）り山さ

柴にはづかれ　七ころび

階上の盆踊歌（和泉）

○いろは四十八　讀んでは見たが
　お前のこゝろは　讀み兼ねた
○雉子のめんどり　伏せ木の本に
　わたしあお前の　膝元に
○ほかでむこ取る　嫁取る中で
　わたしあ因果で　虱取る
○あきらめまあした　どうあきらめた
　病めば死ぬかと　あきらめた
○死んでまた來る　お釋迦の身なら
　死んで見せたい　つらうつに
○せまいこゝろだ　柳の葉より
　ひろい蓮の葉の　こゝろもて
○帶に短かし　襷にァ長し
　八幡藥師の　かねの緒だ
○暗い晩だよ　氣をつけなされ
　長い刀で　横なぐり
○思もて通よれば　千里も一里
　まだも歸へるは　元の道
○昔馴染と　蹴かけた石は
　憎いながらも　あとを見る
○遠く離れて　逢ひたい時は
　月は鏡に　なればよい
○下手な十露盤　遠くの馴染
　胸にあれども　寄せられぬ
○花は千咲く　なる實は一つ
　九百九十九は　むだの花
○岳の白雪　朝日に融ける
　あねこ結た髮　寢て解ける
○わたしあ　備前の岡山育ち
　米のなる木を　まだ知らぬ
○伊勢は津でもつ　津は伊勢でもつ
　尾張名古屋は　城でもつ
○人の事なら　目に角立てゝ
　同じ泥水　飲みながら
○銀の茶釜の　あるよな話
　來て見りや土瓶の　蓋も無い
○文をやりたし　書く手はもたぬ
　やるぞ白紙　文と讀め
○書いた紙さへ　讀めないわたし
　まして白紙　何んと讀む
○色は濃くても　紫ァいやだ
　淺黃染でも　末ながく

馬放しの事など

田中喜多美

馬と同居。他國から東北殊に岩手縣に這入ると、著しく目につくのは馬と人と同居してゐることだと言はれる。私の家もその例に洩れず、馬と人とが一棟の中に住んでゐて、私の幼ない頃は五頭も繋がつてゐたが、現在は二匹だけである。桁間梁間共に四間づゝであるから十六坪はこのマヤな譯である。厩の大きさは大概この程度で、十四五坪から廿坪位の所であらうと思はれる。普通農家では今日では著しく減じてゐるが、以前は平均二頭以上を飼養してゐた。藩政時代は一千三百軒の戸數に二千何百頭と見えるから、今日から見て遙かに多かつた。私の家の馬はハダ許り二疋で、地馬の系統をひきナンバ鹿毛である。ゾヤクの仔馬で跡を繼がせてゐるから、今は雜種になつてゐるが地馬系統で滅多にアジクラヒや病氣をしない。それに爪が固く蹄鐵を用ゐないでも大丈夫である。少し癇が高く强情張りであつて柔和を缺くこともある。私の家ではこの在來種の血統を絶やさないことを誇りとしてゐる様だ。

野馬のこと。全く原性になつてゐる馬、即ち原始の儘で山野に自然棲息してゐた馬があつたと說く人がある。併し最近考古學の發達に伴つて日本の在來の馬種がなく、後になつて、大陸方面から悉く移入されたと信じられる様になつた。然し乍ら人手を離れてしまつた馬は、元來の習性に還つて野獸として自然棲息をした例もあつたらしい、野馬はそれである。

寛文二年正月廿一日晴（盛岡藩日記）

岩手西根中三ケ年以來野馬母駄一疋有之候ニ付色々捕可申上、御百姓共才覺仕候得共捕兼申候處、今度一方井刑部知行所ゟ參候ニ付、所御百姓共、去十九日大勢ニ而雪ゟ追ひ懸け捕候由ニ而牽參候由、一方井刑部樣、志賀小左衛門御馬屋ゟ則時遣し渡置く。

是と同じ様なことは「盛藩年表」に「寛文十年雫石に而

馬放しの事など（田中）

野馬を被追」と見えてゐる。この野馬は原性野獸の獨立した馬ではなかつたであらうけれど、人家を離れて久しく山野に原性の生活をしてゐる間には、一見野性の獸と化して兇暴となり頗る始末の惡いこともあつたと見える。是は昔の飼育法は後記する樣であつた場合は止むを得ない事だつたかも知れぬ。

　私の聞いた話では、雫石の山に野馬がゐて村の人達は捕へ樣として苦心したが、何度も取逃がしてゐた、それが冬の雪のある時厨川山の雪吹溜りに逃げて行き到々逃げ兼ねて取り捕へられたと言ふ事であつたから、其頃でも既に珍らしい話であつたらしい。野馬捕の記事は探せば猶ほ詳しいこともあらうが、兎も角寛文頃には野馬があつた事だけは分る。

　廐の話。廐も今日の樣に四時馬を繋留飼育して置く爲めのものではなかつたのである。

　村の古老の話などを聞くと、昔は冬でも山野に放牧して置いた相である。冬の眞只中になると食料が盡きるので、放牧の馬は小松林などの松葉をあさり、又は立木の樹皮を迄齧つた話を傳へてゐる。

　秋の收穫が終了すれば、春の來る迄の間は農家に取つては多く不必要な頃合ひで、其期間山野に自然放牧した話も幾分首肯されもする節もある。

人家に馬屋が附屬される樣になつたのは勿論そんなに古くはないであらうし、雪などの事も合せて考へて見る必要があるが、今日の如く棟續きの一室に馬を飼育するごとは、一は堆肥、一は繁殖、一は作業の補助としての進展の階段を描いてゐるものと考へられる。

　自然飼育の放牧から、一定の建物の內に飼育された所に馬屋の進步があるのである。

　マノグライの話。マノグライとは秣のことである。一定の家屋（廐）に馬を飼育する爲めには、また一定量の秣を必要とする。それがマノグライである。春は樹木のゴヨウ（若芽の木）から雜草を與へ、冬期間など山野から飼料を得られない時は乾燥したものなどを切つて與へてゐる。

　その主なるものは次の如くである。

イネワラ。單獨に藁だけ與へることがある。
アワカラ。單獨のことなし。
稗カラ。單獨のこともある。
ソバカラ。多く單獨にて、湯にて揉む、こぬかを用ふる。
豆カラ。ヤダカラとも言ふ、單獨のことなし。
アヲビキ。單獨のこともある、青豆を引きて乾かしたるもの。
葛。
萩。

萱。　多く青萱を刈つて乾かし置く。

雜草。

豆の葉。

萩苅山。　秣草は普通稻束の樣に刈つて、之を短かく切り馬の飼育に當てゝゐるが、永い冬期間を飼育するには相當の準備を要するので、秋になればこの冬籠りの仕度として秣草を乾燥貯藏して置くのである。

この秣草刈りを「マノグライ取り」又は「タバネ草刈り」或は「ハギ刈り」と言つてゐる。二束を以つて一把とし縛くのである。タバネクサは縛り束ねるの意味ではあるが、之は乾燥して貯藏し置くものとは限らず、束ね縛つた青草の秣の總稱ともなつてゐる。

此の冬越しの馬の飼育の糧とする雜草を刈る土地は略一定してゐて、大切に萩葛萱雜草を育て、年に一度二百十日過ぎに刈取るのである。この場所を「タテノ」とも稱してゐる。

タテノは凡そ二つに分れてゐて、個人所有のタテノと共有のものとがある。共有のものは昔は入會地制であつたらしく、多くは里近い山などに設けられ、之を「ハギ刈山」とも又「マノグライ山」とも言つてゐた。

ハギ刈山には普通樹木の立たない事を念願とするので數年に一度位の火入れをしたのである。所謂「ノビホダシ」である。斯くすれば藪や小灌木類のモダワラは取去られ雜草の繁殖を見るのである。

私達の部落の入會してゐた山は三里許り離れた所にあつて、夫婦山傳説を有する女助山と言ふのはハギ刈山であつて、明治の末年頃まで旺んに出入してゐた。筆者も少年の頃其所に寢泊りした經驗を有してゐる。

萩苅山の話。　一家内二三人の人達は五六日から十日前後を萩刈山に寢泊りして秣草を刈り、それを乾かして馬で家に運ぶのである。隨つて其頃になればその山の麓には小舍が造られ一時殷賑を呈するのである。小舍と言つても速成の極く簡單な住居である。二日に一度位乾かした秣草を家に運び、家からは米味噌を持つて來たりする。馬は人と諸共に山に泊つてゐるが夜などは小舍の近くに來てゐるのである。慣れたもので逃げ歸つたりはしないのである。人々は朝に起きれば朝露を踏んで山に登つて行き、朝食に歸つて來るので小舍には炊事をする者が殘つてゐるのみである。朝食後は一同晝食まで仕事に從ひ、午後もその樣である。

初秋の頃の萩刈山は馬の嘶きと、ドラ聲の男の唄と相錯綜し、薄の尾花に涼しい風が癇高い女の語調を攪き亂し、一の調和した自然を描いてゐた。併し入會的な萩刈山は今は廢れて來てゐる。

オシギリ。　馬の飼料の秣草を切るには昔は鉈で切つたと傳へてゐる。下に爼の樣な厚板の臺を置いて、其上で秣草を切斷した相である。今はオシギリと言ふものを用ゐてゐるが、之は近世の風習でそんなに古いものでは無いと言はれてゐる。現代はまた秣草裁斷器が流行して來て將に一つの革命を起してゐる。

馬舟の類。馬は一定の家屋内に飼育される樣になつて一旦裁斷した秣草を盛つて與へる容器が必要になり、其所に現れたのは獨木のくり刻つたフネであらう。獨木舟から板で造つた「馬ブネ」となり、今の樣なタラヒに進展したものと思はれる。今の馬ダラヒは杉又は黒檜などで作られ藤の蔓などが附されてゐる。

マノグライ置き。秣草を短かく切斷したものを貯へて置く一定の部屋である、マノグライ置きと言ふのはそれである。厩に附屬した糧秣倉庫の一つと見て宜しい。其所には其方面の器具類もある。オシギリ・コヌカダメ・カヨ・カマ・ザルなどの附屬品もある。

マノグライ釜。雪の期節の水の冷たい時分、馬にやる水を溫くする爲め私達の地方の農家では必ずこの釜が据ゑられてある。普通經二尺四五寸の大釜である。切つた秣は一旦此の釜で煮ることもあれば、暑い湯を涌かして馬ダラヒの秣草を揉むこともある。此の釜の水を溫めるには秋の中に準備して置いた「カマシバ」(釜柴)を焚くのである。釜

は厩と臺所との中間の土間(には)に設けられてあつて、水を汲み秣草を切り、馬に飼料をやる仕事は、皆嫁の日課とされてゐる。

釜柴。カマシバは馬釜に焚く柴薪のことである。冬籠りの仕事として秋の中に山野に行き、毎日馬に荷附して來る縛(まる)つた柴はその爲めである。小灌木類や、植林中の下枝などを集めるのである。一日三度の糧秣を與へるとして、一度湯を涌すに用ゐる柴一把を必要とすれば、一日三把、一ヶ月九十把、冬を越す爲めには何うしても三百把以上を必要とするのである。秋の中に小山の如く積んだ柴も春近い頃には殘り少なくなつて來て淋しい氣持(よう)になつて來る。

ハヅナ。馬を牽いて歩く時の綱で、長さは一尋片手(ひとひろかたき)とされてゐる。先端を意味するハナツナの意であらう三つぐりの左繩である。男が正月の休み仕事に、藁で作る風はあつた。藁以外には麻糸やマンダ、又はウルキ皮でナウ(作る)事がある。正月拵へる馬の裝束の一つである。

ツナギツナ。二尋以上四尋位までゞある。ハヅナの左繩に對して右よりの三つくりにナウ人もあつた。之は撚れる事から考へられた事であらう。野原などに作業の合間馬を繫留する樣な場合はハヅナにこの繫ぎ綱を結び合せて長くし繫ぐのであつた。馬は繫がれた點を中心に草をあさり乍ら自然ぐるぐる繞るので、圓形の繫跡が殘るのである。斯

く繫留する場合は、刈物などの忙がしい時なので荷鞍は取らず其儘にして居る例が多い。

オモヅラ。 オモヅラは其製作の方法に依つて、バクロオモヅラ・四つ結びオモヅラ・オヒボ・コヒボのオモヅラ其儘クツワの類と樣々ある。オモヅラには首の下に鳴輪や鈴や島田金をつけたりする。普通のオモヅラの繩は約四尋半とされてゐる。左繩の三つぐりで、ミゴコデナ、糸コデナ、マンダコデナなどである。

鳴輪・鈴・島田金の話。 鳴輪や鈴や島田金が、馬の首に下げられる理由には種々あらうけれども、私の聞いた傳承では狼などの猛獸豫防であると説く人もあつた。オウカベの馬を襲擊した事實譚は私の少年時代まで多く聞かされた話である。內地の狼は純粹の狼でなく野犬との説もあるが、鄉土の猛獸中最も恐怖されてゐたものであつた。野原に放牧しても又道を歸つて來る時でも、遠方から鈴や其他の鳴り音で自分の家の馬は聞き分けられるのは矢張り一つの安堵を與へるものであつた。自然聞き慣れた音響は鋭敏に響くので、其音響で以つて在否を識別する標準となつてゐることは、斯の鳴物を附する一の理由だつたかも知れない。

放牧のこと。 私達は田植が過ぎると秋の刈入時の來る頃迄、毎日村の青年が三三五五と打連れて野原に放牧がてら草刈りに行くのであつた。之を「ウマハナシ」と稱したのである。義務教育の觀念の行屆かない明治の末期頃までは、よく忙がしさに紛れに學校を缺席させられて私達も放牧にやられた經驗をもつてゐる。子供等は勿論草など刈り得る筈がないので、終日遊んで暮して歸つて來るのである。野原に行くにも、歸るにも、馬に乘つて往復するのであるから、朝に晝食の仕事をして貰つて馬に乘りさへすれば、馬も喜んで毎日の野原に行くので世話が焼けなかつたのである。

放牧地に行けば、一同馬から降り、草刈道具や荷鞍まで全部、一定の所を定めて其所に置き、馬を放してやるのである。一日の仕事に馬に荷附して歸るだけの草を刈りさへすれば、後は一同集つて雜談や睡眠に耽けるのである。馬も逃げて歸らうともせず、それ〴〵好きな仲間を作つて彷徨てゐるのであつた。馬の習性とでもいふべきか、よく一緒になる仲間は必ず其次の日も其仲間と步いてゐるものである。

晝食の時は野原の泉水のほとりに皆集つて愉快に食べるのである。

廣い野原の短かい芝草、それを刈り集めてサライに作り、四サライ一個なれば二十四サライ六個は一駄、二駄なれば四十八サライである。或ものは一本二駄などと道化て長いサライを作る。巧者なものはナガマルキに作り然らざるも

馬放しの事など（田中）

のはタイマツマルキに作る。

夏に這入つて馬蚊が多くなると荷鞍も去らず馬にハラテをとして豫防し、時々火を焚いて煙らすと、馬は皆その煙の中に來て立つ樣になる。隨つて盛夏になれば朝草刈りと云つて暗い中から出掛け、日中の暑い頃には家に歸つて來る樣にもなるのである。

廐の繪馬。 馬を描いて社堂に納める事は信仰心からである。寺にこそは普通は見かけないけれども觀音樣にもあれば八幡樣にもあれば辨天樣にもあると云つた具合である。

私達の地方の農家にも、決つて廐にこの繪馬は張られてゐる。私の家などにも五六枚は常にある。多い家になると三十枚位も見ることがある。其年に駒形神社詣りでもすると、廐に繋がつてある馬の毛色と匹數の繪馬を、星があれば星のあるもの、足が白ければ足の白いものと言つた樣にそれ〲自宅の馬と同じものを選擇して買つて來る。

馬を祀る社堂。 馬の神樣と言へば私達は馬頭觀音か御蒼前樣と心得てゐる。岩手郡では芋田の蒼前樣、鬼越の蒼前樣、上和野の馬頭觀音の三所が有名である。上和野觀音は四月十七日、鬼越の蒼前は五月五日、芋田は六月十七日が祭日である。芋田の蒼前樣の起りは源九郎義經が茲に來た時乘馬が死んだものを祀つたと言ひ、鬼越の蒼前樣は澤内から田搔馬が逃げて來て死んだ所と言ひ、雫石の蒼前堂は

南部侯の乘馬の死んだ所といふ口碑を傳へてゐる。

諸所にある馬の墓地には、馬頭觀音とか蒼前とかの碑もあつて是も亦馬神信仰と緣りを持つものゝ一つである。

マノグライ置き。

マヤ。 本來は廐のことであるが、ムヤに對立して曲り家の一方を稱する名ともなつてゐる。

・**マセ。** マセギとも言ふ、木戸口の横木のことである。馬塞木と書いてもあることがある。

キド。 木戸口とも言ふ、マセを懸ける出入口のことである。

マヤノ戸口。 馬の出入する戸口で、重い一枚戸がある。一間位。

マヤノ戸。 馬の出入する戸口にある重い一枚戸のことである。

マヤノ尻。 廐の後方。

マヤノ中柱。 廐の内部を區切る柱で、マセを懸ける柱である。

マヤノ後垣。 廐の四周のハメ板。

テデ馬。 父馬で、駒のこと、父駒のことである。

ハダ。 母馬のことである。

ウマコ。 仔馬の總稱。二才位まで言ふ。

トネコ。 當歳馬のことで、一才の仔馬の總稱。

二歳コ。 二才なれば二才コ、三才は三才コ、四才以上はオトナ馬。

オトナ馬。 四才以上にて成熟した馬の謂である。

コマ。駒の總稱なれども、普通コマと稱する時はオトナ駒のことである。

ゾウヤク。牝馬のことである。多分は雜役の意であらうか、牡馬卽ち駒は軍用馬であつた事に合考される。

チチバ。種駒のことである。

カラゲ。

カラガケ。暗灰色
カゲ。赤味を帶びた毛色。

クロカゲ。黑ずんだ毛色。

ナンバカゲ。最も赤いカゲ。

クリゲ。黃味を帶びた毛色。

トチクリゲ。黑味を帶びた栗毛。

ヒメクリゲ。淡黃色
アシゲ。白毛色。

サシゲ。黑毛に少しく白毛の交つた色。

ツキゲ。白毛に黑毛の交つた色。

アヲゲ。黑毛色。

ヂウマ。在來種といふこと。首太く、トリ髮厚く、骨格逞しい馬。

一じろ。一脚白い馬。

二じろ。二脚白い馬。

三じろ。三脚白い馬。

四つ白。四脚白い馬。

錢形。錢形斑點のある馬。

虎ぶち。虎形斑點のある馬。

モノ喰ひ。馬の食ひ物の喰ひ樣、食べ方。

マジ喰ひ。マジ喰ひする馬とは飼料に好惡を著しく顯す馬のこと
ニグラ。

モドツ。荷鞍に荷付する綱。

マルギツナ。草を縛る綱。

ニグラワ。荷鞍輪でU字形の木。

ニグラシタ。荷鞍輪の下敷。

スト。馬の脊にあたる荷鞍の脊あて。

スリガイ。尾にかける太緒。

ズリガイクダ。尾と鞍の中間の太緒に入れる玉。

ハラオビ。腹帶。

ウマノハラデ。腹あて。

ウマグツ。馬沓。

クチモッコ。口あて。

サルクチワ。口中に入れてかける金のくちわ。

ヨツムスビ。おもづらを三角形にむすぶこと。

バクロムスビ。おもづらをひし形に結ぶこと。

ヨコヅケ。荷物を横につけること。

六ソクヅケ。片方に三個づつたてにつけること。

タガヅケ。桶の類をつける方法。

タイマツマルキ。長くたいまつの如く草を縛ること。

ナガマルキ。短かい草を半月形に中央だけを縛る方。

馬放しの事など　(田中)

八戸附近の苗代小屋及び山のつぼ

金子善兵衛

苗代小屋

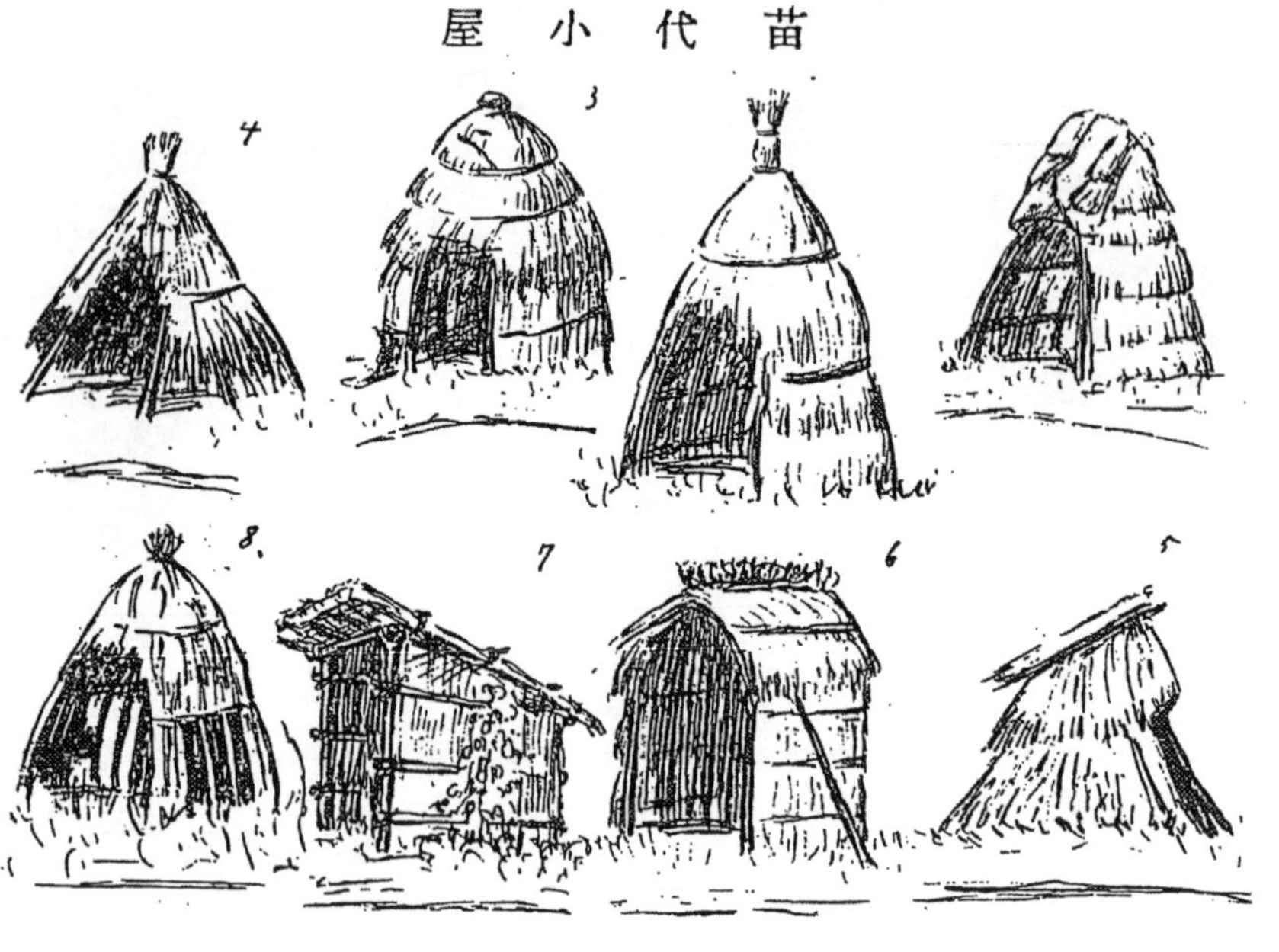

山のつぼ

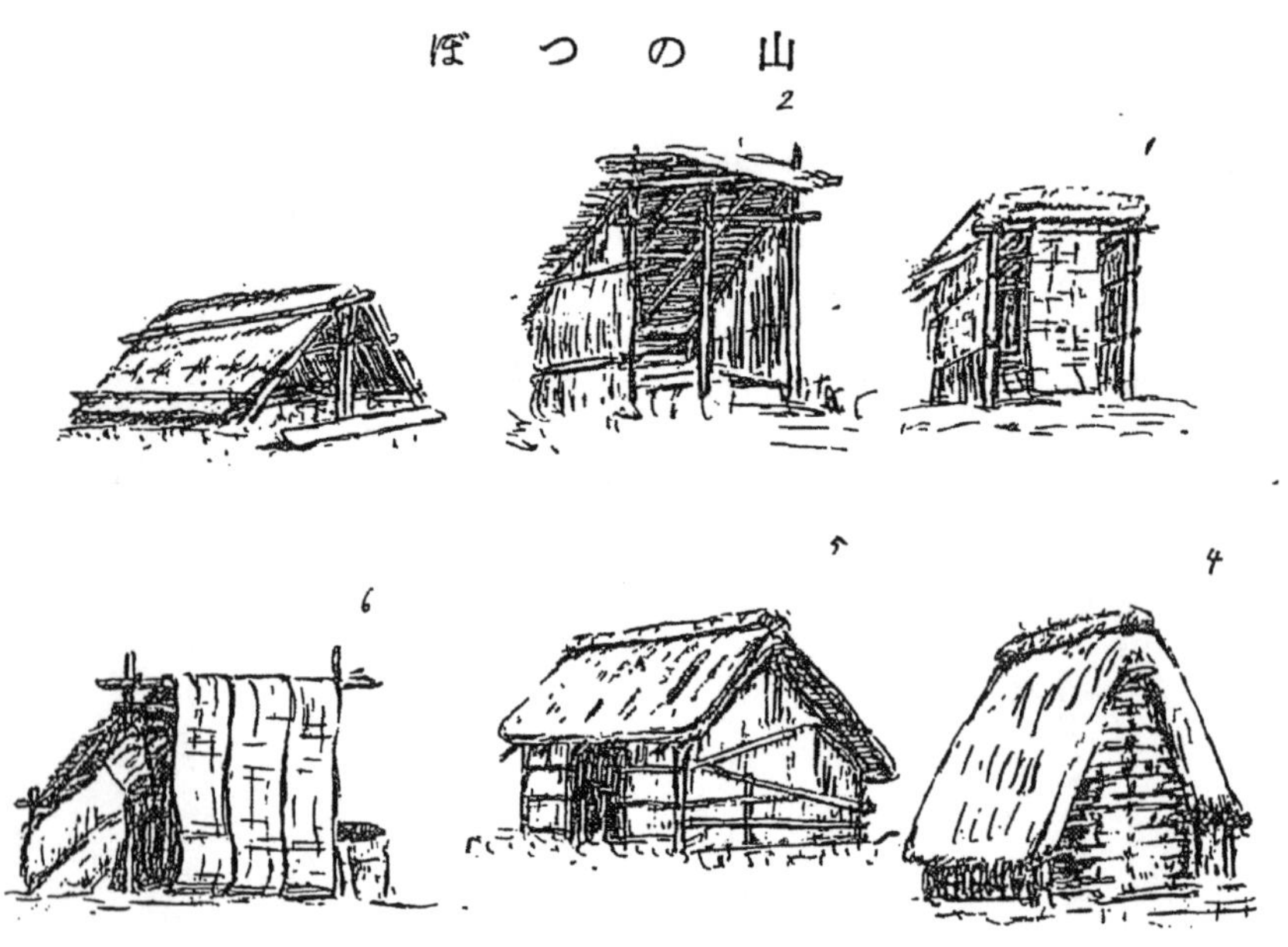

苗代にある小屋は、なあしろごやと八戸附近では言つてゐるやうであるが、畠の中にあるつぼの小屋のことは、單につぼとも言つてゐるやうである。自分の村の年寄から聞いたら山のつぼと言つてゐた。だがこの山のつぼも不斷はあんまり使はない言葉らしいやうに思はれた。其の年寄から苗代小屋のことを聞いたら、苗代の番人がはいつてゐる小屋であつて、苗代にもみを蒔いた時に、かごべが苗代に來て、苗代をこぎ廻つて、もみをふみつけて步くのを追つ拂ふのが其の番人の役目であつて、それも苗が大きくなるまでであつて、その後はもう此の小屋も殆ど用が無くなるのらしい。自分の村ではかもめのことをかごべと言つてゐるやうである。此邊のかもめはうみねこである。

又、田が自分の家からは少し遠くて、晝飯を食うに家まで來たりして居れない人達は、晝飯や其の他の色々な物や、雨具、或は乳飲み兒などを、此の苗代小屋に入れたりするやうである。

此處にはスケッチしたもののうちから恰好の違つたものを八つばかり出したが、材料は大抵柴木、少し吟味したのはほけの柱であるが、あとは藁である。炭すごを使つたりしてゐるのもある。(1)の頭の方の少々變になつてゐるのは、頭にかぶせてゐた莚のやうなものが、風で吹きはがされて、こんなふうになつてゐたのである。(3)の頭にはくれが上つてゐるのである。(8)には兩側に窓がある。

山のつぼは、今は大抵コンクリートで作つてゐるが、圓形に作つてゐるのが多いやうである。方形のものもある。此のスケッチは、其の上にかけられたもののスケッチで、材料は、苗代小屋と同じである。是れも恰好の違つたものを六つばかり出した。(1)の前に下つてゐるのは炭すごである。(2)の屋根の上に上つてゐるやうなものは、矢張り屋根に上げてゐた莚かなんかが、風で吹きはがされてあるのをそのままスケッチしたものである。(4)の入口には藁を束ねたものを下げてあつた。(4)と(5)は殆ど普通の小屋と同じ程度に吟味したものである。(6)の前に下つてあるのは炭すごである。バケツもつるしてあつた。

八戸附近の苗代小屋及び山のつぼ　(金子)

雪と民俗

武藤鐵城

本稿は昨冬中、折にふれて書き附けて置いたノートを類別したものである。採集範圍は、秋田縣仙北郡角館(かくのだて)町附近。

雪の名と、それに關連するもの

・降りがけ　降り始めのこと。

・コザキ雪　米のコザキの樣な粉末狀の雪。
　但し粉雪と別。

・赤い雪　毎年三月頃になると一度は必ず降る。滿蒙地方の砂の吹いて來るのだと云ふ。
昭和八年三月五日、秋田縣一帶に降つたものを秋田鑛山專門學校の、大橋敎授が分析した結果は次の通り。

石英、正長石、角閃石、黑雲母、燐灰石、風信子石、綠泥石、陶土等の鑛物破片で、鐵錆のため黃褐色に着色されたものであると。

・綿雪

・ボダ雪　牡丹雪か。然しボタ〱降る意とも解さる。

・アラネ　霰。

・雨アラネ　雨と霰と交つて降るもの。

・ネブデ雪　雨雪。

・アマネブデ　雪と雨と五分五分に混つて降るもの。

・バサバサ雪

・サラサラ雪

・シトリ雪　濕り雪。

・フギバッコ　吹雪のヒュウヒュウ鳴るもの。
　カザバッコは冬になつて、雨戸や軒板の隙間からヒユウヒユウ洩る風の音。

・フギドリ　吹雪の中での凍死。

・フギドリ餅　豆ノ粉餅。

・フギ　吹雪。

・デェャシコ・ブギ　大師講の日に、きまつて吹く吹雪。
・豆ノ粉フギ　コザキ雪の吹雪。
・粉雪　所謂パウダースノーで、小ザキ雪が白墨の白さであるに反し、これはよく乾いて硼酸の感じがあり、シーロイフアに最も歡迎される雪。
・寒吹雪（ブキ）　寒中の吹雪。
・ワガッた　春近くなつてから吹雪くと、斯う言ふ。
・木ヅレ　樹木を蔽ふてる雪。
・シヅレ　木の枝から、雪幕となつて落ちる雪。
・モロ雪　深雪。
・モロ雪コグ　深雪をぬかつて歩くこと。
・サネ雪　春近くのザラメ雪。河邊郡では堅雪を斯う云ふ所もある。
・雪下ろし　屋根の雪を落とすこと。
・下ろし雪　屋根から下ろした雪。
・屋根雪　屋根に積つてる雪でなく、下ろし雪の義。
・ハダゲ雪　ハダゲルは掻く意。卽ち雪道の兩側に高く除けられた雪。
・三月雪　サネ雪に同じ。
・堅雪　三月近く、日中溶けた雪が夜中に凍つて、表面の堅くなつたもの。
・堅雪渡り　山橇（スキーの小型品）で、堅雪を滑ること。

・吹き溜まり　凹所などに、吹雪の厚く吹き溜つたところ。
・フッコミ　吹き込みの意で、足痕や雪道に吹雪が一杯詰まること。
・フギザラシ　同上。
・嶽雪　高い山の雪を遠望して斯う云ふ。
・嶽雪も消（ケ）だ　春が來たの意。
・ハデ　堅雪の上へ、サラリ降る乾いた輕い雪。
・ワシ　ハデの雪崩れるを云ふ。音もなく急に來るもので甚だ危險。
・ヒラ・ツグ　雪崩れること。
・ドビラ　ヒラに土石を混ずる場合。
・ダンゴロ　斜面の上から渦卷狀になつて、漸次擴大し轉落するもの。晴天に限る。
・ナデ　雪崩。
・ゲホ　雪庇、ゲホはオデコの事。
・雪コゴリ　雪の凍ること。
・ボッコ　下駄の間などに挾まる雪。
・ガリ　橇の滑面に凍り付く雪。
・ガリコ噛む　橇（荷橇）や山橇で急坂或は急斜面を滑走する時、後端を立てゝ制動すること。轉じて何事に依らず、一生懸命奮張ることを、ガリコ噛むと言ふ。
・ガリ噛ませる　急坂を橇を引いて來る時、橇の鼻下へ棒を尖込むで制動すること。

●カリ棒　カリは支へるの義、即ちガリ噛ませる棒の意。カリ棹とも云ふ。

●カリ棹

●ゼェャ　流氷のこと。春近く堰や川の兩岸の雪や氷の水に落ちて流れるものを云ふ。大川の結氷は春の到來に關係なく頗る厚く堅く張つても、二三日で碎けて流れることがある。そし場合、川舟の航行は甚だ危險である。

●ゼェャ除け　ゼェャが流れて來て橋柱に衝突すると、酷く破損するので、橋脚の川上の方へ僅か離して三角形の杭を打つて置くもの。

●ゼェャ掻ぎ　小川や田の岸の雪の上から鍬で泥まで掻き廻はし、苦しがつて雪の上へ飛び上る鮒や、小魚を獲ること。

●ザン掻き　同上。

●シガ　一般に氷の事。但し張りつめた氷。

●シガ　氷柱（ツララ）のこと。

●タロンペ　同上。

●タルシ　同上。

●雪シロ　雪溶水の川へ溢れて流れて來るもの。

●雪ツル　同上。

●雪シロ水　同上。

●シミル　凍ること。

●シミ附ぐ　瓶や桶の水の凍ること。

●シミ飯　凍つた飯。

●シミ大根　自然的に凍つたものでなく、故意に凍らしたもの。これを干して置いて、五月頃煮物とすれば、特種な味となる。

●干餅　氷餅のこと。切餅を藁或は實子（ミゴ）繩で編み、水漬けとし、それを寒氣の强い日外へ吊つて凍らしたもの。

●シコッて來た　道を歩くと、キシ〳〵鳴る程凍つて來る時。

●シミ溶げる　暖氣で氷の溶けること。

●コドル　煮コゴリの意。煮物の汁の凍つてドロ〳〵になること。

●ダレル　凍のゆるんで來ること。

●雪ア走る　屋根の雪が、暖氣に遭つて滑り落ちること。

●シガ漏り　屋根（多くコケラ葺き）に積つた雪の下は凍つて、氷になつてゐるものであるが、やがて溶ける頃になると水が氷につかへて、上方に溢ふれ、これまで漏らなかつた隙間から洩ることがある。主として雪溶け頃の、特有な屋根漏りである。

●雪空　雪の降りそうな空模樣。冬の初頃よく使用される言葉であるが、一旦降り始めたら雪空も平凡になりあまり口にしない。

・ケェギワ　雪の消え際。

・去年の降りがけ　此の雪が昨年降り始めた時と云ふ意で、晩冬になつてから出る言葉。

・雪マブレ　身體が雪だらけになること。

・兎捕る　雪へ轉倒して、軀體が眞白になること。

・雪焼　雪の反射光線で、手や顔の黒く焼けること。

・雪焼　霜焼と等しく、冬になつて手足の爛れる病氣。

・雪目　雪の反射で目を痛めること。

・手カゲャル　寒さのため、手足の自由の利かなくなること。

・雪草　翁草など〻一緒に咲く花。

・雪知ラズ　羊齒で冬になつても美しい綠色を呈してゐるもの。それを干して置いて、冬季便所に入れ尻拭ひとする。南部地方で常夏（トコナツ）と稱する雅な名稱を持つてゐるものである。

・雪虫　雪中に生活する小虫で數種ある。羽虫となつたものは群をなして、それが垂直に上下するので、特にアガリコサガリコと稱する。魚釣の餌となる。

・面（メン）コ起し　雪面の暖氣で少々濕けた時、兩手を腰に當てた儘倒ほれて顔を雪へ押付けて、雪製ライフ・マスクを作る遊び。

・ナメラッコ　雪へ皀莢（さいかち）の實、或は石鹼鹽などを入れ、笊で根氣よく幾回も叩いて引操返してゐると、雪がドロ〳〵になつて粘つてくる。その雪を着色したり又型に入れて起して遊ぶこともある。子供達は全冬を通じて、朝から晩まで如何にも嬉しさうに、それを遊ぶ。

・デェャコ　臺の意で、雪で四角な臺を作りそれに乘つて遊ぶ。

・タデコ　語を詳にしないが、館コとも楯コとも解される。とにかく雪で傾斜面を作ることで、其處を子供達は山橇や腰掛橇で滑べる。

・ショリケヤ　角館町郊外、雲然（クモシカリ）村では、右のタデコを斯う云ふ。

・シル　雲然村の老人達は滑ることを、シルと云ふ。それ故「滑つて來たか」は「シツテ來たか」である。

・雪玉合戰　雪合戰。

・雪玉打ち　雪玉を、どこまでもどこまでも強く堅く握ぎり締め、水が中から滲むで滴る程までも押し固め、更に板の節の堅い部分へ擦すり付けなどまでしてから、御互の玉を打突け合ひする。割れた方は負け。

●カマ　釜の意か、エスキモーの氷の家の様な形を雪で造り、其中へ蓆など敷いて座敷を作り遊ぶ。

●カマグラ　カマの事を言ふ場合と、單に環狀雪壘を、そう云ふこともある。

●カマグラ振る　正月十五日の晩、米俵炭俵などに點火して雪上で、振り廻はす行事。

●ホットシ　掘落しの意か。掘通しの意か。雪路の眞中へ、悪戯して人を落さうとして掘る穴。上へ萱棒、笹葉を載せ更に雪を薄く載せて置いたりする。

●ドフリ　同上。

●雪圍ひ　降雪前、家の周圍に藁、菰、板、萱などを附着けたり、庭樹を圍つたりすること。又家から少し離れた部分へ高い萱垣を作ることも斯う云ふ。

●雪垣　同上。

●立垣　萱を葉の附いた儘、高さ七尺程の簾に編んだ物で、雪圍ひに使用する。

●カギダデ　同上。

●雪ムロ　積雪の中は案外溫氣がある。それを利用して作る室。

●雪倉　雪を夏まで貯藏する小屋。

●雪小屋　同上。

●雪納豆　雪の中へ寢せ、その溫度で粘ばらかした納豆。

●雪見

●雪見酒

●雪路　積雪中の路は雪路に違ひないのであるが、寧ろ路が雪に閉された場合である。「この雪路にマア」この難儀な、ぬかる雪路を、ようこその意。

●路つける　積雪を掻き除けるか、踏み固めて、歩き易くすること。

●路踏む　踏俵（フミダラ）で踏み固めること。

●路作り　橇をひくに、雪不足の所へは雪を敷き、又雪があつてもその高低を直ほしたりする仕事。

●ハネコ路　飛び飛びに足痕あるか、或は極く〳〵狹い路。

●セボネ路　背骨路の意。春になると、冬のうち歩き固めた雪路が、馬の背の様に幅狹く、そして高く一筋に殘る。

●シネヤ路　山の斜面の迂回する路。此の地方で强靱なことも、シネヤと云ふ。

●ヒマして行ぐ　シネヤ路で行くこと。山を越す場合など、直線的に登るか、迂回して行くが相談して後者に決定すると「ヒマして行かう」と云ふことになる。

●肥引ぎ路　田圃へ堆肥を運搬するため作る路。或はそのため出來た橇路。

•ザリ引ぎ路　河原などから砂礫を運ぶため作る橇路。
•オサゴ橋　雪路を通ずるため、堰や小川に梯子を渡して懸ける橋。
•テンガ　雪路の凍つてか、或は橇の往復でツル／＼滑ること。
•テンガ付ける　坂路或はタデコを、山橇、腰掛橇、箱橇等で幾回も滑つて、ツル／＼にすること。
•尻廻はりする　雪路には屹度傾斜面が出來る。それへ橇の後端が横滑べりすること。
•なぐれる　同上。
•ドゲェャる　雪で、うつかり滑つて轉倒すること。雪路以外でも卒倒したりする時斯う云ふことがある。
•サレャ・ゴロブ　同上。
•アグド噛む　アグドは踵のこと。後から來る橇の鼻先が踵に打突かることである。
•田抜げる　雪溶け頃になつて、田の面を蔽ふてる雪が水に落ちて潤むこと。

マタギ（獵師）言葉と山入言葉

•コホリ　雪を云ふ。雪は「行き」に通じ、獲物の逃げ去るを忌むため。
•サンマル　霰。
•へだる　降る。
•ファツケ　雪篦。
•ト　獸の足痕。

雪上滑走具

•草履下駄　丸竹の細いものを連らね、横から紐を通じ、先端を切り上げる。それを藁沓の下へ結び付ける。所に依つて割竹を使用する。
•スベリ・ガッパ　ガッパは一般に駒下駄。單に爪先を切り上げた下駄台へ細金三本打付けたもの。主に女子供が履く。これを草履下駄と云ふ村もある。河邊郡では、ヒキヅリと云ふ。
•シリ下駄　同上。シリは前述の如く滑る意。
•クラコ　足駄の臺へ金を一本附着けたもの。幅廣い金と、高い金と二様ある。
•マガリ金　クラコの金が、スケート型に浮いてゐて其先端が、ゼンマイの様に捲くれてゐるもの。
•浮金　同上。
•軍艦ドウ　純然たるスケート型。台が靴でなく下駄臺であるだけの相違。
•オマ竹　御馬竹の意であらう。根曲り竹に跨つて坂を滑るのである。

・マガ　同上。但し材料は雜木や杉枝の先の曲つたもの（河邊郡）

・山橇　スキーの原型とも云ふ可き履く橇である。長さ約四十糎。幅十糎。堅雪用。スキーと違つてストックを使用しない。先端に附けてある紐を強く引くと、尾部が所謂ガリコ嚙んで制動する。

・立橇　同上品を雲然村で斯う云ふ。

・履橇　同上品と少しく異るもの。（平鹿郡）

・腰掛橇　スレッヂに相當するもの。橇のツマに小板を打付けたもので、坂やスロープを滑る。

・ケェッツ橇　尻橇の意で、腰掛橇のこと。

・箱橇　讀んで字の如し。客用、荷物運搬用、子供用、滑走用などの種類がある。

・マ橇　堆肥などの運搬に使用する横に廣い橇。

・金打橇　マ橇に金を打つたもの。

・橇　マ橇は兩端反つてゐるが、これは片端だけ反つてゐる。長さに依つて六尺橇或は八尺橇と云ふ。滑面に金を打ち付けてあるが普通である。

・長橇　同上。

・バッコ橇。

・バヂ橇　バヂは尻切の意。横幅廣く山から木材を下ろす

時など使用する。

・馬橇　堆肥、荷物、木材などを運び荷馬車の役目をする。

・馬橇　客用。

ケッチ・ヅリケャ（或はケッチ・ヅリ）　ヅリは橇の轉化ではなく、引きずるの意である。坂やスロープで子供達が自分の着物の裾を敷いて滑ること。滑つた跡を見ると、着物の藍が落ちて雪が藍色に染まつてゐる。

雪に使用する道具類

・コナゲェャ　小長柄か、小長櫂か、どちらにも意味がとれる。柄が小長く、形が櫂に似てゐるからである。鷹狩に、マタギに使用され、雪山行のアルペン・ストックに相當する。登る時は、之を雪に突立て突立てして登る。

・サンテ箆　棒の先へ小板を附けたもので、何處の家でも、家の前の雪や道路の雪を除けるに使用する。

・ツキ箆　長い棒の先へ小板を縱に附着けたもので、萱屋根の上の雪を少し取つて下方の雪を、その箆で上の方から突き落す。

・ケェャシギ箆　羽子板の柄の、細長い様な形狀で、主として子供達の雪遊びに使用する。シギはスキ卽ち鋤

の訛音か。

•踏ダラ　ダラは俵の意。米俵を二つに截つた様な物を作り、それを履いて雪路をつける。

•ケェャンジギ　木樏。

•カナ・ケェャンジギ　橇をひく時、足が滑つて奮張りの利かない時、沓の下に附ける金具。

雪の冠ぶり物と履物

•ドモッコ　現在は殆んど冠ぶる者も居なくなつた。覆面に似てゐるがもつと幅廣く、肩と胸も蔽ふ様に出來てゐる。兩側の紐を後方に結ぶと、目ばかり細く出る。階級に依つて使用生地は違ひ黑羅紗を使用する者などもあつた。

•ボッチ　女の一般に冠ぶるもので、子供から老人まで冠ぶる。綿を薄く入れた長方形のもの、二邊(長短)を綴じたもので、前に幅廣い紐帶の兩端が造付けとなつてゐる。老人の物は多く細かい縞か或は無地である。

•風呂敷　多くは絣地で、正方形の物を三角形に二つ折りとする。そして兩端を後方に結ぶ。男女共用。

•三幅風呂敷　同上。

•バフリ　メリンスの色物を使用し、裏地を付ける。結べば高祖頭巾となるのであるが結ばずに、バフリ冠ぶる。(秋田市附近では、風呂敷と稱し、必ず後方に結ぶ)。勿論婦人用。

•頸卷　襟卷のこと。但し大幅のネルの長さ五尺位を（年齢に依つて長短あるが、青年用として）長く二つ折とし、後方に結ぶ。又ドモッコの様に顔を僅か出る様に大きく二つ折にして、折目近くの一點を縫ひ合はせる場合もある。前者の冠ぶり様は古い。然し今はスキー帽に壓倒されて、漸くその影を沒せんとしてゐる。

•毛笠　正式は芳の尾花で編む。一見兜の鉢に似てゐる。略式は藁實子（ミゴ）で編むが、海菅を交へたり、周圍に黑糸で千鳥をかけたり、内側に桐油紙を貼つたりして頗るよく出來てゐる。アイヌも同樣品を使用するが、日本人から輸入されたものであると云ふ。

•馬のツラ　毛笠は既に絶滅したが、これは未だ脈絡がある。藁實子の穗先が顔の前方に出て防寒となる樣に、横編みとする。横から見ると屋根形をしてゐる。

•檜皮笠　檜皮（ひかは）を細く裂いて、馬のツラ式に編んだもの。但し絶滅。

•タヅギ　雪袴とも稱すべきもの。秋田市附近のデダヂに相當す。

・モッペ　股引。

・モッペ・タヅキ　脛の股引の如く細いもので、膝頭下を結ぶ。

・スネコ・タヅギ　婦人用、脛の部分が細い。頗る形のよいものである。

・ハバギ　脛當のことであるが、材料に依て、簑子（ミコ）ハバギ、ガマハバギなどの種類がある。澤奥へ行くと葡萄皮も使用する。

・ヘドロ　普通の藁沓である。子供用には赤い布を附けたり、底に笹葉を入れて濕（しめ）りの上るを防いだりする。

・箱スベ　短靴の形で隱居などが履く。頗る美的に出來てゐる。

・アグド・スベ　踵の部分にも側を作つたもので、鼻緒も附される。

・ユツケ・スベ　同上。ユツケは結はくの意。

・鰍スベ　鰍の頭部に似て圓大なもの。

・バヂ・スベ　踵の部分の短いもの。

・サンペ　長靴の形狀。鼻緒を付けたものもある。

・タラ・スベ　同上。脛に當る部分が俵（タラ）に似てゐる故。

・ツマゴ　下駄のツマ皮に相當する物で、藁を縱に揃へて編む。これを草鞋に附着けると、ツマゴ草鞋である。

・ゴンベ　ツマゴと同じ用途であるが、ツマゴと違つて足袋の様に指股があり、編み方もアジロ風である。

雪に關する諺、占、農民暦等々

・チャチャギ（ミソサヾエ）鳴くと雪降り來る。

・青山へ雪降ると、其年は雪不足。

・雪と飢饉（ケガヂ）は夜一夜。

・刈上げ節句の後先に雪降りる。（それまで家に稻を入れる可きである。）

・正月十五日の晩、雪の上に映つる自分の影を、他人が見て、首が見えないと其年死ぬ。

・雪メンコ（濕雪に顏を押し當てゝ作つたマスク）を鴉に見られると死ぬ。

・雪上に膝ついた時、その穴を鴉に見られると死ぬ。だから其穴はよく埋めなければならない。

・寒中の雨は吹雪にならぬ。

・寒の入日に雪降れば、寒中雪降る。

・寒の立別かれに雪降れば、四十八日雪降る。

・寒過ぎの凍と坊主の喧嘩は、怖はくない。

・胡椒を懷にして、氷上を渡ると氷が割れる。（胡椒を食ふと、軀體が溫まると云ふ故）

・寒の別かれに雪降れば、釋迦の涅槃まで降る。

・雪の降るのも、お釋迦の涅槃まで。
・春の吹雪（フギ）と坊主の喧嘩は怖はくない。
・川鳴が鳴き出すと、最う雪は降らぬ。
・五月節句の日、早朝に手足を糞壺に入れると雪焼にかゝらない。
・六月の丑の日に青蛙を手足に轉ろがすと、雪焼にかゝらない。
・大雪に不作なし。
・彼岸團子凍れば凶作。
・鳥海山に雪降つたから、早く入れろ。（冬の到來が早いと云ふので、稲の取入を急がす時）。
・駒ヶ嶽のバヂ馬　奥羽山脈の駒ヶ嶽の頂上近い、五百羅漢の下方の澤の殘雪は、白馬が逆さになつてゐる様に見えると云ふ。
その山へ登ると馬の足痕の様な穴が澤山あるが、そのバヂ馬即ち尾の短い馬の駈けた穴と稱してゐる。

此の馬の形の殘雪の見える頃には、田植を始めてもよいと云ふ。
・大石嶽の七ツ星　此の山の頂上の襞の殘雪が、丁度七ツの星の形に見える頃になると、田植を始めてもよい、又水泳を始めてもよいと云ふ。
・朝日モッコの豆蒔坊主　矢張り奥羽山脈の嶽であるが、その殘雪が坊主の形になると、豆を蒔いてもよいと云ふ。
・長野山の七ツ星　此の山の北面の殘雪に就いて、大石嶽の場合と同じ事が云はれてゐる。
・眞晝山の高砂爺さん婆さん　明治廿九年の六郷大地震の震源地であるが、山襞が非常に多く、殘雪時分にそう云はれて見ればそう見えないわけでもない。矢張りその姿に見える頃を種蒔時としてゐる。
・二月風岩通す。
・春風、馬の尻（ダッコ）さも皸切れる。
・寒七の荒れ。
・寒九の雨。
・寒の水は藥。
・笠の雪三度ほろつたら戻れ。（雪崩が來る故に）。

口遊び

・雪降つた。（白髪頭を嘲笑して）
・寒卵　寒中の鷄の卵は、寒雀と共に高價であるが、矢張り人を嘲笑する時斯んなことを云ふ。
・シミダ鷹の羽　（鷹の羽は鰈の一種、シミダは凍つた意で瘦せ枯れた人を嘲笑する時斯う云ふ。）
・シッテンコロリン

雪と民俗（武藤）

白熊さん。
（雪の上へ轉ろんだ人へ）
•蓆コ敷がねやで大無調法。
（同上の場合）
•お年始過ぎだ。
（同上、膝をつく必要がないと云ふ意）
•行つた。
（斜面や坂を滑らうとして、下方の人を除けさす時）
•寄れ。
（同上）
•ノッケ掛げる。
（同上）
•いちこまちこ　どんしよ
むさしのそしの　紫花コ
こうじき　ようどのぼつけにけられ
お寺も咲いたが蕾だ
おばめこ　げつちりの
けたも知らねえやでしよ
（雪踏唄）
•いちこでんちこ　どんしよ
どん／＼櫻
もの咲き花コ
こうちこうち
七夜のボッケにほかされた
（同上）
•えんちこでんちこ　どめしよ
どんどめの　トンケ婥
腹大きどん
もだせで見だれば
ちやこエンコ　もつたどん
（同上）
•上見れば虫コ
中見れば綿コ
下見れば雪コ
•霰コ溜まれ
ショコ（鹽）溜まれ
•霰コ　コンコン
豆コンコン
鰯入つたら籠背負つて來い
ボタ／＼雪でボダ洗へ（ボダは鹽鮭）
•まぐらなれ
卵なれ
鼠なれ
（先に述べた、ナメラコ遊びの唱言）

•鰈コ焼いで
引つくれやがして焼いで
お皿に取つて
お醤油をつけて
アモアモど食つてしまつた
（小兒を抱いて圍爐火にその手をかざし、掌の表裏を
溫めてやり乍らの唱言）

•今朝の凍に何處さおざる
お仙だましの帯買ひに
帯買はゞ
地よく幅よく丈長く
結ぶところは鶴と龜
下がるところは藤の花
（子安唄）

•とくとく小田原とく
どんすの色娘
色白い櫻顏
あい村庄屋に貰はれて
其處の庄屋は誰の庄屋
きんきん絹衣裳
七重ね八重ね
重ねてもて下んせ
染屋は染めてやれど
散らしは何々附けまする
裾肩々雪より牡丹
水にも割れ荒波に
そら一打貸した
（手掬唄）

•梅の花はつゝじに椿　咲いて絡まる藤の花
まんさく櫻は雪の下から急げども
花が咲けども實がならない
先づ一丁貸した
（同上。まんさくは、雪溶けと共に山で一番早く咲く
黄色な花である。）

•カタカタ雪渡だて。
婆々家コさ行つたば
何もねやどて紅い草履コ
片ヒタ呉だけせえや
（堅雪渡りの唄）

•ショプコ吹く子が眞赤な聲で
花場山の人コと呼べば
ほうと答へる雪消の頃にや
そつと芽ぐむよ
アラ戀心

雪と民俗（武藤）

（角館小唄の一節、遠藤桂風先生作。
ショプコはカンソの幼芽で、それを抜いて吹くとピイピイ鳴る。早春情緒の一つ）

・松を残して大威徳山に
雪が積ればスキーが走る
すさぶ北風骨刺す日でも
若い血潮が
アラ身に燃える
身に燃える
（同上）

むがしこ（民譚）

民譚に雪を主題としたものをあまり見ないは、雪の多い土地として不思議な位である。

その中に織り込まれたものでも、あまり數がない。僅かに次の様なものを拾ひ得るだけである。

・馬鹿婿が正月禮に行く儀禮を知らず、隣の爺へ聞きに行く。爺はゼエ掻き（前記參照）に行つて留守。田圃に行くと遙か向に爺が居るので、正月禮の要領を敎へて呉れと叫ぶと漁の成績を尋ねられたと感違ひして、「今日風吹いで、今朝から、こんけや〱」と云ひ乍ら底の抜けた葛籠を轉ろがして見せる。

馬鹿婿、嫁の家へ行つて其の通りやつたと云ふ話。

・狐の尻尾　狐が河獺に騙まされて、魚が自分の尾に附着くと思つて、凍る晩に瀬に尾を浸してゐると、魚どころか、ゼエヤ（前記參照）が次第に附着き、川に一面氷が張つて、尻尾が堅く凍り付いてしまつた。夜明けにそれを百姓に發見されて、叩き殺された話。

・吹雪に曝らされてゐた六大地藏さんを氣毒と思つて、賣れなかつた笠をかぶせたり蓑を着せたりして來た心の善い爺が寢てると、元日の朝、六大地藏が黃金の一杯つまつてゐる木の根を橇へかけてひいて來て、土間へ置いて行つた話。

・數多子供を育てなければならなかつたデェヤシコと云ふ者が、十二月の大吹雪にフギドリ（前記參照）した。それから毎年その日になると、きまつて大吹雪で、人々はデェヤシコ吹雪と云ふ樣になつた。その日デェヤシコを祀るが長い萓の箸を供へるは、デェヤシコがあまり子供が多く、食卓についてる遠くの子供へ、一々食ひ物を持つて行くことが面倒故、そうした長い箸で分配したものだと云ふ。

その箸を腰に挿すと五月田植の時、腰が痛まないと云ふ。

蛇足。慶長八年、芦名義勝公が、角館城主として封ぜられた時隨從して來た家來に、

雪十郎右エ門

と云ふ者があり代々角館町に居住してゐた。（終）

秋田のマタギに就いて

武藤鐵城

○文獻にも又鬼と云ふ字は相當古くから見えてる樣であり、又、マダ（シナノキ）の皮を剝ぐ者であり、その皮づくめの服裝する故にマタギであると云ふ說もある樣であるが、その語源に就いて私は未だ深く考へて居ない。唯現在その稱呼は、二樣に使用されてゐる樣である。

秋田市附近では、マタギと云へば、純然たるマタギ部落の狩獵民のみを稱し、普通の狩獵者は「鐵砲打」と稱しそれと區別してゐるが、仙北郡などでは本業であれ遊獵であれ、とにかく獵人全部がマタギと稱されてゐる。

○マタギの聚落は言ふまでもないことであるが、一般にもマタギは大きな山を背景として分布して居る。但しマタギと云つて、必ず深山幽谷ばかりを駈け巡る者と思へば間違ひで、狩獵の獲物を賣つて生活資料とするものであれば、熊狩、鹿狩ばかり能でなく、平野に鴨を獵し、丘陵に雉山鳥、狐兎を追ふこと勿論である。最近は農林省指定の禁獵區が廣大な面積となつて、町の附近にも鳥や獸が非常に殖えて來たが、その割に雉、山鳥が不足になつて來たとマタギ達は嘆いてゐる。それは狐が非常な勢で繁殖して來て、夜に雉や山鳥の寢込みを襲ふて捕へて食ふためだと云ふ。とにかく平野方面の狩獵は、所謂秋田市附近で云ふ鐵砲打の仕事で、マタギ臭くないのであるが、深い山の獲物を狩ることは矢張りその山に近く居住する人達の仕事である。

本縣に於て昔からマタギ部落と稱されてゐるものは、次の三ケ所で、皆夫々高山を背景とし、その深い澤に挾まつてゐる聚落である。

ネッコ部落（北秋田郡阿仁合荒瀨）
標高一四五四米、森吉山の東麓

萩形（ハギナリ）部落（北秋田郡上小阿仁村）
標高一一七一米、太平山の北麓

百宅（モモヤケ）部落（由利郡直根（ヒタネ）村）
標高二二三〇米、鳥海山の東麓

ネッコ部落のマタギは又、「荒瀨のマタギ」とも稱されてゐる。現在の戶數八十余であるに不拘、人口六百三十ある故、各家は大家族である。從つてその住居も、トコロや蕨根を糧として生活する人達の家とは思へぬ程大きな構えばかりである。部落の長は佐藤忠俊氏で、かの義經と關係深い佐藤三郎嗣信三十三代の後裔なりと稱してゐる。此處の人達が附近の山々は勿論、遠く信州や紀州の山々までも獵に赴くことは有名である。舊藩時代には、此處から久保田城の御藥方へ熊膽獻上のことがあつた。

現在は、田植を終へると四國、九州、樺太、朝鮮あたりまで熊膽や毛皮を賣りに行く。そして長崎あたりで、支那から入る安價な皮を仕入れては、その歸り途の商品とする。それ故此處のマタギは、勇敢な狩獵民であると同時に優ぐれた商人でもある。好況時代、熊膽の賣上代五萬圓が此の小さい部落へ轉ろげて來たとは、全く嘘の様な眞實の話である。雪のない時の大部分は、そうして日本國中を股にかけて行商して歩き、その間選擧などがあつても、大部分は棄權してしまふ。それでも大抵、盆にはその溫い懷で、歸村して祖先の靈を弔ふことを忘れない。今は開化してこの山中でラヂオ・ニユースまで聽ける樣になつたが、不便は不便で大手術を要する病人などは秋田市へ連れて行つて入院させる。ところが退院後の服藥を貰ふには、峰を攀ぢ谷を越えて約二十里余もある秋田市まで、一日に往復して平氣だと云ふから驚く。

此の部落には又、「ネッコの溜まり」と云ふ年頃の男女の合宿所があつた。

宿の中央には大きな爐が切つてあり、一人の長が居て萬事を指揮する。集まる男女は薪を持つて行つて焚き、圍爐火を取圍んで樂しく語り合ふ。そして深更、話が盡きれば其處に雜魚寢して享樂の一夜を過すのである。

然しそれは配偶者選擇の眞に理想的の組織であつた。

次の萩形（ハギナリ）部落の沿革に就いて、興味あるローマンスが傳へられてゐる。

今から百二十年程の昔、ネッコ部落のマタギの一人が火繩銃を肩に、山を越え谷を渡り遙か小阿仁川上流の山中に辿り着いた。彼は其處で幾日かを過し、獵をしてあつた、がその翌年も亦同じ場所へ行つて見たら、其處に思ひ設けぬ光景の展開してゐるを見た。前年、彼が食ひ殘して行つた唐辛の種子が芽をふき、花を咲かせ實を結んでゐたのであつた。その有樣を見たマタギは、此處に生活の居を移しても不可ないと決心し、ネッコへ戻つて妻を說き其處へ連れて來て共棲した。以來子孫が榮え、又移住者もあつて現在の部落が出來たのであると。

然し斯うした浪漫的な物語は物語として、ネッコの佐藤家に語り傳へられてゐることは恐らく眞であらう。卽ち今から百六十年前、ネッコ部落は人口過剩となり、如何に大家族制度とは言へ、到底全民を收容し切れなくなつた。

その状態を續くるは、村を破滅にまでも導くことゝなるので、余儀なく此の萩形と他に八木澤と云ふ所を選んでセトルメントとし、部落民の幾部かを移したものであると云ふ。

ネッコの佐藤家の祖先の人が、ネッコは六十戸以上となれば暮らせぬと云ふ人口論を唱えてゐたと云ふことは、慧眼であつた。現在の萩形は、佐藤、山田、上杉、鳥井などの姓で、戸數三十六、人口百三十、分教場がある。太平山の奥山や鳥森などを獵場としてゐるが、最近熊は、めつきり居なくなつた。それでもバンドリ（ムササビ）を二千圓値も獲る年がある。

此のバンドリは、萩形に限らず大抵の山に棲息するが、その獵は必ず冬の月明の夜を選らぶ。その動物が、樹の枝に丸く瘤の様になつてゐる姿がクッキリ認められるからである。

此の部落は、武陵桃源でもないが、さまで人の住み難くもない仙境にあるに不拘、老人が不足で、六十五歳以上の人は殆んど居ない。それが原因に就いて、彼等があまりに早熟な爲めではないかと云ふ人がある。實際此の部落の女は、十二三歳にしてどんどん性行爲を行ふのである。又此の部落に石女の多いこと亦、注意す可きであらう。醫學上のことは知らないが、早熟及び近親結婚が重大原因ではないかと私は考へてゐる。

百宅部落は出羽の秀峯、鳥海山麓の矢島町と院内町を結ぶ道路の間の、山奥にある。東北のマタギ村でよく言ふ様に、平家の殘黨の子孫であると云ふ。佐藤、村上、梶原、小野、齋藤、池田等の姓があり、武家の子孫と云ふプライドからか此の部落の人々の家紋に關心を持ち、それを貴ぶことは異常である。どの家にも正面に、家紋が大きく附けられてある。

別天地ではあるが、有名な凶作地である。酷い年には全村飢餓線を追ふこと稀らしくない。

然し彼等の狩獵生活は、勇猛そのものであつて、數多の下狩(勢子)を具して鳥海の尾根を越え、山形縣の大澤方面まで熊狩に行く光景は、一偉觀であるといふ。此處の熊膽の相場は、一匁六圓程でシーズンにはそれを買ふ商人が入り込む。その膽が拂底すると一匁一圓位のイカサマ物が、他地方から購はれて鳥海熊のレッテルが貼られるそうである。大小もあるけれども熊膽は一頭から十二三匁取れるものである。

右の外、マタギの聚落をなさないが有名なマタギの居た話があり、又現在も居る所は、

生保内（オボナイ）（仙北郡生保内村）

標高一六三七米、駒ケ嶽の西南麓

白岩（同郡白岩村）

標高一二三〇米、白岩嶽の西麓

鎌足（同郡西明寺村）

標高一〇五九米、大石嶽の東南麓

駒ケ嶽はその續きに熊ノ臺などゝ云ふ山もあり、熊が相當棲息してゐる。夏時分は可憐な駒草の咲き匂ふ、あの燒山附近で二年程前に、大熊を射止めた者もある。

猶ほ前述のマタギ村に夫々舞踊を有してゐることは、注意す可きであると思ふ。

荒瀬の馬樂（番樂の事か、內容は同じである）、鳥海山麓の矢島獅子、白岩のササラ舞、大石嶽の東麓にある西根及び小山田ササラ、大石嶽の西方で太平山の南麓の岩見のササラ（現在なし、但し西根はその系統）等々である。

〇昭和八年九月四日、雜誌「狩獵と畜犬」社主催、當地方獵犬系秋田犬協會後援のマタギ座談會が、仙北郡神代村積善館に開催され私も宮本彰一郎氏の御厚意に依り、同席の光榮を得てあつた。集まるところ三十余名のマタギ連で、私にとつてマタギの風貌、性格等を觀察するにこよなき機會であつた。やがて一斗樽の幾本かゞ倒ほされ、マタギの勇猛談が次から次へと展開されるに及んで、私は夫等の人々の間に一脈の共通する氣風を見出した。

彼等は非常に溫厚で、謙讓で、然も醉ひが廻はれば山唄をうたひ、オカメの狂言を演ずる程快活な人達である。然

し乍ら其動作に於て、表情に於て、其底に、はかり知れぬ粘ばり强さがある樣に感ぜられた。現在此の地方のマタギの親玉と云はれる老人なども、一見小指で突いても倒ほれそうに見える。然るに其の人が一旦興奮して勇猛談を語る時、その前に座はつてゐると其の體に感ぜられる一つの力に自分の方が彈ぢかれる樣である。何となしに額に指で押される樣な感じを得たのであつた。表面柔かそうに見えて、中味に鐵石を藏してゐる。

その底知れぬ粘ばりか、全部のマタギに共通してゐる樣に思へた。その特性が、山行きの困難に際し、危險に際して最もよく發揮されるものに違ひない。

然るにそうした特種性格を本來持つ者がマタギになつたか、逆にマタギになつてその性格を得たかと云へば、私は寧ろ後者の場合が多いと思ふ。

〇彼等の代表的狩獵で、最も男性的なのは熊狩である。熊は蟻三匹あれば冬を越すことが出來ると云ふ位で、秋の彼岸から春の彼岸までクラ卽ち自然の洞窟、或は斷崖に突出した大樹の洞穴の中で冬眠する。マタギは地上の足痕や、樹幹の爪痕でそれがクラか否かよく判斷する。そして愈々熊が居ることが判れば、中へ柴束を盛んに打込んで熊を前に出る樣にするのであるが、中にはそんな作戰を待たず熊自身飛び出て來る樣な、危險な場合もある。それを射殺し

或はタテで突き殺ろすのである。

彼等の話に依ると、熊はその急所であると言はれてゐる月の輪を、うまく撃たれ或は突かれても仲々容易くは斃ほれないそうである。然もその死の直前の暴ばれ様が、一番凄いと云ふ。その場合に沈着、果敢でなければならぬこと勿論である。そうした瞬間である。マタギや下狩が熊の死の道伴とされるのは。

又馴れたマタギは、クラの中へ柴など入れず、蒼ししの皮を着てタテを片手に單身後向きになつて入つて行く。その場合、熊は飛び出様とせず一歩一歩穴の奥へ引込む。そして最後に熊の最早後退出來ぬ點まで達して、急所を狙つて突くのである。

其の場合、所に依つて葡萄蔓を燻ぶしてそれを熊の鼻先へ出し、煙むたがらせて追ひ詰めることもある。

又前記百宅部落の如く、廿名近くの下狩を從へ、數名の鐵砲方及び指揮者に依つて長根を越え谷を渡つて、大仕掛の熊狩をすることもあるが、最も合法的に組織的にクラの外にある熊を退治するは、一人のメアテ(目的卽ち指揮官)と二三のマタギに依つて行はれる場合である。卽ち熊を中心として、メアテは斜面の上にあり、下位の者に進退を號令する。下位の者は、メアテから「打て」と命令ある迄は熊が目の前へ來ても引金を引くことが出來ない。熊が若し先に居るマタギの標的外になるとメアテは「上方外づれ」と叫ぶ。するとそのマタギは熊から離れて、斜面を大廻はりに廻はつて、又熊の先へ出る様にしなければならない。そうして確實と思ふまでは、何回も同じ事を繰返させられ、最後に間違ひないと云ふ時メアテは「打て」と叫ぶ。それに依つて打つて失敗することは殆んどないそうである。

その時のメアテの態度は、平常と全く別人で寧ろ凄い位であると座談會の時、一人の若いマタギが熟々私へ語つてあつた。

又、マス卽ち猿を打つ時などは、それが智慧があり且つ敏捷な動物であるだけ、容易に打てるものではなく非常な忍耐を要する。

猿は一旦、木から地上へ下りたが最後、又登るところを犬にガクリやられるので仲々下へはおりない。枝から枝へと傳はつて逃げるを、一里半も追ひ廻はして漸く一頭を獲ることは稀らしくない。マタギ一流の粘ばり強さがなくては到底出來ぬ事であり、その粘ばりも、そうした經驗を積むに從つて愈々强靭となつてゆくのである。

○マタギに異常の性格、或は體格の所有主のあつたことは傳へられてゐるところである。

けれどもそれは、あながちマタギに限つたわけでもなく、普通の村落から大きな相撲が出たり、脚の速い飛脚や泥棒が出たりすると同じ事で、それを以て直ちにマタギが異民族であるとも言ひ得ないのである。

角館町地方に傳へられてゐる。異常なマタギの例に次の如きものがある。

西明寺村小山田字鎌足部落の小林辰五郎家は、代々五郎左衞門と稱しマタギ渡世であつた。附近の高山幽谷は勿論、遠く信州の山々越中の立山くんだりまで狩獵に出掛けたことは阿仁荒瀨のマタギ連中と同じであつた。

同家五代前の祖に、モッケと仇名されたマタギが居た。健脚で有名で、常人では一日でも容易でない、ニゼ澤と大石澤との間から登つで、大石嶽の岩見境を通つて大羅迦內澤へ下りる道程を、朝飯前に歩いて來るのであつた。尤も深雪時だと神樣でも容易でないが、モッケの歩いたのは、二月末の堅雪時のことであつた。そのモッケに就いて次の樣な逸話が傳へられてゐる。

每年の例ではあるが、或る年の冬、菩提寺である八津の安樂寺から雪下ろし人足を告げられた。モッケは出掛けたが、本堂の屋根の雪の下手を約三分ノ一も下ろしたと思つた時、緩るみが出來たか、屋根の雪全體が物凄い音を立てゝ一度に雪崩れて來た。人々が、あれよ〳〵と叫んでゐるうち、實に文字通り間髮を入れない瞬間、モッケはケヤン鋤を手にした儘十二間幅の共本堂の萱屋根を、殆んど目にも止まらぬ速さで横走りに走つて、庫裏の屋根へ難を避けたのであつた。それを見た人々は、あの大石嶽を朝飯前に駈け廻はるモッケにして、始めて出來る藝當と深く感嘆したそうである。冬季タテを奮ひ、山の幸を追ふモッケは夏時分は又優秀な鱒突きとなるのであつた。

古來西明寺には西川の淸水淵、佐會田の勇然淵、入江の釜の淵と三淵があつて魚族の溜まり所として有名である。此の地方の支配者である角館の北佐竹家では每年夏、所謂御止メ川と稱し魚族を繁殖せしめた上、殿樣も出られてそうした場所で川狩を催すのであつた。その日には、モッケも選ばれて御前で鱒を引懸けて御目にかけるのであつたが、或夏の如き大鱒を三疋までも突き、そのうちの牛乘り（一番大きいもの）を拜領し盃まで頂戴したと云ふ。

長信田村の眞木澤に、眞木小左衞門と稱する秋田藩御抱のマタギが居てあつた。その子孫の鬼童と稱する者が最近まで生きて居たが、その名の通り容貌魁偉、雲を突く許りの大男であつた。氣の弱い者は一睨みで腰を拔かした。

奥の眞木鑛山へ行く者は、どうしてもその家の前を通らなければならないのであつたが鬼童は家の中に居て、破れ鐘の樣な聲で通行人を呼び止め、通行稅を取り酒代とするのであつた。その家はよほど古い建築と見えて、手斧細工の宏壯なものであつた。彼は酒代に窮して來ると家の造作を持たしてやつた。扉など貰つても、それは一枚板の恐ろしく厚いもので、酒屋の親爺が一人では到底擔いでは行けなかつたと云ふ。

又五六月、田の水掛論の起る頃、鬼童はよく水門の番に頼まれた。ところが彼は水を盗む方からも酒を取つて、兩方の御禮酒にあり付いてゐたものであつたそうだ。

眞木澤の大美林が國有林とされる時、鬼童はそれが自分の先祖の植林したものであると主張し、斷然反對し訴訟し大審院まで頑張り通し遂に勝つた。政府では七千圓でその山の杉を買上げることになり金を手渡したが、國へ歸るまでにはその大半を飮んで仕舞ふた。何でも裁判所で、あの人間の登攀も容易でない澤奥までどうして杉を植えたのだと尋ねられたら、風の强い日に杉種を吹き飛ばしてやつたのだと答へて、裁判官を烟に卷いたと云ふ。

其先祖の小左衞門が藩公の命令で、男鹿島の鹿狩に參加した時、毎日小左衞門の捕る鹿の數が一番多かつた。ところが或る日マタギ連中へ自由行動を取らせ、勝手に鹿狩をさせたところ小左衞門の手柄がなくて、殆んどその配下の源藏の獨り舞臺であつた。それで毎日の小左衞門の手柄も、實は源藏の獲物であつたことが曝露したと云ふ挿話もある。

源藏の子孫は、現在白岩村に住する渡邊伊榮吉氏で、若手の有名なマタギで朝鮮くんだりまで猪獵に出掛けてゐる。

生保内村の有名なマタギ、舟場の丑爺と云ふは、源藏の師匠で棒使ひの名人であつた。

そのため白岩の若者達の仲間に棒使が多く出たが、飛んでもない騷動が起きた。白岩の鎭守祭は盆の十五日であるが、その日角館の町から棒使ひの名人で棒太郎と云はれてゐる武士が御祭見物に出掛けた。ところがその武士が酒癖の惡いところへ、然も村の若者達が棒をよくすることを知つてゐたので、散々暴ばれて「棒を以て出合へ」と大音聲を上げるのであつた。血氣にはやる若者達は、手に手に棒を持つて出合つたところ流石の棒太郎も多勢に叶はず、額を割られて血みどろとなつて逃げ歸つた。結局何と云つても武士に傷を負はせたと云ふので、村の肝煎連中が久保田へ呼ばれてきつく御叱りを受けた。そして以來棒は儀式の型以外使用することを嚴禁された。それで棒使ひはササラ舞にばかり殘つてゐる。白岩の棒太郎事件と云ふは、このことである。

その棒を敎へた丑爺は、又鐵砲の名人であつた。或る時角館町の的場で足輕達の鐵砲を打つてゐるところを見てゐたが、あまりの下手さに思はず高笑ひした。足輕達が憤慨して貴樣に出來るかと云ふと、彼は鐵砲を借りて最初の一發だけは狙ひを定めて打つて、的に命中させた。ところが驚いたことに二回目からは狙ふことなしに、どん／＼打つのに、一發も的から外づれる彈丸はなかつたと云ふことである。

その丑爺が、白石嶽で有名な熊の棲息地掘内（ホリナイ）の澤へ行つた時のこと、或る崖上から草鞋を手にして下へ飛び下りる間に、ちやんと其の草鞋を履いてゐたと云ふ。

白岩村廣久内の佐藤久左エ門家の祖先亦マタギ渡世であつた。

時は永正二年二月の頃であつたと云ふ。先祖の某が、村の東に聳ゆる奥羽山脈中の秀峯、白岩嶽へマタギ獵に登つて頂上に憩ふてゐた時、不圖傍の雪中から蒼い小蛇が姿を現はしたと思ふと、クル／＼三度廻はつて又地中へ潛つて行つた。此の季節未だ雪もあるのに不思議だと、其處を掘つて見たら藥師の小像が燦然光を放つて出た。以來其處に藥師を祀り、山名も白岩藥師嶽と稱さるゝ樣になつた。同家には、今でもその御本尊が傳へられてゐると云ふ。

ところが面白いことに、藥師の氏子である佐藤マキは、皆片目が小さいと云ふ。白岩の佐藤家の人達は勿論、長信田村大神成（ダイカンナリ）に居住する藥師の氏子も、長野村館ノ鄕の氏子も矢張り同じで片目が小さいと云ふ。

そしてそれは、白岩の藥師樣が或る時、山の獨活で目を突付いて痛められた爲めであると傳へてゐるのである。そ

れがため藥師の氏子は、四月一日から八日まで獨活を食ふことを禁ぜられてゐると。獨活で目を突かれた神樣は、藥師ばかりでなく、陸中方面では愛宕樣に關しても同じ事が傳へられてゐる。

又マタギ生活の堂に入つた者の心情を知るによい話がある。

白岩の高橋甚之助と云ふマタギは、仙北郡最年長のマタギであり、年に六十頭のシシを獲つたレコードを保持し、又熊狩に際してもメアテとして尊敬されてゐる人であるが、その人に對して私は次の質問を發してみた。

「永い狩獵生活の間、手負ひの熊に暴れられたとか、猪の牙にかゝるところであつたとか、そう云ふ種類の恐ろしい目に遭つた經驗ではなく、例へば狐や貉に騙まされたとか妖怪變化に襲はれたとか云ふ樣な事はなかつたか。」

甚之助翁はそれに對して「狐に騙まされたことも、化物に遭つたことも絕對ない。私には何を見ても怖はいなどと云ふ心持は微塵もなく、又そうしたものに出遭つたこともない。唯私の仲間の藤原喜一と云ふ人などは、狐だか貉だかに騙まされて、折角持つて行つた溫い握飯をマタギ小屋で石塊と掏摸替へられたり、川が山の上の方へ逆流する光景を見せられたそうだ」と。

優秀なマタギが、一度もモノノケ風のものに遭はなかつ

たと云ふことは、味ふ可き言と思ふ。藤原喜一が見た川が逆流して見えると云ふ現象は、鐵道の隧道工事の際、工夫達がよく日の前まで來た汽車が、ピタリ止まつて後退を始め、それから山の頂上の方へ驀進する光景を見て驚くといふ精神作用と同じものかも知れない。

○又私はマタギの生活がマタギの性格を作ると云ふたが、それに就いて最も力强い影響を與へるものに、山に於ける彼等の狩獵生活以外、山の神の信仰とその禁制を數へることが出來る。

先に述べた放逸な生活を享樂した眞木の鬼童でも、十二日の山神の日には水垢離をとつて齋戒沐浴し神官を迎へたものであると云ふ。

萩形のマタギ部落では、休日が十日に一度卽ち庚申の日と古來嚴重に定められてゐる。

それ故、今日その一ケ月に三度の休日を外の日に動かさせることは容易でない程である。

又產火を忌むことは、他の職業にもあることであるが、マタギに於て殊に熾烈である。

○更に言葉に就いての禁制は、實に想像以上で、所謂マタギ言葉の多くがそれに依つて生じたのである。マタギが若し彼等同志の合言葉を、セタギ卽ち普通の人間に洩らすと、天罰を蒙ると云はれてゐる。

熊を突くに使用する手鎗の鎗は遣りに通じ獲物を逃がし遣る意となる故、之を鎗とは言はずタテと云ふ。タテは家畜などを飼ふことを俗に、タテル（犬をタテル、豚をタテルと云ふ）と云ふと通じて、保留、貯への意があつて緣起がよいのである。

甚だしきに至ると、山のヤの字も忌むで、トマと稱し、遣ることを、ボドスなどゝ云ふ所もある。

タテは隨分原始的な武器であるに不拘、永い間使用されてゐるのは、火繩銃時代に熊は火繩の燒ける匂ひを嗅ぎ付けて逃げる恐れがあり、それを使用しなければならなかつたことや、又相當進步した獵銃時代となつても危急の場合に故障の生ずることが珍らしくないので手放し出來ないのである。

次にマタギ言葉を少しく並らべて見んに

北秋田郡阿仁地方

草の實（米）
コタダキ（杓子）
カットリ（飯篦）
幸の實（獸肉）
ケラナ（蒼シシ卽ち羚羊）
カゴ（鹿）
サネ（猿）

秋田のマタギに就いて（武藤）

タテ（手槍）
クラ（樹の洞や崖穴で熊の棲家）
クラガイ（食料を入れる長い布袋）

仙北郡檜木内地方（ヒノキナイ）

草の實（米）
マグリ（杓子）
コタダキ（箆）
タテ（鎗）
エギシコだでる（焚火すること）
草の實ワパカズ（炊事）
マンツケ（山刀）
ヘダリ（血）
キヨワカ（清酒）
メグリワカ（濁酒）
クラゲヤ（晝飯を入れる三角袋）
ワカ（雨水）
ウヂワカへだる（小便に行く）
シダミほろぐ（大便する）
サンマル（霰）
コホリ（雪）
ヘダル（降る）
ワカブタ（笠）
コオシナリ（帶）
コマガリ（煙管）
ヒド（山の凹み）
ネボヅラ（女陰）
サダデ（男根）

由利郡鳥海山麓

草の實（米）
クダケ（味噌）
シュッテキ（杓子）
ブッペイ（飯箆）
ファツケ（雪箆）
コツダイ（箸）
手アカス（竹或は木箸）
ケャド木（圍爐緣）
カツオ（汁椀）
マッチ（鍋）
トロメン（水）
ケラ（獲物）
蒼ケラ（羚羊）
熊ケラ（熊）
クラ（阿仁地方に同じ）
サックラ（唄ふこと）

秋田のマタギに就いて　（武藤）

ボドス（遣ること）

○前述の座談會の節、酒宴は午後の二時頃から始まつたのであつたが、夕方私達が歸る時見送つて來た店の人の話に依ると、既に二石を呑み干し、これから又夜へかけて、どれだけ飲むか判らないと云ふ話であつた。

然しマタギとて決して、盃を咬えて生れて來たものではない。普通人が酒の上達する機會を持つより、彼等は幼時から飲む機會を多く持ち過ぎるのである。酒の修養を多く積み過ぎるだけである。

平野の村の女房さんが、他の家の御祝儀や法事へ、未だ小學校へも入らぬ子供を連れて行つて茶呑茶椀で酒を飲ましてゐる有樣を時々見ることがある。そうした家に限つて大酒呑が多い。

ところがマタギ部落に於ては、もつと酷い。萩形部落の一例で言ふならば、マタギ夫婦は日中殆んど嬰兒をエヅミへ入れ放しにして置いて働きに出掛ける。彼等の歸つて來る時は、日が暮れて家の中が眞暗である、然し飯より先に取掛かるは、ドブロク（濁酒）のお燗である。

マタギが空腹にそのドブロクをあほつて、いゝ氣持になつて圍爐端を見る時、其處にエヅミ兒が泣き疲れてゐる。その時だ。親爺は「おゝお前よく一人で留守してゐて吳れた。さぞお腹が空いたらう」と云ひ乍ら、その乳呑兒に茶椀酒を呑ませるのである。マタギが酒に强いことも當然である。

○鑄掛師に鑄掛師の卷物ある如く、獅子舞に獅子舞の卷物ある如く、マタギにもマタギの秘卷がある。

私の子供の時分には、阿仁荒瀨のマタギがよく村へ來て宿まつた。腰に熊の掌で作つた巾着を下げ、頸にその一卷と呪符である猿の胎兒を下げて懷に入れてゐたマタギの風體は幼な心に異樣に感ぜられたものであつた。そして種々と珍らしい話を語つて聽かせるので、マタギと富山さん（富山縣の藥賣）の年一度の來訪は、子供心ばかりでなく大人にも心待ちに待たれることであつた。其頃、その卷物は秘中の秘で、內容は大人にも見せるものではなかつた。然るに今日では、何處のマタギの家へ行つても寧ろ歡んで見せる樣になつた。

內容は大抵同じもの許りである。

殊に同じ家のマタギ同志でも、山へ入つてから離れ離れになる場合もあると云ふので、一つの卷物を筆寫して別々に持つたりするので、余計同じ物があるわけである。

淸和天皇の高喜元年に、下野の國日光山の麓に住む弘名天皇九十三代の末孫、萬治萬三郞と云ふ弓の名人が、日光大權現に賴まれて赤樹明神の兩眼を射て退治する。その明神は十八尋の蜈蚣であつたのだ。

右の武勇を權現が內裏へ赴いて物語つたら其の賞に、日本國中の山々嶽々狩獵勝手たる可しと云ふ證文を賜はつたと云ふ筋で、後段にマタギの御經や齋戒に就いての注意があり最後に淸和、弘名兩帝の御名と芋判の如き玉璽とがベタリ押されてある眞に他わいのないものである。

中に南部領草木と云ふ所に、二百余年前住んでゐた定六と云ふマタギの所持してゐた、慶長九年五月に同家の先祖が南部太膳太夫信直から拜領したと云ふ卷物がある。

その內容は賴朝が富士の裾野で卷狩をした時、定六の先祖が出掛けて行つて大手柄をし、その賞に矢張り日本國中山々嶽々狩獵勝手たる可しの免狀を頂戴したと云ふことである。

然るにそれにも矢張り蜈蚣が關係しなければならなかつたものと見えて、定六の先祖を以て、彼の俵藤太の子孫としてある。

その有難い卷物を所持してゐる定六が或る日その卷物も持たず偉大な猪の姿に釣られて皮投山の中腹から三戶の城內に入つたので、無禮者とばかり斬殺されてしまつた。

此のあたり萬治萬三郎が、大鹿の姿に釣られて權現の神域へ入つてしまつたことゝ、テーマーが似通つてゐる。

ところで定六の忠犬が、それと氣附いで子孫永久御免の卷物を咬えて、主人の命乞ひのため城中へ馳け附けたが時既に遲しであつた。途方に暮れた定六の妻女は、その忠犬を伴ひ、山一つ越した秋田領なる北秋田郡十二所葛原部落の菅原甚之亟方に身を寄せた。然るに其後、犬は行方不明になつたが、不思議にも其頃村人が馬で行くと、一步も進まず必ず下りなければならない場所があつた。よく見たら其處に彼の忠犬が斃ほれてゐたのであつた。人々がその死を悼んで山腹に一宇の堂を建て、靈を祀つたのが現在もある老犬社である。以來その地方では犬の肉を食べないことは勿論、その毛皮も着ない。若し他所から犬の皮を着た者が入つて來ると、天大いに荒れて部落に碌な事がないと云ふ。

此の老犬物語に關係なくとも、一般にマタギは犬の皮を着ることを嫌ふ。獸皮も得ず、畜犬の皮を着る者として輕蔑されるからである。

學界消息

○三田地人會　十一月二十七日午後二時半三田通明菓階上にて催された。松本信廣氏が佛領印度支那の民俗について講演された。今夏の安南旅行の土産話で、その大略は本誌に寄せられた安南旅行記によつてあとづけられてゐる如くであるが、特にこの日の演題は彼地のオハグロの習俗及び亭(デン)の宗敎について語られた。古く支那の小說（巷談知識の事(フォクローア)）山海經に黒齒國ありと傳へられた事から、我國の古代の男女及び近代までの女性に殘つたオハグロ習俗は、彼地に於ては現に成年期に達するや、數種の藥料を用ひ男女黒齒となる事實のあることをのべられその實物資料をもたらされた。且つ之を研究した A. Sallet, Les Laquages des Dents et Les Teintures Dentaires Chez Les Annamites (Bulletin des Amis du Vieux Hué, 1928) を紹介された。次に亭(デン)（共同集會所）は村長よりも內部的に權力の行はれるものであり、年齡順により撰ばれる所屬員のこと、その會堂の村民によつてつくられること祭祀料の祭田が共同のものであること等をのべ、主としてそれが宗敎的方面を說明された。之は支那的の公的の祭祀ではなく私的のものであるが、もつとも重い祭祀である。その儀禮は支那化し切つてゐるが倘ほ、その一段したに、彼の地自特の發生によるものがあり、祭のとき男神には木馬、女神には輿があり、又移動式の玉座などもあつて之が祭の行列によつて引き出され、かつぎ出されて旅所(たびしよ)までゆき、之處でまた祭がある。この旅所は常には村人の祭を享ける所であり、亭まで行く必要はないとされてゐる等のことを述べられた。其の神々は朝廷から認められたといふ勅書を有してゐること、その祭神は祕密の劇的動作によつて、象徵され、表現せられること、そしてその神は殺された盜人であつたり、一般に無理な死に方をした人などで、それの物まねを以て、祭が當時の印象を新しくすることに依つて行はれるのであるといふ。之については Nguyen-van-khoan, Essai sur Le Dinh et Le Culte du Génie Tuté'aire des Villages au Tonkin (Bulletin de l'École Française D'Extrême-Orient. Tome XXX 1930.) 及び多くの寫眞が紹介された。次に墓地について琉球のそれとの類似を指摘され L. Cadiére, Tombeaux Annamites Dans Les Environs de Hué (Bulletin des Amis du Vieux Hué. 1928) や寫眞を紹介され且つ彼地の人種、考古學的資料にも觸れられた。

○大正大學民俗學同好會　第二回の例會は十一月二十五日十二時半より同大學學生ホール樓上にて開催、筑土鈴寛氏の伊豆箱根二所の本緣といふことを述べられた。

○萬葉植物園植栽目錄　奈良の舊都に萬葉植物園開園して一周年となり上記の如き目錄を大阪朝日新聞社の寄贈に依つてつくられた。6號活字三段組九頁の『萬葉植物園植栽目錄』は諸卿の机下に又爐邊にもたらされることその事が既に決して興味なきものではないと思はれる。（但し五錢切手封入のこと。送料二錢を含む。目錄一部に三錢を申しうけ同園の經常の費に充つ。）

○聖書民俗考（東京市京橋區木挽橋五丁目四番地。警醒社刊、値二圓）本誌に御寄稿になつてをります別所梅之助氏の著であり、四六版四三九頁索引十四頁その論考の集積されたものを一卷とされたのである。

その卷頭に「國を建つる者の生ひ立ち」に於て英雄生誕傳說の水火禽獸にためされ漂泊する型をのべてゐる。この考へつめられ、思ひつめられてゐる問題の結論に之を『古老を尊ぶ族長時代の制、取つて代るべき少年をおさへんとした面影』から、英雄を描寫せしことを推察してゐられるところなど、何かの倫理が、使徒について感ぜられてゐる。「神人交歡」に於ては神婚説話をとりあつかつて類例を日本支那に求め、「妻まぎの一形式」は婦の家にまづ勞働を奉仕する滿蒙シベリアその他の俗を以てイスラエルの聖紀を解き、「兄の妻をめとる古俗」に於ては、支那に稱せらるる媵の制度や嫂を犯す古傳説に關係するもので社會學的に經濟學的に種々の推論をまつて觀察せられてゐる問題であるが、之處にはソロレート及びレビレートの明確な概念があつて區別されてゐないのみならず、解き明かすところ、ともかく家の祀を絶たじとする事による如く説明し、又、女を家の財産とするによる如くも説明してゐる。以上はその卷頭の二三例の紹介であるが以下合して三十一章、話頭をヘブライルの聖紀にうけて比較論談するところ日本、支那、その他の民俗學的考察であり、文獻、民俗等の出所の明確、資料分析立論依據の細緻、把握の統一性に於て缺く憾みなしとしないが、過讀するに麗筆であり比較するところ掌中の如く、思考するに覇氣あつて是非とも一讀をお薦めしたい書である。

○年中行事第三册　北野博美氏のこの企圖は從來の論説の紹介と資料の外に、萱竹浦氏つくるところの年中行事參考書目解題が付せられた事は有意義なことである。が、この册より資料に『博美曰云々』のインタープリテーションを附記してはゐられるが？。

○民間月刊　隣邦中華民國の本誌はその目次を一團として發表し讀者諸卿の索引に便せんと志してゐたがその機を失ひつゝ過すので、本月より新刊の毎號を發表してゆくこととした。

第二卷九號

●譚論之部

關於「粤風的前身」　王鞠侯
民俗與其流傳地點　張之金
略論指紋歌　葉德均
「中國民譚型式」日譯自敍　鍾敬文

●傳説・故事・歌謠

白木師爺的故事　屠劍廬
鉄拐李的故事　陳浩然
月下老人的故事　陳立民
略小紅的故事　孤　松
五桂石的傳説　陳執中
五路廳的傳説　章尙畲
螢火蟲的來歷　孫欽良
猷子學乖　任金溶
對巧課　葉美琛
明中去暗中來　丁夢魁
江蘇月光光歌謠　錢小柏

●習俗・信仰

杭州的民間嬉戲　陳恭禮
海南島的人體信仰　王獻先
義烏閻王誕辰的迎會　李其盛
富陽投麻雀的占卜　單寶源
紹興佩物的信仰　白　花

○朝日山麓三面村記　高橋文太郎氏の同旅行記は本文十三頁圖版二葉、「山梨の花ちる」路の之の山村の事實は、同好の人々の食指を動かせるところであることは既に周知のところである。まだ飾磨することを知らずに傳習にねむりつゞける山村を眼にふれられ斯く觀照せられる嬉びさへ私は感じた。カンジキその他の道具のこと、センマイ小屋のこと、獵のこと等細緻な溫情でいさゝかの無理もなく描寫せられてゐる。山の獵言葉をきゝに行つたのが、たゞその山村の空氣に包まれることによろこびを得て歸られたとかきいてゐた、この人たちの採訪の反省好きの態度を考へさせられる。（日本山岳會發行・山岳・第二十八年第三號所收）

（以上明石）

○寄稿のお願ひ

○種目略記　民俗學に關係のある題目を取扱つたものなら何んでもよいのです。長さも御自由です。

(1)論文。民俗學に關する比較研究的なもの、理論的なもの、方法論的なもの。

(2)民間傳承に關聯した、又は未開民族の傳說、呪文、歌曲、方言、謎諺、年中行事、生活樣式、習慣法、民間藝術、造形物等の記錄。

(3)民間採集旅行記、挿話。

(4)民俗に關する質問。

(5)各地方の民俗研究に關係ある集會及び出版物の記事又は豫告。

○規略

(1)原稿には必ず住所氏名を明記して下さい。

(2)原稿掲載に關することは一切編輯者にお任かせ下さい

(3)締切は毎月二十日です。

編輯後記

この月の資料は東北地方のかたがたのお力添えに特にあづかりました。

高橋文太郎氏の雪具の事、宮本勢助氏の上代北亞細亞のスキー史料は特にお依賴致しましたもの、民俗學に、斯ふした項目を顯現してゆかれる事は、便宜おほきことゝなるかと考へられます。之は、小川徹氏のお譯し下さつたスエーデンのスキー研究所からきました雪中交通具調査要項に刺戟されて爲した試みであります。之が遂行にあたつて諸氏に厚く感謝いたし、合せて今後の調査の續行をもお願ひいたしてあります。

○

今夏より志しておりましたアイヌ文化の爲めの號は豫定より一月遲れて來春正月と二月にいたしました。御寄稿の諸先生に申しわけなく思つております。

（明石）

△原稿、寄贈及交換雜誌類の御送附、入會退會の御申込會費の御拂込、等は總て左記學會宛に御願ひしたし。

△會費の御拂込には振替口座を御利用ありたし。

△會員御轉居の節は新舊御住所を御通知相成たし。

△御照會は通信料御添付ありたし。

△領收證の御請求に對しても同樣の事。

昭和八年十二月一日印刷
昭和八年十二月二十三日發行

定價金六拾錢

編輯者 發行者　小山榮三
東京市神田區表猿樂町二番地

印刷者　中村修二
東京市神田區表猿樂町二番地

印刷所　株式會社　開明堂支店

發行所　民俗學會
東京市神田區駿河臺町一丁目八ノ四
振替東京七二九九〇番
電話神田二七七五番

取扱所　岡書院
東京市神田區駿河臺町一丁目八
振替東京六七六一九番

MINZOKUGAKU
OR
THE JAPANESE JOURNAL
OF
FOLKLORE & ETHNOLOGY

Vol. V December, 1933 No. 12

東亞民俗學稀見文獻彙編・第二輯

CONTENTS

PUBLISHED MONTHLY BY

MINZOKU-GAKKAI

8, 1-chome, Surugadai, Kanda, Tokyo, Japan.

景印跋言

婁子匡　甲寅初夏

一九二九年的時代，是中國和日本民俗學研究創新的時候，我們是從文學、史學的園地中，開拓了民俗文學和古代史的探研的苗圃。日本民俗學會編行的《民俗學》，就是當時的花葩之一。中國中山大學的《民俗專刊》，和中國民俗學會主編的《民俗學集鐫》，可以比擬是同胞三兄弟，以出世時日排長次，《民俗專刊》是大哥；《民俗學》是二哥；《民俗學集鐫》是小弟。這三個期刊的主編者，是楊成志、小山榮三兩先生和我，我的年齡較小，自然也是樂得做小弟了。

我當年四處尋求民俗學的書刊，手不釋卷的充實一己的學殖，尋求的方法是國際書刊的交換。我把《民俗學集鐫》到處郵贈並請指教，日本民俗學會當然是贈送的主要對象，寄書以後，首先接獲小山榮三氏回贈的《民俗學》，它是月刊，每月收到一期，我把它當做每月授課一次的老師，所得的民俗學研究新智識，我說不盡那些那些，祇能說由衷的感激。同時我內心覺得慚愧的，交換贈送的禮物《民俗學》

一年、兩年、三年早已超過三十期。所以我像是買了債，卻不知何日能償清。

《民俗學》編行到第四年了，小山榮三先生來信徵稿說明要我寫出關於中國民俗學研究的實況，巧極了，德國的老友艾伯華先生也來信囑我寫這篇報導給德國的《宇宙雜誌》；我想一稿兩用吧，就立刻執筆接寫〈中國民俗學運動的昨夜和今晨〉，先說明中國民俗學集團的史的演進；又談中國民俗學人研究工作的進程；最後提出的是：中國的民俗學研究，正新發於軔，希望世界的同門攜著手猛進！這篇拙作經小山榮三先生斧正，發表於《民俗學》第五卷第一期，和德國《宇宙雜誌》同時刊出，東西方的同文知道了我們的情形。

《民俗學》編行到五卷十二期休刊了，休刊以後，中日兩國發生戰禍，等到戰後，我第一次去日本，未曾步出國門，第一件安排是訪問同文，因為其時還不知小山氏的下落，所以一下飛機第一件事是拜謁未曾一識面目的小山氏，但是事屬不巧，小山氏正去美國，衹好悵惘歸來，互通音訊，全仗綠衣郵使了。

去歲倖緣得以複印宮本、馬淵二氏主編的《南方土俗》；今春繼續景印岡村氏主編的《民族》；最近又得小山氏同意複刊《民俗學》，在我好像又親老師的芳澤這個愉悅之情和感奮之意，寫此跋文來寄情了。

東亞民俗學稀見文獻彙編　第二輯

民　俗　學

9 789577 398406　25000

ISBN 978-957-739-840-6

策　畫　萬卷樓叢書編輯委員會
出　版　萬卷樓圖書股份有限公司
總編輯　陳滿銘
發　行　萬卷樓圖書股份有限公司
發行人　陳滿銘
聯　絡　電話 02-23216565　傳真 02-23944113
　　　　網址 www.wanjuan.com.tw　郵箱 service@wanjuan.com.tw
地　址　106 臺北市羅斯福路二段 41 號 6 樓之三
印　刷　百通科技股份有限公司
初　版　2014 年 4 月
定　價　新臺幣 25000 元　全套十冊精裝　不分售

原日本民俗學會編行　　據東方文化書局本景印整理

新聞局出版事業登記證號局版臺業字第 5655 號